상법원론 II

어음·수표법·보험법

원용수

박영사

이 책은 체계와 내용을 어떻게 할 것인가에 관한 상법학과 수험상법과의 딜레마에서, 기존의 여러 상법 교재들을 참조한 후 나아갈 방향을 찾고자 하였다.

필자는 오랜 기간 동안 상법학을 전공 교과목으로 하면서 대학과 대학원의 강단에 서왔음에도 불구하고, 가장 아쉽게 생각하는 것은 필자의 생각을 전달함에 있어서 저작의 부족으로 인해 다른 학자들의 의견을 전달함에 그치는 것이었다. 물론 그동안 강의를 하는 과정에서 필자의 의견을 제시하고 역설한 것은 사실이지만, 그것을 세상에 전파를 하기에는 무리가 있었던 것 같았다. 따라서 이번 기회에 지인들의 도움을 받아 한 권의 상법강의서를 통해 필자의 생각을 정리하여 피력하는 기회를 만들고자 한다.

이 책은 복잡한 상법이론을 세세하게 설명하는 이론서라기보다는 오히려 상법의 체계와 내용을 전체적으로 조망한 원론 내지는 개론서에 가깝다. 이것이 이 책의 존재 이유라고 할 수 있는데, 그동안 강단에서 느낀 바는 상법의 개별이론이 너무 복잡하게 서술되어 온 것이 아닌가 하는 반성적인 고려라고 생각된다. 이에 따라 독자들에게는 복잡한 이론이 특징인 상법을 전반적으로 이해하는데 무리가 있다고 본다. 이러한 상황에서, 복잡하고 어려운 상법의 이론을 쉽게 해석하고 체계적으로 이해할 수 있다면, 상법에 대한 거부감을 완화시키지 않을까라고 판단하여 필자는 감히 이 책을 기획하게 되었다.

따라서 이 책은 다음과 같은 원칙에 따라 서술되었다.

첫째, 이 책은 상법을 거시적으로 보는 데 주력하였다. 거시적으로 본다는 의미에 관하여는 논란이 있을 수 있지만, 이 책은 다독을 목표로 빠르게 상법의 제반 구조를 볼 수 있는 안목을 키우는 것을 지향하였다. 만일 상법학을 전공한다면 한 권의 저서를 숙독하여 그 깊이를 새겨두는 시간과 과정이 필요하지만, 이러한 목적이 아니라면 상법을 전체적으로 이해하는 것이 상법의 정복을 위한 시간과 노력을 절약하는데 도움이 될 것이다. 따라서 이 책은 하나의 개론서 내지 원론서를 지향하여 기존의 저서들에 비하여 비교적 짧은 시간으로 정리할 수 있게 서술하였다.

둘째, 이 책은 상법을 처음으로 공부하는 대학의 학부생은 물론, 변호사시험, 회계사시험, 법무사시험 등을 준비하는 분들에게도 어음·수표법과 보험법을 쉽게 이해할 수 있도록 구성하였다. 어음·수표법과 보험법은 상법 중 어려운 분야임에도 불구하고, 이 책은 중요한 개념을 간략하게 제시하였고, 필요한 경우에는 이해를 돕기 위하여 예를 들어 설명한 것 외에도 그림이나 도표를 활용하였으며, 최신 판례와 핵심 판례를 완벽하게 정리하였다. 이 책의 이러한 특징은 어렵고 지루하게 느껴질 수 있는 어음·수표법과 보험법의 정리에 독자들에게 상당한 도움이 될 수 있을 것이다.

그리고 이 책에서는 조문의 기재와 관련하여 상법 이외의 법(예컨대, 어음법과 수표법)은 법령을 기재하였고, 상법은 '제○조'로만 기재하여 상법을 삭제하였다.

셋째, 이 책에 제시된 판례 및 법령은 2022년 12월을 기준으로 하였다.

필자를 도와준 여러분의 열띤 조언이 없었다면, 이 책은 적합성과 학문성에서 우왕좌왕했을 것이다. 이에 따라 이 책의 완성에 도움을 주신 여러분에게 다시 한 번 감사드린다. 끝으로, 이 원고의 작업 중 여러 교재의 출간 상황으로 인하여 이 책의 출간일이 늦어지게 되었다. 이 책을 완성하는 단계에서 상법을 쉽게 해설하고 풀어보려는 필자의 노력이 시험대에 올랐다고 생각하니, 고민이 많았으나 어쩌면 마무리를 한다는 생각으로 탈고를 하게 되었다. 아무쪼록 이 책을 접하고 읽게 되는 모든 독자들은 각자가 원하는 목적을 달성하여 행복하기 바란다.

2023년 2월
저자

제1편 어음·수표법

제1장 서론

제3장 어음·수표상의 권리·의무의 발생

제4장 어음·수표상의 권리의 이전

제5장　어음·수표상의 권리의 행사

제6장   어음·수표상 권리의 소멸

제 2 편 보험법

제1장   서론

제2장   보험계약

제3장　손해보험

제4장　인보험

제1편

어음 · 수표법

제1장 서론

제1절 유가증권의 일반론

01 의의

1. 개념

통설에 의하면 유가증권이란 "「재산권을 표창하는 증권」으로서, 그 권리의 발생·이전·행사의 전부 또는 일부를 위해서 「증권의 소지」를 요하는 것"을 말한다. 상법에서 등장하는 유가증권의 예로는, 화물상환증·선하증권·창고증권 등 운송과 관련된 증권, 주권·사채권·신주인수권증서 등 회사법상 자본조달을 위하여 발행하는 증권, 어음·수표 등이 있다.

(1) 재산권의 표창

증권이 재산권을 표창한다는 것은 재산권이 증권에 결합되어 체화(體化)된 것을 의미한다. 예를 들어 화물상환증에는 운송인에 대한 운송물반환청구권이, 주권에는 사원권이, 약속어음에는 어음 금지급청구권이 체화되어 있다.

(2) 증권의 소지

어음·수표는 권리의 발생·이전·행사의 「전부」에 증권을 요하는 반면, 화물상환증은 권리의 이전·행사에만, 주권은 권리의 행사에만 증권을 요하므로 권리의 발생·이전·행사의 「일부」에만 증권을 요한다.

2. 구별개념

(1) 증거증권

증거증권이란 법률관계의 내용을 후일 용이하게 증명하기 위해서 작성해 두는 서면을 말한다. 계약서·차용증서·영수증·예금증서 등이 이에 해당한다. 증거증권은 증명의 편의를 위해 사실을 기록한 것에 불과할 뿐, 권리를 표창하고 있는 것도 아니고, 권리의 이전·행사를 위해 증권을 교부·제시해야 하는 것도 아니다.

(2) 면책증권

면책증권이란 채무자가 증권의 소지인에게 채무를 이행하면 비록 소지인이 진정한 권리자가 아니더라도 채무자는 악의·중과실이 없는 한 책임을 면하게 되는 증권을 말한다. 고속버스나 여객기의 수하물상환증이 이에 해당한다. 면책증권은 권리를 표창하는 것이 아니라 채무자의 선의의 변제를 보호하기 위해 증권의 소지에 면책적 효력을 부여한 것에 불과하다. 따라서 진정한 권리자는 면책증권이 없어도 권리를 행사할 수 있다. 예컨대, 수하물상환증을 잃어버렸다고 하여 자기 짐을 못 찾는 것은 아니다.

(3) 금권

금권이란 지폐·우표·수입인지 등과 같이 그 자체가 일정한 재산적 가치를 가지고 금전에 갈음하여 사용되는 것을 말한다. 유가증권은 권리와 증권은 개념적으로는 별개이고, 단지 권리가 유가증권에 체화되어 있는 것이다. 따라서 증권을 상실하여도 제권판결을 통해 권리를 증권으로부터 분리시켜서 권리를 행사할 수 있다. 그러나 금권은 증권 자체가 권리이므로 증권에서 권리를 분리할 수 없고, 따라서 증권을 상실하면 그 권리를 회복할 방법은 없다.

02 유가증권의 분류

1. 증권상의 권리를 행사할 자를 지정하는 방법에 따른 분류

(1) 기명증권(記名證券)

기명증권이란 증권에 권리자가 특정되어 기재된 유가증권을 말한다. 지명증권(指名證券)이라고도 한다. 증권상의 권리는 그 기재된 권리자가 행사하여야 한다. 기명증권의 양도는 지명채권양도의 방법에 의하고 배서에 의한 양도는 인정되지 않는다. 기명증권은 권리자가 증권에 적혀 있으므로 선의취득도 인정되지 않는다.

(2) 무기명증권(無記名證券)

무기명증권이란 증권에 권리자가 특정되어 있지 아니한 유가증권을 말한다. 소지인출급식증권도 이의 일종이다. 무기명증권은 증권상에 권리자가 기재되어 있지 않으므로, 누구든지 증권을 정당하게 소지한 자가 증권상의 권리를 행사할 수 있고, 증권의 양도는 단순한 교부만으로 할 수 있으며, 선의취득도 인정된다.

(3) 지시증권(指示證券)

지시증권이란 기명증권과 무기명증권이 절충된 것으로서, 증권상에 지정되어 있는 자 또는 그가 지시하는 자를 권리자로 하는 유가증권을 말한다. 지시증권은 배서의 방법으로 양도한다. 지시증권은 선의취득도 인정되나, 배서가 형식적으로 정확하게 이루어진 경우에 한한다.

2. 권리의 발생에 증권의 작성이 필요한지에 따른 분류

(1) 설권증권(設權證券)

설권증권이란 증권의 작성에 의해 비로소 그 표창되는 권리가 생겨나는 유가증권을 말한다. 어음·수표가 이에 속한다. 자세한 내용은 후술한다.

(2) 비설권증권(非設權證券)

비설권증권이란 이미 존재하는 권리를 단순히 증권에 표창한 유가증권을 말한다. 어음·수표를 제외한 대부분의 유가증권은 비설권증권이다. 예를 들어 화물상환증에 표창되어 있는 운송물인도

청구권은 증권의 작성과 상관 없이, 송하인과 운송인 간에 운송계약이 체결되고 송하인이 운송인에게 운송물을 인도함으로써 발생한다. 그리고 화물상환증은 이같이 생겨난 운송물인도청구권을 사후적으로 표창할 뿐이다.

3. 증권의 소지가 요구되는 정도에 따른 분류 — 완전유가증권·불완전유가증권

권리의 발생·이전·행사의 「전부」에 증권을 요하는 유가증권을 「완전유가증권」이라 하고, 「일부」에만 증권을 요하는 유가증권을 「불완전유가증권」이라 한다. 어음·수표는 완전유가증권에 속하고, 어음·수표를 제외한 대부분의 유가증권은 불완전유가증권에 속한다. 예컨대, 화물상환증은 권리의 「이전·행사」에만, 주권은 권리의 「이전」에만 증권을 요하는 불완전유가증권이다.

4. 원인관계와의 관련성에 따른 분류

(1) 요인증권(要因證券)

요인증권이란 증권상의 권리가 발생하기 위해서는 원인관계가 유효하게 존재해야 하고, 만일 원인관계가 존재하지 않거나 효력을 상실하는 경우에는 유가증권도 효력을 잃게 되는 유가증권을 말한다. 어음·수표를 제외한 대부분의 유가증권이 이에 속한다.

(2) 무인증권(無因證券)

무인증권이란 증권의 작성에 원인관계가 반드시 요구되지 않고, 원인관계의 무효·취소가 증권상의 권리에 영향을 주지 않는 유가증권을 말한다. 어음·수표가 이에 속한다. 어음·수표의 무인성은 유통성 보호를 위해 정책적으로 인정된 것이다. 자세한 내용은 후술한다.

5. 증권상 권리의 내용과 증권의 기재 내용과의 관계에 따른 분류 — 문언증권·비문언증권

권리의 내용이 증권에 기재된 대로 정해지는 증권을 「문언증권(文言證券)」이라 하고, 그렇지 않은 증권을 「비문언증권(非文言證券)」이라 한다. 어음·수표가 대표적인 문언증권이고, 그 외에 화물상환증·선하증권·창고증권도 문언증권이다. 다만 주권은 비문언증권이다.

제2절 어음·수표법의 특성

후술하는 바와 같이 어음·수표법은 「지급의 확실성」과 「유통의 안전성」 확보를 최우선의 이념으로 삼고 있다. 그 때문에 어음·수표법은 민법 또는 상법과 비교해 볼 때 다음과 같은 특성을 가진다.

01 어음·수표의 도구성과 어음·수표법의 기술적 성격

지급의 확실성과 유통의 안정성 확보를 위하여 어음·수표법은 어음·수표행위나 권리행사의 절차·방식 등 형식적인 면에 주안점을 두게 되고, 따라서 그 내용은 윤리성이 희박하고 고도의 기술성을 띠게 된다. 예컨대, 어음·수표를 발행할 때는 소정의 법정사항을 기재해야 하고, 양도할 때에는 일정한 방식의 배서에 의해야 한다는 것 등이다.

02 강행법적 성격

어음·수표는 거래의 당사자간의 채권과 채무관계를 결제하는 데만 그치지 않고 다수인 간에 전전유통될 것을 예상하고 발행되는 것이므로, 어음·수표상의 법률관계는 모든 어음·수표관계자에게 선명하고 단일한 의미를 가질 수 있도록 법이 정하는 형식에 따라 획일적·정형적으로 표창되어야 한다. 그래서 어음·수표행위를 함에 있어 당사자 자치는 극도로 제한될 수밖에 없다. 요컨대, 어음·수표의 유통성 확보를 위하여 어음·수표법의 규정은 강행규정으로서의 성격을 가지며, 이에 위반한 어음·수표행위는 대부분 무효가 되거나 법이 의제한 행위로 전환되는 효력을 갖는다.

제2장 총론

제1절 어음·수표법 개관

01 어음·수표의 의의

1. 환어음

「환어음」은 발행인이 제3자인 지급인에게 일정한 날에 증권에 기재한 특정인(수취인) 또는 그가 지시하는 자에게 일정한 금액을 지급하여 줄 것을 위탁하는 유가증권을 말한다. 즉 환어음은 지급위탁증권이다. 발행인이 수취인에게 환어음을 발행하면서, 환어음의 내용을 「지급인에게 일정한 날에 수취인 또는 그로부터 어음상의 권리를 이전 받은 자에게 어음금을 지급하여 줄 것을 위탁하는 내용」으로 하는 것이다. 수취인 또는 그로부터 권리를 이전 받은 자는 일정한 날에 지급인에게 환어음을 제시하고 어음금의 지급을 청구한다.

2. 약속어음

(1) 약속어음의 개념

「약속어음」은 발행인 자신이 증권에 기재한 특정인(수취인) 또는 그가 지시하는 자에게 일정한 금액을 지급할 것을 약속하는 증권이다. 즉 약속어음은 지급약속증권이다.

(2) 환어음과의 차이

약속어음은 환어음과 달리 지급인이 존재하지 않는다. 그 결과, ① 지급인의 존재를 전제로 한 인수제도가 없고, ② 발행인이 스스로 어음금을 지급하겠다는 의사표시를 하였으므로 발행인이 어음상의 주채무를 부담하며, ③ 어음의 실질관계 가운데 발행인과 지급인 사이의 자금관계가 존재하지 않는다.

3. 수표

(1) 수표의 개념과 일람출급성

1) 개념

「수표」는 발행인이 증권에 기재한 수취인 또는 소지인에게 일정한 금액을 지급할 것을 은행인 지급인에게 위탁하는 유가증권이다. 수표는 지급위탁증권이라는 점은 환어음과 같으나, 지급인이 은행으로 한정된다는 점은 환어음과 다르다(수표법 제3조).

2) 일람출급성

수표는 어음과 달리 만기라는 개념이 없고, 언제든지 제시하면 지급되어야 하는 증권이다. 이를 수표의 「일람출급성」이라 한다. 일람출급성으로 인해 수표는 신용창조 기능을 하지 못한다. 왜냐하면 수표는 발행 즉시 수취인이 은행에 가서 현금으로 바꿀 수 있어 수표를 발행하기 위해서는 반드시 은행에 예금잔고가 있어야 하기 때문이다. 어음은 만기가 있어 만기까지만 돈을 마련하면 되므로, 만기까지 신용을 창출하는 기능을 하는 것과 다르다. 이처럼 어음의 가장 중요한 기능은 신용창조 기능이나, 수표는 일람출급성으로 인하여 신용창조 기능은 없고 지급기능만 한다.

(2) 어음과 수표의 차이

수표는 신용창조 기능을 하지 못하고 오로지 지급기능만 하므로, 수표를 이용하는 편익이란 단지 현금을 들고 다니지 않아도 된다는 것밖에 없다. 그래서 수표는 현금과 같이 유통시킬 필요가 있고, 이를 위해 수표는 어음과 다른 여러 특징을 갖는다. 즉 수표는, ① 지급의 확실성 담보를 위해 은행에 한하여 지급인이 될 수 있고(수표법 제3조), ② 지급인인 은행의 발행인 계좌에 자금이 있는 경우에만 발행할 수 있으며(동조), ③ 소지인출급식으로 발행할 수 있으므로 현금처럼 단순한 교부에 의해 양도할 수 있고(수표법 제5조 제1항 3호), ④ 제시하는 순간 지급의무가 생기므로 지급인이 미리 인수를 할 수 없으며(수표법 제4조), ⑤ 지급의 불확실성 제거를 위해 지급제시기간이 10일로서 매우 짧다(수표법 제29조 제1항).

02 어음·수표의 경제적 기능

1. 핵심적 기능

(1) 지급기능

어음도 지급기능을 하나 지급수단으로서의 기능을 수행하는 대표적인 유가증권은 수표이다. 예컨대, 3억원 짜리 주택을 구입하고 대금을 화폐로 치른다면 5만 원권 지폐 6,000장이 필요하나 화폐 대신 수표로 지급하면 단 1매의 종이로 지급 목적을 달성할 수 있다.

(2) 신용기능

만기를 훗날로 하여 어음을 발행할 때에는 어음은 신용을 창조하는 기능을 한다. 신용창조 기능은 어음에만 있고 수표에는 없는 기능이다. 수표는 일람출급성이 있기 때문이다. 신용창조 기능은 약속어음에서 특히 두드러진다. 예컨대, 기업이 물품을 구입하고 그 대금의 지급을 위해 만기를 훗날로 한 약속어음을 발행해 주면, 기업은 이 어음을 통해 어음의 만기에 이르기까지 현금의 사용을 유보한다는 의미에서, 또는 만기에 생길 현금을 앞당겨 활용한다는 의미에서 신용을 창조하는 효과를 누린다.

2. 부수적 기능

(1) 송금기능

어음·수표는 지급기능에 부수하여 금전을 송금하는 「송금기능」을 하기도 한다. 예를 들어 미국의 수출상 乙로부터 물건을 수입한 한국의 수입상 甲이 자기의 거래 은행인 A은행에 현금을 납입하고 A 은행으로부터 A은행 미국지점을 지급인으로, 乙을 수취인으로 한 환어음을 발행 받아 이를 乙에게 송부하는 방법으로 물품대금을 지급하는 것이다. 환어음의 이러한 송금기능은 자금의 공간적 장애를 극복한다.

(2) 추심기능

어음을 이용하여 금전채권을 추심할 수도 있다. 예컨대, 미국의 수입상 乙에게 물건을 수출한 한국의 수출상 甲은 乙을 지급인으로 한 환어음을 발행하여 자기의 거래은행인 A은행으로부터 할인을 받는 방법으로 수출대금을 추심할 수 있다. 환어음의 이러한 추심기능은 자금의 시간적 장애를 극복한다.

(3) 담보기능

신용창조 기능을 활용하여 채권담보를 위한 담보기능을 하는 경우도 있다. 예컨대, 금융기관에서 대출을 받으면서 차용증 대신 대부어음을 발행하는 경우가 대표적이다.

⑱ 어음·수표의 유통성 확보

위에서 본 어음·수표의 유익한 기능은 누구든지 서슴없이 현금 대신 어음·수표를 받으려 할 때에만 수행될 수 있는 것인데, 그러기 위해서는 두 가지 요건이 충족되어야 한다.

① 어음·수표를 수령하면 이를 양도하여 현금화하기가 쉬워야 한다. 양도가 어렵다면 어음·수표의 수수는 단지 외상거래를 하는 것에 불과하기 때문이다.

② 지급의 확실성이 보장되어야 한다. 자기가 예견할 수 없었던 사정으로 인해 어음·수표상 권리의 행사가 불가능해 질 수 있다면 사람들은 결제수단으로서 어음·수표를 받으려 하지 않을 것이다. 이처럼 어음·수표의 양도와 지급의 안정성은 어음·수표 제도의 핵심이고, 이를 「유통성의 보호」라 한다. 유통성의 보호는 어음법·수표법의 거의 유일한 지도이념이며, 어음법·수표법의 거의 모든 제도의 이론적 근거가 유통성 보호에 있다고 해도 과언이 아니다. 유통성 보호를 위한 구체적인 제도들은 각 해당 부분에서 보기로 한다.

⑭ 어음·수표의 유가증권적 특성

(1) 금전채권증권성(金錢債權證券性)

어음·수표는 확정된 금전채권을 표창하는 유가증권이다. 금전채권 이외의 종류물이나 특정물에 관한 채권을 표창하는 어음·수표는 발행할 수 없다.

(2) 요식증권성(要式證券性)

법률이 정한 방식(기재사항)과 조건에 따라서 작성되어야 그 효력을 발생하는 유가증권의 성질을 요식증권성이라 한다. 요식증권성은 법정의 기재사항이 흠결되면 원칙적으로 증권 자체가 무효로 되는 「엄격한 요식증권성」과 법정의 기재사항이 흠결되어도 본질적인 것이 아닌 한 증권이 무효로 되지는 않는 「완화된 요식증권성」이 있는데, 어음·수표는 현금에 갈음하는 지급수단의 구실을 하기 때문에 요식성이 강하게 요구되므로 엄격한 요식증권성을 갖는다.

(3) 설권증권성(設權證券性)

어음·수표는 보통 기존의 채권·채무를 결제하기 위해 발행되지만, 어음·수표상의 금전채권은 기존의 채권을 표창하는 것이 아니고 어음·수표의 발행에 의해 비로소 발생하는 것이다. 어음·수표는 전형적인 설권증권이다. 이 설권증권성은 다음에서 보는 완전유가증권성과 무인증권성의 근거가 된다.

(4) 완전유가증권성(完全有價證券性)

어음·수표는 권리의 발생·이전·행사의 「전부」에 증서를 필요로 하는 완전유가증권이다.

(5) 무인증권성(無因證券性)

어음·수표는 그 원인관계가 존재하지 않거나 무효·취소되더라도 그 효력에 영향을 받지 않는 무인증권이다.

(6) 문언증권성(文言證券性)

어음·수표는 설사 원인관계와 다른 내용으로 발행되었어도 당사자들 사이에서는 어음·수표 상에 기재된 문언대로의 효력을 갖는 문언증권이다.

(7) 지시증권성(指示證券性)

지시증권은 증권상에 특정된 권리자 또는 그가 지시하는 다른 자가 권리자로 인정되는 유가증권이다. 어음·수표는 당연한 지시증권성을 가진다. 따라서 지시식으로 발행되지 아니한 경우에도 어음·수표의 소지인은 배서에 의해 어음·수표를 양도할 수 있다(어음법 제11조 제1항, 수표법 제14조 제1항).

(8) 제시증권성(提示證券性)

유가증권의 종류에 따라 증권상의 권리행사를 위해서는 증권의 소지인이 채무자에게 증권의 제시, 즉 면전에서 보여주어야 하는 경우가 있는데, 유가증권의 이러한 성질을 제시증권성이라 한다. 어음·수표는 전형적인 제시증권이다. 따라서 어음·수표의 소지인은 채무자를 찾아 추심하는 방법으로 권리를 행사해야 한다.

(9) 상환증권성(相換證券性)

증권상의 권리행사를 위해서는 증권의 소지인은 채무자가 변제하는 경우 그와 동시에 증권을 상환해야 하는데, 이것을 상환증권성이라고 한다. 어음·수표의 소지인이 어음금·수표금을 지급받을 때에는 지급인에게 어음·수표를 교부해야 한다(어음법 제39조 제1항, 수표법 제34조 제1항). 지급인은 어음·수표와 상환하지 아니하면 어음금·수표금을 지급할 의무가 없다. 이것은 이중변제의 위험으로부터 지급인을 보호하기 위함이다.

(10) 면책증권성(免責證券性)

어음·수표상의 채무자는 형식적 자격을 가진 자에게 변제를 하면 설사 그가 무권리자라 하더라도 채무자에게 사기·중과실이 없는 한 책임을 면하게 되는데(어음법 제40조 제3항, 수표법 제35조 제1항),

이를 면책증권성이라 한다.

05 어음·수표거래의 구조

1. 어음·수표상의 권리·의무

(1) 의의

1) 어음상의 권리

어음상의 권리란「어음금의 지급을 목적으로 하는 권리와 이에 갈음하는 권리」를 말한다.「어음금의 지급을 목적으로 하는 권리」는 주채무자(환어음의 인수인, 약속어음의 발행인)에 대한 어음금 지급청구권을 말한다.「이에 갈음하는 권리」는 주채무자 이외의 채무자에 대해서 어음금의 지급을 청구할 권리를 말하는데, 배서인에 대한 상환청구권, 보증인·참가인수인에 대한 권리가 이에 속한다. 어음금의 지급을 목적으로 하는 권리에 대응하는 의무는「주채무」라 하고, 이에 갈음하는 권리에 대응하는 의무는「채무」라 한다.

2) 수표상의 권리

수표상의 권리라고 할 때는 발행인·배서인·보증인에 대한 상환청구권만을 의미한다. 수표에서는 지급인이 인수를 할 수 없어(수표법 제4조) 주채무자가 없기 때문이다.

(2) 구별개념 — 어음법·수표법상의 권리

어음법·수표법상의 권리란 어음법·수표법에 규정되어 있는 권리이기는 하나 어음금·수표금의 지급을 목적으로 하지 않고, 어음·수표관계의 원만한 진전을 위해서 보조적·부수적으로 인정되는 권리를 말한다. 예컨대, 어음·수표의 악의취득자에 대한 어음·수표 반환청구권(어음법 제16조 제2항, 수표법 제21조), 이득상환청구권(어음법 제79조, 수표법 제63조) 등이 이에 해당한다.

어음법·수표법상의 권리는 어음·수표의 표창되는 것이 아니다. 따라서, ① 어음행위·수표행위에 의해서가 아니라 법정의 요건이 갖춰짐으로써 발생하고, ② 그 이전은 배서·교부가 아닌 지명채권양도의 방법에 의하며, ③ 행사에 있어 증권의 소지를 요하지 않는다.

2. 발행

① 발행에 의해, 어음·수표가 생겨나고, 상대방, 즉 수취인은 어음·수표상의 권리를 원시적으로 취득한다. 어음·수표의 발행은 발행인이 어음·수표요건을 갖춘 증권을 작성하여 수취인에게 교부하는 행위이다. 환어음 또는 수표를 발행하면 수취인은 지급인이 어음금 또는 수표금을 임의로 지급하는 경우 이를 유효하게 지급받을 수 있는 권한을 취득한다. 다만 지급인에 대한 어음금·수표금의 지급청구권까지는 취득하지 못한다. 반면 약속어음을 발행하는 경우에는 수취인은 발행인에 대하여 어음금 지급청구권을 취득한다. ② 어음·수표는 엄격한 요식증권으로서 법 소정의 사항을 기재하고 발행인이 기명날인 또는 서명함으로써 발행한다.

3. 어음·수표의 실질관계

예를 들어 甲이 乙에게 丙을 지급인으로 하는 1,000만 원의 환어음 또는 수표를 발행해 주었다고 하자.

(1) 원인관계

위 예에서 甲이 乙에게 환어음 또는 수표를 발행해 준 이유는 무엇인가? 乙로부터 자동차를 매수하고 매매대금을 줘야 하는 등 乙에게 부담하는 채무가 있었기 때문일 것이다. 이처럼 어음·수표의 발행으로 결제되는 발행인·수취인간의 채무관계를 「원인관계」라 한다. 또 수취인이 그 어음·수표를 다시 제3자에게 양도할 수 있는데, 이때 어음·수표를 양도하게 된 원인이 된 채무관계도 원인관계이다. 예컨대, 乙이 A에게 위 환어음 또는 수표를 양도하였는데, 그 이유가 A로부터 부동산을 매입하고 그 대금을 지급하기 위함이었다고 할 때, 부동산 대금 지급에 관한 채무관계가 원인관계이다. 원인관계는 환어음·수표뿐만 아니라 약속어음의 발행·양도에도 있다.

(2) 자금관계

환어음·수표의 발행은 지급인에 대한 지급위탁의 의미를 갖는데, 발행인이 지급인에게 지급을 위탁하는 근거는 무엇인가? 위 예에서 甲은 도대체 무슨 근거로 丙에게 1,000만 원의 지급을 위탁한 것인가? 정상적인 경우라면 甲이 丙에 대하여 1,000만 원의 채권을 갖고 있었다든지, 甲·丙 간에 丙이 乙에게 어음·수표금을 지급해 주면 甲이 나중에 이를 보상해 주기로 하는 약정이 있었다는 등 甲의 지급위탁을 정당화할 수 있는 관계가 있었을 것이다. 이렇게 발행인과 지급인 사이에서 지급의 위탁이 이루어지게 된 내부적인 관계를 「자금관계」라 한다. 자금관계는 환어음과 수표에만 있고 약속어음에는 없다. 약속어음에는 지급인이 없기 때문이다. 자금관계와 원인관계를 통틀어 「실질관계」라 한다.

4. 환어음의 인수

(1) 인수의 필요성 및 의의

환어음의 지급인은 발행인에 의해 일방적으로 어음문면에 기재되었을 뿐, 자신의 의사에 기해 어음행위를 한 사실은 없다. 그런 자에게 환어음에 지급인으로 기재되었다는 이유만으로 어음금 지급채무를 부담시킬 수는 없는 일이다. 그래서 발행 당시에 수취인은 지급인이 과연 만기에 이르러 발행인의 위탁에 따라 어음금을 지급할지, 아니면 위탁을 거절하고 어음금을 지급하지 않을지 알 수가 없어, 만기에 이르기까지 수취인과 그 이후의 환어음 소지인은 지위가 매우 불안하다. 어음 소지인의 이와 같은 불안한 지위를 해소하기 위해서는 지급인의 지급의사를 만기 전에 확정해야 할 필요가 있는데, 이를 위해 마련한 제도가 인수제도이다.

환어음의 인수는 지급인이 어음금의 지급채무를 부담할 것을 약속하는 어음행위인데, 지급인이 인수를 하면 주채무자가 된다.

(2) 인수제시와 인수 및 인수거절

어음의 소지인은 만기에 이르기 전에 지급인에게 어음을 제시하고 지급의사의 유무를 물을 수 있다. 이를 「인수제시」라 한다. 그리고 인수제시에 대해 지급인이 지급채무를 부담한다는 의사표시를 하는 것을 「인수」라 한다. 인수를 하면 지급인은 인수인으로 전환되고, 적법한 어음소지인에게 어음금을 지급할 의무, 즉 어음상의 주채무를 부담하게 된다. 반면 지급인이 인수를 거절하면, 즉 어음금을 지급할 뜻이 없음을 밝히면 지급인은 이 어음에 대하여 아무런 의무를 부담하지 않는다. 이 경우 어음소지인은 상환청구절차에 따라 배서인·발행인 등에게 책임을 물을 수 있다.

(3) 환어음 특유의 제도

인수는 환어음에만 있는 제도이다. 약속어음은 지급인이 없기 때문에, 그리고 수표는 지급인은 있으나 일람출급성 때문에 인수라는 제도가 없다.

5. 양도

어음·수표가 발행되면 수취인은 배서에 의해(경우에 따라서는 단순한 교부에 의해) 어음·수표를 양도할 수 있고, 그 양수인도 재차 같은 방법으로 양도할 수 있다.

(1) 배서

① 배서란 지시증권의 양도방법으로서, 어음·수표의 뒷면에, ⅰ) 피배서인을 기재하고, ⅱ) 피배서인에게 권리를 이전한다는 배서문구를 적고, ⅲ) 배서인이 기명날인 또는 서명하는 것을 말한다. 이 중 ⅰ), ⅱ)는 생략할 수 있다. 어음·수표는 지시증권성을 가지므로(어음법 제11조 제1항) 배서에 의해 양도하는 것이 원칙이다. 유효한 배서가 있으면 어음·수표 상의 권리는 피배서인에게 이전한다. ② 배서는 어음·수표 상의 권리를 이전하는 기능 외에 어음·수표금이 지급되지 않을 경우 배서인에게 담보책임을 지움으로써 어음·수표의 변제가능성을 높이는 기능도 한다.

(2) 교부

백지식배서에 의해 어음을 양도받은 자는 단순한 교부만으로 어음을 양도할 수 있다(어음법 제14조 제2항 3호). 또 수표는 어음과 달리 수취인을 기재하지 않고 무기명식 또는 소지인출급식으로 발행할 수 있는데, 이러한 수표는 단순한 교부에 의해 양도할 수 있다(민법 제523조). 어음·수표를 단순한 교부에 의해 양도한 자는 배서인과 같은 담보책임은 지지 않는다.

6. 지급

어음금·수표금의 지급은 지급인(환어음·수표) 또는 발행인(약속어음)에 의해 행해지는 변제로서 지급에 의해 어음·수표관계는 종결된다. 어음금·수표금을 지급받기 위해서는 어음·수표의 소지인은 지급인 또는 발행인에게 어음·수표를 제시해야 한다. 어음·수표는 다수인간에 전전유통되기 때문에 지급인은 누가 권리자인지를 알 수 없기 때문이다. 어음소지인은 소멸시효가 완성하기 전에는 지급인 또는 발행인에게 어음·수표를 제시하고 어음금·수표금의 지급을 청구할 수 있다. 소멸시효는, 어음상의 권리는 만기로부터 3년이 지나면, 수표상의 권리는 지급제시기간 경과 후 6월이 지나면 완성한다.

7. 상환청구

(1) 의의

소지인이 지급제시를 하였음에도 지급인(환어음·수표) 또는 발행인(약속어음)이 지급을 거절하면, 소지인은 배서인 등 자신의 전 어음·수표행위자를 상대로 어음금·수표금의 지급을 청구할 수 있다. 이를 상환청구라 한다. 어음·수표의 소지인은 지급이 거절되더라도 상환청구의 가능성이 있음을 믿고 어음·수표를 취득하므로 상환청구 제도는 어음·수표의 유통성을 보장하는 기능을 한다.

(2) 요건

지급이 거절되었다고 하여 어음·수표의 소지인이 언제나 상환청구를 할 수 있는 것은 아니다. 상환청구를 하려면 일정한 요건을 갖추어야 한다. ① 실질적 요건으로, 소지인이 「지급제시기간 내에 적법한 지급제시」를 하였으나 「지급이 거절」되었어야 한다. 지급제시기간은 어음은 「지급을 할 날 또는 이에 이은 2거래일」이고, 수표는 「발행일로부터 10일」이다(어음법 제38조 제1항, 수표법 제29조 제1항). ② 형식적 요건으로, 실질적 요건이 갖추어졌다는 것을 「거절증서의 작성 등」을 통해 증명해야 한다(어음법 제43조, 제44조, 수표법 제39조).

(3) 상환의무자

상환의무자는 주채무자가 아니라 단순한 채무자이다. 주채무자는 상환의무자가 아니다. 주채무자와 상환의무자를 정리해 보면, ① 환어음은 인수인이 주채무자, 발행인·배서인·보증인이 상환의무자이고, ② 약속어음은 발행인이 주채무자, 배서인·보증인이 상환의무자이며, 수표는 주채무자는 없고 발행인·배서인·보증인이 상환의무자이다.

8. 보증

주채무자와 상환의무자가 책임을 이행하지 못할 경우를 대비하여 제3자가 대신 이행할 책임을 부담하는 어음·수표행위를 보증이라 한다(어음법 제30조 이하, 수표법 제25조 이하). 어음·수표의 보증은 민법상의 보증과 달리 부종성이 제한되고 최고·검색의 항변권이 인정되지 않는 등 보증인의 책임이 크게 강화되어 있다.

제2절 어음·수표행위

01 어음·수표행위의 의의

1. 개념

어음·수표행위는 형식적으로는 기명날인 또는 서명을 요건으로 하는 엄격한 요식의 증권적 법률행위이고, 실질적으로는 어음·수표상의 채무를 부담하는 법률행위이다.

2. 특징

어음·수표행위의 특징으로 중요한 점 두 가지가 있다. ① 어음·수표행위는 기명날인 또는 서명을 불가결의 요건으로 한다는 점이다. 이 점은 정의에서 이미 보았다. ② 더 중요한 특징은 어음·수표행위를 하게 되면 행위자가 어음·수표상의 채무, 즉 어음금·수표금을 지급할 의무를 부담하게 된다는 점이다. 이와 같은 채무부담은 「행위자의 의사」에 의한 것일 수도 있고 「법률의 규정」에 의한 것일 수도 있다. 예컨대, 환어음의 인수, 약속어음의 발행, 수표의 지급보증에 의한 채무부담은 당사자의 의사에 의한 것이나, 배서에 의한 채무부담은 법률의 규정에 의한 것이다. 배서인의 의사표시의 내용은 권리의 양도일뿐 채무의 부담은 아니기 때문이다.

02 어음·수표행위의 종류

(1) 각 어음·수표별 어음·수표행위

환어음에 관한 어음행위에는 발행·인수·배서·보증·참가인수 다섯 가지가 있다. 약속어음에는 발행인이 지급인을 겸하기 때문에 인수와 참가인수가 없고, 발행·배서·보증 세 가지만 있다. 수표에는 지급인은 있으나 인수·참가인수는 허용되지 않고, 인수와 비슷한 역할을 하는 지급보증이 있다. 따라서 수표에는 발행·배서·보증·지급보증 네 가지의 수표행위가 있다.

(2) 기본적 어음·수표행위와 부속적 어음·수표행위

어음·수표의 발행은 다른 어음·수표행위를 위한 전제가 되기 때문에 「기본적 어음·수표행위」라 하고, 그 밖의 어음·수표행위는 「부속적 어음·수표행위」라 한다. 기본적 어음·수표행위가 「형식적 하자」로 무효가 되면 그 이후의 부속적 어음·수표행위도 모두 무효가 된다는 점에서 구별의 실익이 있다.

03 어음·수표행위의 특성

1. 무인성

(1) 의의
1) 개념

어음·수표의 발행·배서는 흔히 매매·도급 등 다양한 원인관계에서 발생한 채무의 이행 수단으로 행해진다. 그리고 환어음에서 지급인의 인수는 지급인과 발행인 간의 자금관계상의 채무의 이행으로 행해진다. 그러나 원인관계나 자금관계가 어떠한 사유로 부존재·무효·취소되더라도 어음·수표행위는 그 자체에 하자가 없는 한 그 효력에 영향을 받지 않는다. 이를 어음·수표행위의 무인성 또는 추상성이라 한다.

어음의 소지인은 소지인이라는 사실만으로 어음상의 권리를 행사할 수 있고, 그가 어떠한 실제적 이익을 가지는지 증명할 필요가 없다(대판 1998.5.22. 96다52205). 어음채권에서 어음발행의 원인관계가 존재하지 않는다거나 원인채무가 변제 등으로 소멸하였다는 사정은 이를 주장하는 자가 증명하여야 한다(대판 2007.9.20. 2007다36407).

2) 전형적 사례를 통한 이해

예를 들어 보자. 甲은 乙로부터 토지를 매수하여 乙에게 1,000만 원의 매매대금을 지급해야 한다. 그런데 마침 甲은 며칠 전 丙에게 상품을 공급해 주고 아직 못받은 돈이 1,000만 원 있었다. 그래서 甲은 乙에게 丙을 지급인으로 한 1,000만 원의 환어음을 발행해 주었고, 丙은 이를 인수하였으며, 乙은 다시 이 어음을 A에게 양도하였다.

① 자금관계로부터의 무인성

위 예에서 어떠한 사정에 의해 甲·丙간의 상품공급계약이 부존재하거나 무효·취소되더라도 甲의 어음발행과 丙의 인수에는 아무 영향이 없다. 따라서 A는 丙에게 만기에 어음금 1,000만 원의 지급을 구할 수 있고, 丙이 지급을 거절하면 乙·甲에게 상환청구를 할 수 있다. 만약 乙이 A에게 어음을 양도하지 않았으면 乙 역시 A와 동일하게 권리행사를 할 수 있다.

② 원인관계로부터의 무인성

또 乙이 약속한 기일에 토지의 소유권을 이전해 주지 않아 甲이 乙에게 토지 매매계약을 해제하였다고 하자. 그렇더라도 甲의 어음발행과 乙의 A에 대한 배서는 효력을 잃지 않는다. ① 따라서 A는, 매매계약이 해제되었음을 알고 어음을 취득하였다는 등의 특별한 사정이 없는 한, 丙에게 어음금의 지급을 구할 수 있고, 丙이 지급을 거절하면 乙·甲에게 상환청구를 할 수 있다. ② 乙이 A에게 어음을 양도하지 않았다면 乙도 A와 같이 권리행사를 할 수 있는가? 乙이 어음금의 지급을 청구할 때 丙 또는 甲은 매매계약이 해제되어 대가를 지급할 필요가 없다는 이유로 어음금의 지급을 거절할 수 있다. 그러나 이는 甲과 丙이 그와 같은 항변권을 갖는다는 의미일 뿐이며(인적항변), 매매가 해제됨으로 인해 甲의 어음발행이 무효가 되었다거나 乙이 어음상의 권리를 상실한다는 의미는 아니다. 甲의 어음발행은 여전히 유효하고 乙은 어음상의 권리를 계속하여 보유한다(무인성).

(2) 기능 ― 어음·수표의 유통성 강화

어음·수표행위의 무인성은 ⅰ) 어음·수표취득자가 전단계 어음·수표행위자들에 대해 갖는 지위를 강화해 주고, ⅱ) 어음·수표행위자와 직접의 상대방 사이에 있어서도 상대방에게 매우 유리한 지위를 부여해 주어 어음·수표의 유통성을 강화하는 기능을 한다.

위 예에서 ⅰ) 토지 매매계약이 해제되어 乙이 丙·甲으로부터 어음금 지급을 거절당해도 어음취득자인 A는 원칙적으로 丙·甲에 대하여 어음금 지급을 청구할 수 있음을 보았다. ⅱ) 乙의 입장에서는, 어음의 발행으로 인해 乙이 입증해야 하는 사항을 甲이 증명해야 하도록 하는 증명책임의 전환이 일어나 어음을 발행하지 않을 경우보다 유리한 지위에 서게 된다. 즉 만약 어음을 발행 받지 않았다면 甲에게 매매대금의 지급을 구하기 위하여 乙은 매매계약의 체결 사실을 주장·입증해야 했다. 그러나 어음을 발행 받음으로써 乙은 그와 같은 주장·입증의 필요 없이 어음을 제시하는 것만으로 1,000만 원의 지급을 청구할 수 있다. 오히려 丙·甲이 어음금의 지급을 거절하려면 이

어음이 토지의 매매대금 지급을 위해 발행되었다는 사실, 乙의 토지 소유권 이전의무 불이행을 이유로 매매계약이 해제된 사실을 주장·입증해야 한다.

(3) 무인성의 한계

2. 문언성

(1) 의의

유가증권이 전전유통하는 과정에서 유가증권을 취득하는 자는 전 단계의 거래에서 증권 외적으로 존재하는 당사자의 합의나 기타 법률관계는 알지 못하고, 오로지 증권에 기재된 문언만을 믿고 증권을 취득한다. 따라서 어음·수표관계자들의 권리의무는 어음·수표에 기재된 사항에 한하여, 그리고 그 내용대로 인정되어야 하고, 어음·수표 외의 합의나 기타 기재되지 않은 사실에 의해 내용이 변경되거나 보충되어서는 안 된다. 그래야만 어음·수표의 유통성이 보장될 수 있다. 이를 어음·수표행위의 「문언성」이라 한다. 예컨대, 甲이 乙에게 금액을 1,000만 원의 기재하여 약속어음을 발행하였으면, 어음 외의 합의로 700만 원만 지급하기로 하였더라도 그 약속어음은 문언에 따라 1,000만 원의 어음금 채권을 표창하게 된다.

(2) 문언증권성과 무인증권성의 구별

무인증권성과 문언증권성은 모두 유가증권의 유통성을 보호하기 위한 것이고 원인관계와의 단절을 의미하나 동일한 개념은 아니다. 무인증권성은 증권상 권리의 「성립」에 관한 것이고 문언성은 그 「내용」에 관한 것이다. 어음·수표는 무인증권이면서 문언증권이지만, 화물상환증·선하증권·창고증권은 유인증권이면서 문언증권이다.

예를 들어 보자. 甲이 乙로부터 700만 원짜리 물건을 매수하고 그 매매대금의 지급을 위하여 乙에게 어음금액을 1,000만 원으로 한 약속어음을 발행해 주었다. 그러면서 甲과 乙은 어음 외에서 어음금 청구는 매매대금액 만큼만 하기로 합의하였다. 이후 甲·乙 간의 매매계약은 해제되었고 위 약속어음은 乙로부터 이와 같은 사정을 전혀 모르는 A에게로 양도되었다. A가 발행인인 甲에게 어음금 지급을 청구함에 있어, 甲이 원인관계인 매매계약이 해제되었음을 이유로 어음금 지급을 거절할 수 없는 것은 「무인증권성」과 관련한 문제이고, A가 甲에게 청구할 수 있는 어음금의 금액이 甲·乙 간 실제 합의내용인 700만 원이 아니라 어음면에 기재된 대로인 1,000만 원이라는 점은 어음의 「문언증권성」과 관련한 문제이다.

3. 독립성(어음·수표행위독립의 원칙)

(1) 의의

1) 개념

어음·수표행위독립의 원칙이란 어음·수표행위를 한 자는 그 어음·수표행위의 전제가 되는 선행의 어음·수표행위가 형식적 흠결 이외의 사유로 무효·취소되더라도 이와 독립하여 자신이 한 어음·수표행위의 내용에 따라 채무를 부담한다는 법리를 말한다.

2) 무인성과의 구별

무인성은 어음·수표행위가 그 원인관계의 무효·취소에 영향을 받지 않는다는 것임에 반해, 독립성은 후행의 어음·수표행위가 선행의 어음·수표행위의 무효·취소에 영향을 받지 않는다는 것이다.

(2) 전형적 사례를 통한 이해

1) 일반 사법관계

일반 사법관계에서는 법률행위가 연속하는 경우 선행행위가 무효이면 후행행위도 무효가 된다. 예컨대, 乙이 甲에 대한 매매대금채권을 A에게 양도하고, A가 이를 다시 B에게 양도하였다고 하자. 甲·乙간의 매매계약이나 乙·A간의 채권양도가 무효라면 이 하자는 A·B간의 채권양도에도 승계되어 A·B간의 채권양도도 무효가 되고, 결국 B는 甲에 대한 채권을 취득하지 못한다.

2) 어음·수표행위

유통성을 생명으로 하는 어음·수표 법률관계에서는 일반 사법관계와 똑같이 선행행위의 하자를 이유로 후행행위를 무효로 할 수는 없다. 어음·수표행위의 하자를 형식적 요건을 결한 경우와 실질적 요건을 결한 경우로 나누어 살펴보자. 甲이 乙에게 丙을 지급인으로 한 환어음을 발행하였고, 이후 丙이 이 환어음에 인수를 하였으며, 乙은 A에게, A는 B에게 각각 이 어음을 배서 양도한 경우를 예로 들어 보자.

① 선행의 어음·수표행위가 형식적 요건을 결한 경우

이 경우에는 어음·수표행위독립의 원칙이 적용되지 않고 일반 사법관계와 마찬가지로 후행의 어음·수표행위는 모두 무효가 된다. 위 예에서 甲이 어음을 발행하면서 기명날인·서명을 누락하였다고 하자. 이 경우 甲의 환어음 발행은 무효이고, 그 하자는 형식적 하자이므로 후행행위인 丙의 인수, 乙, A의 배서도 모두 무효가 된다. 그 결과 甲·乙·A는 모두 B에 대하여 어음상의 채무를 부담하지 않는다. 이렇게 처리하여도 B는 어음 취득 당시 어음면을 보고 甲의 기명날인·서명이 흠결된 사실을 알 수 있었기 때문에 거래의 안전에는 문제가 없다.

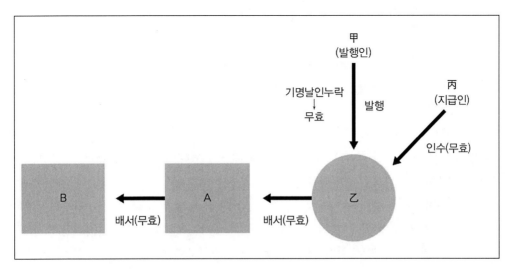

② 선행의 어음·수표행위가 실질적 요건을 결한 경우

이 경우가 어음·수표행위독립의 원칙이 적용되는 경우이다. 즉 선행행위가 실질적 요건을 결하여 무효·취소된 경우에는 후행의 어음·수표행위는 이에 영향을 받지 않고 독립하여 채무를 발생시킨다. 위 예에서 甲이 미성년자라는 이유로 어음발행이 취소되었다고 하자. 이 경우 甲은 아무런 책임도 지지 않을 것이나, 丙과 乙, A는 B에게 자신의 어음행위에 따른 채무를 부담한다. 丙은 인수에 따른 주채무를, 乙과 A는 배서에 따른 상환의무를 각각 부담한다. 이렇게 취급하지 않으면 어음의 유통성은 기대할 수 없게 된다. 甲이 미성년자라는 사실은 어음면에 드러나지 않으므로, 발행의 취소로 인수·배서까지 무효가 된다면 B는 불측의 손해를 입을 수 있다. 이를 피하려면 B는 어음을 취득할 때 A의 어음행위뿐만 아니라 그 이전 단계에서 이루어진 어음행위의 유효성까지 모두 확인해 보아야 한다. 그러나 어음을 취득하려는 자에게 이렇게까지 하면서 어음을 취득할 것을 기대하기는 사실상 불가능하다.

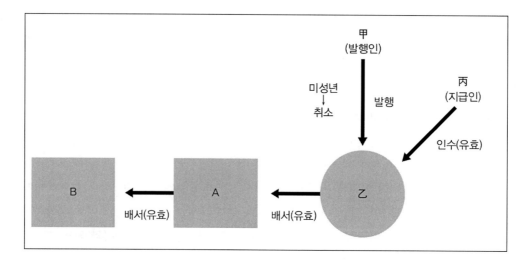

(3) 근거

1) 법적 근거

어음·수표행위 독립의 원칙은 어음법 제7조, 수표법 제10조에서 명문의 규정을 두고 있다. 나아가 보증에 대해서는 피담보채무와의 관계에서 어음법 제32조 제2항, 수표법 제27조 제2항에서 주의적인 규정을 두고 있다.

2) 이론적 근거

이러한 규정의 이론적 근거에 관해서는 견해의 대립이 있다. ① 예외법칙설은 연속하는 법률행위에서는 선행행위의 무효는 후행행위를 무효로 만드는 것이 원칙이나, 어음·수표에서는 특별히 유통성을 보호하기 위해 법이 예외를 인정한 것이라 한다. 통설의 입장이다. ② 당연법칙설은 동일한 어음·수표상에 이루어지는 행위라 하더라도 각 어음·수표행위는 각각 독립적인 의사표시로서 서로 아무런 관련이 없으므로 위 규정들은 당연한 규정이라고 한다.

(4) 적용범위

1) 형식적 흠결

선행행위에 형식적 흠결이 있는 경우에는 적용되지 않음은 앞에서 보았다. 형식적 흠결은 어음·수표의 문면에 드러나므로 누구든 인식가능하고, 그 결과 이러한 어음·수표를 취득한 자를 특별히 보호하지 않더라도 어음·수표의 유통을 해치지 않기 때문이다.

2) 어음·수표행위별 적용문제

① 「배서」 이외의 어음·수표행위

ⅰ) 비록 어음·수표행위 독립의 원칙이 어음법·수표법에서는 제1장 발행 부분에 규정되어 있기는 하나(어음법 제7조, 수표법 제10조), 어음·수표의 「발행」은 선행행위를 생각할 수 없으므로 어음·수표행위 독립의 원칙이 적용될 여지가 없다. ⅱ) 보증·참가인수·지급보증에 대해 이 원칙이 적용된다는 점에 대해서는 이론이 없다. ⅲ) 「인수」에 대하여 이 원칙이 적용되는가에 관해서는 부정설과 긍정설이 대립하나, 인수는 발행의 부속행위로서 인수에도 이 원칙이 적용된다는 긍정설이 다수설이다. 긍정설에 따르면 발행이 실질적 하자가 있어 무효·취소 되더라도 인수인은 인수한 문언에 따라 어음상의 채무를 부담한다.

② 배서

어음·수표행위 독립의 원칙은 배서에도 적용된다. 판례도 "최초의 발행행위가 위조되었다 하더라도 어음행위독립의 원칙상 그 뒤에 유효하게 배서한 배서인에 대하여는 소구권을 행사할 수 있다(대판 1977.12.13. 77다1753)."라고 하여 같은 입장이다. 따라서 배서인은 그 이전에 이루어진 발행·인수·배서가 실질적 하자로 무효가 되더라도 배서 이후의 권리자에게 독립적으로 채무를 부담한다. 다만 악의의 취득자에 대해서도 어음·수표행위 독립의 원칙이 적용되는가에 대해서 학설의 대립이 있다. 항을 바꾸어 살펴보기로 한다.

③ 악의의 취득자와 어음·수표행위 독립의 원칙

A. 문제의 제기　　　어음·수표를 취득한 자가 선행행위의 실질적 하자를 알고 어음·수표를 취득한 경우에도 어음·수표행위 독립의 원칙이 적용되는가? 예를 들어 보자. 甲이 乙에게 丙을 지급인으로 한 환어음을 발행하였고, 이 어음이 乙 → A → B → C로 배서양도 되었다. 그런데 A의 배서는 의사무능력으로 무효이었고, C는 A의 배서가 무효임을 알면서 어음을 취득하였다. 이 경우 B는 어음·수표행위 독립의 원칙에 따라 배서인으로서 어음금 지급채무를 부담하는가?

B. 학설

ⓐ 적용부정설　　　취득자가 악의인 경우에는 배서에 어음·수표행위 독립의 원칙이 적용되지 않는다는 입장이다. 위 예에서 C는 악의의 취득자로서 어음을 선의취득하지 못하므로 결국 A에게 어음을 반환해야 한다(어음법 제16조 제2항 단서). 그런데 C에게도 어음·수표행위 독립의 원칙이 적용된다고 하면 C가 B에게 담보책임을 물어 어음금의 지급을 청구할 수 있다는 결과가 되어 부당하다는 것이다.

ⓑ 적용긍정설(통설)　　　취득자가 악의인 경우에도 배서에 어음·수표행위 독립의 원칙이 적용

된다고 한다. 이 견해는「권리귀속의 문제」와「채무부담의 문제」를 분리하여 파악한다. 권리귀속의 문제는 선의취득과 관련된 것이고, 어음·수표행위 독립의 원칙은 채무부담의 문제와 관련된 것이라고 한다. 즉 어음·수표행위 독립의 원칙은 선의취득자의 보호와는 상관이 없고 어음·수표행위자에게 담보책임을 부담시키는 제도일 뿐이라는 것이다. 배서인의 채무부담의 문제가 자신의 어음·수표행위의 상대방의 주관적 사정에 따라 달라진다는 것이 오히려 부당하다고 한다. 이에 따르면 위 예에서 B는 어음·수표행위 독립의 원칙에 따라 배서인으로서 어음상의 채무를 부담한다(채무부담의 면). 다만 B는 C의 상환청구에 대하여 지급을 거절할 수 있는데, 이는 C가 악의자로서 권리를 선의취득하지 못하였기 때문이지(권리귀속의 면) B가 채무를 부담하지 않기 때문은 아니라고 한다.

C. 채무부담과 권리귀속의 분리   통설과 같이 권리귀속의 문제와 채무부담의 문제를 분리하여 이해하는 것은 어음·수표법을 이해하는데 있어 매우 중요하다. 일반적으로 권리와 의무는 서로 동전의 양면과 같이 분리할 수 없다고 여기나, 어음법·수표법에서는, 배서인이 피배서인에게 어음·수표를 배서한 경우「배서인이 어음금·수표금의 지급의무를 부담한다는 것」과「피배서인이 어음금·수표금 지급청구권을 취득한다는 것」은 서로 분리하여 생각해야 한다. 배서인의 책임은 이후의 불특정의 소지인에 대한 것으로서, 특정한 소지인의 권리와 일대일로 대응되지 않기 때문이다.「채무부담」에 관해서는「어음·수표행위 독립의 원칙」이,「권리이전」에 관해서는「선의취득」이 어음의 유통성 보호를 위한 특례로서 적용된다. 위 예를 가지고 자세히 살펴보기로 한다.

ⓐ 채무부담의 면(어음·수표행위 독립의 원칙 적용)   위 예에서 B는 배서에 의해 어음상의 채무를 부담하는가? 이러한 채무부담의 면은 어음·수표행위 독립의 원칙에 따라 판단한다. B는 자신의 배서행위가 유효하기만 하면, 그 이전의 A의 배서가 의사무능력이라는 실질적 하자로 무효라 하더라도 어음·수표행위 독립의 원칙에 따라 어음상의 채무를 부담한다. C가 A의 의사무능력에 대하여 악의라도 마찬가지이다. 즉 C가 어음을 선의취득하지 못하여 A에게 어음을 반환해야 하고, 그래서 B에게 어음금 지급을 청구할 권리가 없다 하여도 B는 배서에 의해 채무를 부담한다. B는 그것이 누구이든 간에 어음의 정당한 권리자에 대하여 어음금을 지급할 의무를 부담하는 것이다.

ⓑ 권리귀속의 면(선의취득과 관련)   위 어음상의 채무자, 즉 甲·乙·丙·B에게 어음상의 채권을 가지는 자는 누구인가? 이러한 권리귀속의 문제는 선의취득에 의해 해결한다.

ⓐ C가 어음을 선의취득한 경우   A의 배서가 의사무능력으로 무효이므로 B는 어음상의 권리를 취득하지 못한다. 그리고 B가 무권리자이므로 C는 B로부터 어음상의 권리를 승계취득할 수는 없다. 다만 C가 어음 취득 당시 A의 배서가 의사무능력으로 무효임을 몰라서 B가 무권리자임을 알지 못하였다면 C는 어음상의 권리를 선의취득할 수 있다. 이 경우 C는 甲·乙·丙·B에게 어음금의 지급을 청구할 수 있다. 여기서 주의할 점이 있다. C가 선의취득을 한 경우에만 B에 대하여 어음상의 권리를 행사할 수 있다고 하여, C가 선의인 경우에만 B의 배서에 어음·수표행위 독립의 원칙이 적용된다고 오해해서는 안 된다는 것이다. C가 선의인 경우에만 B에게 어음상의 책임을 물을 수 있는 이유는 이때에만 C가 어음상의 권리를 취득하기 때문일 뿐이다. B는 C의 선의·악의와 상관 없이 어음·수표행위 독립의 원칙에 따라 채무를 부담한다.

(b) C가 선의취득을 하지 못한 경우　　　만약 C가 A의 배서가 의사무능력으로 무효라서 B가 무권리자임을 알고 어음을 취득하였다면 어떠한가? C는 어음을 선의취득하지 못하므로 결국 어음을 A에게 반환하여야 한다(어음법 제16조 제2항 단서). 그 결과 C는 甲·乙·丙·B 누구에게도 어음상의 권리를 행사할 수 없고, 이는 곧 B가 C에게 어음상의 채무를 부담하지 않게 되는 결과가 된다. 결과만 보면 마치 취득자가 선행행위의 실질적 하자에 대하여 악의인 경우에는 어음·수표행위 독립의 원칙이 적용되지 않는 것처럼 보인다. 선행행위인 A의 배서가 실질적 하자인 의사무능력을 이유로 무효가 됨으로 인해 그 이후에 배서를 한 B가 C에 대하여 어음금을 지급하지 않아도 되니 말이다. 그러나 이는 C가 무권리자이기 때문에 생기는 반사적 효과이지 B가 채무를 부담하지 않기 때문은 아니다. B는 누가 되었든 간에 어음상의 정당한 채권자에게는 언제든지 채무를 부담한다. 만약 C가 D에게 어음을 배서 양도 하였는데, D가 이를 선의취득하였다면 B는 D에게는 어음상의 채무를 부담하게 된다.

04 어음·수표행위의 해석

1. 어음·수표 외관해석의 원칙

어음·수표행위의 내용은 어디까지나 어음·수표상의 기재에 의하여 객관적으로 해석하여야 하는 것이지, 어음·수표 외의 사정에 의하여 어음·수표상의 기재를 변경하는 방식으로 해석하여서는 아니 된다(대판 2000.12.8. 2000다33737). 어음·수표는 전전유통하므로 어음·수표행위의 효과는 직접의 당사자 사이에만 머물지 않고 다수의 제3자에게까지 확산되기 때문이다. 예컨대, 대리의 의사로 어음·수표행위를 했더라도 대리자격을 표시하지 않았으면 행위자 자신의 어음·수표행위로 보아야 할 것이다. 다만 외관해석을 하더라도 강행법 질서에 반하는 법률상태를 창설할 수는 없다. 예컨대, 기한 후에 배서하는 자가 기한 전의 날짜를 배서일자로 기재하였다고 해서 기한전 배서가 되는 것은 아니다.

2. 어음·수표 유효해석의 원칙

어음·수표행위는 다소의 흠이 있더라도 신의칙에 입각해 가급적 유효로 해석해야 한다는 원칙이다. 예컨대, 1978. 2. 30.을 발행일자로 기재한 어음은 1978. 2. 말을 발행일로 보아 유효한 어음으로 해석하는 식이다(대판 1981.7.28. 80다1295).

05 어음·수표행위의 성립

어음·수표행위가 유효하게 성립하기 위해서는, ① 적법한 방식을 갖추어야 하고(형식적 요건), ② 행위능력 등 일반 법률행위의 유효요건을 갖추어야 한다(실질적 요건). ③ 나아가 어음·수표행위가 성립하기 위해 어음·수표가 상대방에게 교부될 필요도 있는지에 대하여 견해가 대립한다.

1. 형식적 요건(어음·수표행위의 방식)

(1) 법정 기재사항의 기재

어음법·수표법은 어음·수표행위별로 그에 부합하는 의사표시의 내용과 방법을 정형화하여 규정하고 있다. 어음·수표행위는 법이 정한 그 내용과 방법에 따라 하여야 한다. 법정기재사항은 어음·수표행위의 종류별로 다른데, 예컨대, 환어음의 발행은 8가지의 어음요건을 적어야 하고(어음법 제1조), 배서는 피배서인의 성명과 배서문구를 적어야 한다. 법정기재사항을 갖추지 않을 경우 어음·수표행위는 원칙적으로 무효가 된다(엄격한 요식증권성).

(2) 기명날인 또는 서명

모든 어음·수표행위는 기명날인 또는 서명을 요한다. 기명날인 또는 서명이 결여된 어음·수표행위는 절대 무효이다. 어음·수표행위에 기명날인 또는 서명을 필수적으로 요구하는 이유는 채무를 누가 부담하는지 명확하게 드러내기 위함이다. 따라서 기명날인 또는 서명이 유효한지는 행위자가 누구인지 특정할 수 있는지에 따라 정해진다.

1) 기명날인

기명날인이란 어음·수표행위자가 성명을 기재하고(기명) 그의 인장을 찍어 인영, 즉 도장자국을 만드는 것(날인)을 말한다.

① 기명

ⅰ) 기명은 반드시 자필로 할 필요는 없고, 인쇄·타이핑·고무인 등 무엇으로 하여도 상관 없다. ⅱ) 본명뿐만 아니라 통칭·예명 등을 적어도 무방하다. 상인이 성명 대신 상호를 기재하는 것도 기업이 독립적인 법인격을 갖추지 있지 않다면 상인을 지칭하는 것으로 보아 유효로 보는 것이 통설이다. ⅲ) 기재에 사소한 실수가 있어 기명과 날인이 일치하지 않더라도 어음·수표행위자를 특정할 수 있는 한 유효하다. 판례는 본명이 '정창균'임에도 '정창규'라고 기명하고 창균이라는 도장을 찍어서 한 약속어음의 발행을 유효하다고 한 바 있다(대판 1969.7.22. 69다742). ⅳ) 그러나 날인만 있고 기명은 없는 어음·수표행위는 행위자가 특정되지 아니하므로 무효이다(대판 1999.3.9. 97다7745).

② 날인

「날인」이란 '인장'을 '압날'하는 것이다. 날인은 반드시 등록된 인감만으로 해야 하는 것은 아니고, 어떠한 인장을 사용하더라도 무방하다. 기명만 있고 날인이 없는 어음·수표행위는 무효이다. 다만 자필기명은 서명으로서 유효성이 인정될 수는 있다.

③ 기명날인과 관련한 몇 가지 쟁점

ⅰ) 무인 또는 지장을 찍는 것은 유효한 날인이 될 수 없다(통설·판례, 대판 1962.11.1. 62다604). 무인이 어음·수표행위자가 누구인지를 밝히는데 가장 정확하기는 하겠으나, 어음·수표거래상 요구되는 것은 과학적인 진실규명이 아니라 어음·수표행위자가 누구인지를 신속하게 인식할 수 있게 하는 것이기 때문이다. ⅱ) 기명과 날인은 서로 일치해야 하는가? 통설은 어음·수표행위자의 진정한 의사에 기하여 기명날인이 이루어진 이상 기명과 날인이 서로 일치하지 않더라도 유효한 것

으로 본다. 판례도 '황택임'이라는 기명 옆에 '서상길'이라는 인장을 압날한 것을 적법한 기명날인으로 보았다(대판 1978.2.8. 77다2489). 이 경우 어음·수표행위는 「기명」 부분에 표시된 자가 한 것으로 본다.

2) 서명

서명이란 자필로 성명을 기재하는 것을 말한다. 별도로 인장을 압날할 필요는 없다. 이 점 기명날인과 구별된다. 흔히 「사인」(signature)이라고 하여 성명의 일부 또는 전부를 갈겨쓰는 경우가 있는데, 이를 통해 서명자의 성명을 식별할 수 없다면 이는 서명이라 할 수 없다. 서명은 성명을 자필로 기재하여 어음·수표행위자가 누구인지를 나타내는 방법이므로 그 외관은 성명의 식별이 가능하도록 하여야 하기 때문이다.

3) 법인의 기명날인 또는 서명

법인의 어음·수표행위는 대표기관에 의해 이루어지므로, 그 방식은 ⅰ) 법인의 명칭, ⅱ) 대표자격, ⅲ) 대표기관의 기명날인 또는 서명(이하 '기명날인'이라고만 함)의 세 가지 요소를 갖추어야 한다. 예컨대, 「A주식회사 대표이사 甲」이라고 기재하고 甲의 인장을 찍거나 甲이 서명을 하는 방식에 의해야 한다. 여기서 인장은 회사의 인장이 아니라 甲의 인장이다. 어음·수표행위는 대표기관인 甲이 하기 때문이다. 그러나 대표이사들은 일반적으로는 개인 인장을 사용하지 않고 "A주식회사 대표이사 甲" 또는 "A주식회사 대표이사"라고 새겨진 직인을 사용하는데 이는 유효한 것으로 본다.

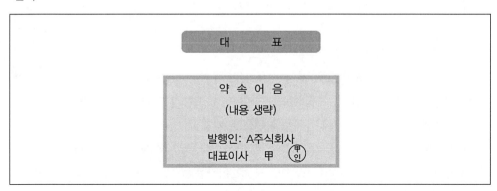

그러나 실제 거래에서는 법적 지식의 부족으로 위 세 가지 중 일부를 빠뜨리고 어음·수표행위를 하는 경우가 종종 있다. 각 요소가 흠결된 경우의 판례의 태도를 보도록 하자.

① 법인의 명칭이 흠결된 경우

법인의 명칭이 흠결된 어음·수표행위는 법인의 어음·수표행위로 볼 수 없다. 날인된 인영에 법인의 명칭이 나타나 있더라도 마찬가지이다. 판례도 같은 입장이다. 즉 "발행인 명의가 단순히 「홍경민」으로만 되어 있으면 비록 그 이름 하에 날인된 인영이 회사의 대표이사 직인이라 할지라도 그 어음은 홍경민이 회사를 대표하여 발행한 것이라고 볼 수 없다(대판 1979.3.27. 78다2477)."고 판시하였다.

② 대표자격의 표시가 흠결된 경우

예를 들어 「A주식회사 甲」이라고 기명하고 甲의 개인 인장을 날인하는 경우이다. 이 경우 역시 법인의 어음·수표행위로서의 효력은 없고 甲의 개인적인 어음·수표행위가 될 뿐이다. 그러나 판례는 인영에 대표이사라는 사실이 드러나 있으면 법인의 어음·수표행위로 보기도 한다. 즉 "「A주식회사 甲」이라고만 기재하고 그 기명 옆에는 'A주식회사 대표이사'라고 조각된 인장을 날인하였다면 그 수표의 회사 명의 배서는 甲이 A회사를 대표한다는 뜻이 표시되어 있다고 판단함이 정당하다(대판 1994.10.11. 94다14626)." 라고 판시하였다.

③ 대표기관의 기명이 없는 경우

법인의 명칭만 기재하고 대표기관의 날인만 있는 어음·수표행위는 무효로 보는 것이 통설·판례이다. 예컨대, 「A주식회사」라고 기재하고 그 옆에 甲이 기명을 생략한 채 甲의 개인 인장만 압날하여 어음·수표행위를 하는 경우이다. 판례는 "은행 지점장이 은행 지점 명칭이 새겨진 명판을 찍고 기명을 생략한 채 자신의 사인(私印)을 날인하는 방법으로 한 배서는 행위자인 대리인의 기명이 누락되어 무효이다(대판 1999.3.9. 97다7745)."라고 판시하였다. 같은 맥락에서 「A주식회사」라고 기재하고 그 옆에 회사의 인장이나 대표이사의 직인만 날인한 어음·수표행위도 무효이다. 판례도 "주식회사 국민은행 중부 지점이라고만 기재하여 회사인을 날인하고 그 대표자의 기명날인이 없는 배서는 무효라 할 것이다(대판 1964.10.31. 63다1168)"라고 판시한 바 있다. 이 경우에는 법인의 어음·수표행위가 되지 않을 뿐만 아니라 대표기관인 甲의 기명이 없으므로 甲 개인의 어음·수표행위도 되지 않는다.

4) 조합의 기명날인 또는 서명

조합은 법인격이 없으므로 조합 자체의 어음·수표행위는 있을 수 없다. 조합원 전원이 어음·수표채무를 부담할 의사로 어음·수표행위를 한다면, ⅰ) 조합원 전원이 기명날인을 하거나, ⅱ) 대리의 방식에 의할 경우에는 조합원 전원을 본인으로 기재하고 대리관계를 표시하여 대리인이 기명날인을 하는 것이 원칙일 것이다. 그러나 이는 매우 번거로운 일이 아닐 수 없다.

그래서 판례는 조합의 대표가 「A조합 대표자 甲」이라는 식으로 조합의 명칭과 대표자격을 표시하고 날인하였다면 조합원 전원을 기재하지 않았어도 甲이 조합원 전원을 대리하여 어음·수표행위를 한 것으로 본다(대판 1970.8.31. 70다1360). 조합명칭의 기재만으로 어음·수표행위자 본인들의 동일성이 표시된다고 본 때문이다. 표시방식에 있어서는 사실상 법인과 차이가 없는 셈이다.

5) 기명날인 또는 서명의 대행

① 기명날인의 대행

기명날인의 대행은 타인이 본인으로부터 수권을 받아 어음·수표행위자 본인의 기명을 하고 본인의 인장을 압날하는 것이다. 기명날인은 반드시 자필로 기재해야 하는 것은 아니므로 대행도 허용된다. 기명날인의 대행은 「사실적 대행」과 「대리적 대행」 두 가지 유형이 있다. ⅰ) 사실적 대행은 대행자가 단지 본인의 지시에 의해 어음·수표면을 작성한 후 기명하고 날인하는 동작을 해 주는 경우이다. 이는 대행자가 단지 어음·수표행위자의 손발이 되어 사실적 동작을 대신함에 불과한 것으로 이렇게 한 기명날인은 본인 자신의 기명날인으로 본다. ⅱ) 대리적 대행은 대리인이 일정한 범위의 대리권을 수여 받고 본인의 인장을 보관하면서 스스로의 재량으로 본인 명의의 기명날인을 하는 경우이다. 본인에게 법률효과가 미친다는 점에서 대리와 동일하고 다만 방식의 차이만 있을 뿐이다. 따라서 대리의 일종으로 보아 대리의 법리를 적용한다.

② 서명의 대행

서명의 대행은 대행자가 본인으로부터 수권을 받아 본인의 성명을 수기(手記)하는 행위를 대신해 주는 것이다. 서명은 「자필」기명인데 대행이 가능한가? 대행에 의한 서명도 유효하다고 본다. 서명이 대행되었는지는 어음·수표의 이해관계자들이 쉽게 파악할 수 없어, 서명이 대행되었다는 이유로 그 효력을 부정하면 어음·수표의 유통성이 보호되기 어렵기 때문이다.

2. 실질적 요건

어음·수표행위도 법률행위이므로 법률행위 일반에 공통되는 유효요건을 구비하여야 한다. 대체로 법률행위의 유효요건에 관한 민법의 일반원칙이 그대로 적용되나, 일부는 어음·수표행위의 특성을 고려하여 수정하여 적용되거나 적용이 배제되기도 한다.

(1) 어음·수표상의 권리능력

1) 권리능력 없는 사단

권리능력 없는 사단은, 부동산등기법 제26조가 부동산등기능력을, 민사소송법 제52조가 당사자능력을 인정하는 것처럼 법률이 특별히 권리능력을 인정하는 규정을 두는 경우를 제외하고는 권리능력을 가질 수 없다. 따라서 법률에 특별한 규정이 있지 않은 이상 권리능력 없는 사단은 어음·수표상의 권리능력을 갖지 못한다(통설). 그렇다면 종중·교회·사찰 등 권리능력 없는 사단의 대표자가 사단의 명칭을 기재하고 대표관계를 표시하여 어음·수표행위를 한 경우 그 어음·수표상의 책임은 누가 부담하는가? 이 문제는 책임의 부담에 관한 것으로서, 권리능력 없는 사단이 어음·수표상의 권리능력을 갖는지의 문제와는 다른 것이다. 학설은, ⅰ) 대표자책임설, ⅱ) 구성원 공동책임설, ⅲ) 사단책임설이 대립하나, 판례는 "비법인사단의 대표자의 위임에 따른 어음행위로 인한 어음금의 지급책임은 독립한 권리의무의 주체인 비법인사단에게 귀속되는 것이지 그 구성원들이 책임을 부담하는 것은 아니다(대판 1992.7.10. 92다2431)."라고 판시하여 사단책임설을 취하고 있는 것으로 보인다. 이렇게 보는 것이 어음·수표행위자나 취득자의 기대에 부합하므로 타당하다.

2) 조합

조합 역시 어음·수표상의 권리능력은 인정되지 않는다. 한편 판례에 의하면 조합의 대표가 「A 조합 대표자 甲」이라는 식으로 조합의 명칭과 대표자격을 표시하고 날인하였다면 甲이 조합원 전원을 대리하여 어음·수표행위를 한 것으로 본다(대판 1970.8.31. 70다1360)함은 앞에서 보았다.

이와 같은 방식으로 어음·수표행위를 했을 때 그 책임은 누가 지는가? 학설은, ⅰ) 대표자책임설, ⅱ) 조합원합동책임설, ⅲ) 1차적으로 조합재산으로 책임을 지고 그것으로 부족할 경우 각 조합원이 부담부분의 범위 내에서 개인재산으로 책임을 진다는 조합 및 조합원책임설 등이 있다. 판례는 "전조합원이 없다 할지라도 전조합원의 성명이 표시되어 있는 경우와 같이 전조합원은 어음의 공동발행인으로서 합동책임을 져야 한다(대판 1970.8.31. 70다1360)."라고 하여 조합원합동책임설의 취하고 있다. 권리능력 없는 사단의 경우 사단책임설을 취하고 있는 것과 대조된다. 이 판례에 대해서는 조합의 경우에도 조합 및 조합원책임설이 어음·수표행위자나 취득자의 기대에 부합한다는 비판이 있다.

3) 회사

영리회사의 경우 정관에 정한 목적의 범위 내로 일반적인 권리능력이 제한되는지에 관해 무제한설과 제한설의 대립이 있다. 무제한설에 의하면 회사는 당연히 어음·수표상의 권리능력을 갖는다. 제한설에 의할 경우 어음·수표행위는 회사의 목적 범위 내에 해당하는가? 어음·수표행위는 추상성을 가지므로 회사의 목적과 관련 짓는 것은 적당하지 않다. 목적 범위 내인지는 원인관계에서나 문제될 수 있을 뿐이다. 요컨대, 회사는 목적 여하에 불문하고 어음·수표상의 권리능력을 갖는다.

(2) 어음·수표행위능력

민법상 제한능력에 관한 규정은 어음·수표행위에도 일반적으로 그대로 적용된다. 따라서 ① 의사능력 없는 자의 어음·수표행위는 당연히 무효이고, ② i) 미성년자가 법정대리인의 동의 없이 단독으로 한 어음·수표행위, ii) 피성년후견인이 동의 유무를 불문하고 단독으로 한 어음·수표행위, iii) 피한정후견인이, 법원이 어음·수표행위를 동의가 필요한 행위로 정하였음에도 한정후견인의 동의 없이 한 어음·수표행위는 취소할 수 있다.

1) 제한능력을 이유로 한 어음·수표행위의 취소

제한능력을 이유로 한 어음·수표행위의 취소는, ① 직접의 상대방뿐만 아니라 그 이후의 취득자에게도 할 수 있고, ② 물적항변사유이므로 누구에게나 주장할 수 있다. ③ 또한 취소를 한 제한능력자는 책임을 면하고, 자신의 권리행사를 위하여 어음·수표 소지인에게 어음·수표의 반환을 청구할 수 있다. 다만 이때 자신이 원인관계에서 얻은 이득은 부당이득으로서 현존이익의 범위에서 반환해야 한다. 그리고 소지인이 어음·수표를 선의취득하는 경우에는 어음·수표의 반환을 청구할 수 없다.

예를 들어 보자. 甲이 미성년자인 乙에게 丙을 지급인으로 한 환어음을 발행하였는데, 乙은 법정대리인의 동의 없이 이를 A에게 배서하였다. 그리고 A가 이를 다시 B에게 배서하여 현재 이 어음은 B가 소지하고 있다. B가 丙에게 어음을 제시하고 지급청구를 하였으나 丙이 지급을 거절하자, B는 乙에게 상환청구를 하였다. 이에 乙은 B에게 '제한능력을 이유로 자신의 배서를 취소한다'는 통보를 하였다. 이때 B는 乙 또는 A로부터 어음금을 받을 수 있는가?

① 먼저 乙이 배서는 A에게 하였는데 그 배서의 취소는 B에게 할 수 있는가? 어음·수표행위의 취소는 직접의 상대방뿐만 아니라 그 이후의 취득자에게도 할 수 있으므로 B에게도 취소할 수 있다. ② 제한능력을 이유로 한 취소는 물적항변사유이므로 배서를 취소하면 乙은 B를 비롯한 모든 사람에 대하여 어음상의 채무를 부담하지 않는다. 따라서 乙이 배서를 취소하는 경우 B는 乙로부

터는 어음금을 받을 수 없다. ③ B가 A로부터는 어음금을 받을 수 있는지는 B가 어음을 선의취득
하였는지에 따라 달라진다. B가 어음을 선의취득하지 못하였다면 B는 배서를 취소한 乙에게 어음
을 반환해야 하고, 그 결과 A로부터도 어음금을 받을 수 없다. 그러나 B가 어음을 선의취득한 경
우에는 乙에게 어음을 반환할 필요가 없고, A에게 상환청구를 하여 어음금을 받을 수 있다(A의 책임
과 관련해서는 어음·수표행위 독립의 원칙 부분을 참고하기 바란다).

2) 미성년자의 행위능력 제한에 관한 예외

① 미성년자가 단순히 권리만을 얻거나 의무만을 면하는 행위는 법정대리인의 동의를 요하지
않는다(민법 제5조 제1항 단서). 그러나 어음·수표행위는 언제나 채무를 부담하거나 권리를 처분하는
내용이므로 이에 해당하는 예는 생각할 수 없다(통설).

② 법정대리인이 범위를 정하여 처분을 허락한 재산은 미성년자가 임의로 처분할 수 있으므로
(민법 제6조), 미성년자는 그 재산에 관하여 어음·수표행위능력을 가진다(다수설).

③ 미성년자가 법정대리인으로부터 허락을 받아 영업을 하거나 회사의 무한책임사원이 되는 경
우, 미성년자는 그 영업상의 행위로서 하거나 그 사원자격으로 하는 어음·수표행위에 대하여는 어
음·수표행위능력을 갖는다(민법 제8조, 상법 제7조).

(3) 어음·수표행위의 목적

선량한 풍속 기타 사회질서에 반하는 법률행위·불공정한 법률행위에 관한 민법의 규정(제103조,
제104조)은 어음·수표행위에는 적용되지 않는다. 어음·수표행위는 무인성을 가지므로 그 자체의 목
적은 항상 적법하다고 보아야 하기 때문이다. 다만 원인관계가 위 규정에 위반하여 무효가 됨으로
써 어음·수표관계에서 인적항변의 문제가 생길 수는 있다. 예컨대, 상대방의 폭리행위(민법 제104조)
로 인해 부담한 채무의 이행을 위하여 약속어음을 발행하였더라도 그 어음 발행은 유효하다. 다만
발행인은 원인관계가 무효라는 인적항변을 제기하며 상대방에게 지급을 거절할 수 있다.

(4) 의사표시의 하자

의사표시의 하자에 관한 민법의 규정은 어음·수표행위에 그대로 적용된다. 즉 비진의의사표시,
통정허위표시, 착오에 의한 의사표시, 사기·강박에 의한 의사표시(민법 제107조 ~ 제110조)에 관한 규
정은 모두 어음·수표행위에 적용된다. 한결같이 선의의 제3자 보호에 관한 규정을 두고 있어 어
음·수표행위에 적용하더라도 어음·수표의 유통성에 장애를 주지 않기 때문이다. 다만 「취소의
상대방」과 「취소 시 제3자의 보호」와 관련하여 유의할 점이 있다.

관련 판례를 통하여 보자. 甲이 약속어음을 할인해 주겠다는 거짓말에 속아 乙에게 약속어음을
발행하였는데, 乙이 이를 A에게 배서하여 A가 약속어음을 소지하고 있다. A가 甲에게 어음금 지급
을 청구하자 甲은 A에게 사기를 이유로 약속어음 발행을 취소하면서 지급을 거절하였다. A는 甲
으로부터 어음금을 지급받을 수 있는가?

1) 취소의 상대방

먼저 甲이 발행의 상대방인 乙이 아니라 乙로부터 어음을 취득한 A에게 약속어음의 발행을 취
소할 수 있는가가 문제된다. 이에 관해 판례는 제한능력을 이유로 한 취소와 동일하게 "사기와 같

은 의사표시의 하자를 이유로 어음발행행위를 취소하는 경우에 그 취소의 의사표시는 어음발행행위의 직접 상대방에 대하여 뿐만 아니라 어음발행행위의 직접 상대방으로부터 어음을 취득하여 그 어음금의 지급을 청구하고 있는 소지인에 대하여도 할 수 있다(대판 1997.5.16. 96다49513).”라고 판시하여 甲의 A에 대한 취소가 가능하다고 하였다.

2) 취소의 효과

甲은 乙의 사기를 이유로 한 발행의 취소를 가지고 A에게 대항할 수 있는가? 판례는 “어음행위에 착오·사기·강박 등 의사표시의 하자가 있다는 항변은 어음행위 상대방에 대한 인적항변에 불과한 것이므로, 어음채무자는 소지인이 채무자를 해할 것을 알고 어음을 취득한 경우가 아닌 한, 소지인이 중대한 과실로 그러한 사실을 몰랐다고 하더라도 종전 소지인에 대한 인적항변으로써 소지인에게 대항할 수 없다(대판 1997.5.16. 96다49513).”라고 판단하여 원심에서 소지인 A의 중과실 유무에 대한 판단은 무의미하다고 보았다. 따라서 A에게 해의가 없는 한 甲은 발행의 취소를 A에게 대항할 수 없고 A에게 어음금을 지급할 의무를 부담한다. 이처럼 민법상 선의의 제3자 보호는 어음법·수표법에서는 인적항변의 문제로 전환된다.

3) 통정허위표시와 증명책임에 관한 판례

발행인과 수취인이 통모하여 진정한 어음채무 부담이나 어음채권 취득에 관한 의사 없이 단지 발행인의 채권자에게서 채권추심이나 강제집행을 받는 것을 회피하기 위하여 형식적으로만 약속어음의 발행을 가장한 경우 이러한 어음발행행위는 통정허위표시로서 무효이다(대판 2005.4.15. 2004다70024). 이 경우에도 어음 발행행위 등 어떠한 의사표시가 통정허위표시로서 무효라고 주장하는 자에게 그 사유에 해당하는 사실을 증명할 책임이 있다(대판 2010.6.24. 2010다12852).

3. 증권의 교부(어음·수표이론)

(1) 의의

어음·수표를 발행하기 위해서는 어음·수표라는 증권을 「작성」하여 상대방에게 「교부」하여야 한다. 그런데 이 과정에서 어음·수표는 언제 효력을 발생하는가? 다시 말해 어음·수표의 발행에 증권의 교부를 요하는가? 이 문제는 발행인이 어음·수표를 작성만 하고 상대방에게 교부하지 않은 상태에서 발행인의 의사에 반하여 유통이 개시된 경우, 또는 어음·수표를 수령하는 자에게 어음·수표수령의 의사가 흠결된 경우 이를 완성된 어음·수표로 볼 것이냐, 나아가서 이 어음·수표에 관해 선의취득이 가능하냐는 문제로 연결된다. 어음·수표이론은 어음·수표행위에 의하여 어음·수표상의 권리와 의무가 발생하는 이유와 시기를 찾는 논의로서 어음·수표행위의 본질을 파악하는 이론이다.

(2) 학설

1) 학설의 내용

① 창조설은 어음·수표상의 채무는 발행인이 어음·수표를 일방적으로 작성함으로써 발생하고 증권의 교부는 필요하지 않다고 한다. 이에 의하면 발행인이 작성한 어음·수표가 교부 전에

도난·분실 등 발행인의 의사에 반하여 유통되더라도 어음·수표는 유효하고 발행인은 어음·수표채무를 부담한다.

② 발행설은 어음·수표의 발행은 단독행위로서, 발행인이 증권을 작성하고 이를 자신의 의사에 기하여 특정의 상대방에게 교부하여야 어음·수표채무가 발생한다고 한다. 다만 상대방의 어음·수표 수령의사나 수령능력은 요하지 않고, 권리자뿐만 아니라 누구에게든 발행인의 의사에 의해 교부하면 족하다고 한다.

③ 교부계약설은 어음·수표상의 채무는 발행인이 어음·수표를 작성하고 상대방과 어음·수표의 교부에 관한 계약을 체결해야 발생한다고 한다. 즉 어음·수표가 상대방에게 교부되어 도달해야 하고, 상대방이 수령의사와 수령능력을 가지고 있을 것을 요한다.

④ 권리외관설은 교부계약설의 변형으로서 어음·수표채무는 원칙적으로 어음·수표의 작성과 어음·수표의 교부계약에 의해 발생하지만, 교부계약이 흠결된 경우라도 어음·수표를 작성한 자는 어음·수표상의 권리가 존재하는 듯한 외관을 창출하였으므로 그에 대해 귀책사유가 있는 한 교부계약이 있는 경우와 동일하게 책임져야 한다고 한다.

2) 각 학설의 차이점

창조설·발행설·교부계약설 중 창조설이 발행인의 어음·수표채무를 가장 쉽게 인정하고 교부계약설이 가장 어렵게 인정하며, 발행설은 그 중간이다. 권리외관설은 어음·수표상의 권리가 존재하는 듯한 외관을 창출하였는지를 가지고 판단하므로 별개로 따져야 한다.

사례를 통해 각 학설의 차이점을 살펴보자. 甲이 어음용지에 乙을 수취인으로 기재하고, 다른 어음요건을 기재한 후 기명날인하여 두었다. 그런데 현재 어음은 B가 소지하고 있다. B가 어음을 소지하게 된 다음 각각의 경우에 이 증권이 유효한 어음인지, 즉 甲이 B에게 어음금 지급 채무를 부담하는지를 표로 정리하면 다음과 같다.

	甲이 乙에게 어음을 교부하기 전에 도둑이 어음을 절취하여 유통시킨 경우	甲이 乙에게 어음을 교부하였으나 乙이 수령 시 의사무능력이었던 경우	甲이 乙에게 교부하여 乙이 수령하였고, 이때 乙은 수령능력·수령의사 모두 있었던 경우
		甲이 乙에게 어음을 발행할 의사로 어음을 작성하였으나 실제로는 A에게 교부한 경우	
창조설	○	○	○
발행설	×	○	○
교부계약설	×	×	○
권리외관설	○	○	○
	甲이 어음상의 권리가 존재하는 듯한 외관을 창출하였으므로		

(3) 판례

판례는 분실한 어음의 소지인에 대해서 발행인이 교부흠결을 이유로 지급을 거절한 사안에서 "어음을 유통시킬 의사로 어음상에 발행인으로 기명날인하여 외관을 갖춘 어음을 작성한 자는 그 어음이 도난·분실 등으로 인하여 그의 의사에 의하지 아니하고 유통되었다고 하더라도, 배서가 연속되어 있는 그 어음을 외관을 신뢰하고 취득한 소지인에 대하여는 그 소지인이 악의 내지 중과실에 의하여 그 어음을 취득하였음을 주장·입증하지 아니하는 한 발행인으로서의 어음상의 채무를 부담한다(대판 1999.11.26. 99다34307)."라고 판시하였다. 권리외관설은 교부계약설을 전제로 하는 것이므로 판례의 입장은 교부계약설을 권리외관설로 보충하는 것으로 이해하면 된다.

06 어음·수표행위의 대리

1. 대리권 있는 대리

(1) 의의

어음·수표행위도 법률행위이므로 타인에 의한 대리가 가능하다. 그런데 어음법·수표법은 대리의 방식이나 효과에 관해서는 아무런 규정도 두지 않고, 단지 무권대리의 효과에 관한 규정 하나만을 두고 있을 뿐이다(어음법 제8조, 수표법 제11조). 따라서 나머지 문제는 민법의 대리에 관한 규정이 적용되는데, 어음·수표행위의 문언성 등의 특성으로 인하여 민법상 대리의 법률관계를 어음·수표 법률관계에 적용할 때는 일부 수정을 가하여 적용하여야 한다.

(2) 형식적 요건

어음·수표행위를 타인이 대리할 경우에는, ⅰ) 본인을 표시하고, ⅱ) 대리관계를 표시한 후, ⅲ) 대리인이 기명날인 또는 서명을 하여야 한다. 예시하면 다음과 같다.

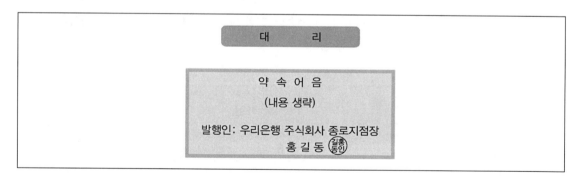

1) 본인의 표시 — 절대적 현명주의
① 원칙

민법의 일반원칙에 의하여도 대리가 유효하기 위해서는 본인을 표시하여야 하지만, 대리인이 본인을 위한 것임을 표시하지 않았더라도 상대방이 대리행위임을 알았거나 알 수 있었을 경우에는 대리행위로의 효력이 있다(민법 제115조 단서). 또 상법에 의하면 상행위의 대리인이 본인을 위한 것임을 표시하지 아니하여도 그 행위는 본인에 대하여 효력이 있다(제48조 본문).

그러나 위 규정들은 어음·수표행위에는 적용되지 않는다. 대리인이 본인을 표시하지 않고 대리인만 표시하여 한 어음·수표행위는 상대방이 대리행위임을 알았거나 알 수 있었다 하더라도 대리행위로서의 효력이 없다. 이를 절대적 현명주의라 한다. 순차로 다수인이 당사자로 관여하는 어음·수표거래에서 본인을 표시하지 않은 대리행위는, 상대방은 대리행위임을 알았다고 하더라도 그 이후의 어음·수표관계자들은 어음·수표에 기재된 대로 대리인 스스로의 어음·수표행위로 믿을 것이기 때문이다. 어음·수표의 문언성에 비추어 보아도 그러하다.

예를 들어 보자. 甲'가 甲을 대리하여 乙로부터 물건을 매수하고 그 대금의 지급을 위해 乙에게 약속어음을 발행하였다. 甲'는 甲을 대리하는 의사로 어음을 발행하였고 乙은 이를 알았거나 알 수 있었다. 그러나 甲'는 어음문면에는 甲을 표시하지 않고 오직 甲'의 이름만 기재하였다. 이 경우 이 약속어음의 발행은 甲'가 甲을 대리하여 한 어음행위로 볼 수 없고, 결국 乙은 甲에게 어음금의 지급을 구할 수 없다.

② 본인을 표시하지 않은 대리인의 책임

대리인이 본인을 표시하지 않아 본인이 어음·수표상의 책임을 지지 않는다면 대리인의 책임은 어떠한가? 어음·수표면에 대리인의 이름만 기재되어 있으므로 약속어음의 발행은 대리인의 어음·수표행위로 보아야 하고, 따라서 대리인은 원칙적으로 발행인으로서의 책임을 져야 한다. 다만 어음·수표금 지급 청구에 대하여 인적항변을 하여 지급을 면할 수 있는 경우는 있다. 위 예를 통하여 살펴보도록 하자.

A. 직접 상대방과의 관계   어음행위의 직접 상대방인 乙이 어음금의 지급을 청구하는 경우에는 甲'는 인적항변을 제출하여 책임을 면할 수 있다. 즉 甲'는 원인관계인 매매계약이 대리행위였고 乙은 이를 알았거나 알 수 있었으므로 책임은 본인인 甲에게 있다는 인적항변을 할 수 있다(다수설). 민법 제115조 단서는 어음관계에는 적용되지 않으나 원인관계에서는 적용되기 때문이다. 결과적으로 乙은 본인인 甲, 대리인인 甲' 누구로부터도 어음금을 지급 받을 수 없다.

B. 이후의 취득자와의 관계   乙이 약속어음을 A에게 배서하여 A가 어음소지인으로서 甲'에게 어음금의 지급을 청구하는 경우에는 어떠한가? 甲'는 종전의 소지인인 乙에 대한 인적항변으로써 A에게 대항할 수 없다(어음법 제17조 본문). 따라서 甲'는 A에게 어음금을 지급해야 한다. 다만 A가 채무자인 甲'를 해할 것을 알고 어음을 취득한 경우에는 甲'는 A에게 악의의 항변을 하여 어음금의 지급을 거절할 수 있다(동조 단서). 그런데 甲'가 악의의 항변을 할 수 있기 위해서는 A가 「乙이 甲'의 대리사실을 알았거나 알 수 있었다는 사실」을 알면서 어음을 취득하였어야 하는데, A가 이와 같은 乙의 주관적 사정을 안다는 것은 거의 불가능하다. 따라서 甲'가 대리의 직접 상대방인 乙 이후의 취득자에 대해서 어음상의 책임을 면한다는 것은 사실상 불가능하다.

2) 대리관계의 표시

대리관계를 표시하여야 한다. 대리관계가 어음·수표의 문면에 나타나지 않으면 본인은 어음·수표상의 채무를 부담하지 않는다. 대리관계의 표시는 본인을 위한 어음·수표행위로 인식될 수 있을 정도의 기재가 있으면 된다. 대리라는 것을 직접 표시하는 문자 이외에 지배인·지점장·후견인 등의 표시도 대리관계의 표시로서 충분하다. 심지어 판례는 「A주식회사 이사 甲」이라고 표시하고 배서를 한 사안에서, 이와 같은 표시는 甲이 대표이사가 아니므로 대표행위로는 볼 수 없지만, 동회사의 대리관계의 표시로써 적법한 표시로 인정하여야 할 것이라고 판시하기도 하였다(대판 1973.2.26. 73다1436).

3) 대리인의 기명날인 또는 서명

어음·수표행위에는 기명날인 또는 서명이 반드시 있어야 하므로, 대리행위의 경우에는 대리인의 기명날인 또는 서명이 반드시 있어야 한다.

(3) 실질적 요건

1) 대리권의 존재

어음·수표행위가 대리행위로서 유효하게 성립하기 위해서는 대리인이 대리권을 갖고 있어야 한다. 대리권은 본인의 수권행위에 의하여(임의대리권), 또는 법률의 규정 등에 의하여(법정대리권) 주어진다.

2) 대리권의 제한

본인이 대리권을 일정한 범위로 제한한 경우 대리인이 그 제한을 위반하여 한 대리행위는 원칙적으로 무권대리가 되어 무효이나, 예외적으로 거래의 안전을 위해 대리권의 제한을 선의의 제3자에게 대항할 수 없도록 하는 경우가 있다. 지배권의 제한(제11조 제3항), 주식회사 대표이사의 대표권 제한(제389조 제3항 → 제209조 제2항) 등이 대표적인 예이다. 이 규정들이 어음·수표행위에 적용될 경우 제3자의 범위에는 그 대리인으로부터 직접 어음·수표를 취득한 상대방뿐만 아니라 그로부터 어음·수표를 다시 배서양도받은 제3취득자도 포함된다(대판 1997.8.26. 96다36753). 따라서 지배인 A'가 대리권의 내부적 제한에 위반하여 본인 A를 대리해 B에게 어음·수표를 배서양도하고 B가 이를 다시 C에게 배서양도하여 C가 어음·수표소지인으로서 A에게 상환청구를 하는 경우, 설사 배서의 직접 상대방인 B가 대리권 제한 사실을 알았다 하더라도 B를 통하여 어음·수표를 전득한 C가 그 사실을 알지 못하였다면 A는 대리권 제한을 C에게 대항할 수 없다.

3) 자기계약·쌍방대리의 금지와 이사의 자기거래의 금지

① 적용여부

A. 문제의 제기   민법에 의하면 자기계약·쌍방대리는 금지되고(민법 제124조 본문), 상법에 의하면 주식회사의 이사는 회사와 거래를 할 때는 이사회의 승인을 얻어야 한다(제398조). 이 규정들은 어음·수표행위에도 적용되는가?

B. 학설   ⅰ) 어음·수표행위는 수단성을 가지는 무색적인 행위로서 그 자체로 이익의 충돌을 일으킬 염려가 없으므로 민법 제124조 단서에 해당하거나, 상법 제398조의 적용 외에 있다는 이유로 적용을 부정하는 견해도 있으나, ⅱ) 통설은 어음·수표상의 채무는 항변이 절단되고, 입증책임이 감경되는 등 원인관계상의 채무보다 엄격하기 때문에 적용을 긍정한다.

C. 판례   판례는 통설과 같은 입장이다. 즉 "약속어음의 발행에 관하여는 상법 제398조에 의하여 피고 회사의 이사회의 승인이 있어야 할 터이므로 원심은 이 점을 심사 판단하였어야 할 것임에도 불구하고, …(대판 1966.9.6. 66다1146)"라고 판시하였다.

② 위반행위의 효력

자기계약·쌍방대리 금지에 위반하여 한 어음·수표행위, 이사가 이사회의 승인을 얻지 않고 회사와 사이에 한 어음·수표행위는 당사자 사이에서는 무효이지만, 선의의 제3자에 대해서는 대항할 수 없다(상대적 무효설)(대판 2014.6.26. 2012다73530). 제3자가 선의이더라도 중과실이 있는 경우에는 악의로 취급되어 대항할 수 있다(대판 2014.6.26. 2012다73530).

예를 들어 보자. 지배인 X가 영업주 甲의 허락을 얻지 않고 甲을 대리하여 X 자신에게 약속어음을 발행하는 경우, 이 어음 발행은 당사자 사이인 甲과 X 사이에서는 무효이다. 따라서 甲은 X에게 어음금을 지급할 의무가 없다. 그러나 X가 이 어음을 A에게 배서양도하여 A가 어음소지인으로서 甲에게 어음금 지급을 청구할 경우, 만약 A가 어음 취득 당시 자기거래 사실을 알지 못하였다면 甲은 발행이 자기거래로서 무효라는 이유로 어음금의 지급을 면할 수 없다. 즉 선의의 제3자인 A에게는 어음금을 지급해야 한다.

2. 표현대리&표현지배인·표현대표이사

어음법·수표법은 무권대리의 효과에 관한 규정 하나만을 두고 있고(어음법 제8조, 수표법 제11조) 표현대리에 관해서는 아무런 규정도 두고 있지 않다. 따라서 민법의 표현대리에 관한 규정(민법 제125조, 제126조, 제129조)과 상법의 표현지배인(제14조 제1항) 및 표현대표이사(제395조) 등에 관한 규정이 어음·수표행위에도 적용된다. 다만 어음·수표행위의 특수성으로 인해 일부 수정 적용되기도 한다.

(1) 표현대리의 성립

1) 제3자의 「선의」

민법에 의하면 표현대리가 성립하려면 표현대리인과 거래를 하는 제3자는 「선의·무과실」이거나(민법 제125조, 제129조) 「대리권이 있다고 믿을 만한 정당한 사유」가 있어야 한다(민법 제126조). 그러나 어음·수표의 경우에는 제3자가 「선의·무중과실」이기만 하면 표현대리가 성립한다고 하여 표현대리의 성립요건을 완화하는 것이 통설이다. 표현지배인과 표현대표이사의 경우에는 제3자에게 선의·무중과실이 요구된다는 점에서 상법과 어음법·수표법이 다르지 않다.

2) 「제3자」의 범위

① 문제의 제기

제3자는 거래의 직접상대방으로 한정되는가(제한설) 아니면 그 이후의 제3취득자도 포함되는가(확장설)? 예를 들어 보자. 甲은 그의 대리인인 甲'에게 3,000만 원의 범위 내에서 약속어음을 발행할 수 있는 권한을 부여하였다. 그러나 甲'는 그 권한을 넘어 甲을 대리해서 乙에게 8,000만 원의 약속어음을 발행하였다. 이때 乙은 甲'가 권한을 넘어 어음을 발행한다는 사정을 알고 있었다. 이 후 乙은 이 어음을 이와 같은 사정을 전혀 모르는 A에게 배서양도하였고 현재 어음소지인은 A이다. 甲은 A에게 어음상의 책임을 부담하는가?

대리인인 甲'가 甲으로부터 부여 받은 권한을 넘어 어음을 발행하였는데, 제3자가 甲'에게 그 권한이 있다고 믿을 만한 정당한 사유가 있었으면(선의·무중과실), 민법 제126조 표현대리가 성립하여 본인인 甲은 제3자에 대하여 어음상의 책임을 져야 한다. 제한설에 따라 제3자의 범위를 직접상대방으로 한정하면, 甲'의 직접상대방인 乙만이 제3자에 해당하므로 선의·무중과실 여부는 乙을 기준으로 판단한다. 그런데 乙이 악의라고 하였으므로 이 경우 표현대리는 성립하지 않고, 결국 甲은 어음소지인인 A에 대하여 수권범위 외의 금액인 5,000만 원에 대해서는 책임을 지지 않는다. 반면 확장설에 따라 직접상대방 이후의 취득자도 제3자에 포함된다고 하면, 乙로부터 어음을 배서 받은 A도 제3자에 포함되므로, 선의·무중과실일 경우 A도 표현대리에 의해 보호될 수 있다. 그런데 A는 선의라고 하였으므로 이에 의하면 표현대리가 성립하고, 따라서 甲은 A에게 甲'가 권한을 넘어 발행한 어음금액에 대해서도 책임을 져야 한다. 정리하면 甲은 A에게, 제한설에 의할 경우에는 수권범위 내인 3,000만 원의 범위에서만 책임을 지고, 확장설에 의할 경우에는 권한을 넘은 금액까지 합한 8,000만 원에 대해서 책임을 져야 한다.

② 통설 및 판례

통설은 어음·수표는 유통증권이기 때문에 제3자의 범위에는 직접상대방뿐만 아니라 그 이후의 제3취득자도 포함된다고 본다(확장설). 반면 판례는 혼선을 빚고 있다. 상법상의 표현책임이 적용되는 사안에서는 확장설을 취하면서, 민법상의 표현책임이 적용되는 사안에서는 제한설을 취한다. 이렇게 두 경우를 다르게 취급하는 근거는 확실하지 않다. 판례의 태도를 자세히 살펴보자.

A. 상법상의 표현책임　　판례는 상법상의 표현대표이사가 적용된 사안과 지배권의 내부적 제한과 관련된 사안에서 제3자의 범위에 어음행위의 직접상대방으로부터 어음을 배서양도 받은 제3취득자도 포함된다고 하였다(확장설). 즉 "표현대표이사가 다른 대표이사의 명칭을 사용하여 어음행위를 한 경우, 회사가 책임을 지는 선의의 제3자의 범위에는 표현대표이사로부터 직접 어음을 취득한 상대방뿐만 아니라, 그로부터 어음을 다시 배서양도받은 제3취득자도 포함된다(대판 2003.9.26. 2002다65073)."라고 하였고, "지배인이 내부적인 대리권 제한 규정에 위배하여 어음행위를 한 경우, 이러한 대리권의 제한에 대항할 수 있는 제3자의 범위에는 그 지배인으로부터 직접 어음을 취득한 상대방뿐만 아니라 그로부터 어음을 다시 배서양도 받은 제3취득자도 포함된다(대판 1997.8.26. 96다36753)."라고 판시하였다.

B. 민법상의 표현책임　　ⅰ) 민법상 권한을 넘은 표현대리(민법 제126조)가 적용된 사안에서 판례는 제3자는 표현대리인의 직접상대방에 한정된다고 하였다(제한설). 판례의 사안을 보자. 甲이 발행한 약속어음에 X가 권한 없이 甲' 명의의 보증문언을 기재하였는데, 이것은 민법 제126조의 표현대리에 해당하였다. 乙은 甲으로부터 이 어음을 교부 받아 소지하다가 甲'에게 표현대리를 주장하며 어음금 지급을 청구하였다. 이와 같은 사안에서 판례는 "표현대리에 관한 민법 제126조의 규정에서 제3자라 함은 당해 표현대리행위의 직접 상대방이 된 자만을 지칭하는 것이다."라고 하면서, "약속어음의 보증은 발행인을 위해서 그 어음금 채무를 담보할 목적으로 하는 보증인의 단독행위이므로 보증행위의 직접상대방은 발행인이고, 약속어음의 보증 부분이 위조된 경우 그 약속어음을 발행인으로부터 교부 받은 자는 민법 제126조의 표현대리를 주장할 수 있는 제3자에 해당하지 않는다(대판 2002.12.10. 2001다58443)."고 판시하였다.

(2) 표현대리의 효과

표현대리가 성립하면 본인은 어음·수표상의 책임을 진다. 이때 만약 상대방에게 과실이 있다면 과실상계를 통하여 본인의 책임을 감경할 수 있는가? 판례는 이를 부정한다. 즉 "표현대리행위가 성립하는 경우에 본인은 표현대리행위에 기하여 전적인 책임을 져야 하는 것이고 상대방에게 과실이 있다고 하더라도 과실상계의 법리를 유추적용하여 본인의 책임을 감경할 수 없는 것이다(대판 1994.12.22. 94다24985)."라고 판시하였다.

(3) 표현대리인의 책임

어음법·수표법은 무권대리인은 어음상의 채무를 부담한다고 규정하고 있는데(어음법 제8조, 수표법 제11조), 통설은 표현대리인도 무권대리인이므로 이 규정에 따라 어음·수표상의 채무를 부담한다고 한다. 이 경우 본인과 표현대리인의 어음·수표상의 책임은 병존한다.

위 예에서 甲'는 표현대리의 성립 여부와 무관하게 무권대리인으로서 어음법 제8조, 제77조 제2항에 따라 A에게 8,000만 원에 대하여 어음금 지급의무를 부담한다(책임병행설, 후술). 甲도 A에 대하여 3,000만 원 또는 8,000만 원의 어음상 채무를 부담하는데, 그 범위에서 甲'의 채무와 甲의 채무는 병존한다.

(4) 표현대행

판례는 "권한 없는 자가 직접 본인 명의로 기명날인을 하는 방식으로 어음행위를 하였다면 이는 어음행위의 무권대리가 아니라 어음의 위조에 해당하는 것이기는 하나, 그 경우에도 제3자가 어음행위를 한 자에게 권한이 있다고 믿을 만한 사유가 있고, 본인에게 책임을 질 만한 사유가 있는 때에는 민법상의 표현대리 규정을 유추적용하여 본인에게 그 책임을 물을 수 있다(대판 2000.3.23. 99다50385)."라고 하였다.

3. 무권대리

(1) 의의

어음·수표행위의 무권대리라 함은 대리권 없이 타인을 대리하여 어음·수표행위를 하는 것을 말하는 바, 광의의 무권대리와 협의의 무권대리로 나누어진다. 광의의 어음·수표의 무권대리에는 협의의 무권대리와 월권대리가 포함된다. 권한 없는 자가 타인의 대리인으로서 한 어음·수표행위를 본인이 추인하지도 않고 표현대리도 성립하지 않으면 협의의 무권대리가 된다. 민법에 의하면 무권대리인은 상대방의 선택에 좇아 계약의 이행 또는 손해배상을 할 책임이 있으나(민법 제135조 제1항), 어음법·수표법에는 이에 대한 특칙이 있다(어음법 제8조, 수표법 제11조). 즉 무권대리인은 손해배상의 책임은 없고, 단지 본인이 부담하였을 어음·수표상의 책임을 질 뿐이다(동조 1문). 상대방에게 손해배상청구를 인정하면 상대방이 무권대리인에게 손해배상을 청구하는 한편, 어음·수표를 유통시킬 우려가 있기 때문이다.

(2) 요건

① 「대리권 없는 자」가 어음·수표행위를 대리하였어야 한다. ② 대리행위는 「대리인으로서 기

명날인 또는 서명하는 방식」으로 하였어야 한다. 본인의 기명날인 또는 서명을 하였을 때에는 어음·수표 위조의 문제가 된다. ③ 어음·수표소지인이 무권대리임을 알지 못했어야 한다. 악의의 취득자는 보호할 필요가 없기 때문이다. ④ 본인이 무권대리 행위를 추인하지 않아야 한다. 본인이 추인을 하면 무권대리 행위는 소급하여 유권대리가 되어 본인만 책임을 지고 무권대리인은 책임을 면한다(민법 제130조). ⑤ 표현대리가 성립하지 않아야 한다.

(3) 효과

1) 본인의 책임

무권대리의 본인은 어음·수표상의 책임을 지지 않는다. 그리고 이는 물적항변으로서 모든 어음·수표소지인에게 대항할 수 있다. 어음·수표행위의 문언성에 반하기는 하나 아무 귀책사유도 없는 자에게 책임을 지울 수는 없기 때문이다. 예외적으로 본인이 책임을 지는 경우가 세 가지 있다. ⅰ) 본인이 추인하는 경우, ⅱ) 표현책임을 지는 경우, ⅲ) 사용자 책임을 지는 경우가 그것이다. 자세한 내용은 위조에서 살펴보도록 한다.

2) 무권대리인의 책임

① 책임의 내용

ⅰ) 무권대리인은 유권대리였다면 본인이 졌어야 할 책임과 동일한 어음·수표상의 책임을 부담한다(어음법 제8조, 수표법 제11조). 예컨대, 발행을 무권대리한 자는 발행인으로서의 책임을, 배서를 무권대리한 자는 배서인으로서의 책임을 진다. ⅱ) 무권대리인은 어음·수표소지인에게 유권대리라면 본인이 가졌을 항변을 원용할 수 있다. 예컨대, 甲의 乙에 대한 물품대금채무의 변제를 위해 무권대리인 甲'가 甲을 대리하여 乙에게 약속어음을 발행하였는데, 乙이 甲에게 물품을 인도하지 않는 경우 甲'는 이를 항변으로 원용할 수 있다. 그러나 무권대리인 자신이 가지는 항변은 원용할 수 없다. 본인이 아니라 무권대리인이 책임을 짐으로 인해 상대방이 더 불리해져서는 안되기 때문이다.

② 월권대리인의 책임의 범위

대리인이 주어진 대리권의 범위를 초과하여 대리행위를 한 경우에도 무권대리인의 책임이 발생한다(어음법 제8조 3문, 수표법 제11조 3문). 이와 같이 대리인이 주어진 대리권의 범위를 초월하여 대리한 어음·수표행위의 경우를 월권대리라고 한다. 예컨대, 1,000만 원의 범위에서 어음발행 권한의 부여 받은 자가 1,500만 원의 어음을 발행하는 경우이다. 이 경우 어음·수표소지인에 대한 무권대리인의 책임 범위는 어떻게 되는가? 이는 권한을 넘은 표현대리(민법 제126조)가 성립하지 않는 경우에만 발생하는 문제이다. 학설은, ⅰ) 대리인이 어음·수표금 전액(1,500만 원)에 대하여 책임을 지고, 이를 이행한 후 유권대리부분(1,000만 원)은 본인에게 구상할 수 있다는 견해(본인무책임설), ⅱ) 대리인은 권한을 넘은 부분(500만 원)에 한해 책임을 지고, 대리권이 있는 부분(1,000만 원)은 본인이 책임진다는 견해(책임분담설)도 있으나, ⅲ) 대리인은 어음·수표금 전액(1,500만 원)에 대하여 책임을 지고, 본인도 수권 범위(1,000만 원)에서는 책임을 진다는 견해(책임병존설)가 통설이다.

③ 책임의 발생시기

무권대리행위에 대한 본인의 추인과 관련하여 무권대리인의 책임이 언제 발생하는가에 관해 견해가 대립한다. ⅰ) 정지조건설은 무권대리인의 책임은 본인의 추인 거절 시에 비로소 발생한다고 한다고 한다. ⅱ) 반면 해제조건설은 무권대리인의 책임은 행위 시에 발생하고 본인이 추인을 하면 소급적으로 소멸한다고 한다. 통설의 입장이다. 정지조건설에 의하면 추인거절 시까지 본인과 무권대리인 누구도 책임을 지지 않는 책임의 공백상태가 발생하여 부당하다는 이유를 든다.

④ 입증책임

어음·수표소지인이 무권대리인에게 책임을 추궁함에 있어 대리권 흠결에 대한 입증책임은 누가 부담하는가? 견해가 대립한다. ⅰ) 어음·수표소지인이 대리권의 흠결을 입증해야 무권대리인에게 책임을 물을 수 있다는 견해도 있으나, ⅱ) 어음·수표소지인은 본인이 무권대리를 이유로 이행을 거절한 사실을 증명하면 족하고, 책임을 면하려면 무권대리인이 대리권 존재를 입증해야 한다는 견해가 통설이다.

3) 책임을 이행한 무권대리인의 권리

무권대리인이 책임을 이행한 때에는 본인과 동일한 권리를 갖는다(어음법 제8조 2문, 수표법 제11조 2문). 즉 본인의 전자에 대하여 어음·수표상의 권리를 행사할 수 있다. 예컨대, 甲이 乙에게 발행한 약속어음을 乙'가 권한 없이 乙을 대리하여 A에게 배서양도한 경우, 乙'가 A에게 상환의무를 이행하였다면 乙'는 본인인 乙의 지위에서 甲에게 어음상의 권리를 행사할 수 있다. 그 결과 무권대리인의 전자, 즉 무권대리인으로부터 청구를 받은 채무자는 무권대리인에 대한 항변사유뿐만 아니라 본인에 대한 항변사유로도 무권대리인에게 항변할 수 있다.

4) 본인의 권리

무권대리인이 권한 없이 본인을 대리하여 배서를 함으로써 본인이 어음·수표의 소지를 잃게 된 경우, 본인은 제3자인 어음·수표소지인 또는 책임을 이행한 무권대리인에 대하여 어음·수표의 반환을 구할 수 있는가? 乙이 甲으로부터 약속어음을 발행 받아 소지하고 있었는데, 乙'가 권한 없이 乙을 대리하여 이 어음을 A에게 배서양도한 경우를 예로 들어 살펴보도록 하자.

① 제3자인 어음·수표소지인에 대한 어음·수표의 반환청구

위 예에서 乙은 어음소지인인 A에 대하여 어음의 반환을 청구할 수 있는가? A가 선의취득을 하였는가에 따라 달라진다. A가 선의취득을 하지 못하였다면 반환을 청구할 수 있다. 반면 선의취득을 하였다면 어음의 반환은 청구할 수 없고, 乙은 단지 乙'에 대하여 불법행위에 기한 손해배상을 청구할 수 있을 따름이다.

② 책임을 이행한 무권대리인에 대한 어음·수표의 반환청구

위 예에서 무권대리인 乙'가 어음을 선의취득한 A에게 상환의무를 이행하고 그로부터 어음을 교부 받아 소지하고 있다면, 본인인 乙은 무권대리인 乙'에게 어음의 반환을 청구할 수 있는가?

견해가 대립한다. ⅰ) 소수설은 A의 선의취득에 의해 이미 乙은 어음상의 권리를 상실하였으므

로 乙'에 대하여도 어음의 반환은 청구할 수 없다고 한다. 乙은 단지 乙'에 대하여 불법행위에 기한 손해배상을 청구할 수 있을 뿐이라고 한다. ii) 반면 다수설은 乙은 아무런 귀책사유가 없는데 어음상의 권리를 상실한다는 것은 부당하다고 하며 乙'에 대하여 어음의 반환을 청구할 수 있다고 한다.

4. 명의대여에 의한 어음·수표행위

B가 자기를 표시하기 위하여 A로부터 명의대여를 받아 A 명의로 어음·수표행위를 한 경우에는 명의차용자인 B의 어음·수표상의 책임과 명의대여자인 A의 어음·수표상의 책임이 어떠한지가 문제된다.

(1) 명의차용자 B의 책임

B는 어음·수표문면에 전혀 나타나지 않으므로 어음·수표행위의 문언성에 비추어 B는 책임을 지지 않는다는 견해도 있으나, B는 자기를 표시하기 위한 의사로써 A의 명의로 어음·수표행위를 한 것이므로 당연히 어음·수표상의 책임을 진다고 본다.

(2) 명의대여자 A의 책임

1) 영업에 명의 사용을 허락한 경우

A가 B에게 자기의 명의를 사용하여 영업할 것을 허락한 경우, A는 B가 그 영업에 관하여 A의 명의로 한 어음·수표행위에 대하여도 상법 제24조에 따라 책임을 지는가? 어음·수표의 추상성으로 보아 어음·수표채무는 영업상의 채무로 볼 수 없으므로 상법 제24조를 적용할 수 없다는 견해도 있으나, 통설·판례는 이를 긍정한다. 판례는 "<u>보험회사가 그 회사 지사장의 약속어음 발행행위에 대하여 명의대여자로서 책임을 져야 한다</u>(대판 1969.3.31. 68다2270)."고 판시한 바 있다.

2) 특정한 어음·수표행위에 명의 사용을 허락한 경우

A가 B에게 영업이 아니라 단순한 어음·수표행위를 하는데 자기의 명의 사용을 허락한 경우에도 상법 제24조가 적용되는가? 견해의 대립이 있으나, 어음·수표행위를 영업으로 볼 수 없으므로 상법 제24조를 바로 적용할 수는 없고, 상대방 보호의 필요성에 따라 동 규정을 유추적용하여 A의 책임을 인정해야 한다고 본다.

(3) 명의차용자 B의 책임과 명의대여자 A의 책임의 관계

B와 A의 책임을 합동책임이라고 하는 견해도 있으나, 명의대여자는 어음·수표행위를 하지 않았으므로 단순한 연대책임이라고 본다.

07 어음·수표의 위조와 변조

1. 어음·수표의 위조

(1) 의의

1) 개념

어음·수표의 위조란 진정한 권한 없는 자가 타인의 이름으로 어음·수표행위를 함으로써 마치 그 타인이 어음·수표행위를 한 것처럼 보이도록 하는 것을 말한다. 즉「기명날인 또는 서명」을 위작하여 어음·수표행위의「주체」를 허위로 표시하는 것이다.

2) 구별개념

① 변조와의 구별

어음·수표의 변조란 타인이 앞서 한 어음·수표행위 중「기명날인 또는 서명 이외의 부분」을 권한 없이 변경하여 어음·수표행위의「내용」에 변경을 가하는 것이다. 위조는 어음·수표채무의「성립」에 관한 허위이고, 변조는 어음·수표채무의「내용」에 관한 허위라고 이해하면 된다.

② 무권대리와의 구별

위조는 무권대리와 어음·수표행위의「방식」에서 차이가 난다. 무권대리는 권한 없는 자인 乙이 본인 甲을 표시하고, 대리관계를 표시한 후, 乙 자신의 기명날인 또는 서명을 하는 대리의 방식을 취하는 것임에 반해, 위조는 권한 없는 자인 乙이 직접 타인 甲의 기명날인 또는 서명을 하는 대행의 방식을 취한다. 이처럼 어음·수표의 문면에 무권대리인은 드러나지만 위조자는 드러나지 않기 때문에 위조자에게 무권대리인과 같은 책임을 물을 수 있는지가 문제된다.

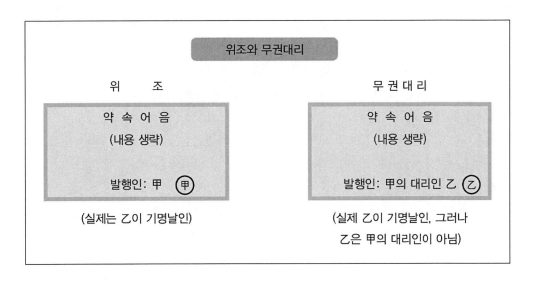

(2) 위조의 효과

1) 피위조자의 책임

① 원칙

피위조자는 어음·수표 문면에 채무자인 것처럼 기재되어 있으나, 원칙적으로 누구에 대해서도 어음·수표상의 책임을 지지 않는다. 자신이 어음·수표행위를 한 것도 아니고 위조자에게 대행권을 준 적도 없기 때문이다. 위조의 항변은 물적항변이므로 모든 어음·수표소지인에게 대항할 수 있고, 또 소지인의 선의·악의를 불문한다.

② 예외

피위조자가 예외적으로 책임을 지는 경우가 있다. ⅰ) 위조를 추인하는 경우, ⅱ) 표현책임을 지는 경우, ⅲ) 사용자책임을 지는 경우가 그것이다. 다만 ⅲ)의 경우는 책임의 성질이 ⅰ), ⅱ)와 다르다. ⅰ), ⅱ)의 경우는 어음·수표상의 채무를 부담하는 것임에 반해, ⅲ)은 불법행위에 기한 손해배상채무를 부담하는 것이다.

  A. 위조의 추인   피위조자는 어음·수표행위의 위조를 추인할 수 있는가? 견해가 대립한다. 소수설은 위조된 어음·수표행위는 절대무효로서 추인할 수 없고, 다만 추인의 의사표시를 새로운 어음·수표행위로 볼 수 있을 뿐이라고 한다. 이에 의하면 피위조자의 책임은 추인 시부터 발생한다. 반면 다수설은 위조와 무권대리는 실질은 같은 것으로 방식의 차이만 있을 뿐이므로 무권대리의 추인에 관한 규정(민법 제133조)를 유추적용하여 추인이 가능하다고 한다. 이에 의하면 피위조자의 책임은 위조에 의한 어음·수표행위 시로 소급하여 발생한다. 추인은 묵시적으로도 가능하지만, 묵시적 추인이라고 하기 위해서는 위조 사실을 알고도 장기간 형사고소를 하지 아니한 사실만으로는 부족하고 추인의 의사가 표시되었다고 볼 만한 사유가 있어야 한다(대판 1998.2.10. 97다31113).

  B. 표현책임   표현대행에는 표현대리의 법리가 그대로 적용된다함은 표현대리에서 기술하였다(통설·판례). 예컨대, 판례는 처가 본인의 인장을 사용하여 2년 동안에 걸쳐 모두 100여장의 본인 명의의 수표 및 어음을 발행하는 것을 중간에 알고도 방치한 자에게 처가 본인 명의로 수표를 발행하여 할인한 데 대한 표현대리 책임을 인정한 바 있다(대판 1991.6.11. 91다3994). 자세한 내용은 표현대리 부분을 참조하기 바란다.

  C. 사용자책임   어음·수표의 위조는 실제에서는 피위조자의 피용자가 사익을 위하여 행하는 경우가 대부분이다. 예컨대, 회사의 직원이 자신의 개인적인 채무를 변제할 목적으로 대표이사의 기명날인 또는 서명을 도용하여 어음·수표를 발행하거나 배서하는 것과 같다. 이 경우 어음·수표 소지인은 피위조자에게 어음·수표상의 책임을 묻지 못하여 그에 상응하는 손해를 입을 수 있는데, 그렇다면 위조자의 행위는 불법행위를 구성하고 그 결과 피위조자는 위조자의 사용자로서 사용자책임을 질 수 있다. 그런데 사용자책임은 어음·수표상의 책임이 아니라 불법행위에 기한 손해배상책임이기 때문에 ⅰ) 책임의 성립요건, ⅱ) 손해액 및 과실상계에 있어 어음·수표상의 책임과 차이가 난다.

판례 사안을 단순화한 예를 가지고 살펴보자. A회사의 경리과 소속 직원인 X는 대표이사의 허락 없이 자신이 보관하고 있던 어음금액 1,000만 원의 약속어음에 A회사 대표 OOO의 이름으로 된 배서를 위조하여 이 어음을 B로부터 980만 원에 할인받았다. B는 지급제시기간이 지난 후에 발행인에게 지급제시를 하였는데 발행인이 지급을 거절하자 A회사에게 상환청구를 하였다. 이에 A회사는 배서가 위조되었고, B가 지급제시기간 내에 지급제시를 하지 않아 상환청구권 보전절차를 밟지 않았으므로 상환청구에 응할 수 없다고 하였다. 그러자 B는 Y의 위조를 이유로 A회사에게 사용자책임을 묻고 있다.

ⓐ 상환청구권 보전의 필요성   B는 상환청구권보전절차를 밟지 않고도 A회사에게 사용자책임을 물을 수 있는가? 만약 A회사의 배서가 위조된 것이 아니었다면 B는 A회사에게 아무런 책임도 물을 수 없었을 것이다. 그런데 A회사의 배서가 위조되었다는 B의 입장에서는 아주 우연한 사정을 이유로 B가 A회사에 대하여 사용자책임을 물을 수 있다고 해야 하는가?

과거의 판례는 "어음소지인이 피위조자에게 사용자책임을 묻기 위해서는 위조어음이 아니라고 가정하면 어음상의 책임을 묻는 것이 가능해야 한다(대판 1986.9.9. 84다카2310)."고 보았다. 그러나 현재의 판례는 태도를 바꾸어 "민법 제756조 소정의 사용자 책임을 논함에 있어서는 어음소지인이 어음법상 상환청구권을 가지고 있느냐는 등 어음법상의 권리유무를 따질 필요가 없다(대판 1994.11.8. 93다21514 전원합의체)."라고 하고 있다.

이 판례는 "어음소지인은 위조된 배서를 진정한 것으로 믿고 할인금을 지급하는 즉시 그 지급한 할인금 상당의 손해를 입었다고 할 것이므로, 어음소지인이 적법한 지급제시기간 내에 지급제시를 하지 아니하여 상환청구권 보전의 절차를 밟지 않았다고 하더라도 이는 어음소지인이 이미 발생한 위조자의 사용자에 대한 불법행위책임을 묻는 것에 장애가 되는 사유라고 할 수 없다."라고 하였다. 판례에 의하면 위 예에서 B는 상환청구권보전절차를 밟지 않았어도 A회사에게 사용자책임을 물을 수 있다.

ⓑ 손해액 및 과실상계   ⅰ) 위조어음의 할인금 등 어음을 취득하기 위하여 지급한 금액이 어음금액과 다른 경우, 이 중 어떤 것이 손해액인가? 판례는 "위조된 약속어음을 취득함으로써 입은 손해는 이를 취득하기 위하여 현실적으로 출연한 할인금 상당액일 뿐, 그 어음액면 상당액이라고는 할 수 없다(대판 1994.11.8. 93다21514 전원합의체)."고 하였다. ⅱ) 어음을 취득하는데 소지인에게 과실이 있었다면 과실상계가 허용된다.

위 예에서 B의 손해액은 어음금액 1,000만 원이 아니라 할인금액 980만 원이며, B에게 어음 취득에 있어 과실이 있으면 과실상계가 허용된다.

2) 위조자의 책임

위조자도 어음·수표상의 책임을 지는가? 위조자는 그의 기명날인 또는 서명이 어음·수표 문면에 드러나지 않으므로 어음·수표행위의 문언성에 비추어 책임을 지지 않는다는 견해도 있다. 그러나 다수설은 위조와 무권대리는 방식의 차이만 있을 뿐 실질은 같은 것이므로 무권대리의 규정(어음법 제8조, 수표법 제11조)을 유추적용하여 위조자의 책임을 인정한다. 위조자의 책임을 인정하여도 유통성을 해치거나 누구의 권리를 해하는 일은 없으므로 문언성에 집착할 필요가 없다는 것이다.

3) 위조어음·수표에 기명날인 또는 서명한 자의 책임

위조된 어음·수표에 새로이 어음·수표행위를 한 자, 예컨대, 위조어음·수표에 배서한 자는 어음·수표행위독립의 원칙에 의해 자신의 어음·수표행위의 내용에 따라 책임을 진다.

4) 입증책임

어음·수표채무자가 어음·수표소지인으로부터 어음·수표상의 청구를 받고 자신의 기명날인 또는 서명이 위조되었다는 항변을 하면 그 증명책임은 누가 부담하는가? 즉 위조 여부가 밝혀지지 않았을 때 피위조자는 어음·수표상의 채무를 져야 하는가?

① 학설 및 판례

A. 학설　　소수설은 배서가 연속된 어음·수표의 점유자는 적법한 소지인으로 추정됨을 이유로 피위조자가 위조 사실을 입증해야 채무를 면할 수 있다고 한다. ② 반면 통설은 피위조자에게 아무런 귀책사유가 없음에도 위조를 입증하지 못하면 어음·수표상의 책임을 져야 한다는 것은 피위조자에게 가혹하다는 이유로 어음·수표소지인이 어음·수표행위가 위조되지 않았음을 입증하여 권리를 행사해야 한다고 한다.

B. 판례　　과거 판례는 소수설과 같은 입증이었으나, 이후 통설과 같이 어음·수표소지인이 입증책임을 진다는 입장으로 변경하였다. 즉 "<u>어음채무자로 기재된 자가 자신의 기명날인이 위조되었다고 주장하는 경우에는 그 사람에 대하여 어음채무의 이행을 청구하는 어음의 소지인이 그 기명날인이 진정한 것임을 증명하여야 한다</u>(대판 1993.8.24. 93다4151 전원합의체)."라고 하였다. 그 이유에 대해서는 "<u>ⅰ) 입증책임의 분배에 관한 일반 원칙에 따르면 어음채무발생의 근거가 되는 요건사실, 즉 그 어음채무자가 어음행위를 하였다는 점은 어음소지인이 주장·입증하여야 된다고 볼 것이고, ⅱ) 배서의 자격수여적 효력에 관하여 규정한 어음법 제16조 제1항은 어음상의 청구권이 적법하게 발생한 것을 전제로 그 권리의 「귀속」을 추정하는 규정일 뿐, 자신의 기명날인이 위조된 것임을 주장하는 사람에 대하여 어음채무의 「발생」을 추정하는 것은 아니라고 할 것이다.</u>"라고 판시하였다.

② 입증의 정도

통설·판례에 따를 때 어음·수표소지인은 어느 정도까지 입증을 해야 하는가? 어음법·수표법에 특칙이 없으므로 민사소송법의 일반원리에 따른다. 어음·수표소지인은 우선은 어음·수표에 날인된 인영이 작성명의인의 인장에 의하여 현출된 것이라는 점만 입증하면 된다. 그러면 그 인영의 진정성립, 즉 날인행위가 작성명의인의 의사에 기한 것임이 사실상 추정되고, 인영의 진정성립이 추정되면 민사소송법 제358조에 의하여 그 어음·수표행위 전체의 진정성립이 추정된다(대판 2003.2.11. 2002다59122). 그러나 인영의 진정성립에 대한 추정은 사실상 추정에 불과하므로 날인행위가 작성명의인 이외의 자에 의하여 이루어졌음이 밝혀지면 깨어지게 된다. 이 경우에는 어음·수표소지인은 날인행위를 한 자가 작성명의인으로 위임 받은 정당한 권원에 기하여 날인행위를 하였다는 사실까지 입증해야 한다.

2. 어음·수표의 변조

(1) 의의

1) 개념

어음·수표의 변조란 타인이 앞서 한 어음·수표행위 중「기명날인 또는 서명 이외의 부분」을 권한 없이 변경하여 어음·수표행위의「내용」에 변경을 가하는 것이다. 예컨대, B가 권한 없이 A가 발행한 약속어음의 금액을 1,000만 원에서 7,000만 원으로 변경하는 것이다. 변경에는 기존의 문언을 다른 문언으로 바꾸는 것뿐만 아니라, 기존의 문언을 제거하거나 새로운 문언을 첨가하는 것도 포함된다. 필수적 기재사항뿐만 아니라 유익적 기재사항을 변경해도 변조가 되나, 무익적 기재사항을 변경·추가·말소하는 것은 어음·수표의 효력에 아무런 영향을 미치지 않으므로 변조가 아니다.

2) 기명날인 또는 서명의 변경

어음수표에 이미 존재하는 甲의 기명날인 또는 서명을 권한 없이 乙의 기명날인 또는 서명으로 변경하는 것은 甲에 대해서는 변조가 되고 乙에 대해서는 위조가 된다. 따라서 甲은 변조 이전의 기명날인 또는 서명에 의해서 어음·수표상의 책임을 지고 乙은 피위조자의 책임을 지게 된다.

3) 자신이 기재한 내용의 변경이 변조에 해당하는지 여부

① 원칙

변조란 권한 없이 어음·수표행위의 내용을 변경하는 것이므로, 어음·수표행위 내용을 변경하더라도, ⅰ) 어음·수표행위자 자신이 타인에게 어음·수표를 교부하기 전에 하거나, ⅱ) 타인이 어음·수표행위자의 동의를 받아 하는 변경은 원칙적으로 변조가 되지 않는다.

② 다른 이해관계자의 권리·의무에 영향을 미치는지에 따른 다른 결론

A. 영향을 미치는 경우　　자신이 기재한 내용을 변경하는 경우라도 이미 어음·수표상에 다른 권리·의무를 가진 자가 생겼고 그 변경이 이들의 이해관계에 영향을 미친다면, 이들의 동의를 받지 않고 한 변경은 변조가 된다. 예를 들어 보자. 먼저 ⅰ)의 경우를 보면, 甲이 1,000만 원의 약속어음을 작성하였다가 乙에게 교부하기 전에 어음금액을 2,000만 원으로 변경하는 것은 변조가 되지 않는다. 그러나 甲'가 이 어음에 보증을 한 후라면 이와 같은 변경은 甲'의 동의가 없는 한 변조가 된다. 그 변경으로 인해 甲'의 보증채무가 1,000만 원에서 2,000만 원으로 늘어나기 때문이다. ⅱ)의 경우를 보면, 甲이 乙에게 어음금 1,000만 원의 약속어음을 발행하였는데, 乙이 이를 소지하고 있다가 甲의 동의를 받아 어음금액을 2,000만 원으로 변경하였다면 이는 변조가 되지 않는다. 그러나 乙이 A에게 배서하여 A가 그와 같이 변경을 하였다면 이는 乙의 동의가 없는 한 변조가 된다. 그 변경으로 인해 乙의 상환의무의 범위가 1,000만 원에서 2,000만 원으로 늘어나기 때문이다.

판례도 같은 취지에서 "甲이 乙을 수취인으로 기재하여 작성한 약속어음에 甲'로부터 발행인을 위한 어음보증을 받은 다음, 甲'의 동의 없이 멋대로 수취인란의 기재를 삭제하고 X에게 이를 교부하여 X가 그 수취인란에 자신의 이름을 써 넣었다면 이와 같은 약속어음의 수취인란 기재변경은 甲'에 대한 관계에 있어서 어음의 변조에 해당하고, 위 어음 보증의 주된 채무는 발행인 갑의 수취인 을에 대한 채무이며, X에 대한 채무가 아니므로 변조된 수취인인 X에 대하여서까지 어음 보증의 책임을 지는 것이 아니다(대판 1981.10.13. 81다726)."라고 판시하였다.

B. 영향을 미치지 않는 경우　　　그러나 다른 이해관계인이 생겼더라도 그 기재내용의 변경으로 어음·수표의 효력이나 어음·수표관계자의 권리·의무의 내용에 영향이 없고, 단순히 착오로 기재된 것을 정정한 것에 지나지 않는다면 그 변경은 변조에 해당하지 않는다(대판 1995.5.9. 94다40659). 예를 들어 甲이 乙을 수취인으로 하여 약속어음을 발행하였는데, X가 甲의 채무를 보증할 목적으로 이 어음에 乙을 피배서인으로 하여 배서를 한 경우, 甲이 X의 동의를 받지 않고 수취인을 乙에서 X로 변경하였더라도 이는 변조가 아니다. 甲이 X에게 발행하고 X가 乙에게 배서하는 것이 원래 당사자들의 의사였으므로, 이와 같은 변경은 단순히 착오를 정정한 것에 지나지 않기 때문이다.

같은 취지에서 판례는 무권리자가 수표 발행인 회사의 상호가 변경된 후에 임의로 그 회사가 상호변경 전에 적법하게 발행하였던 백지수표의 발행인란의 기명 부분만을 사선으로 지우고 그 밑에 변경 후의 상호를 써넣은 사안에서도, "그 백지수표의 발행인란의 기명을 그와 같이 변경함으로 말미암아 그 백지수표의 효력이나 그 수표 관계자의 권리의무의 내용에 영향을 미친 것은 아니므로 이를 수표법상 수표의 변조에 해당한다고 할 수도 없다(대판 1996.10.11. 94다55163)."라고 판시하였다.

(2) 변조의 효과

1) 어음·수표행위자의 책임

변조에 의해 기존의 어음·수표행위의 내용이 변경되고, 또 변조된 어음·수표가 유통되면서 어음·수표행위가 계속 이루어지기 때문에, 어음·수표 변조의 법리는 일반적으로 변조의 전과 후로 나누어서 본다.

① **변조 전에 기명날인 또는 서명한 자의 책임**

변조 전에 기명날인 또는 서명한 자는 원래의 문구에 따라 책임을 진다(어음법 제69조, 수표법 제50조 각 후단). 원래의 문구가 기명날인자의 어음·수표행위의 내용을 이루기 때문이다. 설사 변조로 어음·수표요건이 흠결되었어도 원래의 문구에 따라 책임을 진다. 권한 없는 자가 이미 행하여진 어음·수표행위의 기명날인 또는 서명 부분을 甲에서 乙로 변경하면, 이는 甲에 대하여는 변조가 되고 乙에 대하여는 위조가 된다. 따라서 甲은 원문언에 따라 책임을 지고 乙은 피위조자로서 원칙적으로 책임을 지지 않는다. 변조의 항변은 물적항변으로서 누구에게든 대항할 수 있다.

② **변조 후에 기명날인 또는 서명한 자의 책임**

변조 후에 기명날인 또는 서명한 자는 변조된 문구에 따라 책임을 진다(어음법 제69조, 수표법 제50조 각 전단). 어음·수표행위자는 행위 당시에 어음·수표가 표시하는 대로의 채무를 부담할 의사로 기명날인 또는 서명을 하기 때문이다. 어음·수표행위 독립의 원칙 상 당연한 내용이기도 하다. 그러나 변조로 인하여 어음·수표요건이 흠결되었다면 그 후에 기명날인 또는 서명한 자는 책임을 지지 않는다.

③ 변조자의 책임

ⅰ) 변조자가 변조를 한 다음 어음·수표에 기명날인 또는 서명을 하였다면 변조 후의 문언에 따라 책임을 지게 된다. ⅱ) 그렇다면 변조자가 변조만 하고 기명날인 또는 서명을 하지 않아 어음·수표문면에 나타나지 않는 경우에는 어떠한가? 불법행위책임과 형사상 책임을 짐은 당연하나, 변조된 어음·수표에 따로 어음·수표행위를 하지 않는 한 어음·수표상의 책임은 지지 않는다는 견해도 있다. 그러나 다수설은 위조자와 마찬가지로 무권대리의 규정(어음법 제8조, 수표법 제11조)을 유추적용하여 변조자의 어음·수표상의 책임을 인정한다.

2) 변조의 특수문제

① 만기의 변조와 보전절차

만기가 변조된 경우에는(예 만기가 2023.5.1.에서 2023.6.1.로 변조), 변조 전의 어음행위자에 대한 상환청구권을 보전하기 위하여는 변조 전의 만기를 기준으로, 변조 후의 어음행위자에 대한 상환청구권을 보전하기 위하여는 변조 후의 만기를 기준으로, 지급제시기간 내의 지급제시, 거절증서작성 등의 상환청구권보전절차를 밟아야 한다. 판례도 "약속어음의 최종 소지인이 배서인에 대하여 변개 전의 원문언에 따른 소구의무자로서의 책임을 묻기 위하여서는 소지인이 변개 전의 원문언에 따른 적법한 지급제시를 하였음이 인정되어야 할 것이다(대판 1996.2.23. 95다49936)."라고 하여 같은 입장을 취하고 있다. 변조된 어음의 소지인은 변조사실을 알지 못하고 변조 후의 만기를 기준으로 상환청구권 보전절차를 밟을 것임이 분명한데, 이러면 결국 변조 전의 어음행위자에 대하여는 상환청구권을 잃게 된다.

② 변조의 증명책임

예를 들어 甲이 어음금액을 200만 원으로 하여 약속어음을 발행하였는데, 이 어음이 유통되는 과정에서 800만 원으로 변조되었다고 하자. 어음소지인 B는 甲에게 800만 원의 지급을 청구할 것이고, 甲은 어음금액을 200만 원으로 하여 발행하였다고 하며 600만 원은 지급할 수 없다고 할 것이다. 만일 이 어음이 중간에 변조되었다는 사실이 밝혀지지 않는다면 甲은 B에게 얼마를 지급해야 하는가? 즉 변조의 증명책임은 누가 부담하는가?

A. 학설

ⓐ 식별가능성에 따른 구별설(통설)   어음·수표면상 변조 여부가 명백한 때에는 소지인이 어음·수표채무자의 기명날인 또는 서명이 변조 후에 행하여졌음을 증명해야 채무자에게 현재의 문언에 따른 책임을 물을 수 있다. 이 때에는 채무자가 현재의 문언에 따른 책임을 질 것인지가 불확실하기 때문이다. 반면 변조 여부가 어음·수표면상 명백하지 아니한 때에는 변조된 문언에 따른 채무를 면하려는 어음·수표채무자가 변조된 사실과 자신의 어음·수표행위가 변조 전에 있었던 사실을 증명하여야 한다. 이때는 소지인으로서는 채무자가 현재의 문언에 따라 책임질 것으로 생각하고 어음·수표를 취득하였을 것이기 때문이다. 이 견해에 의할 때 위 예에서 어음면상 변조 여부가 명백하면 B가 甲의 기명날인 또는 서명이 변조 후에 행하여졌음을 증명해야 甲에게 800만 원

을 청구할 수 있다. 반면 변조 여부가 명백하지 않으면 甲이 변조 사실과 자신의 발행은 변조 전에 있었던 사실을 증명해야 600만 원에 대해서 책임을 면할 수 있다.

ⓑ **소지인증명설(소수설)** 　위조의 입증책임과 마찬가지로 변조가 명백한지 여부와 관계 없이 소지인이 변조되지 않았다는 사실 또는 어음·수표채무자의 어음·수표행위가 변조 이후에 있었다는 사실을 증명해야 현재의 문언에 따른 책임을 물을 수 있다.

B. 판례 　판례는 통설과 유사한 입장을 취하고 있다. 즉 "어음의 문언에 변개(개서)가 되었음이 명백한 경우에 어음소지인이 기명날인자(배서인 등)에게 그 변개후의 문언에 따른 책임을 지우자면 그 기명날인이 변개 후에 있은 것 또는 기명날인자가 그 변개에 동의하였다는 것을 입증하여야 한다(대판 1987.3.24. 86다카37)."라고 판시하였다.

제3절　어음·수표항변

01　총설

1. 의의

어음·수표항변이란 어음·수표채무자가 어음·수표소지인의 권리행사에 대해 그 채무의 이행을 거절하기 위해 대항할 수 있는 모든 사유를 말한다. 그리고 어음·수표항변의 근거로 제시하는 사유를 「어음·수표항변사유」, 어음·수표항변을 할 수 있는 권리를 「어음·수표항변권」이라 표현한다.

일반적으로 항변이라 함은 일정한 청구를 하는 자에게 일단 권리가 있음을 전제로 하여 의무자가 다른 사유를 들어 이행을 거절하는 주장을 가리킨다(예 동시이행의 항변). 그러나 어음·수표법상의 항변이란 어음·수표에 의해 청구를 받은 자가 어음·수표소지인의 청구의 정당성을 부정하는 일체의 주장을 말한다. 따라서 권리의 존재를 부인하는 것도 항변에 포함된다.

2. 항변의 절단

1) 민법의 일반원칙

민법상으로는 채무자가 의무이행을 거절할 수 있는 사유를 가질 경우, 채권이 양도되더라도 채무자는 채권자에 대한 항변권을 가지고 채권의 양수인에게 대항할 수 있음이 원칙이다. 그러나 이 원칙을 어음·수표에도 적용하면 어음·수표가 유통될수록 항변사유가 누적되어 그 지급의 불확실성이 계속 증가하게 되고, 결국 어음·수표의 유통성은 기대할 수 없게 된다.

2) 인적항변의 절단

어음·수표법은 어음·수표의 유통성 보호를 위해 대인적인 항변사유, 즉 인적항변사유에 대해서는 어음·수표가 유통되면 항변이 차단되도록 규정하고 있다(어음법 제17조, 수표법 제22조). 이를 인적항변의 절단이라 한다. 예를 들어 甲이 乙로부터 물건을 매수하고 그 대금 지급을 위해 乙에게 약속어음을 발행하였는데, 매매계약이 해제되었다고 하자. 이 경우 乙이 甲에게 어음금 지급을 청구하면 甲은 매매계약이 해제되었다는 항변을 제출하여 어음금의 지급을 거절할 수 있다. 그러나 만일 乙이 A에게 이 어음을 배서 양도한 다음 A가 甲에게 어음금의 지급을 청구하면 甲은 해제의 항변으로 A에게 대항할 수 없다. 즉 A에게는 乙과의 매매가 해제되었다는 항변을 하여 어음금의 지급을 거절할 수 없다는 것이다. 이를 "乙의 배서에 의해 항변이 절단된다."라고 표현한다. 이렇게 항변이 절단되는 덕분에 A는 乙 이전의 법률관계는 신경 쓰지 않고 어음을 취득할 수 있다.

02 항변의 분류

1. 인적항변

위에서 본 "절단될 수 있는 항변"이 바로 인적항변이다. 즉 인적항변이란 어음·수표가 양도되면 양수인에게는 대항할 수 없는 항변을 말한다. 여기서 「대항할 수 없다」라고 함은 "어음·수표채무의 이행을 거절할 수 없다"는 의미이다. 인적항변은 어음채무자가 특정한 어음소지인에 대해서만 대항할 수 있는 항변이다.

2. 물적항변

물적항변이란 어음·수표의 양도에도 불구하고 누구에게나 대항할 수 있는 항변, 즉 "절단될 수 없는 항변"을 말한다. 물적항변은 어음채무자가 모든 어음소지인에 대하여 대항할 수 있는 항변이다. 어음·수표법은 이와 같이 항변을 인적항변과 물적항변으로 분류하고 있으나, 어떤 것이 인적항변이고 어떤 것이 물적항변인지에 관해서는 규정하고 있지 않으므로 해석에 의해 구분할 수밖에 없다.

03 인적항변

1. 인적항변사유

인적항변은 어음법 제17조·수표법 제21조에 해당하는 인적항변(이하 '어음법 제17조에 해당하는 인적항변'이라 함)과 그렇지 않은 인적항변으로 구분할 수 있다. 어음·수표의 양도로 그 항변 사유를 새로운 소지인에게 주장할 수 없으므로 항변이 절단된다는 점에서는 양자가 동일하다. 그러나 양자는 절단의 근거가 어음법 제17조인지 아닌지에서 차이가 나고, 또 어음·수표채무자가 악의의 항변을 하는데 있어 어음·수표소지인의 악의의 내용이 서로 다르다.

(1) 어음법 제17조에 해당하는 인적항변

어음법 제17조는 「환어음에 의하여 청구를 받은 자는 발행인 또는 종전의 소지인에 대한 인적 관계로 인한 항변으로써 소지인에게 대항하지 못한다. 그러나 소지인이 그 채무자를 해할 것을 알고 어음을 취득한 경우에는 그러하지 아니하다.」라고 규정하고 있다.

이에 속하는 항변은 주로 어음·수표의 실질관계에서 발생하는 항변이다. 원인관계가 부존재·무효라거나 취소·해제되었다는 항변, 원인관계가 공서양속 또는 강행규정에 위반하여 무효라는 항변, 대가가 교부되지 않았다는 항변 등이다. 또한 어음·수표와 상환하지 않고 이루어진 지급·면제·상계 등의 항변, 지급유예 특약 등 어음·수표 외에서 이루어진 특약의 항변도 이에 속한다.

(2) 어음법 제17조에 해당하지 않는 인적항변

아래에서 보는 항변들의 경우 어음·수표채무자는 어음·수표취득자에게 「악의 또는 중과실」만 있으면 어음·수표채무자를 「해할 의사」까지는 없어도 그 항변을 할 수 있다. 따라서 아래의 항변들은 모두 어음법 제17조에 해당하지 않는 인적항변이다.

1) 교부흠결의 항변

어음·수표가 교부가 흠결되었음에도 불구하고 유통된 경우 발행인의 어음·수표상의 채무가 발생하는가에 관하여 판례는 권리외관설을 취하면서 "발행인은 원칙적으로 소지인에 대하여 어음상의 채무를 부담하나 그 소지인이 악의 또는 중과실에 의하여 그 어음을 취득하였음을 주장·입증하면 책임을 면할 수 있다(대판 1999.11.26. 99다34307)."는 입장이다." 즉 교부흠결의 항변은 어음취득자에 대하여는 절단됨이 원칙이나 어음취득자가 교부흠결에 대하여 「악의 또는 중과실」이 있었으면 절단되지 않는다는 것이다.

2) 의사표시의 하자의 항변

민법상 의사표시의 하자에 관한 규정은 어음·수표행위에 그대로 적용되므로, 비진의의사표시·통정허위표시에 해당하는 어음·수표행위는 무효이고, 착오·사기·강박에 의한 어음·수표행위는 취소할 수 있다. 다만 그 무효·취소로써 선의의 제3자에게는 대항할 수 없다. 그런데 통설은 어음·수표의 유통성 보호를 위해 "선의의 제3자에게 대항할 수 없다"의 의미를 약간 수정하여 "「악의 또는 중과실」이 있을 때에만 대항할 수 있다"라는 뜻으로 해석한다.

그러나 판례는 "어음행위에 착오·사기·강박 등 의사표시의 하자가 있다는 항변은 어음행위 상대방에 대한 인적항변에 불과한 것이므로, 어음채무자는 소지인이 채무자를 해할 것을 알고 어음을 취득한 경우가 아닌 한, 소지인이 중대한 과실로 그러한 사실을 몰랐다고 하더라도 종전 소지인에 대한 인적항변으로써 소지인에게 대항할 수 없다(대판 1997.5.16. 96다49513)."라고 하여 이를 어음법 제17조에 해당하는 인적항변과 같이 보고 있다. 이 판례에 대해서는 이를 어음법 제17조에 해당하는 인적항변으로 구성하여 해의까지 요구할 근거는 없다는 비판이 있다.

3) 백지보충권 남용의 항변

백지어음·수표행위자는 보충권이 남용되었다는 항변을 선의의 어음·수표취득자에게는 할 수 없고, 「악의 또는 중과실」로 어음·수표를 취득한 자에게만 할 수 있다(어음법 제10조, 수표법 제13조). 여기서의 악의의 의미와 중과실의 판단 기준에 관해서는 백지어음·수표에서 후술한다.

4) 민법 제124조, 상법 제398조 위반의 항변

대리인이 본인의 허락 없이 자기계약 또는 쌍방대리로 어음·수표행위를 하거나(민법 제124조 위반) 주식회사의 이사가 이사회의 승인을 얻지 않고 어음·수표행위를 하였는데(제398조 위반), 그 어음·

수표가 유통된 경우, 본인이나 회사는 어음·수표 소지인에게 그와 같은 항변으로 대항할 수 있는 가? 통설은 선의의 소지인에게는 대항할 수 없으나, 「악의 또는 중과실」인 소지인에게는 대항할 수 있다고 한다(상대적 무효설).

2. 인적항변의 절단

(1) 의의

인적항변사유는 자신의 어음·수표행위의 상대방에 대해서만 원용할 수 있고 그 이후의 선의의 어음·수표소지인에게는 원용할 수 없다(어음법 제17조 본문). 이를 인적항변의 절단이라 한다. 자세한 내용은 기술하였다.

(2) 인적항변 절단의 요건

1) 배서 또는 교부에 의한 양도

어음·수표법이 예정하는 유통방법, 즉 배서 또는 교부에 의해 어음·수표가 이전되어야 한다. 상속·합병과 같은 포괄승계나 법원의 판결과 같이 어음·수표의 유통과 무관하게 어음·수표가 이전된 경우에는 항변이 절단되지 않는다. 또 어음·수표가 지명채권의 양도방법으로 양도된 경우나 기한후배서와 같이 어음·수표의 양도에 지명채권 양도의 효력밖에 없는 경우에도 항변이 절단되지 않는다.

2) 어음·수표취득자의 독립된 경제적 이익

어음·수표취득자에게 독립된 경제적 이익이 없는 양도의 경우에도 인적항변이 절단되지 않는다. 추심위임배서, 숨은 추심위임배서 등이 이에 속한다. 이와 같은 양도는 유통으로서의 의미가 크지 않기 때문이다.

3. 악의의 항변

(1) 의의

인적항변이 절단되기 위해서는 제3자가 선의로 어음·수표를 취득해야 한다. 제3자가 어음·수표취득 시 인적항변 사유를 알았다는 등의 사정이 있으면 인적항변은 절단되지 않는다. 악의의 항변은 인적항변에만 존재한다. 이때 어음·수표채무자가 어음·수표소지인의 악의를 이유로 하는 항변을 「악의의 항변」이라 한다. 악의의 취득자는 보호할 가치가 없기 때문에 인적항변이 붙은 채로 권리가 양도되도록 한 것이다.

예를 들어 甲이 乙로부터 물건을 매수하고 대금지급을 위해 약속어음을 발행하였는데, 乙이 채무를 이행하지 않아 만기 전에 매매계약을 해제하였고, 이후 乙이 이 어음을 A에게 배서하여 A가 甲에게 어음금 지급을 청구한다고 하자. A가 어음 취득 시 매매계약 해제 사실을 몰랐다면 甲은 A의 청구에 대해 지급을 거절하지 못한다(인적항변의 절단). 그러나 A가 어음 취득 시 해제 사실을 알았고 나아가 그 취득으로 甲을 해할 것을 알았다면 甲은 계약 해제를 이유로 A에게 어음금의 지급을 거절할 수 있다. 이때 甲이 A의 해의를 이유로 하는 항변이 악의의 항변이다.

(2) 「악의」의 내용

1) 어음법 제17조가 적용되는 인적항변의 경우

① 해의(害意)

어음법 제17조 단서는 "소지인이 「채무자를 해할 것을 알고」 어음을 취득한 경우에는 그러하지 아니하다."라고 하여, 인적항변이 절단되지 않는 요건으로서의 소지인의 악의의 내용을 「해의」(害意)로 규정하고 있다. 그렇다면 해의의 의미는 무엇인가? 판례는 "악의의 항변이라 함은 항변사유의 존재를 인식하는 것만으로는 부족하고 자기가 어음을 취득함으로써 항변이 절단되고 채무자가 해를 입는다는 사실까지도 알아야 한다(대판 1996.5.14. 96다3449)."라고 하여, 해의를 악의와 구별하고 있고, 통설도 같은 입장이다.

② 해의와 악의의 관계

통설은 어음·수표소지인이 항변의 존재를 알면서 어음·수표를 취득한 경우에는(악의) 특별한 사정이 없는 한 어음·수표채무자를 해할 것을 알고(해의) 어음·수표를 취득한 것으로 보아야 한다고 한다.

③ 중과실 있는 선의

어음·수표소지인이 항변의 존재를 몰랐으나 모르는데 중과실이 있었던 경우 어음·수표채무자는 악의의 항변을 할 수 있는가? 판례는 할 수 없다고 한다. 즉 "어음 채무자는 소지인이 그 채무자를 해할 것을 알고 어음을 취득한 경우가 아닌 한, 소지인이 중대한 과실로 그러한 사실을 몰랐다고 하더라도 종전 소지인에 대한 인적항변으로써 소지인에게 대항할 수 없다(대판 1996.3.22. 95다56033)."라고 하였다.

2) 어음법 제17조가 적용되지 않는 인적항변의 경우

이 경우 어음·수표채무자가 악의의 항변을 하기 위해서는 소지인에게 항변의 존재에 대하여 「악의 또는 중과실」이 있어야 한다. 앞에서 본 바와 같이 여기에서의 악의와 어음법 제17조 단서에서의 해의는 크게 구별되지 않으므로, 결국 소지인이 선의이나 중과실이 있는 경우에도 채무자가 악의의 항변을 할 수 있다는 점이 어음법 제17조가 적용되는 인적항변과 구별되는 점이다.

(3) 악의의 존재시기 및 입증책임

① 악의의 유무는 「어음·수표의 취득 시」를 기준으로 판단한다. 따라서 소지인에게 어음·수표 취득 시에 악의가 없었으면 어음·수표상 권리를 행사하는 시점에서 악의가 인정되더라도 어음·수표채무자는 악의의 항변을 할 수 없다. ② 어음·수표소지인의 악의에 대한 입증책임은 악의의 항변을 주장하는 어음·수표채무자에게 있다.

(4) 선의자로부터 취득한 악의자에 대한 악의의 항변

어음·수표소지인은 악의이나 그가 선의자로부터 어음·수표를 취득한 경우 어음·수표채무자는 소지인에게 악의의 항변을 할 수 있는가? 예를 들어 甲이 乙에게 약속어음을 발행하였고, 이 어음은 A, B에게 순차로 양도되었는데, 甲·乙 사이에 인적항변사유가 있었다고 하자. 어음 취득 시 A는 그 항변사유에 대해 선의였고 B는 악의였다고 할 때 B가 甲에게 어음금 지급을 청구할 때 甲은

B에 대하여 악의의 항변을 하여 지급을 거절할 수 있는가?

1) 통설 및 판례

통설은 선의자의 개입으로 항변은 영구히 차단되므로 그 이후의 취득자는 악의라 하여도 항변의 부담 없이 어음·수표를 취득한다고 하여 악의의 항변을 인정하지 않는다. 판례도 같은 입장이다. 즉 "현재의 어음소지인에게 어음을 양도한 자가 어음취득 당시 선의였기 때문에 그에게 대항할 수 없었던 사유에 대하여는 현재의 어음소지인이 비록 어음취득 당시 그 사유를 알고 있었다고 하여 그것으로써 현재의 어음소지인에게 대항할 수는 없다(대판 1994.5.10. 93다58721)."라고 판시하였다. 이에 의하면 위 예에서 甲은 A가 선의여서 A에게 인적항변으로 대항할 수 없었으므로 B가 악의이더라도 B에게 인적항변으로 대항할 수 없다.

2) 통설 및 판례에 대한 비판

소수설은 어음·수표채무자는 소지인이 악의이기만 하면 그 이전 단계 배서인이 선의였다 하여도 소지인에게 악의의 항변을 할 수 있다고 한다. 인적항변의 절단은 유통성 보호를 위해 예외적으로만 인정되는 것이므로 유통성 보호와 무관한 악의의 취득자에게까지 그 혜택이 미치게 할 수 없고, 통설과 같이 해석하면 채무자가 최종소지인에게 악의의 항변을 하려면 그의 악의뿐만 아니라 중간의 모든 배서인의 악의를 전부 입증해야 하는 문제가 있다고 한다.

04 물적항변

① 물적항변은 특정한 어음·수표채무자가 모든 어음·수표소지인에게 대항할 수 있는 항변이다. 즉 물적항변은 어음·수표가 양도되어도 절단되지 않는다. 예컨대, 미성년자 甲이 乙에게 약속어음을 발행하였다고 하자. 甲은 乙이 어음금 지급을 청구하면 乙에게 자신이 미성년자임을 이유로 어음발행을 취소하고 이를 항변으로 주장하여 지급을 거절할 수 있다. 뿐만 아니라 乙이 이 어음을 A에게 양도하여 A가 어음금 지급을 청구해 와도 甲은 같은 이유로 A에게 어음발행을 취소하고 이를 항변으로 주장하여 어음금의 지급을 거절할 수 있다. 물적항변에 해당하는 제한능력의 항변은 배서에 의해 절단되지 않기 때문이다. ② 물적항변은 "누구나" 주장할 수 있는 항변인「절대적 물적항변」과 "특정의 어음·수표채무자"만이 주장할 수 있는 항변인「상대적 물적항변」이 있다.

1. 증권상의 항변

어음·수표의 기재에서 명백하게 알 수 있는 사유에 의한 항변을 말한다. 취득자가 문면의 기재로부터 그 사유의 존재를 쉽게 알 수 있으므로 물적항변 사유로 하여도 어음·수표의 유통성을 해하지 않는다. 증권상의 항변은 대체로 누구나 주장할 수 있는 절대적 물적항변에 해당한다.

이에 해당하는 항변으로는, 기본어음·수표의 요건 흠결의 항변, 소멸시효 완성의 항변, 만기 미도래의 항변, 배서불연속의 항변, 어음·수표면상 명백한 지급 또는 일부 지급의 항변, 배서금지문언의 항변, 무담보문언이 있다는 항변 등을 들 수 있다.

2. 비증권상의 항변

어음·수표의 기재로부터 그 사유의 존재가 명백하게 드러나지 않는 항변을 말한다. 이를 물적 항변으로 하면 거래의 안전을 해할 수밖에 없으나, 거래의 안전보다 어음·수표채무자의 이익 보호가 더 중요하여 물적항변으로 하는 것들이다. 주로 채무자에게 어음·수표의 외관 성립에 대하여 귀책사유가 없는 경우에 인정된다.

이에 해당하는 항변으로는, 의사무능력·제한능력의 항변, 위조·변조의 항변, 무권대리의 항변, 권리보전절차 흠결의 항변, 제권판결 선고의 항변, 공탁의 항변 등을 들 수 있다. 강박의 정도가 극심하여 의사표시자의 의사결정의 자유가 완전히 박탈되는 정도에 이른 어음·수표행위의 경우도 어음·수표행위가 없는 것으로 보아 물적항변으로 본다.

05 융통어음의 항변

1. 의의

융통어음이란 타인의 자금사정을 도와주기 위해 대가 없이 발행해 주는 어음을 말한다. 예컨대, 甲이 乙의 자금 조달에 협조하기 위해 대가 없이 乙에게 자신 명의의 어음을 발행해 주는 것이다. 이때 甲을 융통자, 乙을 피융통자라 한다. 주로 은행도 약속어음을 이용한다. 乙은 이 어음을 은행이나 대부업자에 어음할인을 하여 현금을 조달하거나 타인에 대한 자기의 채무를 변제하는데 사용하는 방식으로 자금을 융통한다. 그리고 어음 만기 전에 이를 변제하고 어음을 회수하여 甲에게 반환하거나, 甲에게 어음금액을 제공하여 甲이 어음금을 지급할 수 있도록 한다. 문제는 이렇게 원만하게 해결되지 못한 경우에 甲이 어음상의 채무를 부담하는가 하는 점이다. 융통어음은 배서에 의해서 생길 수도 있다. 예컨대, 乙이 A의 부탁을 받고 원인관계 없이 호의적으로 배서해 주는 경우이다. 그러나 융통어음은 주로 발행에 의하여 생기므로 이하에서는 발행을 중심으로 법률관계를 살펴보기로 한다.

2. 융통자의 지위

(1) 항변의 대항 여부

甲이 乙에게 융통어음을 발행한 경우, 피융통자인 乙이 융통자 甲에게 어음금의 지급을 청구한다면 甲은 乙에게 그 어음이 융통어음이라는 항변을 하여 어음금의 지급을 거절할 수 있다. 그러나 乙이 A에게 어음을 배서 양도하여 A가 甲에게 어음금의 지급을 청구하는 경우에는 甲은 이 어음이 융통어음이라는 항변을 하여 지급을 거절할 수 없다. A가 이 어음이 융통어음임을 알고 취득하였다 해도 마찬가지이다.

융통어음이란 원래 피융통자가 융통자의 신용을 이용하여 자금을 융통하기 위해 발행되는 것이므로 융통자가 제3자에게 책임을 부담하는 것을 전제로 하며, 제3자가 융통어음이라는 사실을 알았다는 것은 어음의 발행 취지를 제대로 안 것에 불과하기 때문이다. 제3자가 기한후배서에 의해 어음을 양수하였어도 대항할 수 없음은 마찬가지이다.

판례도 같은 입장이다. 즉 "융통어음을 발행한 자는 피융통자에 대하여 어음상의 책임을 부담하지 아니하나, 그 어음을 양수한 제3자에 대하여는 선의이거나 악의이거나, 또한 그 취득이 기한후배서에 의한 것이었다 하더라도 대가없이 발행된 융통어음이었다는 항변으로 대항할 수 없다(대판 1979.10.30. 79다479)."라고 판시하였다.

그러면 융통자 甲이 제3자인 A에게 융통어음의 항변으로 대항할 수 없는 이유는 무엇인가? 견해의 대립이 있으나, 다수설은 융통어음이라는 사실은 인적항변사유이지만 소지인 A의 「해의」(어음법 제17조)를 인정할 수 없기 때문이라고 한다.

(2) 어음금을 지급한 융통자의 피융통자에 대한 구상

1) 수탁보증인의 구상권 부인

판례는 "융통어음을 발행한 융통자는 피융통자 이외의 제3자에 대한 관계에서 어음금채무를 부담하는 데 그치고 융통어음의 발행으로 인하여 피융통자의 보증인이 되는 것은 아니므로, 융통자가 스스로 융통어음의 어음금을 지급하였다 하더라도 이는 어디까지나 융통어음의 발행인으로서 자신의 어음금채무를 이행한 것에 불과하고, 피융통자의 보증인의 지위에서 피융통자의 채무를 대신 변제한 것으로는 볼 수 없다(대판 1999.10.22. 98다51398)."라고 하면서 융통자는 피융통자에게 수탁보증인의 구상권에 기하여 자신들의 출재로 인한 면책액에 상당한 금원의 지급을 구할 수는 없다고 하였다.

2) 약정에 기한 결재자금 지급의무 인정

위 판례는 "융통어음은 융통자와 피융통자 사이의 내부관계에 있어서는 피융통자가 어음금의 결제를 책임지는 것을 당연한 전제로 하여 수수되는 것이므로, 융통어음의 수수 당시 당사자 사이에서는 어음의 만기가 도래하기 이전에 피융통자가 어음을 회수하여 융통자에게 반환하거나, 융통어음의 결제자금으로 그 액면금에 상당한 금액을 융통자에게 지급하기로 하는 약정이 있었던 것으로 봄이 상당하다."고 하면서 피융통자는 융통자에게 어음의 결재자금을 지급할 의무가 있다고 하였다.

3. 융통계약 위반의 항변

판례는 구체적인 상황을 고려하여 융통자가 융통어음이라는 사정을 가지고 제3자에게 대항할 수 있다고 한 사례가 있다. 이러한 사례는 모두 융통어음의 항변 자체가 문제되었다기 보다는 융통어음과 관련된 특약의 위반이 문제되었다는 점에서 융통어음의 항변이 아니라 일반적인 인적항변의 하나이다. 학설은 이를 「융통계약 위반의 항변」이라 부른다.

(1) 융통어음과 교환으로 교부된 담보어음이 지급거절된 경우

1) 판례의 사안

甲이 乙에게 자금 융통을 목적으로 한 약속어음(융통어음)을 발행해 주었는데, 乙은 이와 교환으로 담보로서 甲에게 乙이 대표이사로 있는 X회사 발행의 약속어음(담보어음)을 교부해 주었다. 이후 甲 발행 어음은 乙, X회사, A, B에게 순차로 배서 양도 되었고, 그와 교환으로 교부된 담보어음은 부도처리 되었다. B는 甲 발행 어음이 융통어음이라는 사정과 담보어음이 부도처리된 사실을 알면서 甲 발행 어음을 취득하였다.

2) 판례의 태도

"피융통자가 융통어음과 교환하여 그 액면금과 같은 금액의 약속어음을 융통자에게 담보로 교부한 경우에 있어서는 융통어음을 양수한 제3자가 양수 당시「그 어음이 융통어음으로 발행되었고 이와 교환으로 교부된 담보어음이 지급거절되었다는 사정」을 알고 있었다면, 융통어음의 발행자는 그 제3자에 대하여도 융통어음의 항변으로 대항할 수 있다(대판 1995.1.20. 94다50489)."라고 하였다. 즉 B가 甲 발행 어음을 취득할 당시 그 어음이 융통어음이라는 사정과 담보어음이 부도처리된 사실을 알고 있었다면, 甲은 B에 대하여 융통어음의 항변을 하여 어음금의 지급을 거절할 수 있다는 것이다.

(2) 융통어음을 재사용한 경우

1) 판례의 사안

甲이 A로부터 1억 원을 차용하고 수표를 발행하였는데 乙이 甲에게 신용을 제공할 목적으로 그 수표에 배서를 하였다. 이후 甲은 A에게 차용한 1억 원을 변제하고 수표를 회수하였으나 乙의 배서를 말소하지 않고 있다가 또다시 A로부터 1억 원을 차용하면서 A에게 그 수표를 재차 교부해 주었다. 이때 A는 이 수표가 융통수표라는 사실과 재사용된다는 사실을 알고 있었다.

2) 판례의 태도

"피융통인은 융통수표를 사용하여 금융의 목적을 달성한 다음 이를 반환 받은 때에는 융통인의 배서를 말소할 의무를 부담하며, 이것을 다시 금융의 목적으로 제3자에게 양도해서는 안 된다. 그럼에도 피융통인이 이를 다시 제3자에게 사용한 경우, 융통인은「당해 수표가 융통수표이었고, 제3자가 그것이 이미 사용되어 그 목적을 달성한 이후 다시 사용되는 것이라는 점에 관하여 알고 있었다는 것」을 입증하면, 위 융통수표 재사용의 항변으로 제3자에게 대항할 수 있다(대판 2001.12.11. 2000다38596)."라고 하였다. 즉 융통인 乙은 제3자 A에게 융통수표 재사용의 항변을 하여 수표금의 지급을 거절할 수 있다는 것이다.

06 제3자의 항변

1. 의의

(1) 개념

어음·수표항변은 항변사유를 가진 자가 하는 것이 원칙이다. 이를 항변사유의 개별성이라 하고, 주로 인적항변에서 문제되기 때문에 인적항변의 개별성이라고도 한다. 그런데 특수한 상황에서는 어음·수표채무자가 다른 어음·수표채무자의 항변사유로서 어음·수표소지인에게 항변하는 것을 허용해야 한다는 논의가 있다. 이를 제3자의 항변이라 한다. 제3자의 항변은 후자의 항변과 전자의 항변 및 이중무권의 항변으로 나뉜다.

(2) 인정 근거

다수설은 소지인이 어음·수표를 소지할 아무런 실질적 권한이 없음에도 불구하고 어음·수표를 반환하지 않고 오히려 그 어음·수표를 소지하고 있음을 기화로 권리를 행사하는 것은 「권리남용」에 해당한다는 이유로 제3자의 항변을 인정한다.

2. 후자의 항변

후자의 항변이란 채무자가 자기의 후자인 채무자가 소지인에 대하여 가지고 있는 항변을 원용하는 것을 말한다. 예컨대, 甲이 乙에게 발행한 약속어음을 乙이 A로부터 돈을 빌리면서 A에게 담보목적으로 배서양도 하였는데, 이후 乙이 A에게 빌린 돈을 모두 갚았으나 어음을 반환 받지 않아 A가 어음을 소지하고 있다고 하자. A가 乙에게 상환청구를 할 때 乙이 원인관계가 소멸하였다는 항변을 하여 지급을 거절할 수 있음은 당연하다. 그런데 A가 甲에게 어음금 지급을 청구할 때, 甲은 乙의 위 항변을 원용하여 A에게 대항할 수 있다는 것이다. 이것이 후자의 항변이다.

3. 전자의 항변

전자의 항변이란 채무자가 자기의 전자인 채무자가 소지인에 대해 가지고 있는 항변을 원용하는 것을 말한다. 예컨대, 甲이 乙에게 발행한 약속어음을 A가 乙로부터 배서양도 받아 만기에 甲에게 어음금 지급을 청구하였다. 甲은 일단 지급을 거절하였으나 후일 지급하겠다는 약속을 하였고 A는 이에 동의하였다. 이렇게 지급유예의 특약이 있음에도 불구하고 A가 乙에게 상환청구권을 행사해 올 때, 乙이 A에게 자신의 전자인 甲의 지급유예의 항변을 원용하여 지급을 거절할 수 있다는 것이다. 이것이 전자의 항변이다.

4. 이중무권의 항변

(1) 의의

이중무권의 항변은 연속되는 3인의 어음당사자 간에 원인관계가 모두 흠결되어 있는 경우에 최초의 어음채무자가 자기의 후자의 항변을 원용하여 최후의 어음소지인의 어음금청구에 대하여 대항할 수 있는 항변이다. 예컨대, 어음·수표가 X·Y·Z에게 순차로 이전되었을 때 Y·Z 사이뿐만 아니라 X·Y 사이에도 인적항변사유가 존재하는 경우 X가 자신의 항변으로서 Z의 청구를 거절하는 것을 이중무권의 항변이라 한다. 일반적인 어음·수표 항변의 법리에 따르면 이중무권의 항변은 인정되기 어렵다. X의 Y에 대한 인적항변은 선의의 Z에게 절단되고, Y의 Z에 대한 인적항변은 인적항변의 개별성에 의하면 X가 원용할 수 없기 때문이다. 그러나 통설·판례는 Z에게 어음·수표금의 지급을 구할 경제적 이익이 없다는 이유로 이중무권의 항변을 인정한다(대판 2003.1.10. 2002다 46508).

(2) 이중무권의 항변을 인정한 판례

1) 사안

甲은 乙에게 액면금 5억 원의 약속어음을 발행하였고, 乙은 이를 A에게 배서양도하였다. A가 만기에 甲에게 이 어음을 지급제시하였으나 지급이 거절되었다. 이후 甲은 乙에게 5억 원의 어음금을 모두 지급하였고, 乙은 이 중 3억 원을 A에게 어음금의 변제조로 지급하였다. 그러나 甲·乙 모두 어음금을 지급하면서 어음을 반환 받지 않아 어음은 여전히 A가 소지하고 있다. A는 어음을 소지하고 있음을 기화로 다시 甲에게 5억 원의 약속어음금의 지급을 청구하였다. 이에 甲은 이미 어음금을 모두 乙에게 변제하였기 때문에 A에게는 어음금을 지급할 책임이 없다고 주장하였다.

2) 판례의 태도

"인적항변을 제한하는 법의 취지는 어음거래의 안전을 위하여 어음취득자의 이익을 보호하기 위한 것이다."라고 하면서, 어음의 배서인이 발행인으로부터 지급받은 어음금 중 일부를 어음 소지인에게 지급한 경우, 어음소지인은 배서인과 사이에 소멸된 어음금에 대하여는 지급을 구할 경제적 이익이 없게 되어 인적항변 절단의 이익을 향유할 지위에 있지 아니하므로 어음의 발행인은 그 범위 내에서 배서인에 대한 인적항변으로써 소지인에게 대항하여 그 부분 어음금의 지급을 거절할 수 있다(대판 2003.1.10. 2002다46508)."라고 판시하였다. 즉 A는 乙로부터 변제 받은 3억 원의 범위 내에서는 어음금의 지급을 구할 경제적 이익이 없고, 따라서 甲은 3억 원의 범위 내에서는 乙에 대한 변제의 항변으로써 A에게 대항하여 어음금의 지급을 거절할 수 있다는 것이다.

제4절   어음·수표의 실질관계

01 어음·수표의 실질관계

1. 의의

대부분의 경우 어음·수표는 어떠한 경제거래가 행해지고 그 지급수단으로서 발행 또는 양도된다. 이처럼 어음·수표 수수의 대가적 기초가 되는 관계를 어음·수표의 「실질관계」라 한다. 이 중 어음·수표가 수수되는 직접 당사자 사이의 대가관계를 「원인관계」라 하고, 환어음과 수표의 지급인과 발행인 사이의 대가관계를 「자금관계」라 한다. 약속어음에는 지급인이 없으므로 자금관계가 없다.

2. 원인관계와 어음·수표관계

(1) 어음·수표관계의 무인성

어음·수표행위는 무인행위로서 어음·수표수수의 원인관계로부터 분리하여 다루어져야 하고 어음·수표는 원인관계와 상관없이 일정한 어음·수표상의 권리를 표창하는 증권이다. 어음·수표의 소지인은 소지인이라는 사실만으로 어음·수표상의 권리를 행사할 수 있고 그가 어떠한 실제적 이익을 가지는지 증명할 필요가 없다(대판 1997.7.25. 96다52649). 어음·수표발행의 원인관계가 존재하지 않는다거나 원인채무가 변제 등으로 소멸하였다는 사정은 이를 주장하는 자가 증명하여야 한다(대판 2007.9.20. 2007다36407).

어음·수표관계는 무인성을 가지고 원인관계로부터 절연됨이 원칙이다. 즉 ① 어음·수표의 양도는 원인채권의 이전을 수반하지 않고 원인채권의 양도 역시 어음·수표채권의 이전을 수반하지 않는다. ② 어음·수표상의 권리는 원인채권의 유·무효에 의해 영향을 받지 않는다. ③ 어음·수표의 소지인은 어음·수표상의 권리를 행사함에 있어 원인관계를 증명할 필요가 없다.

(2) 원인관계가 어음·수표관계에 미치는 영향

무인성에 대한 예외로서, 당사자들의 이해를 공평하게 조정하기 위해 원인관계상의 권리내용에 기초하여 어음·수표관계가 수정되기도 한다. ① 당사자들 사이에서는 원인관계로부터 생기는 인적항변이 허용된다. 당사자들 사이에서는 유통성을 보호한다는 명분이 없기 때문이다. ② 원인관계는 이득상환청구의 기초가 된다. 이득상환청구권은 원인관계에서 발생한 채무자의 이득을 소지인에게 반환하게 하는 제도이다.

(3) 어음·수표관계가 원인관계에 미치는 영향

어음·수표는 보통 원인관계상의 금전채무를 지급하는 수단으로 교부된다. 그러면 어음·수표가 교부되면 원인채무는 소멸하는가? 이는 지급의 수단으로 어음·수표를 수수하는 당사자의 의사에 따라 달라진다. 당사자의 의사는, ①「지급에 갈음하여」, ②「지급을 위하여」, ③「지급을 담보하기 위하여」 세 가지로 나뉘는데, 원인채무는, ①의 경우에는 소멸하고, ②, ③의 경우에는 소멸하지 않는다.

1)「지급에 갈음하여」어음·수표가 교부된 경우

어음·수표가 원인채무의 지급에 갈음하여 교부되면 이는 대물변제이므로 기존의 원인채무는 소멸하고 어음·수표채무만 남는다. 그 결과 원인채무에 설정된 담보물권·보증 등은 효력을 잃는다.

2)「지급을 위하여」어음·수표가 교부된 경우

어음·수표를 원인채무의 지급을 위하여 교부한 경우에는 원인채무는 소멸하지 않고 이와 별도의 어음·수표채무가 발생한다. 그리고 원인채무와 어음·수표채무는 채권자가 어음금을 추심하여 채권의 만족을 얻을 때까지 병존한다.

① 채권의 행사순서

채권자는 원인채권과 어음·수표채권 중 어떤 것을 먼저 행사해야 하는가? 통설·판례는 어음·수표채권을 먼저 행사해야 한다는 입장이다. 즉 기존 채무의 이행에 관하여 어음을 교부하는 경우 어음상의 주채무자가 원인관계상의 채무자와 동일하지 아니한 때에는 제3자인 어음상의 주채무자에 의한 지급이 예정되고 있으므로, '지급을 위하여' 교부된 것으로 추정되고, 이 경우 채권자는 어음채권과 원인채권 중 어음채권을 먼저 행사하여 만족을 얻을 것을 당사자가 예정하였다고 할 것이므로, 채권자로서는 어음채권을 우선 행사하고, 그에 의하여서는 만족을 얻을 수 없을 때 비로소 채무자에 대하여 기존의 원인채권을 행사할 수 있다(대판 1995.10.13. 93다12213). 여기서 어음·수표채권을 먼저 행사한다고 함은 주채무자에 대하여 지급을 청구하는 것을 말한다.

어음채무의 지급을 위해 어음을 배서·양도한 경우, 원인채무와 어음상 채무가 병존하고 있다가 나중에 어음금이 지급되어 어음상 채무가 소멸하면 원인채무도 함께 소멸한다. 이러한 경우 어음금 지급행위가 부인되어 어음소지인인 상대방이 어음금을 반환한 때에는 채무자회생법 제109조 제1항에 따라 소멸했던 어음상 채권이 회복되고 어음상 채권의 소멸로 인해 함께 소멸했던 원인채권도 회복된다(대판 2022.5.13. 2018다224781).

② 어음의 만기와 어음채권의 변제기

지급을 위하여 어음을 교부한 경우에는 채권자가 어음채권을 먼저 행사할 것을 당사자가 예정하였다 할 것이므로, 어음의 만기가 기존채무의 변제기보다 후일인 경우에는 특단의 사정이 없는 한 기존채무의 변제를 유예하는 묵시적인 합의가 있었다고 보아야 한다(대판 1999.8.24. 99다24508).

③ 어음·수표채무의 이행으로 인한 원인채무의 소멸

어음·수표는 원인채무의 지급을 위해서 교부되었으므로 원인채무는 채권자가 어음·수표로부터 만족을 얻을 때 비로소 소멸한다. 따라서 어음·수표가 어음·수표금의 지급, 상계 등으로 소멸하면 원인채무도 소멸한다(대판 2000.2.11. 99다56437). 채권자가 교부 받은 어음·수표를 제3자에게 양도한 경우에는 원인채무는 언제 소멸하는가? 채권자는 어음·수표를 양도하면서 받은 대가를 통해 일응 만족을 얻었으므로 양도 시에 원인채무는 소멸하는가? 그렇지 않다. 원인채무는 주채무자가 어음·수표의 최종소지인에게 어음·수표금을 지급하였을 때 비로소 소멸한다. 어음·수표의 양도 후에도 채권자는 자신의 후자들에 대하여 상환의무를 부담하므로 대가를 받고 어음을 양도한 것만으로는 종국적인 만족은 얻었다고 볼 수 없고, 주채무자가 어음·수표금을 지급하여 상환의무를 면하게 되어야 비로소 궁극적인 만족을 얻게 되기 때문이다(대판 2002.12.24. 2001다3917).

④ 원인채권의 행사

A. 행사가능시기　　채권자는 어음·수표채권으로 만족을 얻지 못할 때 원인채권을 행사할 수 있다고 하였는데, 그 시기가 언제인가가 문제된다. 채권자는 만기에 지급제시를 하는 것 같은 통상적인 방법에 따른 어음·수표상의 권리행사를 하였음에도 목적을 달성할 수 없을 때 원인채권을 행사할 수 있다. 지급이 거절되면 상환청구권을 행사할 수도 있으나, 상환청구권을 행사하지 않고 바로 원인채권을 행사할 수 있다.

B. 상환청구권의 보전　　채권자는 원인채권을 행사하는 경우, 원인채무를 변제한 채무자가 어음·수표를 반환 받아 이를 가지고 자신의 전자에게 상환청구권을 행사할 수 있도록 상환청구권보전절차를 밟아야 한다(대판 1995.10.1. 93다12213).

C. 어음·수표의 반환　　채무자가 원인채무를 변제하여도 어음채권은 무인성으로 인해 소멸하지 않는다. 따라서 채권자가 원인채권을 변제 받고도 어음·수표를 유통시키면 채무자는 이중지급의 위험에 빠지게 된다. ⓐ 그러므로 채권자가 원인채권을 행사함에 있어서는 어음·수표의 반환이 필요하고, 채무자는 어음·수표와 상환으로 원인채무를 지급하겠다는 항변으로 채권자에게 대항할

수 있다(대판 1993.11.09. 93다11203). ⓑ 그 결과 채권자가 기존 채무의 이행에 관하여 채무자로부터 어음을 교부 받은 후 이를 다시 채무자에게 반환하였다면 채무자로부터 원인채권을 변제 받은 사실을 추정할 수 있다(대판 1996.12.20. 96다41588). ⓒ 한편 채무자에게 동시이행의 항변권을 인정한 것은 이중지급의 위험을 면해주기 위함이지, 원인채무의 이행청구권과 어음 반환청구권이 대가관계에 있기 때문이 아니므로, ⅰ) 채무자는 원인채무가 이행기를 도과하면 원칙적으로 이행지체의 책임을 지고(대판 1999.7.9. 98다47542), ⅱ) 어음상 권리가 시효완성으로 소멸하여 채무자에게 이중지급의 위험이 없고 채무자가 다른 어음상 채무자에 대하여 권리를 행사할 수도 없는 경우에는 채무자의 동시이행항변권은 부인된다. 따라서 채권자는 어음·수표를 반환하지 않고도 원인채권을 행사할 수 있다(대판 2010.7.2. 2009다69692).

⑤ 채권자의 과실로 인한 어음채권의 소멸

채무자가 채권자에게 제3자가 발행한 어음·수표를 원인채무의 지급을 위하여 교부하였는데, 채권자가 이를 소지하던 중 어음·수표의 시효가 완성하거나 보전절차를 밟지 않아 상환청구권을 상실하였다고 하자. 이때 채권자는 채무자에게 원인채권을 행사할 수 있는가? 어음·수표채권과 어음채권은 별개이므로 어음·수표상의 권리가 시효 따위로 소멸하였다 하여 원인채권도 당연히 소멸하는 것은 아니고, 따라서 채권자는 원인채권을 행사할 수 있다(대판 1976.11.23. 76다1391).

그렇다면 시효완성과 보전절차 흠결이 채권자의 과실에 의한 경우에는 어떠한가? 이 경우에 채권자의 원인채권 행사를 허용하면 채무자는 자기의 원인채무는 변제하면서도 자신의 전자에 대한 어음·수표상의 권리는 행사할 수 없게 되는 문제가 있다.

판례는 채권자는 상환청구권을 보전할 의무가 있다고 하면서, 채권자가 원인채권을 행사하는 것은 가능하나, 이로 인해 채무자에게 손해가 발생한 경우 채권자는 채무자에게 불법행위로 인한 손해배상의무를 진다는 입장이다(대판 1995.10.13. 93다12213). 구체적으로 판례는 채권자의 손해배상의무를 두 경우로 나누어 판단한다. 「甲이 발행한 약속어음을 乙이 수취하여 자신의 채권자인 A에게 원인채무의 지급을 위하여 양도하였는데, A가 제시기간이 경과한 후에 甲에게 지급제시를 하였다가 거절당하였다」는 예를 들어 살펴보자.

A. 주채무자 甲이 자력이 있는 경우　　채권자 A가 적법한 지급제시를 하지 않아 상환청구권이 보전되지 않았어도 주채무자인 甲이 자력이 있는 한 어음을 반환 받은 채무자 乙은 甲에게 어음채권이나 원인채권을 행사하여 만족을 얻을 수 있으므로 채무자 乙의 손해는 발생하지 않았다. 따라서 이 경우 채권자 A는 아무 장애 없이 채무자 乙에게 원인채권을 행사할 수 있다.

B. 주채무자 甲이 무자력인 경우　　甲이 제시기간에는 자력이 있어 A가 그 기간 내에 지급제시를 하였다면 지급을 받을 수 있었고, 甲이 지급기일 후에 무자력이 되어 乙은 A에게 원인채무를 이행하고 어음을 반환 받더라도 甲으로부터 어음채권과 원인채권 어느 것도 받을 수 없게 되었다면, 乙은 A가 지급제시를 게을리 함으로 인하여 자신의 채권에 대하여 만족을 얻지 못하게 되는 손해를 입게 된다. 그러나 이러한 乙의 손해는 甲의 자력 악화라는 특별사정으로 인한 손해이므로, 상환청구권 보전 의무를 불이행한 A가 그 채무불이행 당시인 어음의 지급기일에 장차 甲이 자력

이 악화될 것임을 알았거나 알 수 있었을 때에만 A의 B에 대한 손해배상책임이 발생한다. A의 배상책임이 인정되면 乙은 그 손해배상채권으로 A의 자신에 대한 원인채권과 상계할 수 있다.

⑥ 어음소송과 원인채권의 시효중단

원인채권을 행사하기 위한 소송을 제기하여도 어음·수표채권의 소멸시효는 중단하지 않는다(어음채권의 무인성). 그러나 반대로 어음·수표채권에 기하여 소송을 제기하거나 어음·수표채권을 피보전권리로 하여 채무자의 재산을 가압류함으로써 어음·수표채권을 행사한 경우에는 어음·수표채권뿐만 아니라 원인채권의 소멸시효도 중단한다. 어음·수표는 원인채권의 지급수단으로 수수된 것이므로 어음·수표채권의 행사는 원인채권의 실현을 위한 것이기 때문이다(대판 1999.6.11. 99다16378).

3)「지급을 담보하기 위하여」어음·수표가 교부된 경우

원인채무에 대한 지급을 확보하기 위하여 그 담보로 어음·수표를 교부한 경우에도 원인채무는 소멸하지 않고 원인채무와 어음·수표채무는 병존한다. 일반적으로 지급의 담보로 어음·수표가 교부된 때에는 채권자가 원인채권이 변제될 때까지 이를 계속 소지하면서 유통시키지 않는 경우가 많다. 권리 행사의 순서에 관해 통설은 채권자가 어느 채권을 행사할 것인지 임의로 선택할 수 있다고 한다. 이 외의 법률관계는 지급을 위하여 교부된 경우와 거의 동일하다.

4) 교부 목적의 판단

어음·수표가 어떤 뜻으로 교부된 것인지는 물론 당사자가 합의할 사항이다. 그러나 당사자 간에 특별한 합의가 없는 한,「지급을 위하여」또는「지급을 담보하기 위하여」교부한 것으로 본다(통설·판례, 대판 1995.10.13. 93다12213). 어음·수표가 지급의 수단임을 감안할 때 어음·수표의 가치가 실현되지 않은 상태에서 채권자가 기존 채무를 소멸시킬 것을 원했다고 보기는 어렵기 때문이다. 판례가 지급에 갈음하여 교부한 것으로 인정한 사례는 거의 없으며, 채무자가 은행의 자기앞수표나 은행의 지급보증이 있는 당좌수표와 같이 현금처럼 유통될 수 있는 수표를 교부하는 경우 정도가 있을 따름이다(대판 1960.5.19. 4292민상784).

「지급을 위하여」인지「지급을 담보하기 위하여」인지는 어떻게 구별하는가? 대부분의 판례는 당사자 사이에 특별한 의사표시가 없으면 단지 그 '지급을 위하여' 또는 그 '담보를 위하여' 교부된 것으로 추정한다는 식으로 양자를 명확히 구별하고 있지 않다. 다만 어음상의 주채무자가 원인관계상의 채무자와 동일하지 아니한 때에는 제3자인 어음상의 주채무자에 의한 지급이 예정되고 있으므로 이는 '지급을 위하여' 교부된 것으로 추정한다(대판 1996.11.8. 95다25060).

(4) 원인채무의 보증을 위한 어음행위

1) 보증 목적의 배서

채무자가 채무 담보를 위해 채권자에게 약속어음을 발행할 때, 제3자가 채권자의 요구에 따라 보증의 목적으로 배서를 하는 경우가 흔히 있다. 이때 배서인이 어음법상 담보책임을 짐은 당연한데, 나아가 채권자에 대하여 원인채권에 대한 민사상의 보증채무도 부담하는지가 문제된다. 배서인이 원인채무의 보증책임까지 진다 함은 상환청구권 보전절차 흠결, 소멸시효 완성 등으로 어음상의 채무가 소멸하여도 원인채무가 존속하는 한 배서인은 채무를 변제할 책임이 있다는 의미이다.

판례의 기본 태도는 어음관계와 원인관계의 준별이다. 즉 다른 사람이 발행 또는 배서 양도하는 약속어음에 배서인이 된 사람은 그 배서로 인한 어음상의 채무만을 부담하는 것이 원칙이라고 한다(대판 1994.8.26. 94다5397). 다만 판례는 엄격한 기준 하에 민사상 보증계약의 성립을 인정한다. 즉 채권자에게 원인채무에 대한 민사상 보증채무의 부담까지도 배서인에게 요구하는 의사가 있었고, 배서인도 채권자의 그러한 의사 및 채무의 내용을 인식하면서 그에 응하여 배서하였다는 사실이 인정되어야 배서인과 채권자 사이에 민사상 보증계약의 성립을 인정할 수 있다고 한다(대판 2009.10.29. 2009다44884). 배서인이 원인채무를 보증할 의사로 배서하였음은 보증책임을 추궁하는 자가 증명해야 한다(대판 1994.8.26. 94다5397).

2) 어음보증과 원인채무

채무자가 원인채무를 변제하기 위해 채권자에게 약속어음을 발행하는데, 제3자가 그 채무 담보를 위해 명시적으로 어음보증을 하는 경우 제3자는 어음보증인으로서의 책임만 지는가 아니면 원인채무에 대한 보증채무까지도 지는가? 판례에 의하면 제3자는 어음보증으로 인한 어음상의 채무만을 부담하는 것이 원칙이고, 원인채무에 대한 보증책임은 특별히 채권자에게 원인채무까지 보증하겠다는 뜻으로 어음보증을 한 경우에 한하여 부담한다. 어음보증 당시 그 어음이 원인채무의 담보를 위하여 발행된다는 사실을 알고 있었다 하여도 마찬가지이다(대판 1998.6.26. 98다2051).

3) 타인채무를 담보할 목적의 어음발행

타인의 채무에 관하여 제3자가 채무자를 위하여 약속어음을 발행하여 채권자에게 교부한 경우, 특별한 사정이 없는 한 동일한 채무를 면책적 또는 중첩적으로 인수한 것으로 보아야 한다는 것이 판례의 태도이다(대판 1997.5.7. 97다4517). 담보목적으로 배서한 경우처럼 보증으로 보지 않고 채무인수로 보는 이유는 약속어음의 발행은 어음상의 주채무를 부담하는 행위이기 때문이다.

3. 자금관계와 어음·수표관계

(1) 어음·수표관계의 무인성

자금관계도 원인관계와 마찬가지로 어음·수표관계와 분리된다. 따라서 환어음은 자금관계 없이 발행되거나 인수되더라도 유효하며, 지급인이 발행인으로부터 자금을 공급받았다고 하여 반드시 환어음을 인수할 의무가 있는 것도 아니다. 수표발행의 경우 자금관계가 있을 것이 요구되나, 자금관계 없이 발행된 수표도 완전한 효력을 가진다(수표법 제3조).

(2) 상호 간의 영향

자금관계가 어음·수표관계의 기초를 이루고 있기 때문에 양자는 서로간에 관련성이 전혀 없지는 않다. 직접 당사자 사이에서는 자금관계가 없음을 인적항변으로 제출할 수 있고, 발행인이 인수인에 대하여 가지는 지급청구권(어음법 제28조 제2항 단서), 이득상환청구권(어음법 제79조, 수표법 제63조) 등도 자금관계가 어음·수표관계에 반영된 것이다.

제3장 어음·수표상의 권리·의무의 발생

제1절 어음·수표의 발행

01 발행의 의의

1. 발행의 개념

어음·수표의 발행이란 법정요건을 갖춘 어음·수표라는 증권을 작성하여 이를 수취인에게 교부하는 행위를 말한다. 어음·수표의 발행은 기본적 어음·수표행위이고, 그 밖의 어음·수표행위는 부속적 어음·수표행위이다. 다만 교부까지 해야 발행인가에 대해서는 어음·수표이론 중 창조설·발행설·교부계약설·권리외관설 등의 견해 대립이 있다(어음이론 부분 참조).

2. 발행의 효력

(1) 약속어음

1) 지급의 약속

약속어음 발행인의 의사표시는 지급의 약속이다. 따라서 약속어음 발행인은 지급 약속의 의사표시에 따라 만기에 수취인 또는 어음의 정당한 소지인에게 어음금을 지급할 주채무를 부담한다. 발행인이 어음에 어음금의 지급책임을 지지 않겠다는 내용의 문언을 기재하면 어떻게 되는가? 어음발행 자체가 무효가 된다. 그 문언만 무효가 되는 것이 아니라 어음발행 전부가 무효가 된다. 이는 유해적 기재사항이라는 뜻이다. 발행인의 주채무 부담은 약속어음 발행의 본질적 효력인데, 지급책임을 지지 않겠다는 것은 발행의 본질적 효력을 부정하는 것이기 때문이다. 환어음과 수표 발행인의 지급담보책임 면제 문구는 무인적 기재사항인 점과 구별된다.

2) 주채무의 특징

약속어음의 발행인과 환어음의 인수인이 지는 주채무는 배서인 등 다른 채무자가 지는 상환의무와 비교하여 어떤 특징을 가지는가? ① 주채무는 제1차적 의무이다. 반면 상환의무는 주채무자가 지급을 거절한 경우에 비로소 발생하는 제2차적 의무이다. ② 주채무는 절대적 의무이다. 즉 상환청구권 보전과 상관 없이 만기로부터 3년의 시효기간 동안 인정된다. 반면 상황의무는 어음소지인이 상환청구권 보전절차를 밟은 경우에 한하여 인정된다. ③ 최종적 의무이다. 즉 주채무자가 주채무를 이행하면 어음상의 권리의무는 소멸한다. 반면 상환의무자가 상환의무를 이행하면 전자에 대하여 재상환청구를 할 수 있다.

(2) 환어음

1) 의사표시상의 효력

환어음의 발행인의 의사표시는 지급위탁이다. 환어음의 발행에 의해 지급인은 자기의 명의와 발행인의 계산으로 어음금액을 지급할 수 있는 권한을 취득한다. 그러나 발행에 의해 지급인이 지급의무를 부담하지는 않는다. 지급인은 인수를 한 경우에만 지급의무를 부담하고, 이는 환어음상의 주채무이다. 결국 환어음의 발행에 의해서는 확정적인 주채무는 발생하지 않고 인수할 경우를 가정한 주채무만이 발생할 뿐이다.

2) 법률상의 효력

① 발행인의 담보책임

발행인은 어음의 인수와 지급을 담보한다(어음법 제9조 제1항). 즉 지급인이 인수나 지급을 거절하는 경우 자신이 어음금을 지급할 의무를 부담한다. 이는 발행인의 의사표시에 의한 책임이 아니라 법정책임이다.

② 담보책임 면책문구의 효력

발행인이 이러한 담보책임을 지지 않겠다고 어음에 적으면 발행인은 담보책임을 면할 수 있는가? ⅰ) 발행인은 인수를 담보하지 아니한다는 내용을 어음에 적을 수 있다(어음법 제9조 제2항 본문). 즉 인수담보책임 면제문구는 유익적 기재사항이다. 발행인이 인수담보책임을 지지 않더라도, 지급인이 만기에 가서는 마음이 바뀌어 소지인의 지급제시에 따라 지급을 할 수도 있고, 만기에 지급인이 지급까지 거절하더라도 발행인이 지급담보책임을 지기 때문이다. ⅱ) 그러나 발행인이 지급을 담보하지 아니한다는 뜻의 모든 문구는 적지 아니한 것으로 본다(어음법 제9조 제2항 단서). 다시 말해 발행인의 지급담보책임 면제문구는 무익적 기재사항이다.

(3) 수표

수표의 발행도 지급위탁이므로 수표발행의 효력은 환어음의 그것과 대체로 같다. 다만 환어음과 다른 점이 몇 가지 있다.

1) 주채무의 부존재

수표에서는 주채무는 영원히 존재하지 않는다. 발행인이 지급약속을 한 것도 아니고 지급인의 인수제도도 없기 때문이다(수표법 제4조). 지급인인 은행이 수표에 지급보증을 할 수는 있으나(수표법 제53조 제1항), 이때도 지급인은 지급제시기간 내에 지급제시된 경우에 한하여 수표금을 지급할 의무를 부담할 뿐이므로(수표법 제55조 제1항) 이는 주채무가 아니다.

2) 발행인의 지급담보책임

수표의 발행인도 환어음 발행인과 같이 지급담보책임을 진다(수표법 제12조 전문). 다만 수표에는 인수제도가 없으므로 인수담보책임은 지지 않는다. 수표 발행인이 지급을 담보하지 아니한다는 뜻의 문구를 적더라도 이는 적지 아니한 것으로 본다(동조 후문). 즉 발행인의 지급무담보 문구는 환어음의 경우와 같이 무익적 기재사항이다.

3) 발행의 제한

환어음의 발행에는 제한이 없으나, 수표는 지급증권으로서 그 지급의 확실을 기하기 위해 그 발행에 일정한 제한을 두고 있다. ① 수표를 발행하려면 지급제시 시점에 지급인이 될 은행에 발행인이 처분할 수 있는 자금이 있어야 한다(수표법 제3조 본문). 이를 수표자금이라 하는데, 수표자금은 지급제시 시점에 있어야 한다. 따라서 발행할 때에는 없어도 상관 없다. ② 발행인과 지급인이 될 은행 사이에 발행인이 그 자금을 수표에 의하여 처분할 수 있는 명시 또는 묵시의 계약, 즉 수표계약이 있어야 한다(동조 본문). 수표계약은 수표자금에 관한 계약(당좌예금계약 또는 당좌차월계약), 상호계산계약과 함께 당좌거래계약에 의하여 동시에 체결됨이 보통이다.

그러나 이러한 수표발행의 제한은 수표관계를 자금관계에 관련시켜 수표의 무인증권성에 반하는 결과를 초래한다. 따라서 수표법은 이러한 제한에 위반하여 수표자금이 부족하거나 수표계약 없이 발행된 수표라도 수표로서의 효력에는 영향이 없다고 규정하고 있다(수표법 제3조 단서). 다만 이 경우 지급이 거절되어 수표가 부도처리 될 수 있다.

02 어음·수표요건

1. 어음·수표요건의 의의

(1) 개념

어음·수표는 엄격한 요식증권이다. 따라서 발행 시에 반드시 기재하여야 어음 또는 수표로서 성립하는 사항이 있는데, 이를 「어음·수표요건」이라 한다. 「필수적 기재사항」이라고도 한다.

(2) 환어음·약속어음·수표의 비교

1) 환어음과 약속어음

가장 중요한 차이 하나만 보면, 약속어음에는 지급인이 없으므로 「지급인의 명칭(어음법 제1조 3호)」을 기재할 필요가 없어 환어음보다 어음요건이 하나 적다는 점이다. 그 외의 점은 모두 같다. 지급인은 없으나 약속어음도 지급은 이루어지므로 「지급지」는 필수적 기재사항이다.

2) 환어음과 수표

역시 중요한 차이만 보면, 수표는 환어음과 다르게 만기와 수취인이 필수적 기재사항이 아니다(어음법 제1조 4호, 6호, 수표법 제1조). 수표는 지급증권으로 언제나 일람출급이고 만기는 무익적 기재사항이다(수표법 제28조 제1항). 그리고 수표는 수취인을 기재하지 않고 소지인출급식으로 발행할 수 있다(수표법 제5조 제1항 3호). 다만 기명식 또는 지시식으로도 발행할 수 있으므로(수표법 제5조 제1항 1호) 수취인은 유익적 기재사항이다.

2. 기재사항

(1) 어음·수표문구

증권의 본문 중에 그 증권을 작성할 때 사용하는 국어로 환어음·약속어음·수표임을 표시하는 글자를 적어야 한다(어음법 제1조 1호, 수표법 제1조 1호). 이 글자를 어음·수표문구라 한다. 아래 예시에서 ☆ 부분의 「환어음」, 「약속어음」과 같다. 이를 적도록 한 이유는 어떤 유가증권인지에 따라 법률관계나 발행의 효력이 다르기 때문이다.

여기서 본문이란 「지급위탁문구」 또는 「지급약속문구」를 말한다. 아래 예에서 밑줄 친 부분에 해당한다. 어음·수표문구는 「증권의 본문 중에」 적어야 하고, 표제에만 「환어음」, 「약속어음」이라고 적고 본문에는 단순히 "…이 「어음」과 상환하여…"라고 적으면 무효이다. 표제로 충분하다고 하면 일반 채무증서의 여백에 어음·수표문구를 삽입하여 변조할 수가 있기 때문이다.

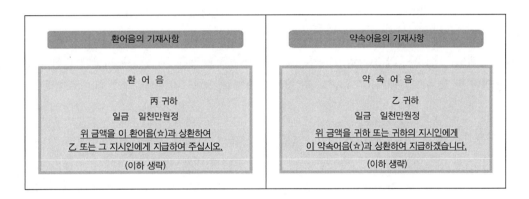

(2) 일정 금액의 지급위탁 또는 지급약속

「조건 없이 일정한 금액을 지급할 것을 위탁(환어음·수표), 약속(약속어음)하는 뜻」을 적어야 한다(어음법 제1조 2호, 수표법 제1조 2호).

1) 일정한 금액

① 의의

ⅰ) 지급의 대상은 「금액」이어야 한다. 따라서 금전 이외의 물건을 지급의 대상으로 하면 무효이다. 예컨대, "쌀 20말을 인도한다"는 어음은 무효이다(대판 1964.8.31. 63다969). ⅱ) 금액은 「일정」해야 한다. 즉 모든 당사자들에게 "확정"되고 "단일"한 의미를 갖게끔 기재되어야 한다. 따라서 "100만 원 이하", "100만 원 이상"과 같이 「상한 또는 하한을 정하는 기재」, "100만 원 또는 200만 원"과 같은 「선택적 기재」는 모두 무효이다. 또 유통과정에서 계속 일정해야 하므로 "만기 당시 기준으로 석유 100 배럴의 가격 상당액"과 같은 기재도 무효이다.

② 어음·수표금의 복수 기재

변조 방지를 위해 어음·수표금을 두 곳 이상에 기재하는 경우가 흔히 있다. 그런데 그 금액이 서로 다르면 어떻게 되는가? ⅰ) 글자와 숫자로 기재한 금액이 서로 다른 때에는(예 '1,000,000원'과 '일천만 원'으로 기재한 경우) 글자로 기재한 금액을 어음·수표금액으로 본다(어음법 제6조 제1항, 수표법 제9조 제1항). 문자가 쓸 때 더 신중하게 쓰고 변조의 위험도 적기 때문이다. ⅱ) 글자와 글자, 숫자와 숫자로 기재한 금액이 서로 다른 경우에는(예 '백만 원'과 '천만 원'으로 기재한 경우, 또는 '1,000,000원'과 '10,000,000원'으로 기재한 경우) 작은 금액을 어음·수표금액으로 본다(어음법 제6조 제2항, 수표법 제9조 제2항).

2) 무조건의 지급위탁 또는 지급약속

① 무조건성

지급의 위탁 또는 지급의 약속은 「무조건」이어야 한다. 조건을 붙이면 어음상의 권리가 확정될 수 없기 때문이다. 여기서 조건이란 민법 제147조 이하의 조건만을 의미하는 것이 아니라 지급의 단순성을 해하는 모든 제약을 포함하는 뜻이다. 예컨대, "김○○이 발행한 어음의 어음금이 지급될 경우 이 어음금을 지급한다"(대판 1994.6.14. 94다6598)와 같이 대가를 연결시키거나, 발행인이 지급인에 대해 가진 "특정한 채권 중에서 지급하라"와 같이 지급자금의 제약을 두는 것도 무조건성에 반한다. 어음·수표를 조건부로 발행하면 어음·수표 자체가 무효가 된다. 즉 조건은 유해적 기재사항이다. 판례도 "약속어음의 지급약속문언은 단순하여야 하므로 그 어음면에 지급에 관한 어떤 조건을 붙였다면 그 어음자체가 무효라고 볼 것이다(대판 1971.4.20. 71다418)."라고 판시하였다.

② 위탁어음·수표

환어음과 수표는 제3자의 계산으로 발행할 수 있다(어음법 제3조 제3항, 수표법 제6조 제2항). 예를 들어 甲이 丙을 지급인으로 하여 환어음 또는 수표를 발행하면서, "X의 계산에서 지급하여 주시오"라는 문구를 삽입하는 것이다. 甲이 X의 위탁을 받아 환어음·수표를 발행하면서 지급인(丙)과의 자금관계상 자금부담의 주체를 X로 하고자 할 때 이 같은 기재를 한다. 이를 위탁어음·수표라 한다. 그러나 위탁자(X)에게 계산을 귀속시키는 것은 발행인(甲)·지급인(丙)·위탁자(X) 사이의 내부관계에 그치고 어음·수표법상의 효력은 없다. 내부적으로는 위탁자(X)가 자금을 부담하더라도 이 어음·수표의 발행인은 명의상의 발행인(甲)이고 그가 소지인에 대하여 발행인으로서의 담보책임을 진다.

(3) 지급인의 명칭

1) 지급인의 요건성

환어음과 수표는 제3자에게 지급을 위탁하는 증권이므로 증권면에 반드시 지급인이 기재되어야 하고, 이를 결하면 무효이다. 약속어음은 지급약속증권이므로 지급인이 없다.

2) 지급인의 실재성

지급인은 누구든 기재되기만 하면 충분하고, 사자(死者) 또는 허무인(虛無人)이라도 상관없다. 물론 이런 어음·수표는 제시·지급이 불가능할 것이나, 발행인이 담보책임을 지므로 거래의 안전은 보호된다.

3) 지급인의 자격

환어음의 지급인의 자격에는 제한이 없다. 그러나 수표의 지급인은 은행으로 한정된다(수표법 제3조 본문). 다만 지급인으로 은행 이외의 자를 기재하여도 수표로서의 효력에는 영향이 없다(동조 단서).

4) 기재방법

기재방법은 주로 환어음의 지급인에서 문제된다. 수표의 지급인은 은행에 제한되기 때문이다. 지급인의 명칭은 지급인의 동일성을 인식할 수 있는 정도만 기재하면 된다. 자연인의 경우에는 성명 외에도 통칭·아호·예명·별명을 기재해도 되고, 상인이라면 그의 상호를 기재해도 된다. 법인의 경우에는 법인명만 기재하면 충분하며 대표관계 및 대표자의 성명까지 기재할 필요는 없다.

5) 환어음 지급인의 복수기재

ⅰ) 환어음의 지급인을 복수로 기재할 수 있는가? 복수기재는 선택적 기재(예 丙 또는 丁), 중첩적 기재(예 丙과 丁), 순차적 기재(예 제1지급인 丙, 丙이 지급하지 않을 경우 제2지급인 丁)를 생각해볼 수 있다. 이 중 선택적 기재는 지급인이 丙인지 丁인지 특정할 수 없어 어음의 단순성을 해치므로 무효라고 보나, 중첩적 기재와 순차적 기재는 지급인의 특정이 가능하므로 유효라고 본다(통설). ⅱ) 중첩적 기재의 경우 수 인의 지급인이 인수를 하면 인수인은 각자가 전부의 지급의무를 부담하는 합동책임을 진다. 이 경우 상환청구권은 언제 발생하는가? 지급거절로 인한 상환청구권은 수인의 지급인 전원에게 지급제시하고 전원이 지급거절을 해야만 발생하나, 인수거절로 인한 상환청구권은 수인의 지급인 중 1인에게 인수제시를 하여 그 1인이 인수를 거절하면 바로 발생한다. 순차적 기재의 경우에는 제1지급인만이 지급인이 되고, 제2지급인은 예비지급인이 된다.

6) 자기앞환어음·자기앞수표

환어음·수표는 발행인 자신을 지급인으로 하여 발행할 수 있다(어음법 제3조 제2항, 수표법 제6조 제3항). 이를 자기앞환어음, 자기앞수표라 한다. 자기앞환어음은 서로 다른 지역에 두 개 이상의 영업소를 가지고 있는 발행인이 발행지와 다른 곳에 있는 영업소에서 어음금을 지급하고자 할 때 사용된다. 발행인이 지급인이기 때문에 그 실질은 약속어음과 같다. 자기앞수표는 특별한 법리가 많으므로 어음법·수표법 마지막 부분에서 자세히 다루기로 한다.

(4) 만기

1) 의의

만기란 어음금액이 지급될 날로 어음면에 기재된 날을 말한다(어음법 제1조 4호). 만기는 어음에만 있고 수표에는 없다. 만기는 「지급을 할 날」(어음법 제38조 제1항, 제44조 제3항)이나 「지급하는 날」(어음법 제41조 제1항)과 다르다. 「지급을 할 날」이란 법상 지급제시가 가능한 최초의 날을 뜻한다. 만기와 지급을 할 날은 통상은 일치하나, 만기가 법정휴일일 때에는 그에 이은 제1의 거래일이 지급을 할 날이 되므로(어음법 제72조 제1항) 서로 달라진다. 「지급하는 날」은 어음금을 실제 지급하는 날을 뜻한다.

2) 요건

만기는 「단일」하고 「확정」할 수 있고, 「가능」해야 한다. ① 단일해야 하므로 분할출급의 어음

(예 1,000만 원 중 400만 원은 2023.5.1.에, 600만 원은 2023.10.1.에 지급)은 무효이다(어음법 제33조 제2항). 어음의 상환증권성을 지킬 수 없고, 상환절차가 혼란스러워지기 때문이다. ② 만기는 어음 문언만으로 확정할 수 있는 날이어야 한다. "2023년 겨울", "2023년 5월 1일 또는 6월 1일"과 같은 만기는 확정할 수 없어 무효이다. 또 확정할 수 있더라도 "용마산현장 준공 후"와 같이 어음 문언만으로는 확정할 수 없고 원인관계나 기타 어음 외적인 사정을 고려하여야만 확정할 수 있다면 이 역시 무효이다(대판 1997.5.7. 97다4517). ③ 만기는 가능한 날이어야 한다. 그러나 통설·판례는 일력에 없어 불가능한 날인 "2023년 2월 30일"을 "2023년 2월 말일"로 해석하여 유효한 어음으로 본다(대판 1981.7.28. 80다1295). 그것이 당사자의 의사에 합치하고 유효로 보아도 유통성을 해하지 않기 때문이다. 한편 통설·판례는 발행일 이전의 날짜를 만기로 한 어음(예 발행일은 2023.3.1.인데, 만기는 2023.2.1.인 경우)은 무효로 본다(대판 2000.4.25. 98다59682). 어음의 문면 자체에서 모순이 생기기 때문이다.

3) 만기의 종류

만기는 「일람출급」, 「일람 후 정기출급」, 「발행일자 후 정기출급」, 「확정일출급」 4가지만 인정된다. 그 밖의 만기는 무효이다(어음법 제33조 제1항, 제2항). 후2자는 만기가 발행 당시부터 확정되나, 전2자는 소지인이 언제 제시하느냐에 따라 만기가 달라진다.

① 확정일출급

예컨대, "2023년 3월 31일"과 같이 특정의 날로 정하는 것을 말한다. 실제 어음거래의 대부분이 이 방식에 의한다.

② 발행일자 후 정기출급

예컨대, "발행일자로부터 10일 후"와 같이 발행일자로부터 기산해서 일정 기간이 경과한 날을 만기로 삼는 방식이다.

③ 일람출급

이는 어음소지인이 지급을 위한 제시(일람)를 한 날을 만기로 삼는 방식이다. 어음면에 표기할 때에는 "일람출급" 또는 "제시 즉시 지급" 등으로 기재한다. 여기서 일람이란 「지급을 위한 제시」만을 의미하고 환어음의 인수를 위한 제시는 이에 포함되지 않는다.

④ 일람 후 정기출급

어음을 일람, 즉 제시한 후 일정기간이 경과한 날을 만기로 삼는 방식이다. 예컨대, "제시 후 2월이 경과한 후에 지급함"이라는 것과 같다. 여기서 일람의 의미는 환어음의 경우와 약속어음의 경우가 다르다. ⅰ) 환어음의 경우에는 「인수제시」를 의미한다. 따라서 이 경우는 소지인이 지급인에게 인수제시를 하고, 지급인이 인수를 하면 인수한 날짜로부터, 인수를 거절하면 거절증서의 날짜로부터 일정 기간이 경과한 날이 만기가 된다(어음법 제35조 제1항). ⅱ) 반면 약속어음의 경우 일람은 단순히 만기를 정하기 위해 발행인에게 어음을 제시하는 것을 뜻한다. 이 경우는 소지인의 제시에 따라 발행인이 어음을 일람한 후, 어음에 일람하였다는 내용을 적고 날짜를 부기하여 기명날인 또는 서명한 날로부터 일정한 기간이 경과한 날이 만기가 된다(어음법 제78조 제2항).

4) 지급제시기간과 인수제시기간

만기가 소지인의 제시에 따라서 정해지는 일람출급어음과 일람후정기출급어음의 경우에는 소지인이 제시를 하지 않고 있으면 어음관계가 장기간 미결상태에 놓인다. 어음관계는 신속히 종료하는 것이 바람직하므로 어음법은 지급제시기간과 인수제시기간을 제한하고 있다.

① 일람출급어음의 지급제시기간

A. 발행일로부터 1년 내　　일람출급어음은 발행일로부터 1년 내에 지급을 받기 위한 제시를 하여야 한다(어음법 제34조 제1항 2문). 이 기간을 경과하여 지급제시를 하면 거절되더라도 상환청구권을 행사할 수 없다(어음법 제53조 제1항 1호). 다만 지급제시기간이 경과하여도 주채무자에 대한 권리에는 영향이 없다.

B. 기간의 단축과 연장　　ⅰ) 발행인은 이 1년이라는 제시기간을 단축하거나 연장할 수 있다(어음법 제34조 제1항 3문). 발행인이 한 단축·연장은 어음채무자 전원에게 효력이 있다(어음법 제53조 제2항). 따라서 발행인이 단축·연장한 제시기간 내에 지급제시를 하지 않으면 소지인은 모든 채무자에 대하여 상환청구권을 상실한다. ⅱ) 배서인도 1년의 제시기간을 단축할 수 있다(어음법 제34조 제1항 3문). 그러나 연장은 할 수 없다. 배서인이 단축한 기간은 그 배서인만이 원용할 수 있다(어음법 제53조 제3항). 따라서 배서인이 단축한 기간 경과 후에 지급제시를 하면 배서인에 대한 상환청구권은 상실하나, 그 지급제시가 원래의 제시기간 내에 행하여졌다면 그 배서인 외의 다른 채무자에 대한 상환청구권을 잃지 않는다.

② 일람 후 정기출급 어음의 인수제시기간

ⅰ) 일람 후 정기출급의 환어음은 그 발행한 날로부터 1년 내에 인수제시를 하여야 한다(어음법 제23조 제1항). 발행인은 이 기간을 단축하거나 연장할 수 있고, 배서인은 단축만 할 수 있다(동조 2항, 제3항). 그 뜻과 효과는 일람출급어음에서 설명한 바와 같다. ⅱ) 인수제시기간은 아니나, 일람 후 정기출급의 약속어음도 역시 1년 내에 만기를 정하기 위한 제시를 하여야 한다. 이 기간의 준수는 상환청구권의 보전을 위한 것이고 발행인에 대한 관계에서는 이 기간이 경과한 후에 제시하더라도 지급청구권을 잃지 않는다.

5) 수표의 지급제시기간

① 발행일로부터 10일 내

수표는 일람출급의 지급증권이어서(수표법 제28조 제1항), 발행인이 항상 제시에 대비해야 하는 부담을 지는 까닭에 그 법률관계를 단기간에 종결 짓는 것이 바람직하다. 그래서 수표법은 단기의 지급제시기간을 두고 있다(수표법 제29조 제1항). 즉 국내에서 발행하고 지급할 수표는 발행일로부터 10일 내에 지급제시를 하여야 한다(수표법 제29조 제1항).

② 제시기간 경과의 효과

ⅰ) 지급제시기간 내에 지급제시를 하지 않으면 소지인은 상환청구권을 잃게 된다(수표법 제39조 제1항). 다만 이득상환청구권을 취득할 수 있을 따름이다. 그러나 제시기간 경과 후에도 수표의 지급인은 발행인으로부터 지급위탁의 취소가 없는 한 발행인의 계산으로 지급을 할 수 있다(수표법 제

32조 제2항). 지급인이 제시기간 경과를 이유로 지급을 거절하여도 어차피 발행인이 추후 이득상환청구에 응해야 하기 때문에 지급을 허용한 것이다.

ⅱ) 자기앞수표를 예로 들어 보자. 자기앞수표도 10일의 제시기간 내에 지급제시를 하지 않으면 은행에 대한 수표금청구권은 소멸한다. 그러나 사람들은 별 걱정을 하지 않고 상당히 장기간에 걸쳐 자기앞수표를 현금처럼 유통시킨다. 그 이유는 수표금청구권은 소멸하였어도, 은행이 지급인의 지위에서 임의로 지급하거나, 혹시 지급이 거절되더라도 이득상환청구권을 행사하여 수표금 상당액을 확보할 수 있을 것이라고 믿기 때문이다.

(5) 지급지

1) 지급지의 요건성

지급지는 어음금·수표금이 지급될 지역을 말한다. 지급지는 소지인이 인수제시 또는 지급제시를 하고, 인수인 또는 약속어음 발행인이 채무이행을 하는 지역으로서 중요한 의미를 갖는 어음·수표 요건이다. 따라서 이를 기재하지 않으면 어음·수표는 무효가 된다.

2) 지급지의 실재성

앞서 지급인은 허무인을 기재하여서 무방하다고 하였으나, 지급지는 위에서 본 바와 같이 중요한 의미가 있기 때문에 실재하는 지역이어야 한다. 실재하지 않는 지역을 지급지로 적으면 어음·수표가 무효가 된다.

3) 지급지와 지급장소

지급지는 지급장소와 다르다. 지급장소는 지급지 내에서 지급이 이루어질 특별한 장소를 말한다. 예를 들어 "서울특별시"는 지급지이고, "서울특별시 중구 소공동 1번지 1호" 또는 "우리은행 명동지점"은 지급장소이다. 실제 유통되는 어음에는 거의 예외 없이 지급장소가 기재되지만, 지급장소는 어음요건은 아니고 유익적 기재사항일 뿐이다. 따라서 기재된 지급지와 지급장소가 모순되는 경우(예 지급지는 "포항시"인데 지급장소는 "국민은행 서울 명동지점"인 경우) 어음의 효력에는 영향이 없고 지급장소의 기재만 무효가 된다.

4) 지급지의 단일성

지급지는 단일하여야 하며, 중첩적이든 선택적이든 복수로 기재할 수 없다. 지급지를 복수로 기재하면 소지인이 권리행사를 함에 있어 장소적으로 이동을 해야 하고, 지급제시와 변제의 제공 여부에 관해 다툼이 생길 수 있기 때문이다(예 소지인은 A지에서 지급제시를 시도하였으나 지급인은 B지에서 대기하였던 경우).

5) 동지지급어음·타지지급어음

지급지와 지급인(또는 약속어음의 발행인)의 주소지가 같은 어음을 동지지급어음, 다른 어음을 타지지급어음이라 하여 구분하는데, 환어음의 경우 양자간에 중요한 차이가 있다. 즉 환어음의 발행인은 인수제시를 금할 수 있으나(어음법 제22조 제1항), 타지지급의 환어음인 경우에는 그렇지 않다(동조 제2항). 이 경우에는 지급인이 지급지를 알지 못하므로, 소지인이 지급인에게 인수제시를 하여 지급지를 알려주어야 지급인이 지급제시에 대비할 수가 있기 때문이다.

(6) 수취인

1) 수취인의 요건성

① 어음에는 어음금을 지급받을 자 또는 지급을 받을 자를 지시할 자의 명칭을 기재하여야 한다(어음법 제1조 6호). 어음은 소지인출급식으로는 발행하지 못하므로 수취인은 어음의 필수적 기재사항이고, 이를 결한 어음은 무효이다. ② 반면 수표는 소지인출급식으로도 발행할 수 있으므로 수표에서는 수취인이 수표요건이 아니다. 단지 유익적 기재사항일 뿐이다(수표법 제5조 제1항 3호).

2) 수취인의 기재방법

대체로 지급인의 기재에 관한 사항에 준한다. 따라서 사람을 특정할 수 있을 정도만 기재하면 되고 사자나 허무인이라도 무방하다. 법인의 경우에는 법인의 명칭만 표시하면 된다.

3) 수취인의 복수기재

지급인과 달리 수취인은 중첩적·순차적 기재뿐만 아니라 선택적 기재도 허용된다. 선택적으로 기재하더라도 실제로 어음을 소지한 수취인만이 어음상의 권리를 취득할 수 있으므로 어음관계를 불명확하게 하지 않기 때문이다. 중첩적 기재의 경우에는 수취인은 전원이 공동으로만 권리를 행사와 배서를 할 수 있다. 반면 선택적·순차적 기재의 경우에는 어느 수취인이나 어음을 소지한 자가 단독으로 권리행사 및 배서를 할 수 있다.

4) 자기지시어음

환어음·약속어음 모두 발행인을 수취인으로 하여 발행할 수 있다. 이를 자기지시어음이라 한다. 환어음에 대하여는 명문의 규정이 있다(어음법 제3조 제1항). 수표도 자기지시수표로 발행할 수 있음은 물론이다.

(7) 발행일

1) 의의 및 기능

발행일이란 어음·수표가 발행된 날이라고 문면에 기재된 날짜를 말한다. 발행일은 발행일자 후 정기출급어음에서는 만기를 정하는 기준이 되고, 일람출급어음과 일람후정기출급어음에서는 각각 지급제시기간과 인수제시기간의 기산점이 된다. 이에 반해 확정일출급어음에서는 발행일이 큰 의미가 없다. 수표에서는 발행일이 지급제시기간의 기산점이 된다.

2) 기재와 실제의 불일치

발행일은 실제로 어음·수표를 발행한 날과 일치할 필요가 없다. 이때 만기나 제시기간과 같이 어음·수표법상 효력이 생기는 문제는 실제의 발행일자가 아니라 문면에 발행일로 기재된 일자를 기준으로 정한다. 그러나 어음·수표행위능력과 같은 실질적인 문제는 실제의 상태가 중요하므로 실제의 발행일자를 기준으로 정한다.

(8) 발행지

1) 의의 및 기능

발행지는 어음·수표가 발행된 장소라고 어음·수표에 기재되어 있는 장소를 말한다. 실제 어음·수표가 발행된 장소가 아니어도 상관없다. 어음법·수표법은 발행지를 어음·수표요건으로 규정하고 있으나, 발행지는 국제어음·수표에 적용할 준거법을 정하는데 있어 실제 발행지의 추정근거가 될 뿐, 국내어음·수표상의 권리의무에는 아무런 영향을 주지 않는다.

2) 발행지를 결한 국내어음·수표의 효력

위와 같은 이유에서 국내어음·수표의 경우에는 발행지를 기재하지 않더라도 유효한 것이 아닌지가 문제되었다. 판례는 과거 발행지가 어음·수표요건으로 법정되어 있음에 주목하여 무효라고 하였으나, 이후 입장을 변경하여 유효라고 하였다.

즉 판례는 전원합의체 판결을 통하여 "<u>어음에 있어서 발행지의 기재는 국내에서 발행되고 지급되는 이른바 국내어음에 있어서는 별다른 의미를 가지지 못하므로 국내어음의 경우에는 어음면상 발행지의 기재가 없는 경우라고 할지라도 이를 무효의 어음으로 볼 수는 없다</u>(대판 1998.4.23. 95다36466 전원합의체)."라고 입장을 변경하였고, 수표에 대해서도 마찬가지의 입장을 취하였다(대판 1999. 8.19. 99다23383 전원합의체). 이 판례에 대해서는 이러한 결론은 입법론으로는 몰라도 해석론으로는 도저히 받아들일 수 없다는 비판이 있다.

(9) 발행인의 기명날인 또는 서명

1) 기명날인 또는 서명의 요건성

어음·수표를 발행하고자 하는 자는 이상의 요건을 기재하고 기명날인 또는 서명을 하여야 한다. 기명날인 또는 서명은 발행뿐만 아니라 모든 어음·수표행위에 공통적으로 필요한 요소이다. 자세한 사항은 기술하였다.

2) 어음·수표의 공동발행

① 의의

통설은 수인이 발행인으로서 기명날인 또는 서명하는 것과 관련하여, 중첩적 기재만 유효하다고 보고 선택적·순차적 기재는 어음·수표관계를 불명확하게 만들기 때문에 무효라고 본다. 이렇게 발행인을 중첩적으로 기재하는 것을 공동발행이라고 한다.

② 공동발행인의 책임형태

공동발행인은 어떤 형태로 상환책임(환어음·수표) 또는 지급책임(약속어음)을 부담하는가? 합동책임설과 연대책임설이 대립하는데, 통설은 합동책임설의 취하고 있다. 판례도 방론이기는 하나 "<u>전조합원은 어음의 공동발행인으로서 합동책임을 져야 한다</u>(대판 1970.8.31. 70다1360)."라고 한 바 있다.

③ 기재방법

공동발행은 공동발행하는 수인 모두가 발행인란에 발행인임을 명시하고 기명날인 또는 서명하는 방식으로 함이 원칙이다. 그런데 수인이 발행인란에 기명날인 또는 서명을 하였으나 발행인임을 명시하지는 않은 경우 이를 공동발행으로 볼 수 있는가? 기명날인 또는 서명을 발행인란에 하였다는 점에서는 공동발행으로 볼 여지가 있고, 한편 어음법·수표법이 "증권의 앞면에 단순히 기명날인 또는 서명이 있는 경우에는 보증을 한 것으로 본다"는 규정을 두고 있는데(어음법 제31조 제3항, 수표법 제26조 제3항), 수인이 증권의 앞면에 단순히 기명날인 또는 서명을 하였다는 점에서는, 첫머리의 명의자만 발행인으로 보고 나머지는 어음·수표보증인으로 볼 여지도 있다. 이에 대하여 통설은 발행인란은 발행인의 기명날인 또는 서명이 예정된 곳이라는 이유에서 각 기명날인 또는 서명에 외관상 큰 차이가 없는 이상 공동발행으로 본다.

④ 공동발행과 보증의 차이

甲과 X가 공동발행인인 경우와 甲은 발행인, X는 보증인인 경우에는 어떤 차이가 있는가? ⅰ) 甲의 기명날인 또는 서명에 형식적 하자가 있는 경우, 공동발행인 경우에는 X가 책임을 부담하나, 보증인 경우에는 어음·수표가 무효가 되므로 X는 책임을 지지 않는다. ⅱ) X가 어음금·수표금을 지급한 경우 甲에게 어음·수표관계에서 구상을 할 수 있는지도 다르다. 공동발행인 때에는 할 수 없으나, 보증인 때에는 할 수 있다. ⅲ) X가 甲의 항변사유를 원용할 수 있는지도 다르다. 공동발행인 경우에는 할 수 없지만, 보증인 경우에는 가능하다.

03 어음·수표요건의 흠결(불완전어음·수표)

1. 흠결의 효과

어음·수표요건 중 어느 하나라도 결하면 어음·수표가 무효가 된다. 이를 불완전어음·수표라 한다. 어음·수표요건을 결한 어음·수표는 발행단계부터 무효이고, 형식적인 흠이 있는 어음·수표에 대해서는 어음·수표행위 독립의 원칙이 적용되지 않으므로 그 어음·수표에 새로이 행한 인수·배서·보증 등의 부수적 어음·수표행위도 모두 무효가 된다.

2. 어음·수표요건의 법정 보충

어음·수표요건을 결한 어음·수표는 원칙적으로 무효이지만, 만기·지급지·발행지가 없는 어음·수표는 법으로 그 기재를 의제하여 유효한 어음·수표로 본다.

(1) 만기의 흠결

만기가 적혀 있지 아니한 어음은 환어음, 약속어음 모두 일람출급의 어음으로 본다(어음법 제2조 1호, 제76조 1호).

(2) 지급지의 흠결

1) 각 어음·수표별 보충 내용

지급지가 흠결되었을 때, ① 환어음의 경우에는 지급인의 명칭에 부기한 지를 지급지로 보고 (동조 2호), ② 약속어음의 경우에는 발행지를 지급지로 본다(어음법 제76조 2호). ③ 수표의 경우에는 환어음과 마찬가지로 지급인의 명칭에 부기한 지를 지급지로 보는데(수표법 제2조 1호), 지급인의 명칭에 부기한 지의 기재가 없을 때에는 발행지에서 지급할 것으로 본다는 점이 환어음과 다르다(동조 2호).

2) 지급장소에 의한 보충

지급지 표시 없이 지급장소만 기재한 경우 지급장소로 지급지를 보충할 수 있는가? 통설·판례는 이를 긍정한다. 따라서 지급장소에 지급지에 해당할 만한 지역의 표시가 있으면 지급지를 기재한 것으로 본다. 판례는 "중소기업 능곡지점"이라는 표시를 가지고 능곡이 소재하는 「경기도 고양시」를 지급지로 보충한 바 있다(대판 2001.11.30. 2000다7387).

(3) 발행지의 흠결

발행지가 적혀 있지 아니한 어음·수표는 발행인의 명칭에 부기한 지에서 발행된 것으로 본다(어음법 제2조 3호, 제76조 3호, 수표법 제2조 3호). 하지만 기술한 바와 같이 판례는 국내어음·수표에 관해서는 발행지의 기재가 없더라도 유효하다고 하므로, 국내어음·수표에 관한 한 이 규정은 무의미하다.

❹ 어음·수표요건 외의 기재사항

어음·수표에는 필수적 기재사항 이외에 다른 사항을 기재할 수도 있다. 이를 임의적 기재사항이라 한다. 임의적 기재사항은 그 효력에 따라 유익적·무익적·유해적 기재사항으로 나뉜다. 유익적 기재사항이란 어음·수표에 기재하면 기재한 대로 효력이 생기는 사항을 말한다. 법문에서는 "…(기재)할 수 있다"라고 표현한다(例 어음법 제4조). 무익적 기재사항은 어음·수표에 기재하더라도 아무런 효력이 생기지 않는 사항을 말한다. 법문에서는 "적지 아니한 것으로 본다"라고 표현한다(例 어음법 제5조 제2항). 유해적 기재사항은 기재하면 그 내용만 무효가 되는 것이 아니라 어음·수표 전체를 무효로 만드는 사항을 말한다. 법문에서는 "어음을 무효로 한다"라고 표현한다(例 어음법 제33조 제2항). 이렇게 법문에서 각 기재사항의 효력을 명확히 정한 것도 있으나 해석에 의해 결정되는 경우도 있다. 여기에서는 유익적 기재사항 중 「제3자방지급문언」과 「이자문구」에 관해서만 보고 나머지는 각 어음·수표행위별로 해당되는 곳에서 보기로 한다.

1. 제3자방지급문언

(1) 의의

제3자방지급이란 환어음·수표의 지급인 또는 약속어음의 발행인의 영업소 또는 주소 이외의 지점(제3자방)에서 어음금·수표금을 지급하는 것을 말한다. 「제3자방」은 기재내용에 따라 지급인이나 발행인의 지급사무를 대행해 줄 제3자, 즉 「지급담당자」를 뜻하기도 하고, 지급이 이루어질 구체적인 지점, 즉 「지급장소」를 뜻하기도 한다. 지급담당자를 기재하면 그가 지급사무의 주체가 되나, 지급장소를 기재하면 지급인 또는 발행인이 직접 그 장소에서 지급해야 한다. 그러나 어음법·수표법은 지급담당자와 지급장소를 엄격하게 구분하지 않고 모두 "제3자방" 또는 "지급장소"로 표현하고 있다. 그리고 어음·수표거래의 실무를 보면 제3자방지급문언은 지급장소라기보다는 지급담당자를 기재한 것으로 보면 더 정확하다.

(2) 기재권자

제3자방지급문언은 환어음·수표·약속어음 모두 발행인이 기재할 수 있다(어음법 제4조, 제77조 제2항). 다만 수표의 경우 제3자는 은행이어야 한다(수표법 제8조). 환어음의 경우에는 발행인이 기재하지 않으면 지급인이 인수를 하면서 기재할 수도 있다(어음법 제27조).

(3) 기재의 효력

지급담당자는 지급인·인수인 또는 발행인에 갈음하여 어음·수표금액을 지급하고 또 이를 거절할 수 있는 법률상의 지위를 갖는다. ① 지급담당자가 지급을 하면 어음·수표관계는 종국적으로 소멸하고, 지급을 거절하면 그 자체로 지급거절증서 작성과 함께 상환청구를 할 수 있게 된다. ② 그리고 어음·수표소지인은 지급담당자에게 지급제시를 하여야 지급제시의 효력이 생기고, 원래의 지급인·인수인 또는 발행인에게 제시를 하면 지급제시의 효력이 생기지 않아 상환청구권이 보전되지 않는다.

(4) 지급제시기간 경과 후 제3자방지급문언의 효력

지급제시기간이 경과하면 지급지 및 제3자방 지급문언은 그 의미를 잃는다(통설). 지급지 및 제3자방 지급문언은 제시기간 내에 지급제시될 것을 전제로 규정된 것이기 때문이다. 따라서 지급제시기간이 경과하면 어음·수표 소지인은 지급지의 내외를 불문하고 지급인·인수인 또는 발행인의 영업소 또는 주소에서 지급제시를 하여 지급을 받을 수 있다.

2. 이자문구

(1) 확정일출급어음·발행일자후정기출급어음

이 경우 이자문구는 무익적 기재사항이다(어음법 제5조 제1항 단서). 만기가 확정되어 있어 발행 당시에도 만기까지의 이자 상당액을 알 수 있으므로 어음을 발행할 때 어음금액에 이자상당액을 반영하면 되기 때문이다.

(2) 일람출급어음·일람후정기출급어음

이 경우는 이자문구가 유익적 기재사항이다. 소지인이 언제 제시를 하느냐에 따라 만기가 달라지므로 발행 당시에는 이자 상당액을 확정할 수 없어 어음금에 그 금액을 반영할 수 없기 때문이다. 이자는 이율을 기재하는 방식으로 붙여야 한다(어음법 제5조 제2항 전문). 확정금액으로 기재하면 이자 약정이 없는 것으로 본다(동조 동항 후문).

(3) 수표

수표는 일람출급임에도 수표에 적은 이자문구는 무익적 기재사항이다(수표법 제7조). 이유는 분명하지 않으나 지급제시기간이 10일로서 매우 단기이기 때문으로 보인다.

05 백지어음·수표

1. 의의

(1) 개념

백지어음·수표란 어음·수표행위자가 기명날인 또는 서명을 제외한 어음·수표요건의 전부 또는 일부를 후일 타인으로 하여금 보충시킬 의사로 일부러 공백으로 남겨둔 미완성의 어음·수표를 말한다. 백지어음·수표는 원인관계가 부분적으로 확정되지 않은 상태에서 일단 어음·수표를 발행해야 할 필요가 있을 때 발행된다.

(2) 구별개념

1) 불완전어음

백지어음·수표는 어음·수표요건을 흠결하고 있다는 점에서 무효인 불완전어음·수표와 같으나, 후일 보충시킬 의사로 일부러 그렇게 하였다는 점과 유효라는 점에서 불완전어음·수표와 다르다.

2) 준백지어음·수표

백지어음·수표는 어음·수표요건을 백지로 한 것인 반면, 준백지어음·수표는 유익적 기재사항을 백지로 하고 이에 관한 보충권이 주어진 어음·수표를 말한다. 준백지어음·수표에 대해서는 백지어음·수표에 관한 법리가 준용된다.

(3) 백지어음·수표에 관한 분쟁의 유형

백지어음·수표와 관련한 분쟁은 대부분 「보충권을 수여한 사실이 있는지 여부」와 「백지보충권의 범위」에 관하여 발생한다. 예컨대, 소지인이 발행인에게 백지어음임을 주장하며 어음금의 지급을 구하는데, 발행인은 보충권을 수여한 사실이 없으니 그 어음은 어음요건을 결한 무효인 불완전어음이므로 어음금을 지급할 수 없다고 다투거나(보충권 수여사실 존부에 관한 다툼), 소지인이 어음금액을 200만 원으로 기재하여 발행인에게 어음금의 지급을 구하는데, 발행인은 자신이 수취인에게 부여한 보충권의 범위는 150만 원까지이므로 이를 벗어난 50만 원에 대해서는 지급할 수 없다고 다투는 경우와 같다(보충권의 범위에 관한 다툼).

2. 법적 성질

백지어음·수표를 어음·수표의 일종으로 보는 견해도 있으나, 통설은 어음·수표요건이 흠결되었으므로 어음·수표로는 볼 수 없고, 백지보충권의 행사로 어음·수표가 될 수 있다는 기대권과 그 백지보충권을 표창하는 특수한 유가증권이라고 한다.

3. 백지어음·수표의 요건

(1) 어음·수표요건의 일부 또는 전부의 흠결

① 백지어음·수표가 되기 위해서는 기명날인 또는 서명을 제외한 어음·수표요건의 일부 또는 전부가 기재되지 않아야 한다.

② 지급지·발행지·만기와 같이 흠결 시 보충규정이 있는 사항은 불기재 시 보충규정에 의해 자동적으로 일정 내용으로 보충되므로, 이를 백지로 한 백지어음·수표는 있을 수 없는 것인가? 그렇지 않다. 추후 소지인으로 하여금 보충하게 할 의사로 일부러 기재하지 않은 것이라면 백지어음·수표가 된다. 보충규정은 발행인이 실수로 누락한 경우에 대비한 것일 뿐이다. 판례도 "지급기일을 공란으로 하여 약속어음을 발행한 경우에는 특별한 사정이 없는 한 그 어음은 일람출급의 어음으로 볼 것이 아니라 백지어음으로 보아야 한다(대판 2003.5.30. 2003다16214)."라고 판시하였다.

(2) 백지보충권의 수여

백지어음·수표란 발행인에 의하여 백지를 보충할 권한이 수여된 어음·수표다. 백지보충권은 발행인의 의사에 의해 수취인에게 수여된다. 백지어음·수표는 이 보충권이 주어져 있다는 점에서 불완전어음·수표와 차이가 난다. 그런데 보충권 수여사실은 백지어음·수표의 문면에 드러나지 않기 때문에 그에 관한 다툼이 있을 때 해당 어음·수표가 백지어음·수표인지, 불완전어음·수표인지를 어떻게 구별할지 그 판단기준이 문제가 된다.

1) 판례

판례는 "발행인에게 보충권을 줄 의사로 발행한 것이 아니라는 점, 즉 백지어음이 아니고 불완전어음으로서 무효라는 점에 관한 입증책임이 있다(대판 2001.4.24. 2001다6718)."라고 한다. 이와 같은 판례의 입장을 통상 "어음·수표요건이 흠결되면 백지어음·수표로 추정된다"는 의미로 이해하여 백지어음·수표추정설이라 부른다.

2) 통설

학설은 주관설, 객관설, 절충설 등도 있으나, 통설은 권리외관설을 취한다. 권리외관설은 보충권의 존재 여부는 원칙적으로 발행인에게 보충권을 수여할 의사가 있었는지를 기준으로 결정한다. 그러나 백지어음·수표의 외관을 만들어 유통시킨 것에 귀책사유가 있는 발행인은 그러한 외관을 믿은 선의의 취득자에 대하여 불완전어음·수표임을 항변할 수 없다고 한다.

3) 판례와 통설의 차이점

판례와 통설은 발행인이 보충권을 줄 의사로 발행한 것이 아님을 입증한 경우 발행인의 책임에서 차이가 난다. 이 경우 발행인은 판례에 의하면 면책되나, 통설에 의하면 선의의 소지인에 대하여는 면책되지 않는다.

(3) 기명날인 또는 서명의 존재

백지어음·수표에는 기명날인 또는 서명이 있어야 한다. 그런데 그 기명날인 또는 서명은 반드시 발행인의 것이어야 하는가?

학설의 대립이 있다. ① 통설은 반드시 발행인의 것일 필요는 없고, 인수인·배서인·보증인 등 어음·수표행위자 가운데 누구의 것이라도 있으면 된다고 한다. 발행을 위한 기명날인 또는 서명 없이 다른 어음·수표행위가 먼저 이루어질 수 있음을 이유로 한다. ② 반면 소수설은 반드시 발행인의 기명날인 또는 서명이 있어야 한다고 한다. 백지어음·수표란 발행인이 소지인에게 백지보충권을 수여한 어음·수표인데, 발행인의 기명날인 또는 서명이 있기 전에는 보충권의 수여가 있을 수 없기 때문이라고 한다. 이 견해는 다른 어음·수표행위가 발행에 선행할 수는 있어도, 발행인의 기명날인 또는 서명이 있기까지는 백지어음·수표가 아니라고 한다.

4. 보충 전 백지어음·수표의 지위

(1) 권리행사의 제약

1) 원칙

백지어음·수표는 백지를 보충하기 전에는 어음·수표가 아니므로 이를 가지고는 어음·수표에 대하여 인정되는 어떠한 권리도 행사할 수 없다.

① 백지가 보충되지 아니한 백지어음으로 지급제시를 하면 이는 적법한 지급제시가 되지 못하므로 소지인은 상환청구권을 보전하지 못한다. 따라서 상환의무자가 이러한 소지인의 청구에 응하여 어음금을 지급하더라도 이는 채무 없이 변제한 것이 되어 그 상환의무자는 자신의 전자에 대하여 재상환청구를 할 수 없다(대판 1993.11.23. 93다27765). ② 또한 백지어음을 가지고 어음금 청구소송을 제기하여도 백지를 보충하지 않은 상태에서는 승소할 수 없다. 다만 어음금 청구소송에서 백지가 보충되었는지를 판단하는 시점은 변론종결시이므로, 백지인 상태로 소를 제기하였더라도 변론종결시까지만 보충하면 승소가 가능하다. ③ 약속어음의 소지인이 어음요건의 일부를 흠결한 이른바 백지어음에 기하여 어음금 청구소송(이하 '전소'라고 한다)을 제기하였다가 위 어음요건의 흠결을 이유로 청구기각의 판결을 받고 위 판결이 확정된 후 위 백지 부분을 보충하여 완성한 어음에 기하여 다시 전소의 피고에 대하여 어음금 청구소송(이하 '후소'라고 한다)을 제기한 사안에서 판례는 "원고가 전소에서 어음요건의 일부를 오해하거나 그 흠결을 알지 못했다고 하더라도, 전소와 후소는 동일한 권리 또는 법률관계의 존부를 목적으로 하는 것이어서 그 소송물은 동일한 것이라고 보아야 한다. 그리고 확정판결의 기판력은 동일한 당사자 사이의 소송에 있어서 변론종결 전에 당사자가 주장하였거나 주장할 수 있었던 모든 공격 및 방어방법에 미치는 것이므로, 약속어음의 소지인이 전소의 사실심 변론종결일까지 백지보충권을 행사하여 어음금의 지급을 청구할 수 있었음에도 위 변론종결일까지 백지 부분을 보충하지 않아 이를 이유로 패소판결을 받고 그 판결이 확정된 후에 백지보충권을 행사하여 어음이 완성된 것을 이유로 전소 피고를 상대로 다시 동일한 어음금을 청구하는 경우에는, 위 백지보충권 행사의 주장은 특별한 사정이 없는 한 전소판결의 기판력에 의하여 차단되어 허용되지 않는다(대판 2008.11.27. 2008다59230)."라고 판시하였다.

2) 시효의 중단

위에서 백지를 보충하지 않고는 권리행사가 불가능하다고 하였다. 그렇다면 백지를 보충하지 않은 채로 하는 지급제시나 소송의 제기에는 소멸시효 중단의 효력도 없는가?

위 이론에 충실하자면 그렇다고 해야 할 것 같으나, 통설은 시효중단의 효력을 인정한다. 시효중단을 위해서는 권리 위에 잠자고 있지 않다는 것을 보여주는 것으로 충분한데, 백지를 보충하지 않고 하는 지급제시도 그 정도는 된다는 것이다. 판례도 같은 입장이다. 즉 백지를 보충하지 않은 채로 소를 제기하였는데, 소송 진행 도중 소멸시효가 완성하였고, 이후 변론종결 전에 백지를 보충한 사안에서, "<u>만기는 기재되어 있으나 지급지, 지급을 받을 자 등과 같은 어음요건이 백지인 약속어음의 소지인이 그 백지 부분을 보충하지 않은 상태에서 어음금을 청구하는 것은 어음</u>

상의 청구권에 관하여 잠자는 자가 아님을 객관적으로 표명한 것이라고 할 수 있고 그 청구로써 어음상의 청구권에 관한 소멸시효는 중단된다고 할 것이다. 이 경우 백지에 대한 보충권은 그 행사에 의하여 어음상의 청구권을 완성시키는 것에 불과하여 그 보충권이 어음상의 청구권과 별개로 독립하여 시효에 의하여 소멸한다고 볼 것은 아니므로 어음상의 청구권이 시효중단에 의하여 소멸하지 않고 존속하고 있는 한 이를 행사할 수 있다(대판 2010.5.20. 2009다48312 전원합의체)."라고 판시하였다. 요컨대, 백지어음의 백지를 보충하지 않고 어음금청구를 하더라도 시효중단의 효력이 생긴다(통설·판례).

(2) 백지어음·수표의 양도

백지어음·수표도 양도성이 인정된다. 백지어음·수표를 양도하면 백지보충권과 백지보충을 조건으로 한 어음·수표상의 권리가 양수인에게 이전한다. 문제는 양도방법이다. 통설판례는 백지어음·수표는 어음·수표가 아님에도 불구하고 어음·수표의 양도방법, 즉 배서·교부에 의해 양도할 수 있다고 한다. 그와 같은 관습법이 있음을 근거로 한다. 따라서 백지어음·수표의 배서에는 권리이전적 효력, 담보적 효력이 인정되고, 백지어음·수표는 선의취득의 대상이 되며, 백지어음·수표가 배서·교부에 의해 양도된 경우 인적항변이 절단된다. 백지어음·수표의 점유를 상실한 경우에는 제권판결을 받을 수도 있다. 제권판결을 받은 자는 발행인에게 어떤 방식으로 권리행사를 해야하는가? 판례는 백지어음에 대하여 제권판결을 받은 자는 「어음 외의 의사표시로서」 백지보충권을 행사하고 어음금의 지급을 청구할 수 있다고 한다(대판 1998.9.4. 97다57573).

5. 백지보충권의 행사

(1) 백지보충권의 의의

보충권이란 백지어음·수표의 흠결된 어음·수표요건을 기재하여 백지어음·수표를 완전한 어음·수표로 변환시킬 수 있는 권능을 말한다. 보충권은 소지인의 일방적인 의사표시만으로 행사하므로 형성권이다(통설). 보충권은 발행인과 수취인 간의 어음·수표 외적인 합의에 의해 수취인에게 주어지고{어음외계약설(통설)}, 일단 발생한 보충권은 백지어음·수표에 체화되어 어음·수표법적 양도방법에 의해 전전유통된다. 보충권은 현재의 소지인인 흠결된 어음·수표요건을 기재하는 방식으로 행사한다.

(2) 보충권의 행사기간

1) 백지어음의 보충권 행사기간

① 원칙 — 만기 이외의 어음요건이 백지인 어음

A. 청구의 상대방이 주채무자인 경우　　　보충권은 어음상 권리의 소멸시효가 완성하기 전에는 행사해야 한다. 어음의 주채무자에 대한 어음금 지급청구권의 소멸시효기간은 만기로부터 3년이므로(어음법 제70조 제1항), 백지어음을 가지고 주채무자에게 어음금 지급청구권을 행사하려면 만기로부터 3년 내에 보충권을 행사하여야 한다.

B. 청구의 상대방이 상환의무자인 경우　　　이 경우 보충권의 행사기간은 소멸시효기간과는 무

관하다. 상환의무자에게 상환청구권을 행사하기 위해서는 미리 상환청구권 보전절차를 밟아야 하는데, 이를 위해서는 지급제시기간 내에 지급인 또는 약속어음의 발행인에게 지급제시를 하여야 한다. 그런데 여기서 지급제시는 완전한 어음을 제시하는 것을 말하므로, 지급제시 전에 백지가 보충되어야 한다. 따라서 백지보충권은 지급제시기간, 즉 지급을 할 날 또는 이에 이은 2거래일이 경과하기 전에 행사하여야 한다.

② 만기가 백지인 어음

A. 청구의 상대방이 주채무자인 경우   만기가 백지인 어음은 소멸시효의 기산점이 없으므로 어음상의 권리가 시효로 소멸하는 일이 있을 수 없다. 따라서 「주채무자에게 어음금을 청구하기 위해서는 어음상 권리가 시효로 소멸하기 전까지 백지보충권을 행사해야 한다」는 원칙은 이 경우에 적용할 수 없다. 이 경우에는 별도의 독자적인 기준으로 보충권 행사기간을 정해야 한다.

ⓐ 학설   ⅰ) 보충권은 형성권이므로 20년이라는 견해, ⅱ) 일반채권과 동일하게 10년이라는 견해, ⅲ) 상사시효를 적용하여 5년이라는 견해, ⅳ) 원인채권이 민사채권이면 10년, 상사채권이면 5년이라는 견해, ⅴ) 주채무자에 대한 어음상의 권리와 같이 3년이라는 견해, ⅵ) 일람출급어음의 제시기간과 유사하게 보아 1년이라는 견해, ⅶ) 일람출급어음의 제시기간 1년에 만기 이외의 사항이 백지인 어음의 보충권 행사기간 3년을 더하여 4년이라는 견해 등이 있다.

ⓑ 판례   판례는 "만기를 백지로 하여 발행된 약속어음의 백지보충권의 소멸시효기간은 백지보충권을 행사할 수 있는 때로부터 3년으로 보아야 한다(대판 2003.5.30. 2003다16214)."라고 하였다. 백지약속어음의 보충권 행사에 의하여 생기는 채권은 어음금 채권이며 약속어음의 발행인에 대한 어음금 채권의 소멸시효기간은 만기로부터 3년이라는 점을 근거로 한다.

B. 청구의 상대방이 상환의무자인 경우   이 경우에는 보충권 행사기간에 관하여 특별한 문제는 생기지 않는다. 만기가 보충되어야 지급제시기간이 정해지기 때문이다. 소지인은 만기를 보충하여 지급제시기간이 정해지면 일반원칙에 따라 그 기간 내에 지급제시를 하여 상환청구권을 보전하면 된다.

2) 백지수표의 보충권 행사기간

① 원칙 — 발행일 이외의 수표요건이 백지인 수표

백지수표 소지인은 수표의 지급제시기간 내에 백지를 보충한 완전한 수표로 지급제시를 하여야 상환청구권을 보전할 수 있다. 따라서 백지수표의 보충권은 수표의 지급제시기간, 즉 발행일로부터 10일이 경과하기 전에 행사하여야 한다(수표법 제29조 제1항).

② 발행일이 백지인 수표

수표의 경우 지급제시기간이 발행일을 기준으로 정해지므로, 발행일이 백지이면 기산점이 없어 지급제시기간이 정해지지 않는다. 따라서 「백지보충권은 지급제시기간이 경과하기 전에 행사해야 한다」는 원칙은 이 경우에는 적용할 수 없다. 이 경우 보충권 행사기간의 문제는 상환청구권 보전과 관련한 것이긴 하나, 논리적으로는 만기가 백지인 어음의 주채무자에 대한 청구를 위한 보충권 행사기간과 같은 문제이다. 그래서 판례는 만기가 백지인 어음에서와 같은 논리로 "발행일을 백지로 하여 발행된 수표의 백지보충권의 소멸시효기간은 백지보충권을 행사할 수 있는 때로부터 6개월로 봄이 상당하다(대판 2001.10.23. 99다64018)."고 판시하였다. 백지수표의 보충권 행사에 의하여 생기는 채권은 수표금 채권이고, 수표의 발행인에 대한 상환청구권은 제시기간 경과 후 6개월간 행사하지 아니하면 소멸시효가 완성되는 점 등을 근거로 한다.

(3) 보충의 효과

소지인이 보충권의 범위 내에서 백지를 보충하면 백지어음·수표는 완전한 어음·수표가 되고, 소지인은 이를 가지고 어음·수표상의 권리를 행사할 수 있다.

1) 백지보충의 효력발생시기

보충의 효력은 장래에 향하여 발생하고 과거로 소급하지 않는다. 따라서 백지어음·수표를 가지고 지급제시를 한 후 소송을 제기하고 변론종결 전에 백지를 보충한 경우 이행지체에 따른 이자는 지급제시를 한 때부터가 아니라 백지를 보충한 때부터 발생한다(대판 1970.3.10. 69다2184). 또한 백지어음·수표에 한 인수·배서·보증 등의 어음·수표행위는 보충 전에는 효력이 정지되어 있다가 백지를 보충하면 비로소 그 행위의 내용에 따른 효력이 발생한다.

2) 어음·수표행위의 성립시기

백지어음·수표에 한 어음·수표행위의 효력은 보충 시부터 발생한다 하여도, 그 행위의 성립시기는 행위가 실제로 행하여진 때이지 백지를 보충한 때가 아니다. 따라서 백지어음에 한 배서가 기한후배서인지 여부, 백지어음·수표에 어음·수표행위를 한 행위자의 권리능력·행위능력·대리권의 유무 등은 모두 백지어음·수표상에 어음·수표행위를 실제로 한 시점을 기준으로 결정한다.

이 중 백지어음에 배서를 하고 거절증서 작성 기간 경과 후에 보충을 한 경우 그 배서가 기한후배서인지 여부가 특히 문제된다. 예를 들어 甲이 2023. 3. 1. 乙에게 만기를 2023. 5. 31.로 하고 금액을 백지로 한 약속어음을 발행하였는데, 乙이 2023. 4. 1.이 어음을 A에게 배서하고 A는 2023. 6. 10. 금액을 보충하였을 경우 乙의 배서가 기한후배서인지의 문제이다. 이에 대해 과거 판례는 "백지어음에 한 모든 어음행위는 백지가 보충되었을 때에 효력이 발생하고 보충의 효과가 보충 전으로 소급할 수는 없다. 따라서 백지어음의 만기 전에 한 배서라도 만기 후에 백지가 보충된 때에는 만기 후의 배서로서의 효력밖에 생길 수 없다(대판 1965.8.31. 65다1217)."라고 하여 기한후배서라 하였다. 그러나 이후 판례를 변경하여 "어음행위는 보충에 의해 효력이 발생하나, 어음행위의 성립시기는 어음행위 자체의 성립시기로 결정하여야 하므로 백지어음에 만기 전에 한 배서는 만기 후에 백지가 보충된 때에도 기한후배서가 되지 않는다(대판 1971.8.31. 68다1176 전원합의체)."라고 하였다. 통설도 현재의 판례와 같은 입장이다.

(4) 보충권의 남용(부당보충)

1) 의의

수여된 보충권의 범위를 초과하여 보충이 이루어진 경우를 보충권의 남용 또는 부당보충이라 한다. 어음·수표금액에 관한 부당보충이 가장 흔히 이루어진다. 발행인은 자신이 수여한 보충권의 범위에서만 책임을 짐이 원칙이나, 부당보충된 어음·수표가 유통되는 경우 문면상으로는 부당보충사실이 드러나지 않으므로 부당보충 사실을 모르는 취득자에게까지 이 원칙을 관철하면 어음·수표의 유통성이 침해된다. 그래서 어음법·수표법은 미완성으로 발행한 어음·수표에 미리 합의한 사항과 다른 내용을 보충한 경우, 소지인에게 악의 또는 중과실이 없는 한 그 합의의 위반을 이유로 소지인에게 대항하지 못하도록 하였다(어음법 제10조, 수표법 제12조). 이때 소지인의 악의 또는 중과실은 채무자가 입증해야 한다. 물론 소지인이 악의 또는 중과실로 부당 보충된 어음·수표를 취득한 경우에도 발행인은 자신이 유효하게 보충권을 수여한 범위 안에서는 당연히 어음·수표상의 책임을 진다(대판 1999.2.9. 98다37736).

예를 들어 甲이 乙에게 어음금액을 백지로 한 어음을 발행하면서 보충권의 범위를 100만 원으로 제한하였는데 乙이 어음금액을 150만 원으로 부당보충하였다고 하자. 乙이 직접 甲에게 어음금의 지급을 청구하면 甲은 부당보충된 50만 원의 범위에서 지급을 거절할 수 있다. 그러나 乙이 이 어음을 A에게 양도하고 A가 甲에게 어음금의 지급을 청구하는 경우에는 甲은 부당보충을 이유로 A에게 대항하지 못하므로 결국 A에게 150만 원을 지급해야 한다. 다만 A가 부당보충 사실을 알았거나 중과실로 알지 못하고 어음을 취득한 경우에는 甲은 A에게 50만 원의 지급을 거절할 수 있다. A의 악의 또는 중과실에 대한 입증책임은 甲에게 있다. 이때도 甲은 A에게 보충권 범위 내인 100만 원은 지급하여야 한다.

2) 어음법 제10조, 수표법 제12조의 적용범위

선의의 제3자가 보충권이 남용된 어음·수표를 소지하게 되는 데에는 두 가지 경우가 있다.

① 백지 부분이 이미 부당보충되어 있는 어음·수표를 취득하는 경우이다. 예컨대, 위 사례에서 A가 이미 수취인 乙에 의해 어음금액이 150만 원으로 부당보충 되어 있는 약속어음을 취득하는 것이다. 이 경우에 어음법 제10조, 수표법 제12조가 적용된다는 데에는 의문이 없다.

② 제3자가 보충권의 범위를 잘못 알고 아직 백지인 상태의 어음·수표를 취득하여 보충권을 넘어 백지를 보충하는 경우이다. 예컨대, 위 사례에서 A가 수취인 乙로부터 "150만 원을 한도로 어음금액을 보충할 권한이 부여되어 있다"는 말을 듣고 어음금액이 백지인 상태의 약속어음을 양수하여, 스스로 어음금액을 150만 원으로 기재하는 것이다. 이때에도 어음법 제10조와 수표법 제12조가 적용되는가에 대해서는 견해의 대립이 있으나, 통설은 백지어음·수표의 유통성 보호를 위하여 적용을 긍정한다. 판례도 적용을 긍정하는 전제에 있다(대판 1978.3.14. 77다2020).

3) 「악의 또는 중대한 과실로 어음·수표를 취득한 때」의 의미

① 「악의로 어음·수표를 취득한 때」의 의미

"어음법 제10조가 규정하는 '악의로 어음을 취득한 때'라 함은 소지인이 백지어음이 부당 보충되었다는 사실과 이를 취득할 경우 어음채무자를 해하게 된다는 것을 알면서도 어음을 양수한 때를 말한다(대판 1999.2.9. 98다37736)."라고 판시하여 마치 부당보충의 항변을 어음법 제17조가 적용되는 인적항변과 같이 이해하고 있다. 그러나 이 판례에 대해서는 여기서의 악의란 단순히 「소지인이 어음·수표의 부당보충 사실을 알고 있다」는 의미일 뿐이라는 비판이 있다.

② 중과실의 판단 기준

A. 이미 부당보충된 어음·수표를 취득하는 경우 　　　이는 외관상 완전한 어음·수표와 차이가 없으므로 소지인으로서는 통상의 거래에 요구되는 주의만 기울이면 된다. 판례는 조금만 주의를 기울였어도 백지어음의 부당보충사실을 알 수 있었음에도 불구하고 만연히 부당 보충된 어음을 취득한 경우 중과실을 인정한다(대판 1995.6.30. 95다10600).

B. 백지인 채로 어음·수표를 양수하면서 보충권의 범위를 잘못 고지 받은 경우 　　　백지어음·수표의 거래는 완전한 어음·수표의 거래에 비해 이례적인 거래이므로 취득자는 보다 세심한 주의를 기울여야 한다. 판례는 "어음금액이 백지인 어음을 취득하면서 보충권의 내용에 관하여 어음의 기명날인자에게 직접 조회하지 않았다면 특별한 사정이 없는 한 취득자에게 중대한 과실이 있다(대판 1978.3.14. 77다2020)."라고 하였다. 예컨대, 위 사례에서 A가 乙로부터 어음금액이 백지인 약속어음을 양수하면서 보충권의 범위가 150만 원이라는 乙의 말만 믿고 甲에게 보충권의 내용에 관하여 조회하지 않았다면 A의 중과실이 인정된다. 따라서 甲은 A의 청구에 대하여 부당보충을 이유로 대항할 수 있으므로 A에게 100만 원의 범위에서만 책임을 지면 된다.

제2절 　환어음의 인수와 수표의 지급보증

01 환어음의 인수

1. 인수의 의의

환어음의 인수란 지급인이 환어음에 기재된 내용에 따라 어음금을 지급할 채무를 부담하는 지급인의 어음행위이다. 지급인은 발행인에 의해 일방적으로 환어음에 기재되므로 인수 전에는 주채무를 부담하지 않다가, 인수를 하면 비로소 주채무자가 된다. 지급인이 인수를 하면 인수인이라 부른다. 인수인이 지는 책임은 약속어음의 발행인의 책임과 같이 의사표시에 의한 책임이다.

인수는 환어음에만 있는 제도이다. 약속어음에는 지급인이 없으므로 인수 역시 있을 수 없고, 수표는 지급인은 있으나 신용증권화 방지를 위해 법이 인수를 금지하고 있다(수표법 제4조).

2. 인수제시

(1) 의의

인수제시란 환어음의 소지인 또는 점유자가 지급인에게 어음을 제시하여 인수를 최고하는 것을 말한다. 지급인은 인수 전에는 자신을 지급인으로 한 환어음이 발행된 사실을 알지조차 못하고 있을 수 있으므로, 지급인의 인수를 위해서는 인수제시가 필요하다.

인수제시를 하였다고 하여 지급인이 인수 의무를 부담하는 것은 아니다. 지급인은 인수를 할 수도 있고 인수를 거절할 수도 있다. 지급인이 인수를 하면 주채무자가 생기므로 어음의 신용이 높

아지고, 인수를 거절하면 소지인은 만기까지 기다릴 필요 없이 상환청구절차를 밟을 수 있다.

(2) 인수제시의 자유와 그 제한

1) 인수제시의 자유

인수제시는 보통 소지인의 이익을 위해 하는 것이므로, 인수제시 여부는 원칙적으로 소지인의 자유이다(어음법 제21조). 소지인은 인수제시를 하지 않고 있다가 만기에 가서 바로 지급제시를 할 수도 있다. 이때 지급이 거절되어 소지인이 상환청구권을 행사하는데 대하여 상환의무자는 인수제시가 없었음을 이유로 상환의무의 이행을 거절할 수 없다.

2) 인수제시의 자유에 대한 제한

① 인수제시를 해야 하는 경우

A. 인수제시의무

ⓐ 일람후정기출급어음 일람 후 정기출급의 환어음은 발행한 날로부터 1년 내에 인수를 위한 제시를 하여야 한다(어음법 제23조 제1항). 인수제시를 하지 않는 한 만기를 정할 수 없으므로 만기를 정하기 위함이다.

ⓑ 인수제시의 명령 ⅰ) 발행인은 환어음에 기간을 정하거나 정하지 아니하고 인수를 위한 제시를 명할 수 있다(어음법 제22조 제1항). ⅱ) 배서인도 기간을 정하거나 정하지 아니하고 인수를 위한 제시를 명할 수 있다(어음법 제22조 제4항 본문). 다만 배서인은 후술하는 바와 같이 발행인이 인수를 위한 제시를 금지한 경우에는 인수제시를 명하지 못한다(동조 동항 단서).

B. 인수제시의무 위반의 효과

위 각 경우에 인수제시기간 내에 인수제시를 하지 않으면 소지인은 인수거절로 인한 상환청구권을 상실할 뿐만 아니라 만기에 지급거절로 인한 상환청구권까지도 상실한다(어음법 제53조 제1항 1호, 제2항). 다만 상환청구권 상실의 범위가 각 경우에 조금 다르다. 일람후정기출급어음의 경우와 발행인이 인수제시명령을 한 경우에는 모든 상환의무자에 대한 상환청구권을 상실하나, 배서인이 인수제시명령을 한 경우에는 그 배서인에 대한 상환청구권만 상실한다(어음법 제53조 제3항).

② 인수제시가 금지되는 경우

A. 발행인의 인수제시 금지 환어음의 발행인은 인수제시를 전면적으로 금지하거나, 일정한 기일까지 금지할 수 있다(어음법 제22조 제2항, 제3항). 인수제시의 금지는 인수제시명령과 다르게 발행인만 할 수 있고 배서인은 할 수 없다.

ⓐ 인수제시의 절대적 금지 발행인은 기간을 정하지 않고 전면적으로 인수를 위한 제시를 금할 수 있다(어음법 제22조 제2항 본문). 발행인이 만기 직전까지 지급인에게 자금을 공급할 형편이 안 되는 경우 이를 하면 불필요한 인수거절과 상환청구를 예방할 수 있다. 이와 같이 인수제시가 금지된 어음은 순전히 발행인의 신용만에 의지하여 유통된다.

그러나 일람후정기출급어음, 타지지급어음, 제3자방지급어음은 인수제시를 절대적으로 금지할 수 없다(어음법 제22조 제2항 단서). 일람후정기출급어음은 만기를 정하기 위해, 타지지급어음은 지급인에게 지급장소나 지급담당자를 기재할 수 있는 기회를 주기 위해, 제3자방지급어음은 지급인에게 지급의 준비를 시키기 위해 인수제시가 필요하기 때문이다. 이러한 어음에 인수제시를 절대적으로 금하는 문구를 기재하더라도 그 기재는 없는 것으로 본다(무익적 기재사항).

ⓑ 인수제시의 제한적 금지　　발행인은 일정한 기일까지는 인수를 위한 제시를 금할 수 있다(어음법 제22조 제3항). 예컨대, 「2023. 6. 30.까지 인수제시를 금함」과 같은 식이다. 발행인이 만기 전의 일정한 기일까지는 지급인에게 자금을 공급할 수 없을 경우 이같이 할 실익이 있다. 일람후정기출급어음, 타지지급어음, 제3자방지급어음도 일정한 기일까지의 인수제시 금지는 가능하다.

B. 인수제시 금지에 위반한 인수제시의 효력　　발행인의 인수제시 금지에 위반하여 인수제시를 한 경우에는 인수가 거절되더라도 소지인은 상환청구를 할 수 없다. 그러나 다시 만기에 이르러 지급제시를 한 결과 지급이 거절된 경우에는 상환청구권을 행사할 수 있다. 물론 지급인이 인수제시에 따라 인수를 하면 인수의 효력이 있다.

(3) 인수제시의 당사자

1) 제시자격을 가진 자

인수제시는 어음의 소지인 또는 단순한 점유자가 할 수 있다(어음법 제21조). 어음의 「소지인」이란 적법하게 어음상의 권리를 갖는 자를 말하고(어음법 제16조 제1항), 「단순한 점유자」란 어음상의 권리의 유무에 불구하고 현재 어음을 점유하고 있는 자를 말한다. 단순한 점유자에게도 인수제시의 자격을 부여한 이유는, 인수제시는 지급인에게 단순히 어음상 채무를 부담할 의사가 있는지를 묻는 것에 불과하고, 인수를 받은 경우 인수인에 대한 권리는 단순한 점유자가 아니라 소지인에게 생기기 때문에 인수제시는 누가하여도 상관이 없기 때문이다.

2) 제시의 상대방

① 제시의 상대방은 지급인 또는 그 대리인이다. 지급담당자가 기재되어 있는 경우라도 인수제시는 지급인에게 하여야 한다. 인수는 지급인에게 새로운 채무를 부담시키므로 인수할 것인지 여부는 지급인만이 결정할 수 있기 때문이다. ② 지급인이 중첩적으로 기재된 경우 지급거절로 인한 상환청구권은 수인의 지급인 전원에게 지급제시하고 전원이 지급거절을 해야만 발생하나, 인수거절로 인한 상환청구권은 수인의 지급인 중 1인에게 인수제시를 하여 그 1인이 인수를 거절하면 바로 발생한다(통설).

(4) 인수제시의 시기와 장소

① 인수제시는 「만기의 전날까지」해야 한다(어음법 제21조). 만기의 날에는 지급제시를 해야 하기 때문이다. 그 이후의 인수제시는 적법한 인수제시의 효력이 없으므로 인수가 거절되어도 상환청구권은 발생하지 않는다. 다만 만기 이후의 인수제시라도 지급인이 인수를 하면 인수의 효력이 있다. 일람출급의 환어음도 인수제시가 가능한가? 일람출급이므로 지급인에게 제시하면 바로 만기가 되어 그 제시는 지급제시가 된다. 따라서 일람출급의 환어음은 인수제시가 불가능하다. ② 인수제시는 「지급인의 주소」에서 한다(어음법 제21조).

(5) 유예기간

1) 지급인의 유예청구

인수제시가 있을 경우 지급인은 제시자에 대하여 그 다음 날에 「두 번째 제시」를 할 것을 청구할 수 있다(어음법 제24조 제1항 전문). 인수여부를 결정하기 위해서는 지급인이 발행인에게 어음의 진위를 조회하거나 지급자금을 제공할 것인지를 문의하는 등의 조치를 취해야 하는데, 이를 위한 시간을 벌기 위함이다. 지급인이 인수 여부를 생각해 볼 시간이라는 의미에서 「숙려기간」 또는 「고려기간」이라고도 한다. 이 유예기간 동안 제시자는 지급인에게 어음을 교부할 필요가 없다(동조 제2항). 지급인이 인수를 거절하면서 어음의 반환을 거부할 우려가 있기 때문이다.

2) 소지인의 두 번째 인수제시

지급인이 유예를 청구하면 소지인은 첫 번째 제시에 대한 인수거절만으로는 상환청구권을 행사할 수 없고, 그 다음 날에 두 번째 제시를 하여 재차 거절되어야 상환청구권을 행사할 수 있다.

3) 상환청구 시 「두 번째 제시」 유무의 증명방법

소지인이 첫 번째의 제시에 대한 거절증서를 가지고 인수거절을 이유로 상환청구를 할 때 소지인과 상환의무자 사이에 소지인이 두 번째 제시를 하였느냐를 놓고 분쟁이 생길 수 있다. 즉 소지인은 지급인이 두 번째 제시를 청구하지 않고 단순히 인수를 거절하였으니 상환청구권이 발생하였다고 주장하는데 대해, 상환의무자는 지급인이 두 번째 제시를 청구하였음에도 소지인이 두 번째 제시를 하지 않았으니 상환청구권이 발생하지 않았다고 주장하는 것이다. 이의 해결을 위해 어음법은 "이해관계인은 지급인이 두 번째의 인수제시를 요구한 사실이 거절증서에 적혀 있는 때에 한하여 두 번째의 제시가 없었음을 주장할 수 있다(어음법 제24조 제1항 후문)."는 규정을 두고 있다. 따라서 첫 번째 제시에 대한 거절증서를 작성하면서 지급인이 그 증서에 두 번째의 제시를 청구한 뜻을 기재하지 않았으면 소지인은 첫 번째 제시에 대한 거절증서만으로 상환청구권을 행사할 수 있다. 즉 이 경우 상환의무자는 소지인의 두 번째 제시가 없었음을 주장하며 상환의무의 이행을 거절하지 못한다. 반면 첫 번째 제시에 대한 거절증서에 지급인이 두 번째의 제시를 청구한 뜻이 기재되어 있으면 소지인은 다음 날 두 번째의 제시를 해야 하며, 지급인이 다시 인수를 거절하고 제2의 거절증서를 작성하여야만 상환청구를 할 수 있다.

3. 인수의 방식

(1) 지급인의 기명날인 또는 서명

인수는 환어음에 「인수」 또는 그 밖에 이와 같은 뜻이 있는 글자를 표시하고 지급인이 기명날인 또는 서명하는 방식으로 한다(어음법 제25조 제1항 전문). 이를 「정식인수」라 한다. 인수문구를 생략한 채 어음 앞면에 지급인이 단순히 기명날인 또는 서명만 하여도 인수가 된다(동조 동항 후문). 이를 「약식인수」라 한다. 약식인수는 어음의 앞면에 해야 한다. 뒷면에 하면 백지식배서가 되기 때문이다(어음법 제13조 제2항).

(2) 인수일자

① 인수한 일자의 기재는 인수의 요건이 아니다. 그러나 ⅰ) 일람후정기출급어음과 ⅱ) 발행인·배서인이 기간을 정하여 인수제시를 명한 어음에 인수를 할 때는 인수일자를 적어야 한다. 인수일자가 ⅰ)에서는 만기의 기산점이 됨과 동시에 법정의 제시기간 준수여부 판단의 기초가 되고, ⅱ)에서도 기간준수 여부 판단의 기초가 되기 때문이다. 다만 소지인이 인수일자 대신 제시일자의 기재를 요구한 때에는 제시일자를 적어야 한다(어음법 제25조 제2항 전문). ② 인수일자를 기재하지 않아도 인수의 효력에는 영향이 없다. 즉 인수인은 주채무를 부담한다. 다만 인수일자의 기재가 없으면 기간 준수 여부에 대하여 다툼이 생겨 소지인이 상환청구권을 상실할 수가 있다. ③ 지급인이 소지인에게 제1의 인수제시일자 또는 인수일자의 보충권을 수여하는 이른바 백지인수도 가능하다(대판 1980.2.12. 78다1164).

(3) 제3자방의 기재

1) 타지지급어음의 경우

지급지가 지급인의 주소지가 다른 경우, 발행인이 지급지 내에 지급장소(제3자)를 기재하지 않았으면 지급인이 인수를 하면서 이를 기재할 수 있다. 이를 기재하지 않으면 인수인은 지급지에서 직접 지급할 의무를 부담한 것으로 본다(어음법 제27조 제1항).

2) 동지지급어음의 경우

어음이 지급인의 주소에서 지급될 것으로 발행된 경우에도, 지급인은 자신의 주소에서 지급하기를 원하지 않으면 인수를 함에 있어 지급지 내에 있는 별도의 지급장소 또는 지급담당자를 정할 수 있다(어음법 제27조 제2항).

4. 부단순인수(不單純引受)

(1) 조건부인수

인수는 조건 없이 하여야 한다(어음법 제26조 제1항 전문). 지급인이 조건을 붙여 인수를 하면 소지인은 인수가 거절된 것으로 보고 상환청구권을 행사할 수 있다. 문제는 어음법 제26조 제2항 단서를 유추적용하여 인수인에게 조건부로 어음상의 책임을 물을 수 있는가이다. 이에 대해서는 견해의 대립이 있다. ① 부정설은 조건부인 채로 책임을 인정하면 어음 외의 사정에 의해 어음관계가 좌우되어 어음의 문언성에 반한다는 이유로 책임을 부정한다. ② 반면 긍정설은 후술하는 변경인수와 마찬가지로, 어음소지인에게 상환청구권이 인정되므로 인수인의 책임을 인정하여도 어음관계자의 이익을 해하지 않고, 오히려 주채무자가 생겨 어음관계자에게 이익이 된다는 이유로 책임을 인정한다. 긍정설이 타당하다.

(2) 일부인수

지급인은 어음금액의 일부만을 인수할 수 있다(어음법 제26조 제1항 후문). 일부인수는 어음관계자 누구에게도 불이익을 주지 않으므로 적법한 것으로 인정한다. 지급인이 일부인수를 하면 인수한 일부 금액에 한하여 인수의 효력이 발생하고 나머지 금액에 대해서는 인수가 거절된 것으로 된다.

따라서 소지인은 나머지 금액에 대해서만 상환청구권을 행사할 수 있다. 예를 들어 지급인이 액면 1,000만 원인 어음에 대하여 300만 원만 인수하겠다고 하면, 300만 원에 한하여 인수의 효력이 발생하고 나머지 700만 원은 인수가 거절된 것이다. 따라서 소지인은 700만 원에 대해서만 상환청구권을 행사할 수 있다. 인수한 일부 금액에 대해서는 상환청구권이 발생하지 않는 점에서 후술하는 변경인수와 다르다.

(3) 변경인수

① 지급인이 어음의 기재사항의 일부를 변경하여 인수한 때에는 원래의 문구에 관해서는 인수를 거절한 것으로 본다(어음법 제26조 제2항 본문). 따라서 소지인은 바로 인수거절로 인한 상환청구권을 행사할 수 있다. 변경의 대상에는 어음요건뿐만 아니라 유익적 기재사항도 포함되며(예 이자문구), 변경은 기존 기재사항의 내용을 다른 것으로 바꾸는 것뿐만 아니라, 새로운 내용을 삽입하거나 기재사항을 말소하는 것도 포함한다. ② 그러나 변경인수를 한 인수인은 그 변경된 문구에 따라 책임을 진다(어음법 제26조 제2항 단서). 인수인의 책임을 인정하여도 인수인의 의사에 반하지 않고 소지인에게도 이익이 되기 때문이다. ③ 따라서 변경인수의 경우 소지인은 어음금액 전액에 대하여, 상환의무자에 대하여 인수거절로 인한 상환청구권을 행사할 수 있을 뿐 아니라, 인수인에 대하여도 그 변경된 어음문구에 따른 어음상의 책임을 물을 수 있다. 예를 들어 지급인이 만기를 2023. 3. 15.에서 2023. 5. 15.로 변경하여 인수하였다면, 소지인은 상환의무자에 대하여 인수가 거절된 것으로 보아 상환청구권을 행사할 수 있고, 인수인에게도 2023. 5. 15.을 만기로 하는 어음상의 주채무의 이행을 구할 수 있다. 상환청구권을 행사할 때 상환청구권 행사와 관련된 요건의 충족 여부는 원래의 만기를 기준으로 판단한다.

5. 인수의 말소

(1) 말소의 효력

어음에 인수의 문구를 기재한 지급인이 그 어음을 제시자에게 반환하기 전에 인수의 기재를 말소한 때에는 인수를 거절한 것으로 본다(어음법 제29조 제1항 전문). 어음에 인수가 말소된 흔적이 있으면 그 인수의 말소가 어음의 반환 전에 이루어진 것인지 반환 후에 이루어진 것인지에 관해 다툼이 있을 수 있는데, 어음법은 인수의 말소는 어음의 반환 전에 한 것으로 추정하고 있다(어음법 제29조 제1항 후문).

(2) 어음 외의 인수통지

지급인이 어음을 반환하기 전에 인수를 말소하였더라도 어음소지인이나 다른 어음채무자에게 서면으로 인수를 통지한 때에는 그 통지 받은 상대방에 대하여 인수의 문구에 따라 책임을 진다(어음법 제29조 제2항).

지급인이 인수를 했다가 어음을 반환하기 전에 인수문구를 말소한 경우가 아니라 인수의 문구를 기재한 바조차 없었던 경우라 하여도 그 지급인에게 어음법 제29조 제2항에 따른 책임을 물을 수 있는가? 판례는 이를 부정한다. 즉 "만일 지급인이 환어음에 인수문언의 기재 및 기명날인 등을 하지 아니한 채 소지인 등에게 인수의 통지를 한 경우에는 그 지급인에 대하여 어음법 제29조 제2항에 따른 어음상의 책임을 물을 수 없다(대판 2008.9.11. 2007다74683)."라고 하였다.

6. 인수 및 인수거절의 효력

(1) 인수의 효력

인수를 하면 지급인은 어음상의 주채무자가 되어 만기에 환어음을 지급할 의무를 부담한다(어음법 제28조 제1항). 주채무는, ⅰ) 제1차적·무조건적 의무이며, ⅱ) 절대적 의무이고, ⅲ) 최종적 의무라는 점은 이미 기술하였다.

(2) 인수거절의 효력

① 지급인은 인수를 거절하면 어음관계에서 이탈하고 어떠한 책임도 지지 않는다. 자금관계에서 발행인에게 책임을 질 수는 있으나 이는 어음상의 책임과는 무관하다. ② 어음소지인은 인수가 거절되면 만기까지 기다리지 않고 바로 전자에게 상환청구권을 행사할 수 있다(어음법 제43조 1호). 이를「인수거절로 인한 상환청구」또는「만기 전 상환청구」라 한다. 인수를 거절한 지급인은 만기에도 지급을 하지 않을 가능성이 높고, 이런 어음은 취득하려는 사람도 없어 유통시키기도 어렵기 때문이다.

02 수표의 지급보증

1. 의의

지급보증이란 지급인이 지급제시기간 내에 수표의 제시가 있음을 조건으로 수표의 문언에 따라 수표금을 지급할 것을 약속하는 지급인의 수표행위를 말한다. 수표의 지급보증 제도는 지급의 확실성을 보장하여 수표의 원활한 유통성을 기하기 위한 것이다. 이 점 환어음의 인수와 유사하다.

2. 지급보증의 방식

1) 지급보증요건

지급보증은 수표의 앞면에「지급보증」또는 그 밖에 지급을 하겠다는 뜻을 적고 일자를 부기하여 지급인이 기명날인 또는 서명하여야 한다(수표법 제53조 제2항). 지급보증은 ⅰ)「지급보증의 문구」, ⅱ)「일자」, ⅲ)「기명날인 또는 서명」의 세 가지 요소로 이루어지고 ⅳ)「수표의 앞면에」해야 하는데, ⅰ) ~ ⅳ) 중 어느 하나만 결하여도 무효가 된다.

2) 조건부 또는 일부의 지급보증

수표의 지급보증은 조건 없이 하여야 한다(수표법 제54조 제1항). 지급보증을 하면서 수표의 기재사항을 변경하면 지급보증은 유효하되 그 변경 부분은 변경하지 아니한 것으로 본다(무익적 기재사항, 동조 제2항). 수표금액의 일부에 대한 지급보증의 효력에 대해서는 명문의 규정이 없어 견해가 대립한다. 통설은 수표금 전부를 지급보증한 것이 된다고 하는 반면 소수설은 전부를 지급보증한 것으로 보면 지급보증인의 의사에 반해 지나치게 무거운 책임을 부담시키는 것이 되어 부당하다는 이유에서 지급보증이 무효라고 한다.

3) 지급보증을 할 수 있는 자·지급보증의 청구인

① 지급보증을 할 수 있는 자는 「지급인」에 한한다(수표법 제53조 제1항). ② 지급보증의 청구인에는 제한이 없으므로 발행인·배서인·소지인 등이 모두 지급보증의 청구를 할 수는 있다.

3. 지급보증의 효력

(1) 지급인의 채무

1) 지급의무

① 지급보증을 한 지급인은 수표금을 지급할 채무를 부담한다. 다만 지급인은 소지인이 제시기간 내에 지급제시를 한 경우에 한하여 지급의무를 부담한다(수표법 제55조 제1항). 제시기간 내에 제시가 없으면 제시기간의 만료로 지급보증인의 채무는 확정적으로 소멸한다. ② 지급보증인에 대한 수표상 청구권의 소멸시효기간은 제시기간 경과 후 1년이다(수표법 제58조).

2) 지급보증인의 지급거절

지급보증인이 제시기간 내의 지급제시에 대하여 지급을 거절하더라도 소지인은 채무가 시효로 소멸할 때까지는 지급보증인에게 책임을 추궁할 수 있다. 그런데 지급을 거절한 지급보증인에게 계속 책임을 추궁하려면, 소지인은 거절증서 등을 통하여 제시기간 내에 지급제시를 하였음을 증명하여야 한다(수표법 제55조 제2항, 제39조). 지급보증인은 제시기간 내에 제시가 있었을 때에만 책임을 지기 때문이다.

(2) 다른 수표채무자의 채무

발행인이나 그 밖의 수표상의 채무자는 지급보증으로 인하여 그 책임을 면하지 못한다(수표법 제56조). 따라서 지급보증인이 지급을 거절한 경우 발행인 등 수표채무자들은 합동하여 상환책임을 진다.

4. 지급보증과 다른 어음·수표행위의 비교

(1) 환어음의 인수와의 비교

1) 지급보증인의 채무와 인수인의 채무의 비교

① 공통점

지급보증인의 채무는, 소지인이 다른 채무자에게 지급받지 못할 경우 보충적으로 지급할 채무가 아니라는 점에서 「제1차적 지급의무」이고, 채무를 이행하더라도 지급보증인이 아무런 수표상의 권리를 취득하지 못하므로 「최종적 의무」이며, 소멸시효기간 동안에는 계속 채무를 부담하는 「절대적 의무」이다. 이 점 인수인의 채무와 같다.

② 차이점

ⅰ) 인수인은 어음의 주채무자로서 시효완성 전에는 무조건적으로 어음금 지급 책임을 지나,

지급보증인은 제시기간 내에 지급제시가 있을 것을 조건으로 지급의무를 부담한다. 이런 점에서 지급보증인의 채무는 마치 최후의 상환의무자의 책임과 유사하다. ⅱ) 소멸시효기간 동안 계속 채무를 부담한다는 점은 공통된다. 그러나 소멸시효기간이 인수인의 채무는 만기로부터 3년이나 지급보증인의 채무는 지급제시기간 경과로부터 1년이고, 지급보증의 경우에는 제시기간 경과 후 책임 추궁을 하기 위해서는 소지인이 거절증서 등을 통하여 지급제시를 증명하여야 한다는 제한이 있다.

2) 기타의 점

① 환어음의 소지인이 지급인에게 인수제시를 하여 거절된 경우에는 소지인에게 상환청구권이 발생하나, 수표 소지인이 지급인에게 지급보증을 요구하였다가 거절당하여도 소지인에게 상환청구권은 발생하지 않는다. 수표에서의 상환청구권은 오직 지급거절의 경우에만 인정된다. ② 환어음은 약식인수·일부인수가 인정되나, 지급보증은 약식의 지급보증은 인정되지 않고, 수표금 일부에 대한 지급보증은 전부에 대한 지급보증으로 본다(통설).

(2) 보증과의 비교

① 보증은 어음 또는 수표채무자의 어음·수표채무에 종속하여 그 지급을 담보하는 것이나, 지급보증은 지급인 스스로 독자적인 제1차적 지급의무를 지는 것이다. 따라서 보증인은 피보증인의 항변을 원용할 수 있으나, 지급보증인은 다른 수표채무자의 항변을 원용할 수 없다. ② 보증인이 어음금·수표금을 지급하면 보증인은 피보증인과 전자에 대해 어음·수표상의 권리를 취득한다. 반면 지급보증인의 채무는 최종적 의무이기 때문에 지급보증인이 수표금을 지급하면 수표관계가 소멸하고, 지급보증인은 아무런 수표상의 권리도 취득하지 못한다. ③ 지급보증은 지급인이 하는 것이나, 보증은 지급인을 제외한 제3자가 할 수 있고 지급인은 할 수 없다(수표법 제25조 제2항). 지급인이 보증을 할 수 없도록 한 것은 수표의 신용증권화를 방지하기 위함이다.

제4장 어음·수표상의 권리의 이전

제1절 총설

01 어음·수표상 권리의 양도방법

어음·수표상의 권리의 양도(이전)방법에는 「일반적인 양도방법」과 「어음·수표에 특유한 양도방법」이 있다. ① 일반적인 양도방법과 관련하여 합병·상속과 같은 포괄승계와 경매·전부명령과 같은 특정승계에 의해 어음·수표상의 권리가 이전한다는 점에는 이견이 없으나, 어음·수표상 권리를 지명채권 양도방법에 의해 양도할 수 있는가에 대하여는 견해의 대립이 있다. ② 어음·수표에 특유한 양도방법으로는 배서와 교부가 있는데, 배서가 원칙적인 양도방법이고 교부는 특정한 경우에만 인정되는 양도방법이다.

02 지명채권 양도방법에 의한 어음·수표상 권리의 양도

어음·수표상의 권리를 배서에 의하지 않고 민법상 지명채권 양도방법에 의해 양도하는 것도 가능한가? 이를 부정하는 견해도 있으나, 통설은 긍정한다. 당사자가 배서의 이점을 포기하고 지명채권양도의 방법과 효력만으로 양도하려 한다면 그만한 이유가 있을 것이므로 이를 막을 이유가 없다는 것이다. 이를 긍정할 경우 어음·수표상의 권리를 지명채권양도방법에 따라 이전할 때에는 제3자에 대한 대항요건을 갖추어야 한다. 판례도 같은 입장으로 "약속어음상의 권리를 지명채권 양도방식에 따라 양도함에 있어서는 민법 제450조 제1항 소정의 대항요건을 갖추지 아니하면 어음채무자에게 대항할 수 없는 것인바 ⋯ (대판 1996.4.26. 94다9764)."라고 판시한 바 있다. 다만 양수인이 권리를 행사하기 위해서는 어음·수표를 소지해야 하므로 어음·수표를 지명채권 양도방법에 의해 양도하는 경우에도 어음·수표를 양수인에게 교부할 필요는 있다.

제2절 배서

01 배서의 의의

1. 개념

배서란 증권의 뒷면에 권리양도의 취지를 적고 기명날인 또는 서명을 하여 상대방에게 교부하는 것을 말한다. 어음·수표는 당연한 지시증권이므로 어음·수표의 양도방법은 원칙적으로 배서이다. 당연한 지시증권성이란 어음·수표는 지시식으로 발행하지 아니한 경우에도 배서에 의해 양도할 수 있다는 의미이다(어음법 제11조 제1항, 수표법 제14조 제1항). 따라서 어음·수표금을 특정인에게 지급하도록 하는 기명식 어음·수표도 배서에 의하여 양도할 수 있고, 어음·수표를 배서에 의해 양도할 수 없도록 하려면 기명식으로 발행하는 것만으로는 부족하고 적극적으로 배서금지의 뜻을 기재하여야 한다.

2. 배서의 기능

배서는 지명채권 양도방법과 비교하여 다음과 같은 특징을 갖는데, 이로 인하여 어음·수표의 유통성이 현저히 강화된다. ① 통지 또는 승낙이라는 대항요건이 필요하지 않으므로 양도절차가 간편하고 신속하다(권리이전적 효력). ② 인적항변이 절단되므로 어음·수표의 취득자는 이전 단계의 거래의 유효성을 조사할 필요가 없다(인적항변의 절단). ③ 어음·수표의 취득자는 배서의 연속만 갖추면 적법한 소지인으로 추정되므로 어음·수표상의 권리를 행사하는데 있어 자신이 실질적인 권리자임을 입증할 필요가 없다(자격수여적 효력). ④ 선의취득이 인정되므로 어음·수표의 취득자는 자신과 양도인의 거래에만 주의를 기울이면 된다(선의취득). ⑤ 어음·수표의 유통과정에 있는 배서인들이 담보책임을 지므로 어음·수표취득자는 어음금·수표금 지급에 관한 높은 가능성을 보장받는다(담보책임).

3. 배서금지어음·수표

(1) 의의

발행인이 어음·수표에 「지시금지」 또는 이와 같은 뜻이 있는 문구를 적은 경우에는 배서에 의해 양도할 수 없고 지명채권양도의 방법과 효력으로써만 양도할 수 있다(어음법 제11조 제2항, 수표법 제14조 제2항). 이를 지시금지어음·수표 또는 배서금지어음·수표라 한다. 배서금지어음·수표는 발행인이 수취인에 대해 갖고 있는 항변이 어음·수표의 양도에 의해 차단되는 것을 원하지 않을 때 주로 이용된다.

(2) 기재방법

① 어음·수표면에 배서금지문구를 기재해야 한다. 어음·수표면에 기재하지 않고 발행인과 배서인간에 특약만 한 경우에는 배서금지어음·수표로서의 효력이 없다. 따라서 그 후 제3자가 이러한 특약이 있었음을 알고 배서에 의해 어음·수표를 취득하더라도 그 배서는 유효하다(대판 1965.5.10. 65다478). ② 배서금지의 뜻이 명확히 드러나지 않고 단지 "보관용" 또는 "견질용(담보용)"이라고 쓴 것은 지시금지문구로 인정될 수 없다(대판 1993.11.12. 93다39102). ③ 적극적으로 배서금지의 문구를 기재하여야 하며, 단지 인쇄된 어음·수표용지에서 지시문구를 말소하는 것만으로는 배서금지어음·수표라고 할 수 없다(대판 1962.12.30. 62다668). 어음·수표는 당연한 지시증권이므로 지시문구가 없어도 배서에 의해 양도할 수 있기 때문이다. ④ 인쇄된 어음·수표용지의 지시문구를 그대로 방치하고

배서금지의 문구를 기재한 경우에는 발행인이 스스로 기입한 문구가 부동문자로 인쇄된 지시문구에 우선한다고 보아 배서금지어음·수표로 보아야 한다(대판 1987.4.28. 86다카2630).

(3) 효과

1) 배서에 의한 양도의 금지

배서금지어음·수표는「배서」에 의한「양도」가 금지된다. ①「배서」에 의한 양도가 금지되므로 배서금지어음·수표를 양도하려면 지명채권양도의 방법에 의해야 한다. 따라서 양도 시 통지 또는 승낙과 같은 대항요건을 갖추어야 한다. 다만 유가증권성까지 상실하는 것은 아니므로 양수인에게 어음·수표를 교부해야 하고 지급을 위해서는 어음을 제시하여야 하며 또 어음금을 지급할 때에는 이를 환수하게 된다(대판 1989.10.24. 88다카20774). ② 권리를「양도」하는 것이 아닌 배서는 가능하다. 추심위임배서는 권리를 양도하는 것도 아니고 항변절단의 효과도 없으므로 가능하다는데 이견이 없다. 입질배서가 가능한가에 대해서는 견해가 대립하나 입질배서는 인적항변 절단의 효과가 있으므로 할 수 없다고 보아야 한다.

2) 배서금지어음·수표 양도의 효력

배서금지어음·수표의 양도에는 지명채권양도의 효력만이 있고, 배서에 인정되는 여러 효력이 인정되지 않는다. ① 권리이전과 관련하여 대항요건을 갖추어야 함은 이미 보았다. ② 가장 중요한 특징은 인적항변이 절단되지 않는다는 점이다. 이 점이 배서를 금지시키는 가장 중요한 이유이기 때문이다. 또 ③ 자격수여적 효력, ④ 선의취득, ⑤ 담보책임도 인정되지 않는다.

⓪② 배서의 방식

1. 조건부배서 및 일부배서

1) 조건부배서

배서에는 조건을 붙여서는 아니 된다. 배서에 붙인 조건은 적지 아니한 것으로 본다(어음법 제12조 제1항, 수표법 제15조 제1항). 즉 배서에 붙인 조건은 무익적 기재사항이고, 배서에 조건이 붙어 있더라도 조건 없는 배서로 본다.

2) 일부배서

일부배서란 어음·수표금액의 일부만을 양도하는 배서를 말한다. 일부배서를 하면 배서 자체가 무효가 된다(어음법 제12조 제2항, 수표법 제15조 제2항). 이를 인정하면 어음·수표금액이 분할되어 권리자를 달리하게 되는데 이같이 권리자를 달리하는 2개의 권리를 따로 표창할 방법이 없기 때문이다.

2. 배서의 기재사항(배서요건)

일반적으로 어음·수표의 뒷면에는 "앞면에 적힌 금액을 __ 또는 그 지시인에게 지급하여 주십시오"라는 배서문언에 피배서인을 채우고, 배서일자란과 기명날인 부분을 채우도록 되어 있다. 이

중 배서의 필수적 기재사항은 ① 배서문언, ② 피배서인, ③ 배서인의 기명날인 또는 서명이다. 이를 배서요건이라 한다. 배서일자는 배서요건이 아니다. 따라서 배서일자는 기재하지 않아도 상관없으며, 배서의 일자가 발행일자보다 앞서는 등 모순이 생기더라도 배서가 무효로 되지 않는다(대판 1968.6.25. 68다243). 배서는 피배서인의 기재 방식에 따라 기명식배서·백지식배서·소지인출급식배서로 나뉘는데 이하에서는 이에 관해서 본다.

(1) 기명식배서(정식배서)

배서문구에 피배서인을 채운 다음 배서인의 기명날인 또는 서명을 하는 방식의 배서, 즉 배서요건인 ① 배서문언, ② 피배서인, ③ 배서인의 기명날인 또는 서명이 모두 갖춰진 배서가 기명식배서이다. 정식배서 또는 완전배서라고도 한다.

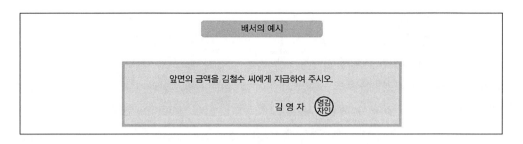

[기명식배서의 예시]

(2) 백지식배서

1) 의의

백지식배서란 피배서인을 기재하지 않고 하는 배서를 말한다(어음법 제13조 제2항, 수표법 제16조 제2항). 백지식배서는 ① 배서문언은 있고 피배서인만 공란으로 한 일반 백지식배서와, ② 배서문언조차 없이 배서인의 기명날인 또는 서명만 있는 간략백지식배서가 있다. 모두 유효한 배서이고 효력에서의 차이도 없다. 다만 간략백지식배서는 어음·수표의 뒷면에 해야 한다. 어음·수표의 앞면에 있는 단순한 기명날인 또는 서명은 인수나 보증으로 간주되기 때문이다(어음법 제25조 제1항 후문, 제31조 제3항, 수표법 제26조 제3항). 앞면에 한 단순한 기명날인 또는 서명은 배서의 의사로 한 것임을 증명하더라도 배서로 인정받지 못한다.

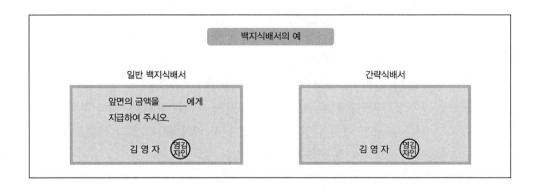

2) 효력

백지식배서에 의해 어음·수표를 취득한 자는 자기가 직접 권리를 행사할 수도 있고, 이를 다시 다른 사람에게 양도할 수도 있다.

① 자신이 권리를 행사하는 경우

소지인은 피배서인란에 자기의 이름을 보충하여 어음·수표상의 권리를 행사할 수 있다(어음법 제14조 제2항 1호, 수표법 제17조 제2항 1호). 뿐만 아니라 소지인은 백지인 채로 어음·수표상의 권리를 행사할 수도 있다. 이 경우 소지인은 자신이 적법하게 어음·수표를 취득한 사실을 증명할 필요가 없다(대판 1968.12.24. 68다2050). 최후의 배서가 백지식이면 그 어음·수표의 점유자는 적법한 소지인으로 추정되기 때문이다(어음법 제16조 제1항 2문, 수표법 제19조 2문).

② 다른 사람에게 양도하는 경우

소지인이 타인에게 어음·수표를 양도하는 방법에는 네 가지가 있다. 김영자로부터 백지식배서에 의해 어음을 취득한 A가 이를 B에게 양도하는 경우를 예로 들어 보자.

A. 피배서인란에 자기명칭을 보충하여 배서　　백지인 피배서인란에 자신의 이름(A)을 보충하고 타인(B)에게 배서할 수 있다(어음법 제14조 제2항 1호, 수표법 제17조 제2항 1호). B에 대한 배서는 기명식배서와 백지식배서 모두 가능하다. 이 경우 양도인(A)은 어음·수표에 「배서」를 하므로 후자에 대하여 담보책임을 진다.

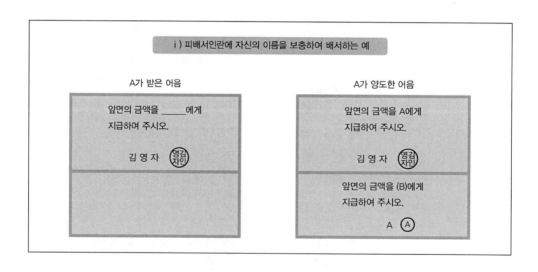

B. 피배서인란에 타인 명칭을 보충하여 단순히 교부　　소지인(A)은 백지인 피배서인란에 타인 (B)의 이름을 기재하고 그(B)에게 교부하여 줄 수 있다(어음법 제14조 제2항 1호, 수표법 제17조 제2항 1호). 이 경우 양도인(A)이 어음·수표에 기명날인 또는 서명을 하지 않았으므로, 그의 존재는 문면에 전혀 나타나지 않고, 어음·수표는 마치 김영자에서 B로 바로 배서양도된 것과 같은 외관을 갖게 되며, 양도인(A)은 후자에 대하여 담보책임을 지지 않는다.

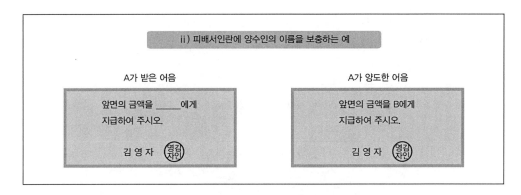

ⅱ) 피배서인란에 양수인의 이름을 보충하는 예

A가 받은 어음

앞면의 금액을 _____에게
지급하여 주시오.

김 영 자 (영김 자인)

A가 양도한 어음

앞면의 금액을 B에게
지급하여 주시오.

김 영 자 (영김 자인)

C. 피배서인란의 보충 없이 타인에게 배서　　소지인(A)은 백지를 보충하지 않고 다시 타인(B)에게 배서할 수 있다. 이때 배서는 기명식배서와 백지식배서 모두 가능하다(어음법 제14조 제2항 2호, 수표법 제17조 제2항 2호). 그런데 A가 이렇게 배서를 하면 김영자의 배서가 백지식이어서 어음·수표의 문면상으로는 A가 어음·수표를 취득한 경위가 나타나지 않아 김영자와 A의 사이에서 배서의 연속이 끊어지는 것처럼 보인다. 그러나 이때도 배서의 연속은 인정된다. 백지식배서(김영자의 배서) 다음에 다른 배서(A의 배서)가 있는 경우에는 그 배서를 한 자(A)는 백지식배서(김영자의 배서)에 의하여 어음·수표를 취득한 것으로 간주되기 때문이다(어음법 제16조 제1항 4문, 수표법 제19조 4문). 이 경우 양도인(A)은 어음·수표에 「배서」를 하므로 후자에 대하여 담보책임을 진다.

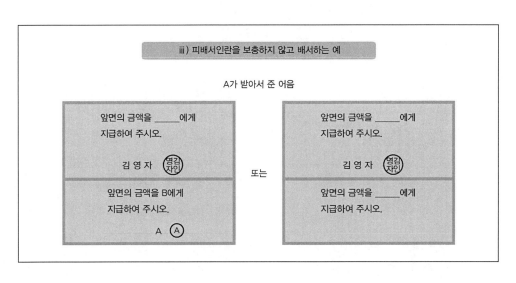

ⅲ) 피배서인란을 보충하지 않고 배서하는 예

A가 받아서 준 어음

앞면의 금액을 _____에게
지급하여 주시오.

김 영 자 (영김 자인)

앞면의 금액을 B에게
지급하여 주시오.

A (A)

또는

앞면의 금액을 _____에게
지급하여 주시오.

김 영 자 (영김 자인)

앞면의 금액을 _____에게
지급하여 주시오.

D. 피배서인란의 보충 없이 타인에게 단순히 교부　　소지인(A)은 백지를 보충하지 아니하고 또 배서도 하지 아니하고 어음·수표를 타인(B)에게 교부할 수도 있다(어음법 제14조 제2항 3호, 수표법 제17조 제2항 3호). 이 경우도 (b)의 경우와 같이 양도인(A)이 어음·수표에 기명날인 또는 서명을 하지 않으므로, 그의 존재는 문면에 전혀 나타나지 않고, 어음·수표는 마치 김영자에서 B로 바로 배서양도된 것과 같은 외관을 갖으며, 양도인(A)는 후자에 대하여 담보책임을 지지 않는다. 실제로 백지식배서는 이후 양도 시 담보책임을 지지 않으려는 양수인의 요청에 의해 이루어지는 경우가 많다.

위 예에서 김영자의 A에 대한 백지식배서가 (b) 또는 (d)의 방식으로 어음·수표를 양도하여 담보책임을 지지 않으려는 A의 요청에 의해 이루어지는 것과 같다.

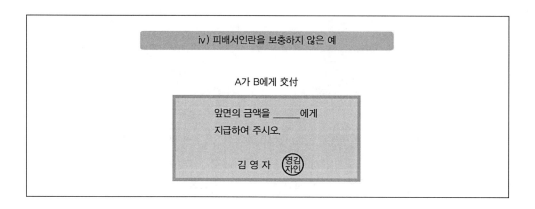

(3) 소지인출급식배서

소지인출급식배서란 피배서인을 지정하지 아니하고 어음·수표의 소지인에게 지급하여 달라는 취지로 하는 배서이다. 소지인출급식배서는 백지식배서와 같은 효력이 있다(어음법 제12조 제3항, 수표법 제15조 제4항). 소지인출급식배서는 어음과 수표 모두에서 할 수 있다. 소지인출급식발행은 어음에서는 할 수 없고 수표에서만 할 수 있는 것과 다르다.

❸ 배서의 효력

배서의 효력은 권리이전적 효력, 자격수여적 효력, 담보적 효력 세 가지가 있다. 여기에 인적항변의 절단과 선의취득을 더하면 앞에서 본 배서의 5가지 특징이 되는데, 인적항변의 절단은 권리이전적 효력과, 선의취득은 자격수여적 효력과 관련된다.

1. 권리이전적 효력

(1) 의의

① 배서의 권리이전적 효력이란 배서에 의하여 어음·수표상의 모든 권리가 피배서인에게 이전되는 효력을 말한다(어음법 제14조 제1항, 수표법 제17조 제1항). 배서의 「본질적 효력」이고, 「의사표시에 의해 발생하는 효력」이다. ② 배서는 권리를 이전한다는 면에서는 지명채권 양도방법과 다르지 않으나 권리이전과 관련하여 보다 강력한 효력이 주어진다는 특징이 있다. 즉 배서는 ⅰ) 통지 또는 승낙과 같은 대항요건을 갖출 필요가 없어 권리 양도가 간편하고, ⅱ) 인적항변이 절단되어 양수인의 지위가 보호된다. 이를 통하여 어음·수표의 유통성이 촉진된다.

(2) 이전되는 권리의 범위

어음·수표금 지급청구권과 상환청구권 그리고 이의 실현을 위해 필요한 부수적인 권능이 이전된다는 데에는 이견이 없다. 그러면 어음·수표채권에 대한 종된 권리도 이전되는가? 즉 어음·수표채권 담보를 위한 질권·저당권 등 담보물권이나 보증인에 대한 보증채권도 이전되는가의 문제이다. 이에 관해서는 학설이 대립한다.

1) 긍정설(소수설)

담보물권이나 보증채권은 부종성·수반성을 가지는 점, 지명채권 양도방법에 의하는 경우에도 종된 권리가 이전되는데, 유통성 보호 기능이 더 강한 배서에 의하는 경우에는 그렇지 않다고 하는 것은 균형이 맞지 않는다는 점 등을 근거로 한다.

2) 부정설(통설)

담보물권이나 보증채권 등은 당사자 사이의 어음·수표 외적인 계약에 의한 권리일 뿐 어음·수표상의 권리는 아니라는 점, 담보물권의 이전을 위해서는 등기·인도와 같은 공시방법을 갖춰야 하는데 배서에 의해 담보물권이 자동으로 이전된다고 하면 물권변동의 법리에 반한다는 점 등을 근거로 한다.

2. 자격수여적 효력

(1) 의의

배서가 연속되어 있는 어음·수표의 점유자는 적법한 소지인으로 추정된다(어음법 제16조 1문, 수표법 제19조 1문). 이를 자격수여적 효력이라 한다. 배서의 「부차적 효력」이고, 법이 어음·수표의 간이·신속한 유통 확보를 위하여 정책적으로 인정한 「법정의 효력」이다.

배서의 효력 중 권리이전적 효력과 담보적 효력은 각 배서마다 개별적으로 판단하나 자격수여적 효력은 소지인에 이르기까지의 전체 배서의 연속을 가지고 판단한다. 다만 연속된 배서에 속한 개별적 배서에 자격수여적 효력이 있다고 표현할 뿐이다. 따라서 자격수여적 효력에 관한 논의는 대부분 배서의 연속에 관한 것인데, 배서의 연속은 설명의 편의상 항을 바꾸어 후술하기로 한다.

(2) 자격수여적 효력의 내용

1) 권리추정력

배서가 연속된 어음·수표의 점유자는 적법한 소지인으로 추정되므로 자신이 실질적인 권리자임을 증명하지 않아도 어음·수표상의 권리를 행사할 수 있다. 일반적인 경우에는 권리를 행사하려면 자신이 실질적 권리자임을 증명해야 하는 것과 다르다. 그러나 배서의 연속이 없는 권리를 창설하는 것은 아니므로 채무자는 배서가 연속된 어음·수표의 점유자가 실질적으로는 무권리자임을 증명하여 그에 대한 채무의 이행을 거절할 수 있다. 결국 배서의 자격수여적 효력은 실질적 권리에 대한 증명책임을 권리행사자에서 채무자로 전환시키는 제도인 것이다.

2) 면책적 효력

배서가 연속된 어음·수표의 소지인에게 어음·수표금을 지급한 자는 그가 정당한 권리자가 아니더라도 책임을 면할 수 있다(어음법 제40조 제3항, 수표법 제35조).

3) 선의취득

배서의 연속에 의해 적법한 권리자로 추정을 받는 자로부터 어음·수표를 양수하는 자는 양도인이 실질적으로 무권리자라는 등의 사유가 있더라도 이에 대한 악의 또는 중과실이 없는 한 어음·수표상의 권리를 취득한다(어음법 제16조 제2항, 수표법 제21조). 양도인의 형식적 자격을 신뢰한 양수인을 보호하지 않는다면 양도인을 적법한 권리자로 추정하는 것이 무의미해지기 때문이다.

3. 담보적 효력

(1) 의의

배서의 담보적 효력이란 지급인 또는 발행인이 어음·수표의 인수 또는 지급을 거절하는 경우 배서인이 피배서인과 그 후자 전원에 대하여 인수 또는 지급을 담보하는 효력을 말한다. 이는 배서의 「부수적 효력」이며, 법이 어음·수표의 유통성을 강화하기 위해 정책적으로 인정한 「법정의 효력」이다(통설). 그리고 권리이전적 효력과 자격수여적 효력이 민법상 지시채권의 배서에 일반적으로 인정되는 효력인 것과 달리 담보적 효력은 오로지 어음·수표의 배서에만 인정되는 효력이다.

(2) 담보책임의 배제

담보적 효력은 배서의 본질적 속성이 아니라 법이 정책적으로 인정한 것에 불과하므로 배서인의 의사로 배제할 수 있다. 무담보배서와 배서금지배서가 그것이다. 이에 관해서는 특수한 배서에서 후술한다.

(3) 이른바 「담보배서」의 문제

어음수표를 양도할 의사 없이 오직 담보책임을 질 목적으로만 이루어진 배서를 담보배서라고 부른다. 어음수표보증을 하면 채무자의 지급능력에 대한 불신을 야기할 수 있기 때문에 담보배서가 이루어진다. 담보배서를 특수한 배서의 하나로 보아 담보적 효력만 인정하는 견해도 있으나, 어음법·수표법은 형식을 중시하므로 담보배서도 배서의 완전한 양도배서로서의 효력을 가진다고 본다. 담보의 목적으로 배서하였다는 것은 당사자 사이에서 인적항변으로 처리하면 족하다.

04 배서의 연속

1. 의의

배서의 연속이란 어음·수표의 수취인이 제1배서인이 되고, 제1배서인의 피배서인이 다시 제2배서인이 되는 식으로 이어져서 현재의 소지인에 이르기까지 배서가 중단됨이 없이 연속되어 있는 것을 말한다. 배서의 자격수여적 효력이 인정되기 위한 요건이다. 배서의 연속에는 수취인이 제1배서의 배서인이 되는 것이므로, 발행인이 수취인을 겸한 어음·수표가 아닌 한, 발행인이 제1배서의 배서인으로서 기명날인 또는 서명을 하여도 이는 어음법·수표법상 아무런 의미가 없는 것이므로 배서의 연속에 있어서는 그 기재가 없는 것으로 볼 것이다.

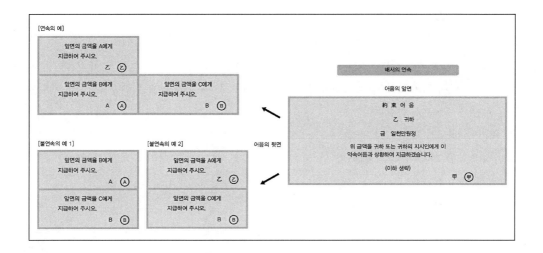

2. 연속성의 판단

(1) 일반적 판단기준

① 배서가 연속되었는지는 문면상 형식적으로 드러나 있는 자료만 가지고 판단한다. 배서의 자격수여적 효력은 그 형식적 유효성에 근거하여 실질적 권리를 추정하는 것이기 때문이다. 따라서 형식적으로 연속된 배서의 중간에 위조된 배서 등 실질적으로 무효인 배서가 들어 있더라도 배서가 문면상으로 연속되어 있다면 배서의 연속은 인정된다. ② 다만 배서는 형식적으로는 유효해야 하므로, 형식적 흠결로 무효인 배서가 들어 있는 경우에는 그 배서는 제외하고 배서의 연속을 판단한다.

(2) 명칭의 동일성 판단

배서의 연속이 인정되려면 앞의 배서의 피배서인과 뒤의 배서의 배서인간에 동일성이 인정되어야 한다. 그런데 그 동일성의 판단은 어떻게 하는가? ① 문면상의 기재만으로 판단하고 실제로 동일인인지 여부는 묻지 않는다. 예를 들어 문면상 배서가 A → X, B → C와 같이 되어 있다면, 설사 X가 B의 상호여서 X와 B사이에 실질적 동일성이 인정되더라도 앞의 배서의 피배서인과 뒤의 배서의 배서인의 동일성은 인정되지 않는다. ② 양자의 명칭이 완전히 일치할 필요는 없고, 주요한 점에서 일치하여 사회통념상 동일인을 표시한다고 인정될 수 있으면 족하다.

구체적으로 보자. ① 앞의 배서의 피배서인「X」와, 뒤의 배서의 배서인「주식회사 X 대표이사 乙」사이에는 동일성이 인정된다(대판 1995.6.9. 94다33156). 이 경우「X」와「주식회사 X」는 사회통념상 동일한 법인을 지칭한다고 보여지고,「대표이사 乙」은 법인의 어음·수표행위 방식일 뿐이기 때문이다. ② 반면 앞의 배서의 피배서인「B」와 뒤의 배서의 배서인「주식회사 X 대표이사 B」사이에는 동일성이 인정되지 않는다(대판 1995.9.15. 95다7024). 앞의 배서의 피배서인은「자연인 B」이나 뒤의 배서의 배서인은「주식회사 X」이기 때문이다.

(3) 백지식배서의 연속성

백지식배서가 있는 경우에는 백지를 보충하지 않더라도 배서의 연속이 인정된다.

1) 최후의 배서가 백지식인 경우

최후의 배서가 백지식인 경우에는 현재의 어음·수표의 점유자가 그 피배서인으로 추정된다(어음법 제16조 제1항 2문, 수표법 제19조 2문). 예컨대, C가 아래 예시 1과 같이 배서가 되어 있는 어음·수표를 점유하고 있다면, C가 B의 백지식배서의 피배서인으로 추정되어, 수취인 乙로부터 현재 점유자 C까지 배서의 연속이 인정된다.

2) 중간의 배서가 백지식인 경우

백지식배서의 다음에 다른 배서가 있는 경우 그 다음 배서의 배서인은 백지식배서에 의하여 어음·수표를 취득한 것으로 본다(어음법 제16조 제1항 4문, 수표법 제19조 4문). 예컨대, C가 아래 예시 2와 같이 A의 백지식배서가 포함된 어음·수표를 점유하고 있다고 하자. 이때 어음·수표의 문면상으로는 B가 이 어음·수표를 취득한 경위가 나타나지 않아 A와 B 사이에서 배서의 연속이 단절된 것처럼 보이나, B가 A의 백지식배서에 의해 이 어음·수표를 취득한 것으로 간주되기 때문에 배서의 연속은 단절되지 않는다.

주의할 점이 있다. 첫째, 이 경우는 위의 경우와 다르게 「추정」하는 것이 아니라 「간주」한다는 점이다. 둘째, 간주하는 것은 배서의 연속을 판단하는 데에만 그렇다는 것일 뿐, 실제로 그렇게 권리를 취득하였음을 간주한다는 의미는 아니라는 점이다. 따라서 채무자는 어음·수표 점유자의 무권리를 증명하여 채무이행을 거절할 수 있다. 위 예에서 B가 A로부터 어음·수표를 절취한 경우 위 간주규정에 의해 배서의 연속이 인정되어 C는 적법한 소지인으로 추정되나, 채무자는 B의 절취 사실과 C가 선의취득을 하지 못하였음을 입증하여 C에 대하여 어음·수표금 지급을 거절할 수 있다.

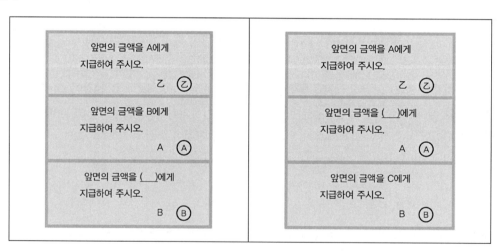

(4) 배서의 말소

1) 의의 및 효과

배서의 말소란 거래통념상 배서의 존재를 부정하는 뜻으로 판단될 수 있는 기재를 말한다. 말소한 배서는 배서의 연속에 관하여는 배서의 기재가 없는 것으로 본다(어음법 제16조 제1항 3문, 수표법 제

19조 3문). 그 결과 배서의 말소에 의해 불연속의 배서가 연속되기도 하고 연속된 배서가 불연속 되기도 한다. 배서의 연속은 형식적 기재에 의해서만 판단하므로, 말소할 권한이 있는 자에 의해 말소된 것인지 여부, 실수로 말소된 것인지 여부, 그 방법·시기에 관계 없이 배서가 존재하지 않는 것으로 본다(대판 1995.2.24. 94다41973). 심지어 어음·수표를 절취한 자가 말소하더라도 마찬가지이다.

다만 배서의 말소는 배서의 연속 또는 자격수여적 효력에만 영향을 줄 뿐이며, 그 말소로 인하여 권리이전적 효력이나 담보적 효력이 달라지지는 않는다. 따라서 권한 없는 자가 배서를 말소한 경우 소지인은 자신이 실질적 권리자임을 증명하여 어음·수표상의 권리를 행사할 수 있고, 말소된 배서의 배서인은 원래의 배서에 따른 담보책임을 부담한다.

2) 일부의 말소

배서 전부를 말소하지 않고 피배서인의 명칭만 말소한 경우는 어떻게 보아야 하는가? 백지식배서로 보아야 한다는 견해(백지식배서설)와 배서 전체를 말소한 것과 같다는 견해(전부말소설)가 대립하는데, 백지식배서설은 정책적 측면에서 문제가 있으므로 전부말소설이 타당하다. 즉 백지식배서설에 의하면 소지인이 피배서인의 명칭을 말소하는 것만으로 너무나 쉽게 자신이 정당한 소지인이라는 형식적 자격을 갖출 수 있게 되는 문제가 있다. 예를 들어 A → B, B → C의 순으로 배서된 어음을 D가 절취한 경우, 백지식배서설에 의하면 D가 마지막 배서에서 C의 이름을 지우는 것만으로 손쉽게 형식적 자격을 취득하여 어음상의 권리를 행사할 수 있게 되는 문제가 있는 것이다.

3. 배서연속의 효과

배서의 연속이 있으면 자격수여적 효력이 인정되므로 ① 그 점유자는 적법한 권리자로 추정되고(권리추정력), ② 그러한 어음·수표소지인에게 어음·수표금을 지급한 자는 원칙적으로 면책되며(면책적 효력), ③ 양수인은 선의취득을 할 수 있다(선의취득).

4. 배서불연속의 효과

甲이 乙에게 발행한 어음·수표에 乙 → A, A → B, / C → D, D → E의 순서로 배서가 이루어져 현재 E가 이 어음·수표를 소지하고 있다고 하자. 이 경우 B와 C 사이에서 배서의 연속이 단절되어 있는데, 단절 이후의 배서인 C, D의 배서에 권리이전적 효력, 인적항변 절단의 효력, 자격수여적 효력, 선의취득, 담보적 효력이 있는지가 문제된다. C가 B를 상속·합병하였거나 C가 B로부터 지명채권 양도방법으로 어음·수표상 권리를 양수한 경우와 같이 B와 C 사이에 실질적인 권리승계가 있었던 경우와, C가 B의 어음·수표를 절취하였거나 B가 분실한 어음·수표를 C가 습득한 경우와 같이 B와 C 사이에 실질적인 권리승계가 없었던 경우로 나누어 살펴보기로 한다.

(1) 권리이전적 효력

1) B와 C 사이에서 실질적인 권리승계가 있었던 경우

이전의 배서가 불연속되어 있더라도 실질적 권리자는 배서에 의하여 어음·수표상 권리를 양도할 수 있다. 즉 불연속 이후의 배서에도 권리이전적 효력이 있다. 배서의 권리이전적 효력은 배서의 연속을 전제로 하지 않기 때문이다. 위 예에서 C·D의 배서에는 모두 권리이전적 효력이 있고 E는 유효하게 어음·수표상 권리를 취득한다. E가 취득한 권리는 A로부터 승계취득한 것이지 선의취득한 것이 아니다.

2) B와 C 사이에서 실질적인 권리승계가 없었던 경우

C가 무권리자이므로 C로부터 어음·수표를 배서양도 받은 D는 어음·수표상의 권리를 승계취득할 수 없다. E 역시 무권리자인 D로부터 어음·수표를 배서받았으므로 어음·수표상의 권리를 승계취득할 수 없다. 다시 말해 이 경우 C와 D의 배서에는 모두 권리이전적 효력이 없다.

(2) 인적항변의 절단

1) B와 C 사이에서 실질적인 권리승계가 있었던 경우

단절 이후의 배서에도 권리이전적 효력이 인정되므로 인적항변 절단의 효력도 인정된다. 따라서 위 예에서 채무자는 C에 대한 인적항변으로 C로부터 어음·수표를 배서양도 받은 D와 E에게 대항할 수 없다. 그러나 배서가 단절된 부분에서는 어음·수표상 권리가 배서에 의해 이전된 것이 아니므로 인적항변이 절단되지 않는다. 위 예에서 B·C 사이의 권리승계는 배서에 의한 것이 아니므로 채무자는 B에 대한 인적항변으로 C에게 대항할 수 있다.

2) B와 C 사이에서 실질적인 권리승계가 없었던 경우

이 경우 C·D·E가 모두 어음·수표상 권리를 취득하지 못하므로 인적항변의 문제는 거론할 필요조차 없다.

(3) 자격수여적 효력과 선의취득

자격수여적 효력은 배서의 연속을 요건으로 하므로 단절 이후의 배서에는 자격수여적 효력이 없다. 따라서 단절 이후의 어음·수표의 점유자는 적법한 소지인으로 추정 받지 못한다. 위 예에서 C·D의 배서는 배서의 연속이 단절된 이후에 이루어졌으므로 자격수여적 효력이 없고, 따라서 소지인 E는 적법한 권리자로 추정되지 않는다.

1) 배서의 연속 회복의 문제

문제는 배서의 연속이 단절된 부분에서 실질적 권리승계가 있었고 그 사실이 입증된 경우이다. 이 경우 단절된 배서가 가교되어 배서의 연속이 회복되고 단절 이후의 배서에 자격수여적 효력이 발생하는가?

① 비가교설은 자격수여적 효력은 실질적 권리승계와 상관없이 배서의 연속이라는 외관적 적법성에 근거하여 인정되는 것이므로, 배서의 연속이 단절된 이상 자격수여적 효력은 발생하지 않는다고 한다. ② 반면 다수설인 가교설은 단절된 부분에서 실질적 권리승계가 입증되었다면 형식적인 배서의 연속보다 더 확실한 권리의 승계를 인정할 수 있으므로, 단절된 배서는 가교되어 배서의 연속이 회복된다고 본다.

이하 각 견해에 의할 때 권리추정력과 면책적 효력, 그리고 선의취득이 인정되는지를 살펴본다.

2) 권리추정력·면책력

위 예에서 B와 C 사이의 배서가 단절되어 있어 원칙적으로 E는 적법한 소지인으로 추정되지 않는다. 그렇다면 B와 C 사이에서 실질적 권리승계가 있었고 E가 이를 승계취득하여 실질적 권리자라고 하였을 때, 그 어음·수표상 권리를 행사하기 위해 E는 어느 범위의 사실까지 입증해야 하는가? B와 C 사이의 실질적 권리승계사실만 입증하면 되는가 아니면 이에 더하여 C → D, D → E의 권리승계 사실까지도 입증해야 하는가?

가교설·비가교설 모두 B와 C 사이의 실질적 권리승계사실만 입증하면 충분하다고 한다. 판례도 마찬가지로서 "어음에 있어 배서의 연속이 끊긴 경우 그 중단된 부분에 관한 실질관계를 증명하면 어음상의 권리행사를 할 수 있다(대판 1969.12.9. 69다995)."라고 하였다. ① 가교설은 위와 같은 결론은 B·C 사이의 실질적 권리승계와 그 이후의 배서로 E가 적법한 소지인임을 추정한다는 의미인데, 이는 B·C 사이에서의 실질적 권리승계 사실의 증명에 의해 단절되었던 배서의 연속이 회복되었음을 의미하는 것이라고 한다. ② 비가교설은 어떠한가? 비가교설의 의미가 B·C 사이에서의 실질적 권리승계 사실이 입증되더라도 E가 적법한 권리자로 추정되지 않는다는 것이라면, 비가교설에 의할 때 E는 B·C 사이의 실질적 권리승계사실뿐만 아니라 C → D, D → E의 권리승계 사실까지도 모두 입증해야 어음·수표상 권리를 행사할 수 있을 것이다. 그러나 위에서 본 바와 같이 비가교설도 그렇게 보지는 않는다. E는 단절된 부분의 실질적 권리승계 사실만 증명하면 권리를 행사할 수 있다고 한다. 그렇다면 권리추정력과 관련하여 비가교설은 가교설과 다를 것이 없다.

3) 선의취득

위 예에서 D가 C의 어음·수표를 절취하여 C가 D에게 배서한 것처럼 C의 배서를 위조한 후 이를 E에게 배서하였다고 하자. E는 이 어음·수표상 권리를 선의취득할 수 있는가? B·C 사이의 배서의 연속이 단절되어 있으므로 E는 원칙적으로 이 어음·수표상 권리를 선의취득할 수 없다. 문제는 B·C 사이의 실질적 권리승계 사실이 증명된 경우이다. 이 경우 E는 선의취득을 할 수 있는가? 가교설과 비가교설은 여기에서 차이가 난다.

① 가교설은 단절된 배서가 가교되어 배서의 연속이 회복되었으므로 선의취득이 가능하다고 한다. ② 반면 비가교설은 배서가 불연속된 부분에서 자격수여적 효력이 인정되지 않으므로 선의취득은 불가능하다고 한다. ③ 가교설을 취하면서도 선의취득 인정 여부는 가교의 인정 여부와 무관하게 결정해야 한다며 선의취득을 부정하는 견해도 있다. 이 견해는 어음법·수표법이 선의취득을 "「형식적인 배서의 연속」에 의해 그 권리를 증명할 때"에 한하여 인정하고 있음을 이유로 든다(어음법 제16조 제2항, 수표법 제21조). 이 견해는 위 예에서 B·C 사이의 실질적 권리승계사실이 증명되면 자격수여적 효력에 의해 D가 적법한 소지인으로 추정되기는 하나, 그렇다고 어음·수표의 문면상 B·C사이의 배서가 불연속 되어 있는 사실이 달라지지는 않으므로 E가 선의취득을 할 수는 없다고 한다.

(4) 담보적 효력

단절된 부분에서 실질적인 권리승계가 있었는가와 상관 없이 배서가 단절된 이후에 한 배서에는 담보적 효력이 있다. 담보적 효력은 어음·수표행위 독립의 원칙과 관련하여 형식상 유효한 어음·수표에 배서를 한 이상 독립적으로 발행하는 것이며, 배서의 연속과는 무관하기 때문이다. 다만 배서가 단절된 부분에서 실질적 권리승계가 없었던 경우에는 어음·수표 소지인이 권리를 취득하지 못하므로 배서인이 소지인에게 상환의무를 이행하는 일은 없게 된다. 그러나 이는 소지인이 무권리자이기 때문이지 배서인에게 채무가 없기 때문은 아니다.

위 예에서 C·D의 배서에는 담보적 효력이 있으므로 C·D는 원칙적으로 어음·수표소지인에게 상환의무를 부담한다. 그러나 C가 B로부터 권리를 실질적으로 승계하지 못한 경우에는 D·E가 무권리자인 관계로 C·D가 D·E에게 상환의무를 이행할 일은 없게 된다. 따라서 이 경우에는 C·D의 배서에 담보적 효력이 있다는 것이 별 의미가 없다. 하지만 만약 C가 마치 B가 C에게 배서한 것처럼 B의 배서를 위조하여 D에게 배서하였다면 D가 형식적 자격을 구비하므로 E는 이 어음·수표상의 권리를 선의취득할 수 있다. 이 경우에는 E가 C·D에게 상환청구를 할 수 있으므로 C·D의 배서에 담보적 효력이 있다는 것이 의미를 가지게 된다.

판례도 "乙을 수취인으로 하여 발행한 어음에 A가 그냥 담보의 목적으로 배서를 한 나머지 배서가 단절된 경우, 乙이 실질적 권리자임이 증명되고 A의 배서가 배서로서의 유효요건을 구비하고 있다면 배서의 담보적 효력은 인정되어야 하고, 그와 같은 경우에는 배서가 단절된 채로 지급제시를 하여 지급거절되었다고 하더라도 그 지급제시는 적법한 것으로 보아 어음소지인은 배서인에 대하여 소구권을 행사할 수 있다(대판 1995.9.29. 94다58377)."라고 판시하였다.

05 특수한 배서

어음법·수표법은 일반적인 배서와는 다른 효력을 갖는 특수한 배서를 규정하고 있다. 이 중 무담보배서·배서금지배서·환배서·기한후배서는 양도배서나 배서의 효력이 제한되는 것이고, 추심위임배서와 입질배서는 양도배서가 아닌 특수한 목적의 배서이다.

1. 무담보배서

(1) 의의

1) 개념

무담보배서란 어음·수표상에 담보책임을 지지 않는다는 문구를 기재한 배서를 말한다. 배서인은 인수담보책임과 지급담보책임 모두에 대한 무담보 문구를 기재하여 담보책임을 전혀 지지 않을 수도 있고, 이 중 하나에 대하여만 무담보문구를 기재하여 그 담보책임만 면할 수도 있다. 또 어음·수표금의 일부에 대한 무담보 문구를 기재하여 일부의 어음·수표금에 대한 담보책임만을 면할 수도 있다. 환어음의 배서인이 단순히 「무담보」라고만 기재하였다면 인수담보책임과 지급담보책임 모두를 배제하는 뜻으로 본다.

2) 법적 근거

무담보배서를 적극적으로 허용하는 규정은 없으나, 어음법·수표법은 "배서인은 반대의 문구가 없으면 (인수와) 지급을 담보한다."라고 규정하여(어음법 제15조 제1항, 수표법 제18조 제1항). 배서인이 반대의 문구를 기재하여 인수와 지급을 담보하지 않을 수 있음을 밝히고 있다.

(2) 효력

1) 배서의 담보적 효력의 배제

무담보배서를 한 배서인은 자신의 피배서인을 포함하여 그 이후의 모든 어음·수표취득자에 대하여 담보책임을 지지 않는다. 무담보배서에 의해 담보책임이 배제되는 효과는 무담보배서를 한 배서인에게만 발생하고, 그 전자 또는 후자에게는 발생하지 않는다.

2) 그 외에 배서의 효력에 대한 영향

무담보배서는 담보적 효력 외에 배서의 다른 효력에 대해서는 아무런 영향을 미치지 않는다. 따라서 권리이전적 효력, 인적항변의 절단, 자격수여적 효력, 선의취득은 그대로 인정된다.

2. 배서금지배서

(1) 의의

배서금지배서란 그 배서 이후에 새로 하는 배서를 금지하는 문구를 기재한 배서를 말한다(어음법 제15조 제2항 전문, 수표법 제18조 제2항 전문).

(2) 효력

1) 지시증권성에 대한 영향의 배제

배서금지배서를 하였다고 하여 그 배서의 피배서인이 다시 배서에 의해 어음·수표상의 권리를 양도할 수 없는 것은 아니다. 이 점 발행인이 배서금지의 뜻을 기재함으로써 어음·수표의 배서에 의한 양도성을 완전히 박탈하는 배서금지어음·수표와 다르다.

2) 배서의 담보적 효력의 제한

배서금지배서를 한 배서인은 자신의 피배서인에게는 담보책임을 지나 그 이후의 어음·수표취득자에 대하여는 담보책임을 지지 않는다(어음법 제15조 제2항 후문, 수표법 제18조 제2항 후문). 배서금지배서는 그 배서인이 직접의 피배서인에게는 담보책임을 진다는 점에서, 배서인이 직접의 피배서인에게도 담보책임을 지지 않는 무담보배서와 다르다.

그 외에 배서금지배서에 의해 담보책임이 제한되는 효과는 배서금지배서를 한 배서인에게만 발생하고, 그 전자 또는 후자에게는 발생하지 않는다는 점, 배서금지배서는 담보적 효력을 제한하는 외에 배서의 다른 효력에 대해서는 아무런 영향을 미치지 않는다는 점은 무담보배서와 같다. 결국 배서금지배서의 효력은 배서인이 직접의 피배서인에게 담보책임을 진다는 점 외에는 무담보배서의 효력과 같다.

3) 담보책임 제한의 의미

법문에서는 배서금지배서를 한 배서인은 "그 후의 피배서인에 대하여 담보의 책임을 지지 아니한다."라고 하고 있는데(어음법 제15조 제2항 후문, 수표법 제18조 제2항 후문) 그 의미에 대하여 학설의 대립이 있다. 배서금지배서를 한 자를 A, 배서금지배서의 직접의 피배서인을 B, 그 후의 피배서인을 C라고 하여 살펴보자. 통설인 무책임설은 A는 C에 대해서는 일체의 담보책임을 지지 않는다고 본다. 법문에 충실한 해석이다. 한편 소수설은 법문에도 불구하고 A가 C에 대하여 담보책임을 질 수 있다고 한다. 이에는 담보책임설과 상환청구권양도설이 있다. 담보책임설은 A가 배서금지배서를 하는 이유는 B에 대한 인적항변이 절단되는 것을 막기 위함이라는 전제 하에, A는 C에 대하여 B에 대한 인적항변이 유지된 상태에서의 담보책임은 져야 한다고 본다. 상환청구권양도설은 A는 C에 대하여 담보책임을 지지 않으나, B가 C에게 상환청구권을 양도한 경우에는 담보책임을 진다고 한다. 이때 B의 C에 대한 상환청구권 양도는 배서와는 별도로 지명채권 양도방법에 의하여야 하며, A는 B에 대한 인적항변이 유지된 상태에서의 담보책임만 지면 된다고 한다.

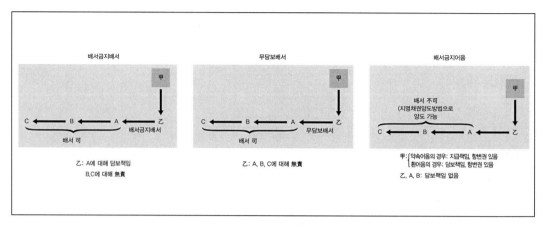

[배서금지배서와 무담보배서 및 배서금지어음·수표의 비교]

3. 환배서

(1) 의의

환배서란 어음·수표채무자를 피배서인으로 한 배서를 말한다(어음법 제11조 제3항, 수표법 제14조 제3항). 「역배서」라고도 한다. 인수하지 않은 지급인에 대한 배서는 어음채무자에 대한 배서가 아니므로 환배서가 아니나, 어음법은 편의상 이를 환배서와 함께 규정하고 있다.

환배서에 의하여 어음·수표채무자가 어음·수표상의 권리를 취득하면, 어음·수표상의 권리와 의무가 동일인에게 귀속한다. 민법의 일반원칙에 의하면 이 때 혼동의 법리에 의해 채권·채무가 소멸할 것이나, 어음법·수표법은 혼동의 법리를 배제하고 있다. 따라서 환배서에 의해 어음·수표상의 권리는 소멸하지 않고, 피배서인은 권리를 행사하거나, 다시 배서하여 양도할 수 있다.

(2) 효력

환배서도 배서이므로 배서로서의 일반적 효력을 가진다. 다만 환배서의 피배서인은 어음·수표상 권리의 취득자인 동시에 어음·수표상 채무자이기도 한 관계로 어음·수표상 권리의 행사에 일정한 제한이 따른다. 이를 각 어음·수표채무자의 지위에서 개별적으로 살펴보자.

1) 배서인에 대한 환배서

甲 → 乙 → A → B → 乙과 같이 배서가 이루어졌다고 하자.

① 상환청구권 행사의 제한

乙이 원래의 배서를 기준으로 자신의 전자인 발행인 甲에 대하여 어음·수표상의 권리를 행사할 수 있음은 당연하다. 문제는 乙이 배서인으로서의 乙과 소지인으로서의 乙 사이에 존재하는 채무자 A, B에게도 상환청구권을 행사할 수 있는지 여부이다. 이에 대하여 학설은 일치하여 상환청구권을 행사할 수 없다고 한다. 乙이 A, B에게 상환청구를 하면 A, B가 다시 그 전자인 乙에게 동일한 상환청구를 할 것이므로 乙의 A, B에 대한 상환청구는 무의미하기 때문이다.

이처럼 뒤의 乙이 A, B에 대하여 상환청구를 할 수 없는 이유는 앞의 乙이 A, B에게 담보책임을 부담하기 때문이므로, 앞의 乙이 A, B에게 담보책임을 부담하지 않는 경우에는 뒤의 乙은 A, B에게 상환청구를 할 수 있다.

A. 무담보배서   앞의 乙이 무담보배서를 하였다면 앞의 乙은 모든 후자에 대하여 담보책임을 지지 않으므로 뒤의 乙은 A, B 모두에게 상환청구를 할 수 있다.

B. 배서금지배서   앞의 乙이 배서금지배서를 하였다면 앞의 乙은 A에게는 담보책임을 부담하나 B에게는 부담하지 않는다. 따라서 뒤의 을은 A에게는 상환청구를 할 수 없으나, B에게는 할 수 있다.

C. 기타 청구거절 사유가 있는 경우   乙과 A 사이의 원인관계가 해제되는 등 앞의 乙이 A에게 어음·수표상의 청구를 거절할 수 있는 경우에도 마찬가지로 뒤의 乙은 A에게 상환청구를 할 수 있다.

② 다시 양도하는 경우

乙은 이 어음·수표를 다시 제3자에게 양도할 수 있는데, 이때 乙로부터 그 어음·수표를 배서양도 받은 제3자는 완전한 권리를 취득한다. 따라서 모든 전자에 대하여 아무런 제한 없이 어음·수표상의 권리를 행사할 수 있다.

③ 인적항변 절단의 배제

인적항변은 속인적인 것이므로 채무자가 특정한 배서인에게 대항할 수 있는 인적항변은 그 배서인이 다시 환배서에 의하여 어음·수표를 취득한 경우에도 절단되지 않는다. 위 예에서 甲·乙 사이의 어음·수표 발행의 원인관계가 취소되었다고 하자. 이때 앞의 乙이 이 어음·수표를 A에게 배서하면 甲의 乙에 대한 인적항변은 A에 대하여 절단된다. 그러나 乙이 다시 환배서에 의해 이 어음·수표를 취득한 경우에는 甲은 乙에게 원인관계의 취소를 인적항변으로 주장할 수 있다.

2) 주채무자에 대한 환배서

환어음의 인수인이나 약속어음의 발행인과 같이 어음의 주채무자가 환배서에 의해 어음을 취득한 경우이다. 예를 들어 甲 → 乙 → A → B → 甲 순으로 약속어음이 발행·배서되었다고 하자.

① 상환청구권 행사의 제한

환배서에 의해 어음을 취득한 주채무자 甲은 누구에 대해서도 어음상의 권리를 행사할 수 없다. 자기 자신에게 주채무의 이행을 구할 수 없는 것은 당연하고, 배서인에 대한 환배서에서 본

것과 같은 이유로 乙·A·B에게 상환청구를 할 수도 없다. 다만 앞의 甲이 원인관계상의 사유 등으로 乙·A·B에게 어음상의 채무를 부담하지 않는 경우에는 그들에 대한 상환청구가 가능하다.

② 다시 양도하는 경우

A. 원칙　　甲은 이 어음을 다시 제3자에게 양도할 수 있고, 이때 甲으로부터 그 어음을 배서양도받은 제3자는 완전한 권리를 취득하므로 모든 전자에 대하여 아무런 제한 없이 어음상의 권리를 행사할 수 있다. 이 점 배서인에 대한 환배서의 경우와 같다.

B. 유통기간 후 양도　　환배서에 의해 어음을 취득한 주채무자 甲이 지급거절증서 작성 후 또는 지급거절증서 작성기간 경과 후 어음을 제3자에게 배서양도한 경우에도 제3자는 어음상의 권리를 취득하는가? 이에 대해서는 학설이 대립한다. ⅰ) 부정설은 이 경우 어음상의 권리가 예외적으로 혼동의 법리에 의해 소멸하므로 제3자는 아무런 권리도 취득하지 못한다고 한다. ⅱ) 반면 기한후배서설은 주채무자의 배서는 유효하나 기한후배서로서 지명채권양도의 효력만을 가진다고 한다. 주채무는 소멸시효가 완성하기까지는 존속하는데 유독 주채무자가 어음을 양도한 경우에만 혼동으로 소멸한다고 볼 근거가 없다는 점을 이유로 한다. 기한후배서설이 타당하다.

3) 환어음 및 수표의 발행인에 대한 환배서

甲이 丙을 지급인으로 하여 乙에게 환어음·수표를 발행하고, 이를 乙이 A에게, A가 B에게, B가 다시 甲에게 배서한 경우이다. 법률관계는 위에서 본 바와 대체로 같다.

① 환어음

환어음의 발행인 甲이 환배서에 의해 어음을 취득한 경우에는 甲은 인수인 丙에게만 어음상의 권리를 행사할 수 있고, 乙·A·B에 대해서는 어음상의 권리를 행사할 수 없다. 다만 앞의 甲이 乙·A·B에게 어음채무를 부담하지 않는 경우에는 그들에 대한 상환청구권 행사가 가능하다. 또한 甲이 다시 이 어음을 제3자에게 양도한 경우 제3자는 아무런 제한 없이 모든 전자(乙·A·B)에게 어음상의 권리를 행사할 수 있다.

② 수표

수표의 발행인 甲이 환배서에 의하여 수표를 양수한 경우에는 甲은 누구에 대해서도 수표상의 권리를 행사할 수 없다. 수표에는 주채무자가 없기 때문이다. 다만 지급인 丙이 지급보증을 한 경우에는 丙에 대한 수표상 권리행사가 가능하다. 기타의 점은 환어음의 경우와 같다.

4) 보증인에 대한 환배서

보증인이 환배서에 의해 어음·수표를 취득한 경우 보증인은 피보증인 및 피보증인의 전자에 대해서만 어음·수표상의 권리를 행사할 수 있고, 피보증인과 환배서에 의해 어음·수표를 취득한 보증인 사이에 있는 채무자에 대해서는 어음·수표상의 권리를 행사할 수 없다. 예컨대, 甲이 乙에게 발행한 약속어음에 乙'가 乙의 채무를 보증한 후 이 어음을 乙이 A에게, A가 B에게, B가 乙'에게 배서하였다고 하자. 즉 甲 → 乙(乙' 보증) → A → B → 乙' 이와 같이 어음이 발행·배서된 경우이다. 이 경우 보증인 乙'는 피보증인 乙과 그의 전자인 甲에 대해서만 어음상의 권리를 행사할 수 있고, A·B에 대해서는 어음상의 권리를 행사할 수 없다. 乙'가 A·B에게 상환청구를 하면 A·B는

乙에게 상환청구를 할 수 있는데, 보증인은 피보증인과 같은 채무를 지므로(어음법 제32조 제1항, 수표법 제27조 제1항) 이때 A·B는 乙'에게도 상환청구를 할 수 있기 때문이다.

5) 인수하지 않은 지급인에 대한 배서

① 환어음

인수하지 않은 환어음의 지급인은 어음채무자가 아니므로 그에 대한 배서는 환배서가 아니다. 따라서 배서에 의해 어음을 취득한 지급인의 지위는 보통의 어음소지인의 지위와 동일하다. 다만 지급인이 어음을 다시 유통시킨 후 인수제시를 받아 인수를 하면 인수인에 대한 환배서와 같은 효력이 주어진다.

② 수표

수표의 지급인에 대한 배서는 영수증의 효력만 있고(수표법 제15조 제5항 본문), 지급인의 배서는 무효이다(동조 제3항). 수표의 신용증권화 방지를 위함이다.

4. 기한후배서

(1) 의의

기한후배서는 법이 예정하고 있는 어음·수표의 유통기간 이후에 이루어진 배서이다. 정확한 개념은 어음과 수표에서 약간 다르다. 유통기간이 다르기 때문이다.

1) 어음의 경우

① 개념

어음에서 기한후배서란 지급거절증서 작성 후 또는 지급거절증서 작성기간 경과 후에 이루어진 배서를 말한다(어음법 제20조 제1항). 확정일출급·발행일자 후 정기출급·일람 후 정기출급의 어음은 「지급을 할 날 또는 그날 이후의 2거래일」 내에(어음법 제38조 제1항), 일람출급어음은 원칙적으로 「발행일로부터 1년」 내에(어음법 제34조 제1항) 각각 지급을 위한 제시를 하여야 하고, 지급이 거절되면 그 각 기간 내에 거절증서를 작성하여야 한다(어음법 제44조 제3항). 이 기간이 지급거절증서 작성기간이다. 지급거절증서 작성기간 내에 거절증서를 작성하지 아니하면 상환청구권을 상실한다(어음법 제53조 제1항 2호).

② 만기후배서와의 구별

만기후배서란 어음의 만기 이후이지만 아직 지급거절증서가 작성되지 않았고 거절증서 작성기간도 경과하지 않은 상태에서 행해진 배서를 말한다. 만기후배서는 아직 어음의 유통기간이 종료하지 않은 상태에서의 배서이므로 기한후배서가 아니며 일반배서와 똑같은 효력이 있다(어음법 제20조 제1항).

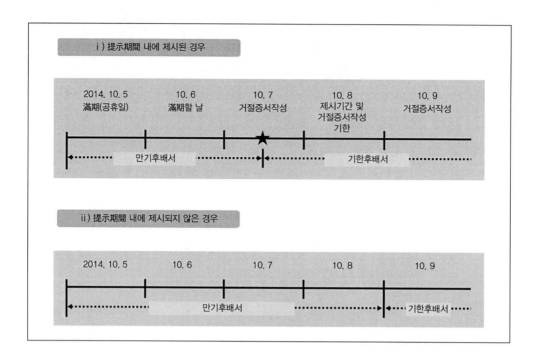

2) 수표의 경우

수표에서 기한후배서란 지급거절증서나 이와 같은 효력이 있는 선언의 작성 후 또는 지급제시기간 경과 후의 배서를 말한다(수표법 제24조 제1항). 여기서 「이와 같은 효력이 있는 선언」이란 "지급인 또는 어음교환소의 거절선언"을 뜻한다(수표법 제39조 2호, 3호).

3) 유통성 보호를 위한 규정의 적용 배제

기한후배서에는 지명채권양도의 효력만이 있다(어음법 제20조 제1항, 수표법 제24조 제1항). 기한후배서에 의해 양도되는 어음·수표는 그 문면에 지급이 거절되었거나 상환청구권이 상실된 사실이 분명히 드러나 있다. 따라서 이를 취득하는 자는 지급의 불확실성을 알고 어음·수표를 취득하는 것이다. 이러한 자에게까지 어음법·수표법의 유통성 보호장치를 적용할 이유는 없으므로, 어음법·수표법은 기한후배서에 대하여 지명채권양도의 효력만 인정한 것이다.

(2) 기한후배서인지의 판단

기한후배서인지는 어음·수표가 정상적으로 유통될 수 없다는 사실이 문면상에 명백히 드러나 있는지를 가지고 판단한다.

1) 지급거절증서가 작성되지 않은 경우

지급이 거절되었더라도 지급거절증서가 작성되지 않았고 지급제시기간이 경과하기 전에 행해진 배서는 기한후배서가 아니다. 어음·수표의 문면에 지급거절의 사실이 드러나지 않아 어음·수표취득자가 그 사실을 알 수 없기 때문이다.

2) 무비용상환어음·수표

지급거절증서의 작성이 면제된 경우에 지급은 거절되었으나 아직 지급거절증서 작성기간은 경과하기 전에 배서를 하였다면 그 배서는 기한후배서인가? 이에 대해서는 견해의 대립이 있다. 지급거절증서의 작성이 면제된 경우에는 지급거절만으로 바로 상환청구가 가능하므로 기한후배서라는 견해도 있으나, 기한후배서가 아니라고 봐야 한다. 기한후배서의 피배서인을 보호하지 않는 이유는 피배서인이 유통성을 상실한 어음·수표임이 문면상 분명한 어음·수표를 취득하였기 때문인데, 무비용상환어음·수표는 지급거절증서가 작성되지 않으므로 지급거절의 사실이 문면상 드러나지 않아 피배서인이 그 사실을 알지 못하고 어음·수표를 취득하였을 것이기 때문이다.

3) 문면상 지급거절이 확실한 경우

지급거절증서의 작성 등 어음법·수표법이 예정한 방식에 의한 것은 아니나 지급거절의 사실이 어음·수표면상 명백한 경우, 그 어음·수표에 한 배서는 기한후배서인가? 예컨대, 어음교환소나 지급은행이 제시 받은 어음에 지급거절이라는 스탬프를 찍은 경우가 이에 해당한다.

이에 대해 학설은 지급거절 사실이 문면상 명백하게 드러나 있으므로 기한후배서로 취급해야 한다는 견해가 다수설이나, 판례는 "지급거절의 사실이 어음면에 명백하게 되어 있다 하더라도 이를 가지고 적법한 지급거절증서가 작성되었다고는 할 수 없으므로, 그러한 어음에 한 배서는 기한후배서가 아니다(대판 2000.1.28. 99다44250)."라고 판시하였다.

4) 환어음의 인수거절

인수거절증서가 작성된 환어음에 한 배서는 기한후배서인가? 비록 법문에는 「'지급'거절증서가 작성된 후에 한 배서」 또는 「'지급'거절증서 작성기간이 지난 후에 한 배서」를 기한후배서라고 하고 있으나, 인수거절된 어음은 바로 상환청구가 가능하고 정상적인 유통이 불가능하다는 점에서 지급거절된 어음과 차이가 없으므로, 그 어음에 한 배서는 기한후배서라고 해야 한다. 기한후배서가 되기 위해서는 인수거절 사실이 문면상 분명히 드러나야 하므로 인수거절증서가 반드시 작성되어야 함은 물론이다.

5) 백지어음·수표의 기한 후 보충

백지어음·수표에 한 배서가 기한후배서인지 여부는 백지보충시가 아니라 배서행위시를 기준으로 판단한다. 따라서 기한 전에 배서에 의해 백지어음·수표를 취득하였다면 기한 후에 백지를 보충하더라도 그 배서가 기한후배서가 되지는 않는다.

6) 배서일자의 입증

기한후배서인지 일반배서인지는 배서의 시기에 의해 결정되는데, 배서의 시기는 어음·수표상 기재된 배서일자가 아니라 실제 배서를 한 일자를 기준으로 정한다(대판 1964.5.26. 63다967).

배서일자가 기재되어 있는 경우에는 일응 그 날짜에 배서한 것으로 추정하고, 배서일자의 기재가 없는 경우에는 거절증서 작성기간 경과 전에 배서한 것으로 추정한다(어음법 제20조 제2항, 수표법 제24조 제2항). 따라서 어떤 배서가 기한후배서라는 사실은, 어음·수표의 문면상에 기재된 배서일자가 지급거절증서 작성 후 또는 지급거절증서 작성기간 경과 후인 경우를 제외하고는, 이를 주장하는 채무자가 입증하여야 한다.

(3) 방식

기한후배서는 지명채권양도의 효력이 있을 뿐이지 지명채권양도의 방식을 따라야 하는 것은 아니다. 따라서 양도인의 통지 또는 채무자의 승낙 등 대항요건을 갖출 필요는 없다(대판 2012.3.29. 2010다106290).

(4) 효력

기한후배서는 지명채권양도의 효력만을 가진다(어음법 제20조 제1항 단서, 수표법 제24조 제1항).

1) 권리이전적 효력

기한후배서도 배서이므로 권리이전적 효력이 있다. 지명채권 양도의 효력에 따라 피배서인은 배서인이 배서 당시 가지고 있던 권리를 취득한다. 즉 주채무자에 대한 지급청구권을 취득하고, 배서인이 거절증서를 작성하여 이미 상환청구권을 가지고 있었다면 배서인의 전자에 대한 상환청구권도 취득할 수 있다.

2) 인적항변 절단의 배제

기한후배서에 의하여 인적항변은 절단되지 않는다. 따라서 채무자는 배서인에 대한 인적항변으로써 피배서인에게 대항할 수 있다. 다만 절단되지 않는 인적항변은 어음법 제17조, 수표법 제22조가 적용되는 인적항변에 국한된다. 그 외의 인적항변, 즉 교부흠결의 항변, 의사표시 하자의 항변, 백지어음·수표 부당보충의 항변, 이사의 자기거래 금지의무 위반 또는 자기계약·쌍방대리 금지의무 위반의 항변 등은 기한후배서에 의해서도 절단된다. 이와 같은 항변은 민법·상법 등이 독자적으로 선의의 제3자를 보호함에 따라 인정된 것들이기 때문이다.

채무자가 피배서인에게 대항할 수 있는 배서인에 대한 인적항변은 기한후배서 당시에 이미 발생해 있는 인적항변사유에 국한된다. 기한후배서 이후에 비로소 발생한 배서인에 대한 인적항변사유를 가지고 피배서인에게 대항할 수는 없다. 예컨대, 발행인이 기한후배서 이전에 배서인에게 어음금을 지급한 사실을 가지고는 피배서인에게 대항할 수 있으나, 기한후배서 이후에 배서인에게 어음금을 지급한 사실을 가지고는 피배서인에게 대항할 수 없다(대판 1982.4.13. 81다카353). 또 발행인이 기한후배서 이후 취득한 배서인에 대한 채권을 가지고 피배서인에 대하여 상계할 수도 없다(대판 1994.1.25. 93다50545).

3) 자격수여적 효력과 선의취득

기한후배서에도 자격수여적 효력이 있다는 것이 통설·판례이다(대판 1961.7.27. 4293민상735). 그 결과 배서가 연속되어 있으면 기한후배서의 피배서인도 적법한 소지인으로 추정되고(권리추정력 인정), 이러한 자에게 선의로 지급한 채무자는 면책된다(면책적 효력 인정). 그러나 기한후배서의 피배서인이 어음·수표상의 권리를 선의취득할 수는 없다(선의취득 부인). 기한후배서는 유통을 보호할 필요가 없기 때문이다.

4) 담보적 효력

기한후배서에 담보적 효력은 인정되지 않는다. 따라서 기한후배서인은 피배서인에게 담보책임을 지지 않는다. 그렇다면 기한후배서인의 전자들은 기한후배서의 피배서인에게 담보책임을 지는가? 다시 말해 피배서인은 배서인의 전자에게 상환청구를 할 수 있는가? 기한후배서인이 기한후배서 전에 이미 상환청구권을 가지고 있었다면 피배서인은 기한후배서에 의해 이를 양도받아 전자에게 상환청구를 할 수 있다. 다만 기한후배서에는 지명채권양도의 효력밖에 없으므로, 이때 전자는 배서인에 대한 항변으로 피배서인에게 대항할 수 있다. 배서인이 상환청구권을 보전하지 못한 경우에는 피배서인이 배서인의 전자에게 상환청구를 할 수 없음을 물론이다.

예를 들어 보자. 甲이 乙에게 발행한 약속어음을 乙이 A에게 원인관계 없이 신용을 제공하기 위해 배서 양도하였다. 즉 이 어음은 융통어음이다. A는 만기에 甲에게 지급제시를 하였고, 甲이 지급을 거절하자 지급거절증서를 작성하였다. 이후 A는 이 어음을 B에게 매매대금 지급을 위하여 배서하였다. 이때 B는 乙에게 상환청구를 할 수 있는가? A의 배서는 지급거절증서 작성 후에 이루어졌으므로 기한후배서이다. 그런데 A는 B에 대한 배서 당시 이미 乙에 대한 상환청구권을 가지고 있었고, B는 기한후배서에 의해 이를 A로부터 승계하였으므로 이를 가지고 乙에게 상환청구를 할 수 있다. 이때 B의 상환청구에 대하여 乙이 융통어음의 항변을 할 수는 있는가? 할 수 없다. 융통어음의 항변은 그 직접상대방에게만 가능하고 그 이후의 자에게는 그 자의 선의·악의와 상관 없이 대항할 수 없기 때문이다. 즉 乙은 A에 대한 융통어음의 항변으로 B에게 대항할 수 없다. 결국 乙은 B에게 상환의무를 이행해야 한다.

5. 추심위임배서

(1) 의의

1) 개념

추심위임배서란 배서인이 피배서인에게 어음·수표상 권리의 행사에 관한 대리권을 부여할 목적으로 하는 배서를 말한다. 따라서 추심위임배서의 피배서인은 배서인의 대리인이 된다. 추심위임배서는 어음·수표상 권리의 이전을 위한 것이 아니므로 배서금지어음·수표에도 할 수 있다. 기한후배서의 피배서인도 할 수 있음은 물론이다.

2) 종류

추심위임배서는 배서란에 추심위임 등의 문언을 기재한 「공연한 추심위임배서」와 추심위임을 실질적 목적으로 하나 추심위임문구를 기재하지 않고 일반 양도배서의 형식으로 하는 「숨은 추심위임배서」가 있다. 어음법·수표법은 공연한 추심위임배서만 규정하고 있고(어음법 제18조, 수표법 제23조), 일반적으로 추심위임배서라고 하면 공연한 추심위임배서를 의미한다.

(2) 공연한 추심위임배서(추심위임배서)

1) 방식

① 추심위임배서는 「회수하기 위하여」, 「추심하기 위하여」, 「대리를 위하여」 등 단순히 대리권을 준다는 내용의 문구를 적고 소지인이 기명날인 또는 서명하는 방식으로 한다(어음법 제18조 제1항, 수표법 제23조 제1항). ② 피배서인(대리인)의 이름을 기재하지 않고 단순히 추심위임문구만 기재하여 할 수도 있다(백지식 추심위임배서). 이 경우에는 누구든 어음·수표를 점유하는 자가 대리인으로 추정

된다(어음법 제16조 제1항, 수표법 제19조). ③ 그러나 추심위임문구까지 생략한 간략백지식 추심위임배서는 허용되지 않는다. 양도배서와 구분이 되지 않기 때문이다.

2) 효력

① 대리권의 부여

추심위임배서에 의해서는 피배서인에게 어음·수표상 권리를 행사할 대리권만이 부여될 뿐이다. 추심위임배서에 권리이전적 효력은 없다. 이하 추심위임배서와 관련한 법률관계를, ⅰ) 외부관계로서 피배서인과 배서인의 제3자에 대한 지위와, ⅱ) 내부관계로서 배서인과 피배서인의 법률관계로 나누어 살펴보기로 한다.

A. 외부관계

ⓐ 피배서인의 지위

(a) 대리권의 포괄성　　추심위임배서의 피배서인은 어음·수표로부터 생기는 모든 권리를 행사할 수 있다(어음법 제18조 제1항 본문, 수표법 제23조 제1항 본문). 어음·수표상의 권리(주채무자에 대한 어음금지급청구권, 상환의무자에 대한 상환청구권 등)뿐만 아니라 어음법·수표법상의 권리(백지보충권, 이득상환청구권 등)도 행사할 수 있고, 이를 위한 재판상 행위(배서인 명의로의 소제기 등)도 할 수 있다.

(b) 인적항변 절단　　추심위임배서는 권리이전적 효력이 없으므로 인적항변은 절단되지 않는다. 따라서 채무자는 배서인에게 대항할 수 있는 모든 인적항변으로써 피배서인에게 대항할 수 있다. 그런데 채무자는 배서인에 대한 항변으로써만 피배서인에게 대항할 수 있고, 피배서인에 대한 항변으로써는 피배서인에게 대항할 수 없다(어음법 제18조 제2항, 수표법 제23조 제2항). 피배서인은 배서인의 어음·수표상의 권리를 행사하는 것이기 때문이다.

(c) 재추심위임배서　　추심위임배서의 피배서인은 어음·수표상의 권리자가 아니므로 양도배서는 할 수 없고 재추심위임배서만 할 수 있다(어음법 제18조 제1항 단서, 수표법 제23조 제1항 단서). 재추심위임배서를 하는데 대하여 추심위임배서의 배서인의 허락은 요하지 않는다. 재추심위임배서는 민법상 복대리인의 선임에 해당하므로(통설), 추심위임배서의 피배서인은 재추심위임배서를 한 경우에도 대리권을 잃지 않는다.

ⓑ 배서인의 지위　　추심위임배서에는 권리이전적 효력이 없으므로 배서인은 추심위임배서 후에도 여전히 어음·수표상의 권리를 갖는다. 따라서 배서인은 어음·수표를 회수하여 소지하는 경우, 추심위임배서를 말소하지 않고도 어음·수표상의 권리를 행사하거나 제3자에게 어음·수표를 배서양도할 수 있다. 이때 추심위임배서를 말소하지 않아도 배서의 연속은 인정되고 배서인은 형식적 자격을 인정받는다. 배서의 연속을 판단하는데 있어 추심위임배서는 고려하지 않기 때문이다.

B. 내부관계

ⓐ 대리권의 정형성　　추심위임배서의 피배서인이 갖는 대리권의 범위는 법에 의해 정형적으로 정해지기 때문에(어음법 제18조 제1항 본문, 수표법 제23조 제1항 본문), 배서인이 대리권을 제한하더라도 이는 당사자 사이의 내부관계에서만 효력을 가질 뿐 대외적인 대리권에는 영향을 주지 않는다.

ⓑ 대리권 소멸에 관한 특칙　　추심위임배서에 의해 주어진 대리권은 배서인이 사망하거나 무

능력자가 되더라도 소멸하지 않는다(어음법 제18조 제3항, 수표법 제23조 제3항).

② 자격수여적 효력과 선의취득

A. 권리추정력·면책력　　추심위임배서에도 자격수여적 효력은 인정되는데, 그 의미는 피배서인이 적법한 대리인으로 추정된다는 것이다. 따라서 피배서인은 자신의 대리권을 증명하지 않고도 어음·수표상의 권리를 행사할 수 있고(권리추정력 인정), 피배서인의 자격을 신뢰하고 지급한 채무자는 면책된다(면책력 인정).

B. 선의취득　　추심위임배서의 자격수여적 효력은 피배서인의 대리권을 추정하는 것에 불과하므로, 피배서인이 배서인으로부터 어음·수표상의 권리를 선의취득하거나 제3자가 피배서인으로부터 어음·수표상의 권리를 선의취득할 수는 없다. 또한 피배서인이 배서인으로부터 대리권을 선의취득할 수도 없다. 피배서인에게 독립적인 경제적 이익이 없기 때문이다.

③ 담보적 효력

추심위임배서에는 담보적 효력이 없다. 추심위임배서는 피배서인에게 대리권만 수여할 뿐 어음·수표상의 권리는 여전히 배서인에게 남아 있으므로 배서인이 피배서인에게 담보책임을 부담한다는 것은 성질상 있을 수 없다.

(3) 숨은 추심위임배서

1) 의의

숨은 추심위임배서란 배서의 당사자 사이에서는 단지 추심위임만을 목적으로 하면서도 형식상으로는 통상의 양도배서의 방식을 취하는 배서를 말한다.

실제로는 숨은 추심위임배서가 공연한 추심위임배서보다 훨씬 더 많이 이용된다. 그 이유는 양도배서의 형식을 취함으로써 배서인에 대한 채무자의 항변을 절단시킨 상태에서 추심을 하기 위함이다. 다만 숨은 추심위임배서가 소송행위를 하게 하는 것을 그 주된 목적으로 하는 경우에는 신탁법 제7조에 위반하는 권리이전행위이므로 무효이다(대판 1982.3.23. 81다540).

2) 법적 성질

숨은 추심위임배서는 실질은 추심위임이나 양도배서의 형식을 취하기 때문에 외부에서는 단순히 추심위임만 이루어졌다는 사실을 알 수가 없다. 그래서 숨은 추심위임배서에 추심위임의 효력만 인정할지, 양도의 효력까지 인정할지가 문제되는데, 이와 관련하여 숨은 추심위임배서의 법적 성질이 논의된다.

① 신탁적 양도설(통설)

양도의 형식을 취하고 있음을 중시하는 견해이다. 숨은 추심위임배서는 어음·수표의 신탁적 양도로서, 대외적으로는 어음·수표상의 권리가 완전히 피배서인에게 이전하고, 다만 대내적으로 피배서인이 추심의 목적범위에서만 그 권리를 행사해야 할 의무를 부담한다고 본다.

② 자격수여설

추심위임의 실질을 중시하는 견해로서, 숨은 추심위임배서에 공연한 추심위임배서로서의 효력만 인정한다. 어음·수표상의 권리는 여전히 배서인에게 남아 있고, 피배서인은 자신의 명의로 그 권리를 행사할 자격만 취득한다고 한다.

3) 효력

① 권리이전적 효력

A. 신탁적 양도설　　대외적으로 권리이전적 효력이 있으므로 피배서인은 어음·수표상의 권리를 취득한다. 그리고 피배서인이 다시 제3자에게 어음·수표를 배서양도 하면 제3자는 유효하게 어음·수표상 권리를 승계취득한다.

B. 자격수여설　　공연한 추심위임배서와 같이 처리한다. 권리이전적 효력이 없으므로 피배서인은 어음·수표상의 권리를 취득하지 못하고 추심의 권능만 취득한다. 따라서 피배서인이 제3자에게 그 어음·수표를 배서하더라도 제3자는 어음·수표상 권리를 승계취득할 수 없다. 다만 어음·수표의 문면상 추심위임 사실이 드러나지 않으므로 제3자가 어음·수표상의 권리를 선의취득을 할 수는 있다.

② 인적항변의 절단

숨은 추심위임배서의 핵심적인 쟁점은 채무자가 배서인에 대한 항변과 피배서인에 대한 항변을 피배서인에게 주장할 수 있는지 여부이다. 甲이 乙에게 약속어음을 발행하고 乙이 이 어음을 A에게 추심위임을 목적으로 배서양도한 경우를 예로 들어 살펴보자.

A. 배서인에 대한 항변　　ⅰ) 자격수여설에 의하면 피배서인은 배서인의 권리를 행사하는 것이므로 인적항변은 절단되지 않고 채무자는 배서인에 대한 항변으로 피배서인에게 대항할 수 있다고 한다. ⅱ) 신탁적 양도설에 의하면 어떠한가? 인적항변이 절단된다고 하는 것이 논리적이기는 하나, 신탁적 양도설도 채무자가 추심위임임을 증명하여 배서인에 대한 항변으로 피배서인에게 대항할 수 있다고 한다. 숨은 추심위임배서의 피배서인은 독립적인 경제적 이익을 갖지 않기 때문이다. ⅲ) 판례도 마찬가지로 "어음채무자는 배서인에 대한 인적항변사유로서 숨은 추심위임배서의 피배서인에게 대항할 수 있다(대판 1994.11.22. 94다30201)."고 하였다. 위 예에서 乙이 A에게 숨은 추심위임배서를 하기 전에 甲이 乙에 대한 어음발행의 원인이 되었던 매매계약을 해제하였다면, 설사 A가 매매계약이 해제된 사실을 알지 못하고 배서를 받았다 하여도, 甲은 A의 어음금 지급 청구에 대하여 매매계약이 해제되었음을 이유로 그 지급을 거절할 수 있다.

B. 피배서인에 대한 항변　　채무자가 피배서인에 대한 항변으로 피배서인에게 대항할 수 있는가? ⅰ) 자격수여설에 의하면 피배서인은 배서인의 권리를 행사할 따름이므로 대항할 수 없다고 본다. ⅱ) 그러나 신탁적 양도설은 양도배서로서의 형식을 강조하므로 대항이 가능하다고 한다. 결국 신탁적 양도설에 의하면 채무자는 배서인에 대한 항변과 피배서인에 대한 항변 모두로써 피배서인에게 대항할 수 있게 된다.

위 예에서 甲이 A에 대하여 위 어음관계와는 별도의 채권을 갖고 있었다고 할 때 甲은 이 채권으로 A의 어음금 채권과 상계할 수 있는가? 자격수여설에 의하면 할 수 없으나, 신탁적 양도설에 의하면 가능하다.

③ 추심위임을 해제하고 어음·수표를 회수한 배서인의 지위

이 경우 신탁적 양도설에 의할 때 배서인은 다시 어음·수표상의 권리를 취득한다. 그러나 배서인이 형식적 자격을 취득하여 적법한 권리자로 추정을 받기 위해서는 공연한 추심위임배서와는 달리 숨은 추심위임배서를 말소하거나 피배서인으로부터 환배서를 받아야 한다. 이는 자격수여설에 의할 때도 마찬가지이다.

④ 자격수여적 효력과 선의취득

A. 권리추정력·면책력 　　어느 견해에 의하던 숨은 추심위임배서에 자격수여적 효력은 인정된다. 따라서 피배서인은 자기가 실질적 권리자임을 입증하지 않고도 어음·수표상 권리를 행사할 수 있고(권리추정력 인정), 피배서인에게 선의로 지급한 채무자는 면책된다(면책력 인정).

B. 선의취득 　　숨은 추심위임배서의 피배서인이 어음·수표상 권리를 선의취득할 수는 없다. 자격수여설에 의하면 당연한 결론이다. 한편 신탁적 양도설은 피배서인에게 독립된 경제적 이익이 없기 때문이라고 한다.

⑤ 담보적 효력

자격수여설에 의하면 숨은 추심위임배서에 담보적 효력은 인정되지 않는다. 신탁적 양도설에 의할 때는 견해가 대립하나, 숨은 추심위임배서에 대외적으로 양도배서의 효력을 인정하는 이상 담보적 효력도 인정하는 것이 타당하다. 숨은 추심위임배서에 담보적 효력이 있더라도, 배서인은 피배서인에게는 그 배서가 숨은 추심위임배서라는 사실을 인적항변으로 주장하여 담보책임을 면할 수 있다. 그러나 피배서인이 다시 이 어음·수표를 제3자에게 배서양도하면 인적항변이 절단되므로 제3자에게는 담보책임을 져야 한다. 다만 제3자가 숨은 추심위임배서라는 사실에 대하여 악의인 경우에는 악의의 항변을 하여 담보책임을 면할 수 있다.

6. 입질배서

(1) 의의

1) 개념

입질배서란 배서인이 자기 또는 제3자의 채무를 담보하기 위하여 어음상의 권리에 질권을 설정할 목적으로 하는 배서를 말한다(어음법 제19조). 입질배서는 어음에만 인정되고, 수표에는 인정되지 않는다.

2) 종류

입질배서도 추심위임배서와 마찬가지로 "담보하기 위하여", "입질하기 위하여" 등의 질권설정 문구를 어음상에 기재한 「공연한 입질배서」와 질권설정 문구를 기재하지 않고 양도배서의 형식으로 하는 「숨은 입질배서」가 있다. 어음법은 공연한 입질배서만 규정하고 있고, 단순히 입질배서라고 하면 공연한 입질배서를 가리킨다.

(2) 공연한 입질배서

1) 방식

입질배서는 질권자와 「담보하기 위하여」, 「입질하기 위하여」 기타 질권설정을 표시하는 문구를 기재하고 배서인이 기명날인 또는 서명하는 방식으로 한다(어음법 제19조 제1항). 피배서인(질권자)의 이름을 기재하지 않고 단순히 질권설정 문구만 기재하여 할 수도 있다(백지식 입질배서). 그러나 질권설정 문구까지 생략한 간략백지식 입질배서는 허용되지 않는다. 양도배서와 구분이 되지 않기 때문이다. 배서금지어음에도 입질배서를 할 수 있는가에 대하여 견해의 대립이 있다. 입질배서에는 권리이전적 효력이 없으므로 배서금지어음에도 가능하다는 긍정설도 있으나, 배서금지어음에는 할 수 없다는 부정설이 타당하다. 배서금지어음은 어음법적 방법에 의한 유통이 금지되는 어음인데 일질배서는 어음법적 방법에 의한 어음의 유통에 해당하고, 추심위임배서와 달리 입질배서에는 인정항변의 절단 등 어음의 유통보호를 위한 효력이 거의 다 인정되기 때문이다. 부정설에 의할 때 배서금지어음에 대한 질권 설정은 지명채권의 입질방법에 의해야 한다(민법 제349조).

2) 효력

① 질권설정의 효력

입질배서에는 어음상의 권리 위에 질권을 설정하는 효력만 있고, 권리이전적 효력은 없다. 입질배서의 피배서인은 어음상의 권리를 갖지 못하므로 양도배서나 입질배서는 할 수 없고, 추심위임배서만 할 수 있다(어음법 제19조 제1항 단서). 입질배서의 피배서인이 양도배서를 하였어도 그 배서는 추심위임배서의 효력밖에 없다(통설).

② 인적항변의 절단

입질배서에는 인적항변 절단의 효력이 있다(어음법 제19조 제2항). 입질배서의 피배서인은 어음상의 권리 위에 질권을 취득하므로 어음상 권리의 행사와 관련하여 독립적인 경제적 이익을 갖기 때문이다.

③ 자격수여적 효력 및 선의취득

A. 권리추정력·면책력   자격수여적 효력이 인정되므로 피배서인은 배서의 연속에 의해 적법한 질권자로 추정되고(권리추정력 인정), 피배서인에게 지급한 선의의 채무자는 면책된다(면책력 인정). 다만 어음상의 권리자가 아니라 어음상 권리에 대한 질권자로 추정되는 점이 양도배서의 경우와 다르다.

B. 선의취득   입질배서의 피배서인은 어음상의 권리를 선의취득할 수는 없으나 어음상 권리에 대한 질권은 선의취득할 수 있다(선의취득 인정). 일질배서의 피배서인은 추심위임배서의 피배서인과 달리 독립된 경제적 이익을 갖고 있기 때문이다.

④ 담보적 효력

입질배서에 담보적 효력이 있는가에 대하여는 부정설도 있으나 통설은 긍정설을 취한다. 피배서인은 어음금의 추심과 관련하여 우선변제를 받을 수 있다는 독립적인 경제적 이익을 갖고 있으므로 어음금을 추심하지 못한 경우에는 배서인에 대하여 어음채권을 갖는다고 해야 하기 때문이다.

3) 질권의 행사

입질배서의 피배서인은 어음상 권리 위에 취득한 질권을 어떻게 행사하는가? 민법 제353조는 채권을 질권의 목적으로 한 경우 질권의 목적이 된 채권의 실행방법을 규정하고 있는데 이와 비교하여 검토해 보기로 한다.

① 행사 가능한 권리의 범위

입질배서의 피배서인은 어음으로부터 생기는 모든 권리를 행사할 수 있다(어음법 제19조 제1항 본문). 민법에 의해도 채권질권자는 질권의 목적이 된 채권을 직접 청구할 수 있으므로(민법 제353조 제1항), 이 점에서는 큰 차이가 없다. 즉 입질배서의 피배서인은 어음금 지급청구, 상환청구 등 어음상 권리의 행사를 위한 재판상·재판외의 모든 행위를 할 수 있다. 어음상의 권리를 취득한 자가 권리를 행사하는 것과 실질적으로 별 차이가 없다.

② 어음금액이 피담보채권액보다 큰 경우

민법 제353조 제2항에 의하면 금전채권에 대한 질권자는 자기 채권의 한도에서만 제3채무자에게 직접 청구를 할 수 있다. 예컨대, X가 Y에 대한 700만 원의 채권을 담보하기 위하여 Y로부터 Y의 Z에 대한 1,000만 원의 금전채권에 질권을 설정 받은 경우, X는 그 질권을 실행함에 있어 Z에게 700만 원만 청구할 수 있다는 것이다. 그러나 이 규정은 어음에 입질배서를 받은 피배서인이 질권을 행사하는 데는 적용되지 않는다. 즉 피배서인은 질권의 목적인 어음금액이 피담보채권액보다 더 큰 경우에도 어음채무자에게 어음금액 전액을 청구할 수 있다. 어음의 상환증권성으로 인해 질권자는 어음금을 추심하면서 어음을 채무자에게 반환해야 하는데, 질권자가 어음금액의 일부만 지급받고 어음을 반환하면 나머지 어음금액에 대해서는 권리를 행사할 수 없게 되기 때문이다. 물론 이때 피배서인은 자기의 채권금액만큼만 변제에 충당하고 나머지 금액은 입질배서인에게 반환해야 한다. 예컨대, X가 Y에 대한 700만 원의 채권을 담보하기 위해 Y로부터 Z가 발행한 1,000만 원의 약속어음에 입질배서를 받은 경우, X는 Z에게 1,000만 원 전액의 지급을 청구할 수 있다. 그리고 X는 이 중 700만 원을 Y에 대한 채권의 변제에 충당하고 나머지 300만 원은 Y에게 반환하면 된다.

③ 어음의 만기가 피담보채권의 변제기보다 먼저 도래한 경우

민법 제353조 제3항도 마찬가지로 적용되지 않는다. 민법 제353조 제3항에 의하면 질권의 목적인 채권의 변제기가 피담보채권의 변제기보다 먼저 도래한 경우 질권자는 제3채무자에게 그 변제금액의 공탁을 청구할 수 있을 뿐 그 금액을 자신에게 직접 지급할 것을 청구할 수는 없다. 그러나 어음에 입질배서를 받은 피배서인은 피담보채권의 변제기와 상관없이 어음의 만기에 채무자에게 어음금을 자신에게 직접 지급할 것을 청구할 수 있다. 다만 질권자는 피담보채권의 변제기까지 지급받은 어음금을 공탁하여야 한다.

(3) 숨은 입질배서

숨은 입질배서는 입질을 목적으로 하면서 양도배서의 형식으로 이루어진 배서를 말한다. 일종의 양도담보이다. 법적 성질에 대해서는 숨은 추심위임배서에서와 같은 복잡한 논의는 없고 신탁적 양도로 이해된다. 따라서 숨은 입질배서에는 권리이전적 효력, 인적항변의 절단, 자격수여적 효력, 선의취득, 담보적 효력이 모두 인정된다. 따라서 숨은 입질배서에 의해 어음상의 권리는 피배서인에게 이전하고, 피배서인이 다시 제3자에게 양도배서를 하면 그 제3자는 선의·악의를 불문하고 어음상의 권리를 승계취득한다. 입질의 합의는 어음 외의 관계로서 배서인과 피배서인 간의 인적항변사유가 됨에 그친다.

[배서의 종류와 효력 정리]

배서의 종류 \ 배서의 효력			권리이전적 효력	인적항변절단	자격수여적 효력(권리추정력·선의지급)	선의취득	담보적 효력
보통의 양도배서 (어 제14조~제17조·제77조 제1항 1호, 수 제17조~제21조)			○	○	○	○	○
특수한 양도배서	무담보배서 (어 제15조 제1항·제77조 제1항 1호, 수 제18조 제1항)		○	○	○	○	×
	배서금지배서 (어 제15조 제2항·제77조 제1항 1호, 수 제18조 제2항)		○	○	○	○	△ (피배서인 이후의 자에 대한 담보책임 부정)
	환(역)배서 (어 제11조 제3항·제77조 제1항 1호, 수 제14조 제3항·제15조 제3항·5항)		○	○	○	○	△ (어음소지인이 자기의 어음채무자인 경우 항변주장 가능)
	기한후배서 (어 제20조·제77조 제1항 1호, 수 제24조)		○	×	○	△ (부정설이 통설)	×
특수배서	추심위임배서	공연한 추심위임배서(어 제18조·제77조 제1항 1호, 수 제23조)	× (추심대리권만 취득)	×	○	×	×
		숨은 추심위임배서(규정없음) — 신탁양도설	○	△ (원칙적으로 긍정함)	○	○	△ (피배서인 이후의 자에 대하여는 부담)
		숨은 추심위임배서(규정없음) — 자격수여설	×	×	○	×	×
	입질배서(수표에는 없음)	공연한 입질배서 (어 제19조·77 ① 1호)	× (질권만 취득)	○	○	○	△ (긍정설이 통설임)
		숨은 입질배서 (규정없음)	○	○	○	○	○

제3절 교부

어음·수표의 원칙적인 양도방법은 교부이나, 예외적으로 단순한 교부만으로 어음·수표를 양도할 수 있는 경우가 있다.

1. 소지인출급식수표 등

(1) 교부에 의한 양도

수표는 수취인이 임의적 기재사항이므로 소지인출급식수표(수표법 제5조 제1항 3호)·무기명식수표(수표법 제5조 제3항) 또는 지명소지인출급식수표(수표법 제5조 제2항)로 발행할 수 있다. 그리고 이와 같이 발행한 수표는 단순한 교부만으로 양도한다.

(2) 교부의 효력

소지인출급식수표 등을 교부에 의해 양도한 경우 그 교부에는 권리이전적 효력이 있고, 인적항변 절단의 효력도 있다. 또 수표의 점유에 자격수여적 효력이 인정되므로, 수표를 교부 받아 점유하는 자는 적법한 소지인으로 추정되며(권리추정력), 그에게 수표금을 지급한 선의의 지급인은 면책된다(면책력). 그리고 수표를 점유한 자로부터 선의로 수표를 양수한 자는 수표를 선의취득할 수 있다(선의취득). 그러나 교부에 담보적 효력은 없으며, 교부에 의한 양도인은 담보책임을 지지 않는다. 수표에 양도인의 기명날인 또는 서명이 없기 때문이다. 이 점 배서와 비교할 때 중대한 차이이다.

(3) 소지인출급식수표에 한 배서의 효력

소지인출급식수표에 양도인이 굳이 배서를 하면 그 효력은 어떻게 되는가? 배서의 효력에 의해 양도인이 담보책임을 지게 된다(수표법 제20조 전문). 그러나 이 경우에도 수표상의 권리가 양도되는 것은 교부의 효력에 의해서이지 배서의 효력이 의해서가 아니다. 결국 이 경우 배서는 권리이전적 효력이나 자격수여적 효력은 없고 담보적 효력만 있을 뿐이다. 또한 배서로 인하여 수지인출급식 수표가 지시식 수표로 변하는 것도 아니므로(수표법 제20조 후문), 배서에 의해 수표를 취득한 자가 이를 다시 양도하고자 할 때는 교부에 의해 하면 된다.

2. 백지식배서에 의한 양수인

(1) 교부에 의한 양도

① 어음은 소지인출급식 등으로 발행할 수 없다. 그러나 어음을 백지식배서에 의해 양수한 자는 교부만에 의해 어음을 양도할 수 있다(어음법 제14조 제2항 3호). 소지인출급식 배서는 백지식배서와 같은 효력이 있으므로(어음법 제12조 제3항) 어음을 소지인출급식 배서에 의해 양수한 자도 마찬가지로 교부만에 의해 어음을 양도할 수 있다. ② 소지인출급식 이외의 방식으로 발행된 수표를 백지식배서 또는 소지인출급식 배서에 의해 취득한 자도 마찬가지로 교부만에 의해 수표를 양도할 수 있다(수표법 제17조 제1항 3호, 제15조 제4항).

(2) 교부의 효력

백지식배서에 의해 어음·수표의 양수인 A가 그 어음·수표를 단순한 교부에 의해 B에게 양도하였다고 하자. 이 경우 A의 B에 대한 교부에는 권리이전적 효력과 인적항변 절단의 효력이 인정된다. 또한 자격수여적 효력도 인정되므로, B는 최후의 배서가 백지식인 어음·수표의 소지인으로서 그 어음·수표의 소지만으로 적법한 권리자로 추정되고, B에게 선의로 지급한 자는 면책된다. 또

B가 어음·수표를 선의취득할 수도 있다. 그러나 어음·수표에 A의 기명날인 또는 서명이 없으므로 A가 담보책임을 지지는 않는다.

제4절   어음·수표상 권리의 선의취득

01 의의

1. 개념

　선의취득이란 배서의 연속에 의해 형식적 자격을 가진 자로부터 배서 또는 교부에 의하여 어음·수표를 양수한 자는 설사 배서인이 무권리자이거나 양도행위가 실질적으로 무효라 하더라도 이에 대하여 악의 또는 중과실이 없는 한 어음·수표상의 권리를 취득하는 것을 말한다(어음법 제16조 제2항, 수표법 제21조). 선의취득은 어음·수표상의 권리의 원시취득에 해당하므로 취득자는 그 이전의 하자나 항변사유가 제거된 완전한 권리를 갖게 된다. 선의취득은 어음·수표의 유통성 보호를 위한 제도이고, 배서의 자격수여적 효력의 결과로 인정되는 것이다.

2. 동산의 선의취득과의 비교

　어음·수표는 동산보다 유통성 보호의 요청이 더 강하므로 어음법·수표법에 의한 어음·수표상 권리의 선의취득은 민법상 동산의 선의취득보다 그 요건이 완화되어 있다. ① 양수인에게 경과실이 있는 경우 민법상 동산의 선의취득은 불가능하나 어음·수표상 권리에 대한 선의취득은 가능하다. ② 민법에 의할 때 동산은 도품 및 유실물인 경우 선의취득이 제한되나, 어음·수표는 도품 및 유실물인 경우에도 제한 없이 선의취득이 인정된다. ③ 민법상 동산의 선의취득에는 「평온·공연」이란 요건이 법문상 명백히 요구되나, 어음법·수표법에는 그와 같은 요건이 규정되어 있지 않다. ④ 민법상 동산의 선의취득은 양도인이 무권리자인 경우에만 인정되나, 어음·수표상 권리에 대한 선의취득은 양도인이 무권리자인 경우뿐만 아니라 양도행위에 하자가 있는 경우에도 인정된다는 견해가 유력하다.

02 요건

1. 어음법·수표법적 양도방법에 의하여 취득하였을 것

　선의취득은 어음·수표의 유통 보호를 위한 제도이므로 어음법·수표법에서 특별히 마련한 유통방법, 즉 「배서」와 「교부」에 의해 어음·수표를 취득한 경우에만 인정된다. 따라서 상속·합병 등 포괄승계나 지명채권 양도방법·전부명령과 같은 특정승계의 경우에는 선의취득이 인정되지 않는다. 배서라 하여도 기한후배서나 추심위임배서에 의해서는 선의취득이 인정되지 않는다(통설).

기한후배서는 지명채권양도의 효력밖에 없고, 추심위임배서는 추심권한만 부여할 뿐 권리이전적 효력이 없어 피배서인을 보호할 독립된 경제적 이익이 없기 때문이다. 반면 백지어음·수표는 백지 상태로 유통되더라도 선의취득이 인정된다. 백지어음·수표는 어음법·수표법적 양도방법에 의해 양도되고, 유통 보호의 필요성이 일반 어음·수표와 동일하기 때문이다.

2. 어음·수표의 취득자가 형식적 자격을 가질 것

어음·수표 취득자의 형식적 자격이란 "배서"에 의하여 양도되는 어음·수표의 경우에는 「배서의 연속」을 의미하고, "교부"만에 의하여 양도되는 어음·수표의 경우에는 단순한 「소지」를 의미한다. 어음·수표 취득자의 형식적 자격은 양도인의 형식적 자격을 전제로 하는데, 양도인의 형식적 자격은 양수인이 선의취득을 하는데 있어 신뢰의 기초를 제공한다.

3. 양도인의 무권리 또는 양도행위의 하자

민법은 선의취득의 요건으로 "양도인이 정당한 소유자가 아닌 때에도"라고 규정하고 있어(민법 제249조), 민법상 동산의 선의취득은 양도인이 무권리자인 경우에만 인정되고 양도행위에 하자가 있는 경우에는 인정되지 않는다. 그러나 어음법·수표법은 선의취득의 요건으로 "어떤 사유로든 어음·수표의 점유를 잃은 자"라고 규정하고 있어(어음법 제16조 제2항, 수표법 제21조) 선의취득이 「양도인이 무권리자인 경우」에 한하여 인정되는지, 아니면 이에 더하여 「양도행위에 하자가 있는 경우」까지도 인정될 수 있는지에 대하여 견해의 대립이 있다.

(1) 학설

1) 무권리자한정설

양도인이 무권리자일 때에 한하여 선의취득이 인정된다고 한다. 선의취득은 배서의 자격수여적 효력의 이면으로서 배서의 연속에 의해 양도인이 권리자로 추정되는 결과 그를 적법한 권리자로 믿은 양수인의 신뢰를 보호하는 제도인데, 양도인의 능력·처분권·대리권 등에 대한 신뢰는 배서의 연속과 무관하므로 선의취득에 의해 보호되지 않는다고 한다. 그리고 양도행위에 하자가 있는 경우에 선의취득을 인정하면 제한능력자, 무권대리인의 본인 등이 어음·수표상 권리를 상실하게 되어 제한능력자 등의 보호를 저버리게 된다고 한다.

2) 무제한설

양도인이 무권리자인 경우뿐만 아니라 양도인의 제한능력, 대리권·처분권의 흠결, 의사표시의 하자, 양도인의 인적 동일성의 흠결 등 양도행위에 하자가 있는 경우에도 선의취득이 인정된다고 한다. 어음법·수표법이 "「어떤 사유로든」 어음·수표의 점유를 잃은 자"라고 규정하고 있고, 어음·수표는 유통성이 강하게 보호되어야 한다는 점을 근거로 한다. 그리고 선의취득 인정 결과 제한능력자 등이 권리를 잃게 되더라도 그들이 어음·수표상 책임을 부담하는 것은 아니므로 제한능력자 등의 보호가 완전히 무시되는 것은 아니라고 한다.

(2) 판례

판례는 "어음의 선의취득으로 인하여 치유되는 하자의 범위 즉, 양도인의 범위는 양도인이 무권리자인 경우뿐만 아니라 대리권의 흠결이나 하자 등의 경우도 포함된다."라고 하면서, 어음 문면상 회사 명의의 배서를 위조한 총무부장으로부터 어음할인의 방법으로 그 어음을 취득한 사안에서 선의취득을 인정한 바 있다(대판 1995.2.10. 94다55217). 형식적으로는 판례가 무제한설을 취한 것처럼 보이나, 무권대리나 무권대행 이외의 경우에도 그렇다고 단정할 수는 없다.

4. 어음·수표 취득자가 선의·무중과실일 것

선의취득이 성립하려면 취득자에게 악의 또는 중과실이 없어야 한다. ① 악의의 대상은, 무권리자한정설에 의하면 「양도인의 무권리」이고, 무제한설에 의하면 「양도인의 무권리 또는 양도행위의 하자」이다. ② 악의 또는 중과실은 취득자의 「직전의 양도인」에 대한 것만을 기준으로 판단한다. 따라서 취득자가 직전의 양도인이 무권리자 등인 사정을 알지 못하였다면 그 이전의 자가 무권리자 등인 것을 알았더라도 선의취득은 가능하다. ③ 악의 또는 중과실 유무는 어음·수표의 「취득 시」를 기준으로 판단한다. 이는 백지어음·수표도 마찬가지이므로 취득자가 백지어음·수표를 취득할 때 선의·무중과실이었으면 보충 시에 무권리 등의 사정을 알게 되었어도 선의취득에는 지장이 없다. ④ 취득자의 악의 또는 중과실에 대한 입증책임은 선의취득을 부정하는 자에게 있다.

5. 어음·수표 취득자에게 독립된 경제적 이익이 있을 것

선의취득이 성립하기 위해서는 취득자가 어음·수표의 취득에 대하여 독립된 경제적 이익을 가져야 한다. 그렇지 않으면 취득자를 보호할 이유가 없기 때문이다. 추심위임배서나 숨은 추심위임배서는 어음·수표금 추심에 관한 대리권을 부여하는 것뿐이어서 피배서인이 어음·수표의 취득에 독립된 경제적 이익을 갖지 않아 피배서인에게 선의취득이 인정되지 않는다. 그러나 입질배서의 피배서인에게는 질권이라는 독립된 경제적 이익이 있으므로 질권의 선의취득이 인정된다.

03 효과

1. 어음·수표상 권리의 취득

어음법·수표법은 이를 "…그 어음·수표를 반환할 의무가 없다"라고 규정하고 있는데(어음법 제16조 2항, 제21조), 이는 선위취득자가 어음·수표상의 권리를 취득한다는 의미이다. 그 결과 원래의 어음·수표상 권리자는 권리를 상실한다.

선의취득은 원시취득이다. 따라서 그 이후 선의취득자로부터 그 권리를 승계취득하는 자는 취득 시에 선의취득자에 대한 양도인의 무권리 등의 사정을 대하여 악의였다 하여도 완전한 권리를 취득한다. 이를 「엄폐물의 법칙」이라 한다.

2. 인적항변의 절단과의 관계

선의취득이 원시취득이라면 선의취득자는 그 이전의 모든 어음·수표항변이 제거된 권리를 취득하는가? 통설은 선의취득은 권리귀속의 문제이고 어음·수표항변은 채무부담의 문제라는 등의 이유로 어음·수표항변 절단의 문제는 선의취득과 완전히 별개의 문제라고 한다. 따라서 선의취득자가 항변이 부착된 어음·수표상 권리를 선의취득할 수도 있다고 한다. 예컨대, 甲이 乙에게 약속어음을 발행한 후 그 발행의 원인이 된 매매계약을 해제하였는데 그 후 乙의 무권대리인 乙'가 A에게 그 어음을 배서양도한 경우, A가 乙'의 대리권 없음에 대하여는 선의·무중과실이었으나 甲의 매매계약 해제에 대해서는 해의가 있었다면, A는 甲의 인적항변이 부착된 상태로 어음을 선의취득하게 된다.

제5장 어음·수표상의 권리의 행사

제1절 총설

어음·수표상 권리 행사는 어음·수표의 소지인이 주채무자 또는 지급인에게 지급지시를 하여 어음·수표금의 지급을 청구하고, 지급이 없는 경우 상환의무자에게 상환청구를 하는 방식으로 한다.

제2절 지급

ⓛ 지급제시

1. 의의

(1) 어음·수표의 제시증권성

지급제시란 어음·수표의 소지인이 주채무자나 지급인에게 지급을 구하며 어음·수표의 존재 및 그 기재사항을 인지할 수 있도록 보이는 것을 말한다. 어음·수표는 전전유통하여 그 권리자가 계속 변동하기 때문에 채무자가 누가 권리자인지를 알 수가 없다. 그래서 어음·수표의 지급을 위해서는 소지인이 지급인 등에게 먼저 지급을 청구하여야 하고(추심채무), 소지인은 자기가 권리자임을 증명하는 수단으로 지급인 등에게 어음·수표 자체를 제시해야 한다(제시증권성). 적법한 지급제시가 없으면 채무자는 이행지체가 되지 않고, 또 상환의무자에 대한 상환청구권을 보전할 수 없게 된다.

(2) 지급제시와 인수제시의 비교

① 인수제시는 환어음에만 있는 제도이나, 지급제시는 환어음·약속어음·수표에 공통된 제도이다. ② 인수제시는 어음소지인뿐만 아니라 어음의 단순한 점유자도 할 수 있으나(어음법 제21조), 지급제시는 소지인만 할 수 있고 단순한 점유자는 할 수 없다(어음법 제38조 제1항, 수표법 제29조). ③ 인수제시는 하지 않아도 소지인이 별반 불이익을 당하지 않으나, 지급제시를 하지 않으면 소지인은 상환청구권을 상실하는 불이익을 입는다. ④ 인수제시에 대해서는 지급인에게 숙려기간이 주어지나 지급제시에 대해서는 숙려기간이란 것이 없다. 인수여부는 지급인이 자유로이 결정할 수 있으나, 지급은 어음·수표상 채무이든(인수인, 약속어음의 발행인, 수표의 지급보증인), 자금관계상 발행인에 대한 채무이든(인수하지 않은 환어음의 지급인, 수표의 지급인) 의무적으로 해야 하는 것이기 때문이다.

2. 지급제시의 내용

(1) 지급제시의 당사자

1) 제시인

지급제시를 할 수 있는 자는 어음·수표의 소지인이다(어음법 제38조 제1항). 소지인은 배서의 연속에 의해 형식적 자격을 가진 자뿐만 아니라, 형식적 자격은 없더라도 실질적 권리자임을 증명한 자도 포함된다. 그러나 단순한 점유자는 지급제시를 할 수 없다. 인수제시와 다른 점인데, 단순한 점유자가 지급제시를 할 수 있다고 하면 그가 어음·수표금을 지급 받아가 권리자가 피해를 입을 수 있기 때문이다.

2) 상대방

① 환어음의 경우는 지급인 또는 인수인, 약속어음은 발행인, 수표는 지급인 또는 지급보증인이다. ② 환어음의 인수인 또는 약속어음의 발행인이 수인인 경우에는 공동인수인 또는 공동발행인 전원에게 지급제시를 해야 상환청구권을 보전할 수 있다.

(2) 지급제시기간

1) 어음

어음의 지급제시기간은「상환청구권 보전을 위한 지급제시기간」과「주채무자에 대한 지급제시기간」이 있다. 다만, 그냥 지급제시기간이라고 하면 상환청구권 보전을 위한 지급제시기간을 의미하며, 지급제시기간을 주채무자에 대한 지급제시기간의 의미로 사용하는 경우는 거의 없다.

① 상환청구권 보전을 위한 지급제시기간

ⅰ) 확정일출급어음·발행일자후정기출급어음·일람후정기출급어음의 경우 지급제시기간은「지급을 할 날 또는 그 날 이후의 2거래일」이다(어음법 제38조 제1항).「지급을 할 날」이란 "법률상 지급을 하여야 할 날"로서 만기가 거래일이면 만기와 같으나, 만기가 법정휴일인 때에는 만기 이후의 1거래일 이다(어음법 제72조 제1항 전문). 그리고 지급제시기간의 말일이 법정휴일이면 말일 이후의 제1거래일까지 기간이 연장된다(어음법 제72조 제2항 전단). 예컨대, 만기가 8. 12.인데 그 날이 일요일이라면 지급을 할 날은 8. 13.이 되고 지급제시기간은 8. 13. ~ 8. 15.까지가 된다. 그런데 지급제시기간의 말일인 8. 15.이 광복절로서 법정휴일이므로 하루 연장하여 8. 16.까지가 지급제시기간이된다.

ⅱ) 일람출급어음의 경우 지급제시기간은「발행일로부터 1년」이다(어음법 제34조 제1항). 이 기간내에 지급제시를 하면 지급제시로서의 효력이 있고, 지급제시한 날이 지급을 할 날이 된다고 하여그 날 및 그에 이은 2거래일 내에 다시 지급제시를 하여야 하는 것은 아니다. ⅲ) 어음소지인이 지급제시기간 내에 지급제시를 하지 않으면 상환청구권을 상실한다.

② 주채무자에 대한 지급제시기간

주채무자에 대한 지급제시기간은 소멸시효기간을 의미한다. 즉「만기일로부터 3년간」이다(어음법 제70조 제1항). 어음소지인은 주채무자에 대하여는 소멸시효가 완성하기 전까지 언제든지 그 이행을 청구할 수 있다. 기간 계산 방법은 위에서 본 바와 같다.

2) 수표

수표의 지급제시기간은 발행일로부터 10일이다(수표법 제29조 제1항). 여기서 발행일은 수표가 실제로 발행된 날이 아니라 수표에 발행일로 기재된 날을 의미한다(수표법 제29조 제4항). 수표소지인이 이 기간 내에 지급제시를 하지 못하면 상환청구권과 지급보증인에 대한 권리를 상실한다(수표법 제55조 제1항, 제2항).

(3) 지급제시의 장소

1) 추심채무로서의 원칙

① 지급장소 또는 지급담당자의 기재가 없는 경우

이 경우에는 지급지 내에 있는 주채무자 또는 지급인(이하 '지급인'이라고만 함)의 영업소·주소 또는 거소에서 지급제시를 하여야 한다(민법 제516조). 지급지 내에서 이러한 장소를 찾지 못한 때에는 지급지 외에 있는 다른 영업소 등에서 지급제시를 할 것이 아니라 지급지 내에서 지급거절증서를 작성하여야 한다.

② 지급장소 또는 지급담당자의 기재가 있는 경우(제3자방지급 어음·수표의 경우)

A. 지급장소가 지급지 내에 있는 경우　　　지급장소 또는 지급담당자(이하 '지급장소'라고만 함)가 지급지 내의 장소로서 적법하게 기재된 경우에는 그 지정된 장소에서 지급제시를 하여야 하고, 그 외의 장소에서 하는 지급제시는 지급제시로서의 효력이 없다. 지급장소의 기재는 그 장소에 결제자금을 마련해 두겠다는 취지이기 때문이다. 다만 어음·수표에 기재된 지급장소는 지급제시기간 내에 지급제시를 하는 경우에만 효력이 있으므로, 지급제시기간 경과 후에는 지급인의 영업소·주소 또는 거소에서 지급제시를 하여야 한다. 지급제시기간 이후까지 계속 지정된 장소에 결제자금을 확보하고 있을 것을 요구할 수는 없기 때문이다.

B. 지급장소가 지급지 내에 있지 않은 경우　　　지급장소가 지급지 내에 있지 않은 경우에는 그 지급장소의 기재는 무효이다. 따라서 그 지급장소에서 지급제시를 하여도 지급제시로서의 효력이 없다. 이 경우는 다시 원칙으로 돌아가 소지인은 지급지 내에 있는 지급인의 영업소·주소 또는 거소에서 지급제시를 하여야 한다.

2) 어음교환소에서의 지급제시

① 유효성

어음금·수표금의 추심을 위해 소지인이 직접 어음·수표를 지급장소로 기재된 은행에 가지고 가서 지급제시를 하는 것은 매우 번거롭다. 그래서 실무에서 어음·수표의 결제는 대부분 어음교환소를 통하여 이루어진다. 즉 소지인이 자기의 거래은행에 어음·수표를 입금하면, 그 거래은행이 어음교환소에서 지급장소로 지정된 은행으로부터 어음금·수표금을 추심하는 것이다. 이때 거래은행이 어음금·수표금 추심을 위하여 어음교환소에서 한 제시는 어음교환소가 지급지 내에 있지 않거나 어음·수표상에 지급장소로 기재되어 있지 않더라도 지급제시로서 유효하다(어음법 제38조 제2항, 수표법 제31조 제1항).

② 어음·수표 정보의 전자적 송신에 의한 지급제시

어음교환소에서 결제를 하더라도 어음·수표의 실물을 가지고 가서 교환하는 것은 비용이 많이 들고 때로는 불가능한 경우도 있다. 그래서 어음법·수표법은 소지인으로부터 어음·수표의 추심을 위임 받은 금융기관이 그 어음·수표의 기재사항을 전자적 정보의 형태로 작성한 후 그 정보를 어음교환소에 송신하여 어음교환소의 정보처리시스템에 입력되었을 때에는 지급제시가 이루어진 것으로 보도록 하였다(어음법 제38조 제3항, 수표법 제31조 제2항).

(4) 지급제시의 방법

지급제시는「완전한 어음·수표」로써 하여야 하며,「어음·수표 자체」를 제시하여야 한다. 따라서 백지가 보충되지 않은 상태의 백지어음·수표의 제시나 어음·수표 등본의 제시는 적법한 지급제시가 아니다. 판례도 기재사항의 일부가 기재되지 아니한 약속어음에 의하여 한 지급제시는 적법한 지급제시로서의 효력이 없는 것이므로 그와 같은 경우에는 상환청구권을 행사할 수 없다고 하면서(대판 1992.2.28. 91다42579), 수취인란이 백지인 채로 지급제시한 경우(위 판례)와 발행일란의 보충 없이 지급제시한 경우(대판 1979.8.14. 79다1189) 상환청구권을 상실한다고 하였다. 다만 예외적으로 재판상 청구에는 어음·수표 자체를 제시하지 않더라도 소장 또는 지급명령의 송달이 있는 때에 적법한 지급제시가 있은 것으로 본다(대판 1958.12.26. 4291민상38).

3. 지급제시의 효력

(1) 주채무자에 대한 효력

어음소지인이 지급제시를 하면 주채무자에 대한 어음금 지급청구권의 소멸시효가 중단되고, 주채무자가 이행지체에 빠지게 된다. 이를 위한 지급제시는 주채무자에 대한 어음금 지급채권의 소멸시효기간인「만기일로부터 3년 내」에만 하면 된다(어음법 제70조 제1항).

주채무자가 이행지체의 책임을 지는 것은 만기 이후가 아니라 지급제시일 이후이다. 따라서 지급제시가 있으면 주채무자는 지급제시일의 다음 날부터 연 6%의 지연이자를 지급해야 한다. 만기일부터 지급제시일까지의 지연이자는 지급할 필요가 없다.

(2) 상환청구권 보전의 효력

지급제시를 하면 어음·수표의 소지인이 상환의무자에 대한 상환청구권을 보전할 수 있다. 상환청구권을 보전하기 위해서는「지급제시기간 내」에 적법한 지급제시를 하여야 한다.

4. 지급제시기간 내에 지급제시를 하지 않은 경우의 효과

(1) 어음의 경우

① 가장 중요한 효과로서, 어음소지인은 상환청구권을 상실한다(어음법 제53조). ② 환어음의 인수하지 않은 지급인은 발행인의 계산으로 지급할 수 없다. 발행인은 지급인에게 만기에 지급하여 줄 것을 위탁하였을 뿐이므로 지급제시기간 경과 후의 지급은 발행인의 지급위탁의 취지에 반하기 때문이다. ③ 어음채무자는 어음소지인의 비용과 위험부담으로 어음금액을 공탁할 수 있다(어음법 제

42조).

(2) 수표의 경우

① 어음과 마찬가지로 수표소지인도 상환청구권을 상실한다(수표법 제39조). 이 뿐만 아니라 수표소지인은 지급보증인에 대한 권리도 상실한다(수표법 제55조 제1항). 결국 수표에는 주채무자가 없으므로 지급제시기간 내에 지급제시를 하지 않으면 수표상의 권리가 모두 소멸하는 결과가 된다.

② 수표의 지급인은 지급위탁의 취소가 없는 한 지급제시기간이 지난 후에도 발행인의 계산으로 지급을 할 수 있다(수표법 제32조 제2항). 수표는 유통기간이 발행일로부터 10일로서 매우 짧기 때문에 지급을 할 수 없다고 하면 거래의 안전을 해할 수 있기 때문이다.

③ 수표의 지급인은 지급제시기간 경과 후에는 지급의무가 없으므로 수표법에는 공탁에 관한 규정이 없다.

02 지급

1. 의의

어음·수표관계는 지급에 의해 소멸하는데, 누가 지급하였느냐에 따라 효력이 다르다. 환어음의 지급인 또는 인수인, 약속어음의 발행인, 수표의 지급인이 지급을 하면 어음·수표관계가 완전히 소멸한다. 보통 지급이라고 하면 이들의 지급을 의미하고, 이하에서도 이를 중심으로 설명한다. 반면 상환의무자, 보증인 등이 지급을 하면 어음·수표관계가 완전히 소멸하지는 않고 지급한 자의 구상을 위하여 잔존하게 된다.

2. 지급의 시기

(1) 어음의 경우

1) 만기에 있어서의 지급 — 지급제시기간 내의 지급

어음은 만기에 지급될 것이 예정되어 있는 증권이므로, 만기에 있어서의 지급은 가장 자연스러운 일이다. 이때 만기의 지급은 만기일(1일)의 지급을 의미하는 것이 아니라 지급제시기간 내의 지급을 의미한다. 만기에 있어서의 지급이 가지는 법적 의미는 지급하는 자가 선의지급의 보호를 받는다는 점이다. 즉 만기에 지급하는 지급인은 어음소지인이 형식적 자격을 갖추고 있으면 설사 그가 무권리자라 하여도 이에 관하여 사기 또는 중과실이 없는 한 그 어음소지인에게 지급함으로써 면책된다(어음법 제40조 제3항).

2) 만기 전의 지급

① 원칙적 불허

민법의 일반 원칙에 의하면 기한은 채무자의 이익을 위한 것으로 추정되므로, 채무자는 기한의 이익을 포기하고 기한 전에 변제할 수 있다(민법 제153조 제1항, 제468조). 그러나 어음의 지급인은 원칙적으로 만기 전에는 지급을 할 수 없고(어음법 제40조 제2항), 어음소지인도 만기 전에는 지급을 받을 의무가 없다(동조 제1항). 어음의 소지인은 만기까지 어음을 유통시킬 이익을 가지기 때문이다.

② 지급인 위험부담 하의 지급

어음소지인이 동의하면 지급인은 만기 전이라도 유효하게 지급할 수 있다. 그러나 만기 전에 지급하는 지급인은 전적으로 자기의 위험부담으로 지급하는 것이다(어음법 제40조 제2항). 그 결과 무권리자에게 지급하면 선의지급의 보호(어음법 제40조 제3항)를 받지 못하여 이후 정당한 권리자가 지급을 청구해 오면 이중변제를 해야 할 수 위험이 있다.

3) 만기 후의 지급 — 지급제시기간 경과 후의 지급

만기 후의 지급은 지급제시기간 경과 후의 지급을 말하는데, 주채무자가 지급하는 경우와 어음채무를 부담하지 않는 환어음의 단순한 지급인이 지급하는 경우에서 지급의 효력이 서로 다르다.

① 환어음의 인수인·약속어음의 발행인의 지급

이들은 어음의 주채무자로서 시효가 완성될 때까지 어음금 지급채무를 부담하므로 지급제시기간 경과 후에 지급하더라도 그 지급은 만기에 있어서의 지급과 같은 효력이 있다. 따라서 지급인은 선의지급의 보호를 받으며(어음법 제40조 제3항), 환어음의 인수인의 경우에는 지급의 결과를 자금관계상 발행인의 계산으로 돌릴 수 있다.

② 인수하지 않은 환어음의 단순한 지급인의 지급

단순한 지급인은 만기 후에 지급하더라도 그 지급의 결과를 발행인의 계산으로 돌릴 수 없다. 따라서 환어음의 발행인은 만기 후에는 자금관계를 소멸시키려 하여도 지급위탁을 취소할 필요가 없다. 또한 만기 후에 지급한 단순한 지급인은 선의지급의 보호도 받을 수 없다.

4) 지급의 유예

어음의 지급은 당사자의 의사에 의해 연기할 수 있다. 이러한 지급의 유예는 세 가지 방법이 있다.

① 지급유예의 특약

어음채무자와 소지인 사이에 어음 외에서 지급유예의 특약을 하는 방법이다. 이는 당사자 간에서만 효력이 있으며, 인적항변사유가 됨에 불과하다. 또한 이 특약에 의해 어음의 만기가 연장되는 것은 아니므로 소지인은 원래의 지급제시기간을 기준으로 지급제시를 해야 상환청구권을 보전할 수 있다.

② 만기의 변경

지급을 유예할 목적으로 어음관계자 전원의 동의를 얻어 어음상 만기에 관한 기재를 변경하는 것이다. 이때 어음관계자 일부가 동의하지 않으면 만기의 변경은 그 자에 대해서는 어음의 변조가 된다. 따라서 그 자에 대한 상환청구권을 보전하기 위해서는 변경 전 만기를 기준으로 하여 보전절차를 밟아야 한다.

③ 어음개서

구어음에 갈음하여 만기만을 변경한 신어음을 발행하는 것을 어음개서라 한다. 이에 관해서는 항을 바꾸어 후술하기로 한다.

(2) 수표의 경우

수표에는 만기가 없고 언제나 일람출급이므로 지급제시기간 전의 지급이란 있을 수 없다. 따라서 수표의 경우에는 지급제시기간 내의 지급과 지급제시기간 경과 후의 지급으로 나누어 볼 수 있다.

1) 지급제시기간 내의 지급

지급제시기간 내에 수표금을 지급하는 경우에는 만기에 있어서 어음금을 지급하는 것과 같다. 따라서 지급인은 선의지급의 보호를 받고(수표법 제35조), 지급의 결과를 발행인의 계산으로 돌릴 수 있다. 그리고 수표는 지급증권이므로 발행인은 지급제시기간 내에는 지급인에게 지급위탁을 취소할 수 없다(수표법 제32조 제1항). 이 점이 환어음과 다르다.

2) 지급제시기간 경과 후의 지급

수표의 지급인은 지급위탁의 취소가 없는 한, 지급제시기간이 지난 후에도 발행인의 계산으로 지급을 할 수 있다(수표법 제32조 제2항). 따라서 환어음의 경우와 달리 수표의 발행인은 지급제시기간이 지난 후에 자금관계를 소멸시키려면 반드시 지급위탁을 취소하여야 한다. 지급제시기간 경과 후 선의로 지급한 지급인은 면책되는가? 지급인이 발행인의 계산으로 지급할 수 있는 이상 선의지급의 면책도 인정된다. 환어음과 다른 점이다.

3) 지급의 유예

수표의 경우는 만기가 없는 등의 이유로 만기의 변경이나, 어음개서와 같은 것은 있을 수 없다. 지급의 유예와 관련해서는 상환의무자와 수표소지인 사이에서의 지급제시기간 연장에 관한 특약 정도가 있을 수 있는데, 이것은 수표관계에는 영향이 없고 당사자 간에서만 수표 외에서 인적항변 사유가 될 뿐이다.

(3) 어음개서

1) 의의

어음개서란 만기를 연기하는 방법의 하나로서 구어음에 갈음하여 만기만을 후일로 정한 신어음을 발행하는 것을 말한다. 어음개서는 주로 약속어음의 발행인이 어음금을 지급할 자금이 없을 때 소지인과 합의하여 새 어음을 발행하여 행한다.

어음개서에는 구어음을 발행인이 회수하는 방식과, 회수하지 않고 어음소지인이 신어음에 대한 담보조로 계속 소지하는 방식이 있는데, 구어음을 회수하지 않으면 구어음이 유통되어 채무자가 이중지급의 위험에 빠질 수 있기 때문에, 어음개서는 일반적으로는 구어음을 회수하는 방식으로 이루어진다. 그러므로 이하에서는 구어음을 회수하는 방식의 어음개서에 대해서만 본다. 구어음을 회수하는 방식의 어음개서의 법적 성질은 대물변제이다(통설).

2) 어음개서의 효력

① 어음개서 당사자 간의 효력

구어음은 소멸하고 신어음상의 채무만 존속한다. 신어음상의 채무는 실질적으로 구어음상의 채무와 동일하다.

② 구어음상의 채무자에 대한 효력

구어음에 배서한 배서인이나 구어음상의 보증인은 신어음에 다시 배서하거나 보증의 취지를 기재하지 않는 한 채무를 부담하지 않는다. 채무를 인정하면 어음의 문언성에 반하기 때문이다.

③ 담보·민사보증·인적항변의 승계여부

ⅰ) 구어음상의 채무에 대한 담보나 민사상 보증은 어음의 문언성과 무관하므로 신어음상의 채무에 대하여도 그대로 존속한다(대판 2003.10.24. 2001다61456). ⅱ) 구어음상에 존재하던 인적항변도 신어음에 그대로 승계된다.

3. 지급의 방법

(1) 상환증권성

지급인은 어음금·수표금을 지급할 때에는 소지인에게 그 어음·수표에 영수를 증명하는 뜻을 적어서 교부할 것을 청구할 수 있다(어음법 제39조 제1항, 수표법 제34조 제1항). 따라서 어음금·수표금의 지급과 어음·수표의 교부는 동시이행의 관계에 있다. 일반적인 지급뿐만 아니라 상계·면제 등으로 권리가 소멸하거나 강제집행에 의하여 지급이 이루어지는 경우 등에도 상환증권성은 적용된다.

상환증권성은 지급인에게 이중지급의 위험을 피하게 해주는 등의 취지에서 인정된 것이다. 지급인이 어음·수표를 환수하지 않고 지급하면 그 지급사실은 당사자간의 인적항변사유에 불과하고 어음·수표상의 권리는 소멸하지 않는다. 따라서 지급인은 지급사실에 대하여 선의인 제3의 취득자에게 지급사실을 가지고 대항할 수 없고, 그에게 다시 지급을 하여야 한다(통설). 이와 같은 경우에 대비하여 지급인은 어음·수표의 반환청구권을 피보전권리로 하여 어음·수표의 배서양도 점유이전 기타 일체의 처분을 금지하는 가처분을 할 수 있다. 다만 이 가처분은 어음수표가 제3자에게 이전되는 것을 방지하여 그 현상을 유지하기 위한 것이므로, 백지보충과 지급제시 등 상환청구권 보전을 위한 조치는 이 가처분에서 금지하는 처분행위에 해당하지 않는다(대판 2002.6.25. 2002다13720).

(2) 일부지급

지급인이 어음·수표금액의 일부만 지급하는 것도 유효하고, 소지인은 일부지급을 거절하지 못한다(어음법 제39조 제2항, 수표법 제34조 제2항). 소지인이 일부지급의 수령을 거절하면 소지인은 그 부분에 대하여 상환청구권을 상실한다(통설). 일부지급을 인정하는 이유는, 일부지급을 인정하여도 소지인의 이익을 해하지 않고, 상환의무자는 일부지급된 부분만큼 상환의무를 면하므로 상환의무자에게도 이익이 되기 때문이다.

일부지급의 경우 소지인은 잔액에 대하여 상환청구를 해야 하기 때문에 어음·수표를 계속 소지해야 한다. 그래서 일부 지급을 하는 지급인은 소지인에게 어음·수표의 교부를 청구할 수는 없고, 단지 일부지급의 사실을 어음·수표에 기재하고 영수증을 교부할 것을 청구할 수 있을 뿐이다(어음법 제39조 제3항, 수표법 제34조 제3항). 일부지급의 사실은 어음·수표에 기재되면 물적항변사유가 되나, 어음에 기재되지 않으면 인적항변사유에 불과하게 된다.

4. 지급인의 조사의무

(1) 의의

민법의 일반원칙에 의하면 채무의 변제는 진정한 권리자에게 하여야 하고, 권리자 아닌 자에게 한 채무의 변제는 원칙적으로 효력이 없다. 그런데 이러한 원칙을 어음·수표에 그대로 적용하면 지급인이 지급 시마다 소지인이 진정한 권리자인지를 조사해야 하기 때문에 어음·수표의 신속한 결제와 원활한 유통을 저해하게 된다.

그래서 어음법·수표법은 민법보다 넓은 범위에서 무권리자에게 선의로 지급한 지급인의 면책을 인정하고 있다. 즉 지급인이 배서의 연속과 같은 형식적 요소를 확인하고 지급하였으면 설사 무권리자에게 지급하였더라도 그에 대하여 사기 또는 중과실이 없는 이상 지급인은 책임을 면한다(어음법 제40조 제3항, 수표법 제35조 제1항).

(2) 형식적 자격의 조사

1) 조사의무의 내용

무권리자에게 지급하고도 면책될 수 있기 위해 지급인이 조사해야 할 사항은 무엇인가? 법문에서는 "지급인은 「배서의 연속이 제대로 되어 있는지」를 조사할 의무가 있다"고 되어 있다. 그러나 통설은 이에 더하여 「어음·수표가 필수적 기재사항을 모두 구비하고 있는 등 형식적으로 유효한지 여부」와 「지급인 자신의 기명날인 또는 서명이 진실된 것인지 여부」도 지급인의 조사의무의 내용에 포함된다고 한다.

2) 소지인의 인적 동일성

지급인은 지급제시를 하는 자가 어음·수표의 문면상 소지인과 동일인인지도 조사해야 할 의무가 있는가?

① 학설

ⅰ) 긍정설(소수설)은 금융거래에서 신분증 제시가 관행화되어 있다는 등의 이유로 지급인은 신분증의 제시를 요구하는 등의 간단한 방법으로 이를 조사해야 할 의무가 있다고 한다. ⅱ) 그러나 부정설(통설)은 법문에 그에 관한 내용이 없는데 지급인의 이해관계에 중대한 영향을 미치는 조사의무의 내용을 해석론으로 인정할 수는 없다는 이유로 지급인에게 그와 같은 의무는 없다고 한다.

② 양 학설의 차이점

인적 동일성을 확인하지 않고 지급한 지급인이, 긍정설에 의하면 중과실 여부와 상관 없이 면책되지 않으나, 부정설에 의하면 중과실이 있을 때에만 면책되지 않는다.

3) 배서의 연속이 없는 자에 대한 지급

배서가 연속되지 않는 소지인도 실질적 권리자임을 증명하여 권리를 행사할 수 있다. 그런데 그와 같은 자에게 지급한 지급인은 자기의 위험부담 하에서만 지급할 수 있고, 그 지급인에게 어음법 제40조 제3항과 수표법 제35조 제1항은 적용되지 않는다.

(3) 실질적 권리의 조사

1) 조사의무 없음

지급인은 어음·수표의 문면으로부터 알 수 없는 실질적 권리관계에 관한 사항에 대해서는 조사의무가 없다. 예컨대, 배서인의 기명날인 또는 서명이 진정한 권리자에 의해 이루어진 것인지(어음법 제40조 제3항 후문, 수표법 제35조 제1항 후단), 소지인에게 수령에 관한 대리권이 있는지 등이다. 따라서 지급인은 이러한 사항을 조사하지 않고 무권리자에게 지급하더라도 사기 또는 중과실이 없는한 면책된다. 그 결과 진정한 권리자는 어음·수표상 권리를 상실하고, 지급을 받은 자에게 손해배상이나 부당이득의 반환을 청구할 수 있을 뿐이다.

2) 사기 또는 중과실

무권리자에게 지급한 지급인은 배서의 연속 등 지급제시인의 형식적 자격을 확인하여야 할 뿐만 아니라 제시자의 실질적 무권리에 대하여 사기 또는 중과실이 없어야 면책이 가능하다.

① 사기·중과실의 의미

ⅰ) 사기란「지급인이 제시자에게 변제수령의 권한이 없음을 알고 있을 뿐만 아니라 이 사실을 용이하게 증명할 증거방법까지 있음에도 불구하고 지급하는 것」을 말한다. 이처럼 사기가 되기 위해서는「악의」만으로는 부족하고 이에 더하여「입증의 용이성」까지 있어야 한다. ⅱ) 중과실 판단에도 입증의 용이성이 고려된다. 중과실이란「지급인이 보통의 조사만 하면 제시자가 무권리자이고 또 그 사실을 증명할 수 있는 용이한 증거방법을 확보할 수 있음에도 불구하고, 그 조사를 하지 않아 무권리자임을 모르고 지급하는 것」을 말한다(통설).

②「입증의 용이성」을 요구하는 이유

선의취득에서는 양수인의「악의」로 충분하나, 선의지급에서는 이와 달리 지급인의「악의」에 더하여「입증의 용이성」까지 요구하는 이유는, 선의취득의 양수인은 양도인이 무권리자임을 알면 양수를 하지 않으면 그만이나, 선의지급에서 지급인은 제시자가 무권리자임을 안다 하여도 소송에서 이를 입증할 방법이 없으면 지급이 강제되기 때문이다.

③ 수표

수표법 제35조에는 무권리자에게 지급한 수표지급인의 면책과 관련하여 "사기 또는 중과실"에 관한 언급이 없다. 그러나 통설은 어음과 마찬가지로 해석하여 수표지급인도 사기 또는 중과실이 없어야 면책이 가능하다고 본다.

3) 조사로 인한 지급지체에 대한 지급인의 책임

제시자에게 무권리자임을 의심할 만한 사정이 있음에도 지급인이 제시자의 실질적 권리를 조사하지 않고 지급을 하면 지급인에게 중과실이 인정될 수 있다. 따라서 이와 같은 경우 지급인은 제시자의 실질적 권리에 대해 조사를 하게 되는데, 이때 조사로 인하여 지급이 지체되면 지급인이 이행지체의 책임을 져야 하는가?

이를 부정하는 견해도 있으나, 통설은 긍정한다. 소지인의 실질적 자격에 대한 조사는 어디까지나 지급인의 위험부담으로 하는 것이라고 한다. 따라서 조사 결과 제시자가 적법한 권리자임이 확정되면 지급인은 지급제시를 받은 때부터 이행지체가 된다.

(4) 적용범위

선의지급의 면책은 지급시기와 지급인이 누구인가에 따라 인정 여부가 달라지는데, 이에 관해서는 '지급의 시기'에서 이미 자세히 설명하였으므로 결론만 간략히 살펴보기로 한다.

1) 어음의 경우

선의지급에 의한 면책은 만기의 지급에는 인정되나(어음법 제40조 제3항), 만기 전 지급에는 인정되지 않는다(어음법 제40조 제2항). 만기 후 지급의 경우에는, 주채무자의 지급에는 인정되나, 환어음의 인수하지 않은 지급인의 지급에는 인정되지 않는다.

2) 수표의 경우

수표지급인의 지급은 지급제시기간 내의 지급이든, 지급제시기간 경과 후 지급이든 선의지급의 면책이 인정된다.

(5) 위조·변조된 어음·수표의 지급

지급인이 위조된 어음·수표를 제시 받고 과실 없이 위조 사실을 알지 못한 채 지급을 하면 그 손실은 지급인과 피위조자 가운데 누가 부담하는가? 또 지급인이 어음·수표금액이 변조된 어음·수표를 제시 받고 위와 같이 지급을 하면 증가된 금액에 해당하는 손실은 지급인과 변조 전에 기명날인자 가운데 누가 부담하는가? 이는 수표에서 관해 주로 생기는 문제이다. 예컨대, X가 甲 명의를 위조하여 발행한 수표를 지급인인 丙 은행이 위조 사실을 모른 채 甲의 명의로 지급하는 경우 丙 은행은 甲과의 관계에서 면책될 수 있는가의 문제이다.

1) 지급인의 면책

① 선의지급 규정의 적용 여부

위조·변조된 어음·수표를 선의로 지급한 지급인은 선의지급에 관한 어음법·수표법 규정에 의해 면책될 수 있는가? 통설은 이를 부정한다. 선의지급에 관한 규정은 어음·수표 자체는 진정하나 무권리자에게 지급한 경우에만 적용되고, 부진정한 어음·수표의 정당한 소지인에게 지급한 경우에는 적용되지 않는다고 한다.

② 손실부담

지급인이 선의지급에 관한 규정에 의해 면책되지 않는다면 그 손실은 지급인과 발행인 중 누가 부담하는가? 지급인부담설과 발행인부담설이 대립하는데, 실제에서 이 문제는 아래에서 보는 바와 같이 대부분 은행의 면책약관에 의해 해결되기 때문에 학설 대립의 의미는 별로 없다.

2) 면책약관이 있는 경우

이 문제는 대부분 은행의 예금거래기본약관에 의해 해결된다. 이 약관에는 "어음·수표에 찍힌 인영 또는 서명과 신고된 인감 또는 서명을 직원이 육안으로 비교하여 틀림이 없다고 인정하여 처리한 경우에는 위조·변조로 인하여 거래처에 손해가 생기더라도 은행이 책임을 지지 않는다."는 면책규정을 두는 것이 보통이다. 은행은 선의·무과실로 지급하면 이와 같은 면책약관에 의해 면책되고, 발행인이 지급받은 소지인에게 부당이득의 반환을 구하게 된다.

제3절 상환청구

⓪¹ 의의

상환청구란 어음·수표가 만기 또는 지급제시기간 내에 지급이 거절되거나 그 전이라도 인수가 거절되는 등 지급의 가능성이 현저하게 감소되었을 때 소지인이 자신의 전자에게 어음·수표금액 기타 비용을 청구하는 것을 말한다. 채무자의 상환의무는 법이 어음·수표의 지급가능성을 높여 유통성을 강화하고자 정책적으로 인정한 것이다.

⓪² 상환청구의 당사자

1. 상환청구권자

(1) 일반적 상환청구

최초의 상환청구권자는 어음·수표의 최후의 소지인이다(어음법 제43조, 수표법 제39조). 그는 주채무자에게 지급을 청구하여 거절되면 어느 상환의무자이든 임의로 선택하여 상환청구권을 행사할 수 있다.

(2) 재상환청구

어음·수표의 최후의 소지인에게 상환의무를 이행하고 어음·수표를 환수하여 새로이 소지인이 된 자도 자신의 전자에 대하여 상환청구를 할 수 있다(어음법 제47조 제3항, 수표법 제43조 제3항). 이를 재상환청구라 한다.

2. 상환의무자

(1) 상환의무자의 범위

어음·수표행위자 중 주채무자를 제외한 채무자가 상환의무자이다. ① 환어음에서는 인수인은 주채무자이고, 발행인·배서인 및 이들을 위한 보증인이 상환의무자이다. ② 약속어음에서는 발행인은 주채무자이고, 배서인 및 그를 위한 보증인이 상환의무자이다. ③ 수표에서는 주채무자는 없고 발행인·배서인 및 이들을 위한 보증인이 상환의무자이다. 수표의 지급보증인은 인수인과 달리 주채무자가 아니며 최종의 상환의무자와 같은 지위를 갖는다.

(2) 상환의무자의 합동책임

상환의무자는 합동책임을 진다(어음법 제47조, 수표법 제43조). 합동책임은 연대책임과 유사하지만 여러가지 점에서 중요한 차이가 있다. ① 먼저 채무의 발생원인이 연대책임은 모든 채무자에게 공통되지만 합동책임은 각 채무자마다 다르다. 가장 중요한 차이이다. ② 연대채무에서 채무자의 1인이 채무를 이행하면 다른 채무자의 채무도 소멸시키지만, 합동책임에서 상환의무자의 1인이 채무를 이행하면 그 자 및 그 자의 후자의 채무를 소멸시킬 뿐, 그 자의 전자 및 주채무자의 채무에는 영향을 미치지 않는다. ③ 연대채무에서 채무자의 1인에 대한 청구는 다른 채무자에 대하여도 효력이 있으나, 합동책임에서 상환의무자의 1인 또는 주채무자에 대한 청구는 다른 채무자에게는 효력이 없다. ④ 상환의무자 간에는 부담부분이 존재하지 않으므로, 그 1인에 대하여 채무의 면제 또는 시효완성이 있더라도 그 채무자의 부담부분만큼 다른 채무자의 부담부분이 줄어들지 않는다.

03 상환청구의 요건

상환청구를 하기 위해서는, 지급이 거절되거나 법이 정한 사유로 지급의 가능성이 현저히 감소되어야 하고(실질적 요건), 실질적 요건에 해당하는 사실이 발생하였음 입증하기 위해 거절증서 등을 작성하여야 한다(형식적 요건). 형식적 요건은 실질적 요건을 증명하는 방법에 불과하나 이 자체가 상환청구권 발생요건의 하나이다. 따라서 설사 지급이 거절되더라도 형식적 요건을 갖추지 않으면 상환청구권은 발생하지 않는다. 이러한 형식적 요건을 둔 이유는 상환청구, 재상환청구가 되풀이될 때마다 실질적 요건에 대한 증명이 반복되어야 하는데 거절증서 등은 공적 증명방법으로서 상환의무자가 신뢰할 수 있는 객관적인 증명방법이기 때문이다.

1. 실질적 요건

(1) 어음

1) 만기의 상환청구

어음소지인이 지급제시기간 내에 적법하게 지급제시를 하였으나, 환어음의 인수인 또는 지급인, 약속어음의 발행인이 지급을 거절하였어야 한다(어음법 제43조 제1항 전문).

① 지급제시

어음소지인이 지급제시를 하여야 한다. 지급인 등이 미리 지급거절의 의사를 표시하였더라도 반드시 지급제시를 하여야 한다. 만기 후 배서의 피배서인은 그에게 배서를 한 배서인이 이미 지급제시를 하였더라도 다시 스스로 지급제시기간 내에 지급제시를 하여야 한다(대판 2000.1.28. 99다44250). 지급거절증서의 작성이 면제되어 있더라도 지급제시까지 면제되는 것은 아니다(어음법 제46조 제2항 전문).

②「적법한」지급제시

지급제시는 적법해야 하므로, ⅰ) 지급제시 기간 내에, ⅱ) 적법한 지급장소에서 ⅲ) 완성된 어음으로 하여야 한다.

③ 지급거절

적극적으로 지급을 거절한 경우뿐만 아니라, 지급인 또는 지급담당자의 부재·소재불명 등으로 지급받을 수 없는 경우를 포함한다.

2) 만기 전의 상환청구

만기 전의 상환청구는 지급의 가능성이 현저하게 감소되는 경우에 가능하다.

① 환어음

A. 인수의 전부 또는 일부의 거절　　어음소지인인 만기 전에 「인수제시」를 하였으나, 「인수의 전부 또는 일부가 거절」된 경우이다. 지급인이 인수를 거절하였으면 만기에 지급도 하지 않을 가능성이 높기 때문이다. 인수제시가 가능한 어음을 인수제시해야 하므로, 발행인이 인수제시를 금지한 어음을 인수제시한 경우에는 인수가 거절되더라도 상환청구권이 발생하지 않는다. 인수거절은 적극적인 거절뿐만 아니라 부단순인수(어음법 제26조 제2항) 지급인의 소재불명 또는 부재 등을 포함한다. 인수의 일부가 거절된 경우에는 그 부분에 한하여 상환청구가 가능하다.

B. 인수인 또는 단순한 지급인의 파산·지급정지·강제집행부주효　　인수인·지급인의 자력악화로 만기에 지급을 기대하기 어렵기 때문이다. ⅰ) 파산은 파산선고 절차가 개시되기만 하면 충분하다. ⅱ) 지급정지는 채무자의 지급불능을 외부에서 인식할 수 있는 경우를 말한다. 예컨대, 인수인·지급인이 발행한 다른 어음이 모두 부도가 된 경우이다(대판 1984.7.10. 84다카424). ⅲ) 강제집행부주효는 어음소지인의 강제집행이건 다른 채권자의 강제집행이건, 강제집행이 실효를 얻지 못한 사실만 있으면 된다.

C. 인수제시를 금지한 발행인의 파산　　인수제시금지어음은 발행인의 신용만으로 유통됨을 고려한 것이다. 파산의 의미는 위와 같다.

② 약속어음

어음법은 약속어음에 대하여 「지급거절로 인한 상환청구」에 관한 환어음의 규정만 준용하고 있고(어음법 제77조 제1항 4호 → 제43조), 만기 전 상환청구에 대해서는 아무런 규정을 두고 있지 않다. 그래서 약속어음에서 만기 전 상환청구가 가능한지가 문제된다. 약속어음에는 인수제도가 없으므로 인수거절로 인한 만기 전 상환청구는 당연히 가능하지 않다. 그 외의 사유에 의한 만기 전 상환청구는 가능한가? 통설·판례는 가능하다고 본다. 즉 판례는 "약속어음에 있어서도 발행인의 파산이나 지급정지 기타 그 자력을 불확실케 하는 사유로 말미암아 만기에 지급거절이 될 것이 예상되는 경우에는 만기 전의 상환청구가 가능하다고 보아야 할 것이다(대판 1984.7.10. 84다카424)."라고 판시하였다.

(2) 수표

수표수지인이 지급제시기간 내에 적법한 지급제시를 하였으나, 지급인이 지급거절을 하여야 한다(수표법 제39조). 구체적인 내용은 '어음의 「만기의 상환청구」'에서 설명한 바와 대체로 같다. 수표에 있어서는 지급거절로 인한 상환청구만이 인정되고 만기 전 상환청구는 인정되지 않는다. 수표는 만기가 없고, 인수는 금지되며, 발행인에게 파산 등의 사유가 있으면 바로 지급제시하여 지급거절로 인한 상환청구를 하면 되기 때문이다.

2. 형식적 요건

(1) 거절증서 등

어음법·수표법은 상환청구의 발생의 실질적 요건에 대한 증명방법을 원칙적으로 「거절증서의 작성」으로 정형화하고 이를 형식적 요건으로 규정하고 있다(어음법 제44조, 수표법 제39조). 따라서 지급거절이나 인수거절이 다른 증거에 의하여 증명되더라도 거절증서가 작성되지 않으면 상환청구권을 행사할 수 없다.

1) 증명방법

① 어음

A. 만기의 상환청구　　　만기의 지급제시에 대한 지급거절을 이유로 상환청구를 하는 경우에는 그 지급거절의 사실은 공정증서인 「지급거절증서」로 증명하여야 한다(어음법 제44조 제1항).

B. 만기 전 상환청구

ⓐ 환어음　　　(a) 상환청구의 원인이 「인수의 전부 또는 일부의 거절」인 경우 그 사실은 공정증서인 「인수거절증서」에 의하여 증명하여야 한다(어음법 제44조 제1항). 인수거절증서가 작성된 때에는 만기 후의 상환청구를 위하여 만기 도래 후에 다시 지급제시를 하고 지급거절증서를 작성시킬 필요는 없다(어음법 제44조 제4항). (b) 「인수인 또는 지급인의 파산, 인수제시금지어음의 발행인의 파산」이 상환청구의 원인인 때에는 거절증서의 작성은 요하지 않고 「파산결정서」를 제출하면 된다(어음법 제44조 제6항). (c) 「인수인 또는 지급인의 지급정지·강제집행부주효」가 상환청구의 원인인 때에는 만기 전임에도 불구하고 일단 지급제시를 한 후 「지급거절증서」를 작성시켜야 만기 전의 상환청구를 할 수 있다(어음법 제44조 제5항).

ⓑ 약속어음　　　상환청구의 원인이, ⅰ)「발행인의 파산」인 경우에는 「파산결정서」를 제출하면 되고, ⅱ)「발행인의 지급정지·강제집행부주효」인 경우에는 만기 전이라도 지급제시를 한 후 「지급거절증서」를 작성시켜야 한다.

② 수표

지급거절의 증명방법으로 「지급거절증서」가 작성되어야 하는 점은 어음과 같으나, 수표의 경우에는 「지급인의 선언」과 「어음교환소의 선언」이 추가되어 있다(수표법 제39조).

2) 거절증서 등의 작성기간

거절증서는 원칙적으로 지급제시기간 또는 인수제시기간 내에 작성시켜야 한다(어음법 제44조 제2항 본문, 수표법 제40조 제1항). 다만 제시기간의 말일에 제시한 경우 차이점이 있다. 즉 인수거절증서는 인수제시기간의 말일에 한 인수제시에 대하여 지급인이 숙려기간을 요구한 경우에는 그 다음 날에도 작성시킬 수 있다(어음법 제44조 제2항 단서). 그리고 수표의 거절증서 또는 이와 같은 효력이 있는 선언도 제시기간 말일에 지급제시를 한 경우 그 날 이후의 1거래일에 작성시킬 수 있다(수표법 제40조 제2항). 어음의 지급거절증서에 대해서는 이와 같은 규정이 없으므로 제시기간의 말일에 지급제시를 한 경우에는 그 날 작성시킬 수밖에 없다.

(2) 거절증서의 작성면제

1) 의의

거절증서는 상환의무자를 위하여 지급 또는 인수거절의 사실을 객관적으로 증명해 주는 기능을 하나, 그 작성을 위하여는 공증인 수수료 등의 비용이 들고 상당한 시간이 소요되는 등 어음·수표의 소지인에게 매우 번거롭기 때문에 어음·수표의 이용도를 낮추는 요인이 되기도 한다. 그래서 어음법·수표법은 상환의무자가 그 이익을 포기하고 소지인으로 하여금 거절증서의 작성 없이 상환청구를 할 수 있도록 하는 것을 허용하고 있다(어음법 제46조, 수표법 제42조). 이를 「거절증서 작성면제」라 한다.

2) 면제권자

거절증서 작성의 면제권자는 발행인·배서인·보증인과 같은 상환의무자이다. 거절증서 작성면제는 거절증서 없이 하는 상환청구에 응하지 않을 수 있는 이익을 포기하는 것인데, 그와 같은 이익은 상환의무자의 것이므로 상환의무자만이 그 이익을 포기할 수 있다고 해야 하기 때문이다. 따라서 어음법 제46조에 의해 거절증서의 작성을 면제할 수 있는 발행인은 환어음의 발행인만을 의미하고, 주채무자에 해당하는 약속어음의 발행인은 이에 해당하지 않는다(반대설 있음).

3) 면제의 방법

거절증서 작성의 면제는 면제권자가 어음·수표의 문면에 「무비용상환」, 「거절증서 불필요」 기타 이와 같은 뜻을 가진 문구를 기재하고 기명날인 또는 서명함으로써 한다. 환어음에 단순히 「거절증서불요」라고 기재하는 것은 지급거절증서와 인수거절증서 모두의 작성을 면제하는 것으로 본다.

4) 면제의 효력

① 거절증서의 작성이 면제되면 소지인은 거절증서 없이도 상환청구를 할 수 있다. 다만 그 효력범위는 면제를 누가 하였는가에 따라 다르다.

A. 발행인　　　환어음 또는 수표의 발행인이 면제의 문구를 적은 경우에는 모든 상환의무자에 대하여 그 효력이 있다(어음법 제46조 제3항 전문, 수표법 제42조 전문). 따라서 소지인은 어느 상한의무자에게나 거절증서 없이 상환청구를 할 수 있다. 이 경우 거절증서의 작성이 불필요하므로 소지인이 굳이 거절증서를 작성하였으면 그 비용은 소지인이 부담한다(동조동항 후문).

B. 배서인·보증인　　　배서인 또는 보증인이 면제의 문구를 적은 경우에는 그 배서인 또는 보증인에 대하여만 효력이 있다(어음법 제46조 제3항 전문, 수표법 제42조 전문). 따라서 소지인이 다른 상환의무자에게 상환청구를 하기 위해서는 거절증서가 있어야 한다. 이 경우는 거절증서의 작성이 필요하므로, 소지인은 이때 발생하는 거절증서의 작성비용을 상환금액에 포함시켜 모든 상환의무자에게 상환하게 할 수 있다(동조 동항 후문).

② 거절증서 작성면제의 문구가 있다 하여 소지인의 지급제시의무 및 지급거절의 통지의무까지 면제되는 것은 아니다(어음법 제46조 제2항 전문, 수표법 제42조 제2항 전문). 따라서 이 경우에도 소지인

은 적법한 지급제시와 거절의 통지를 해야만 상환청구를 할 수 있다 그러나 거절증서 작성이 면제된 때에는 소지인이 법정기간 내에 적법한 지급제시 및 지급거절의 통지를 한 것으로 추정되기 때문에, 소지인이 그와 같은 제시나 통지를 하지 않았다는 사실은 이를 주장하여 책임을 면하려는 상환의무자가 증명하여야 한다(동조 동항 후문).

(3) 불가항력

1) 문제의 제기

지급제시 및 거절증서의 작성을 위한 기간은 불변기간이므로 이 기간을 해태한 경우 소지인은 상환청구권을 상실한다. 그렇다면 소지인의 책임으로 돌릴 수 없는 불가항력으로 인하여 그 기간 내에 지급제시 및 거절증서를 작성하는 것이 불가능한 경우에는 어떻게 할 것인가?

2) 불가항력의 의미

여기서 불가항력, 즉 피할 수 없는 장애란 소지인이 합리적으로 기대되는 최고의 주의를 하더라도 피할 수 없었던 장애를 의미한다. 전쟁·지진·홍수 등의 천재지변이 전형적이나 법령에 의한 지급유예도 포함된다. 다만 소지인이나 그로부터 어음·수표의 제시나 거절증서의 작성 등을 위임받은 자의 단순한 인적 사유는 불가항력으로 보지 않는다(어음법 제54조 제6항, 수표법 제47조 제6항).

3) 불가항력이 권리보전절차에 미치는 영향

① 기간의 연장

불가항력으로 인해 어음·수표의 제시나 거절증서의 작성이 어려운 경우에는 원칙적으로 그 기간을 연장한다(어음법 제54조 제1항, 수표법 제47조 제1항). 소지인은 불가항력이 사라지면 지체 없이 인수 또는 지급을 위하여 어음·수표를 제시하고 필요한 경우에는 거절증서 등을 작성시켜야 한다(동조 제3항).

② 보전절차의 면제

불가항력이 장기화되는 경우에는 예외적으로 어음·수표의 제시나 거절증서 등의 작성 없이 상환청구권을 행사할 수 있다. 여기서 불가항력이 「장기화 되는 경우」란, 어음의 경우에는 "만기로부터 30일이 지나도록 계속되는 경우"를 의미하고, 수표의 경우에는 "소지인이 자기의 배서인에게 불가항력이 발생한 사실을 통지한 날부터 15일이 지나도록 계속되는 경우"를 의미한다(동조 제4항).

04 상환청구의 절차

1. 거절의 통지

(1) 의의

상환청구사유가 발생하면 소지인과 배서인들은 각기 소정의 전자에게 이 사실을 통지하여야 한다. 이를 「거절의 통지」 또는 「상환청구의 통지」라고 한다. 상환의무자들에게 상환청구를 예고하여 상환의무의 이행을 준비시키는 동시에 자신의 권리를 확보할 기회를 제공하기 위함이다.

(2) 통지할 사항

인수거절 또는 지급거절이 있으면 통지해야 한다(어음법 제45조 제1항 전문, 수표법 제41조 제1항 전문). 법문에 규정은 없으나 지급인 등의 지급정지·강제집행부주효의 사실이 발생하여도 역시 통지를 해야 한다. 다만 지급인 등의 파산은 공고되므로 통지를 요하지 않는다(다수설).

(3) 통지의 당사자 — 순차통지주의

통지는 「최후의 어음·수표 소지인」과 후자로부터 통지를 받은 「배서인」이 배서의 역순으로 「상환의무자」인 발행인·배서인·보증인에게 한다. 즉 최후의 소지인은 자기의 배서인에게 통지하고, 그 배서인은 다시 자기의 배서인에게 통지하는 식으로 하여 통지가 차례로 최종의 상환의무자에게 이르도록 한다(순차통지주의). 다만 환어음과 수표의 소지인은 자기의 직접의 전자 외에 발행인에게도 통지하여야 한다(동조 동항). 순차 통지만으로는 통지가 최종의 상환의무자인 발행인에게 이르기까지 장시간이 소요되어 발행인이 적당한 조치를 취할 기회를 상실할 염려가 있기 때문이다. 약속어음에서는 수취인이 최종의 상환의무자이므로 그 소지인은 직접의 전자와 수취인에게 통지를 해야 한다. 발행인 또는 배서인에게 통지를 할 때 그의 보증인이 있으면 그 보증인에게도 같은 통지를 하여야 한다(동조 제2항).

여기서 주의할 점이 있다. 통지는 각각 자신의 직접의 전자에게 순차로 하지만, 그렇다고 상환청구까지 직접의 전자에게만 할 수 있는 것은 아니다. 상환청구는 자신의 전자들 가운데서 누구든 임의로 선택하여 할 수 있다.

(4) 통지 기간

소지인은 「거절증서작성일 이후의 4거래일 내」에 통지해야 하고, 다만 거절증서의 작성이 면제된 때에는 「어음·수표의 제시일에 이은 4거래일 내」에 통지해야 한다. 배서인은 「자신이 통지 받은 날 이후 2거래일 내」에 통지해야 한다(어음법 제45조 제1항, 수표법 제41조 제1항).

(5) 통지해태의 효력

통지가 상환청구권 보전을 위한 요건은 아니므로, 소지인 등이 법정의 기간 내에 통지를 하지 않았다고 하여 상환청구권을 상실하는 것은 아니다. 다만 소지인 등이 통지를 하지 않아 상환의무자에게 손해가 발생한 경우 소지인 등은 어음·수표금액의 한도 내에서 그 손해를 배상할 책임이 있다(동조 제6항). 여기서 손해란 통지가 없었기 때문에 증대된 상환청구금액 등을 의미한다.

2. 상환청구금액

어음법·수표법은 상환청구금액을 획일적으로 정하고 있는데, 「어음·수표의 최종 소지인이 상환청구를 하는 경우」와 「어음·수표를 환수한 자가 재상환청구를 하는 경우」로 나누어 달리 규정하고 있다.

(1) 소지인의 상환청구금액

1) 어음

① 만기 후의 상환청구 시

ⅰ) 지급되지 아니한 어음금액과 이자가 적혀 있는 경우 만기까지의 약정이자, ⅱ) 만기 당일을

포함한 만기 이후 연 6%의 이율로 계산한 법정이자, iii) 거절증서의 작성비용·통지비용 및 그 밖의 비용이다. 법정이자 계산 시 실제 지급제시를 한 날이 만기 이후라 하여도 만기일을 기산일로 한다는 점을 주의해야 한다.

② 만기 전의 상환청구 시

i) 인수 또는 지급되지 아니한 어음금액과, ii) 거절증서의 작성비용·통지비용 및 그 밖의 비용이다. 만기 전 상환청구이므로 만기 이후의 법정이자는 가산할 여지가 없다. 확정일출급어음이나 발행일자후정기출급어음의 경우에는 지급받는 날로부터 만기까지의 중간이자를 할인에 의하여 어음금액에서 공제한다(어음법 제48조 제2항 전문). 이와 같은 어음에서는 어음금액에 만기까지의 이자가 포함되어 있기 때문이다. 반면 일람출급어음이나 일람후정기출급어음이 이자부인 경우에는 어음금액에 어음발행 당일부터 지급받는 날까지의 약정이자를 가산한다. 이때는 중간이자 할인의 문제는 있을 수 없다.

2) 수표

수표소지인의 상환청구금액은, i) 지급되지 아니한 수표금액, ii) 연6%의 이율로 계산한 제시일 이후의 법정이자, iii) 거절증서 또는 이와 같은 효력이 있는 선언의 작성비용·통지비용 및 그 밖의 비용이다(수표법 제44조).

수표에는 만기가 없으므로 만기 전 상환청구금액이란 있을 수 없고 언제나 어음에서의 만기 후 상환청구금액에 해당하는 것만 있다. 수표의 경우 이자는 무익적 기재사항이므로 약정이자는 상환금액에 포함될 수 없으며, 또 만기가 없으므로 법정이자는 지급제시일로부터 기산한다.

(2) 재상환청구금액

어음·수표를 환수한 자가 그 전자에 대하여 재상환청구할 수 있는 금액은, i) 지급한 총금액, ii) 그 금액에 대하여 연6%의 이율로 계산한 지급한 날 이후의 이자, iii) 지출한 비용이다(어음법 제49조, 수표법 제45조).

3. 상환청구의 방법

(1) 상환청구권자의 상환청구방법

1) 상환청구의 상대방

상환청구권자는 상환의무자 누구에게든 채무부담의 순서에 상관 없이 상환청구권을 행사할 수 있고, 의무자 중 1인에게뿐만 아니라 수인 또는 전원에게도 상환청구를 할 수 있다(어음법 제47조 제2항, 수표법 제43조 제2항). 또 채무자 중 1인에 대한 청구는 다른 채무자에 대한 청구에 영향을 미치지 않는다. 따라서 이미 청구를 받은 자의 전자 또는 후자에 대하여도 상환청구를 할 수 있다(동조 제4항).

2) 역어음의 발행

① 역어음의 의의

i) 상환청구권자는 상환의무자를 지급인으로 하는 환어음을 발행하는 방법으로 상환청구권을

행사할 수 있다(어음법 제52조 제1항). 이렇게 발행된 환어음을 역어음이라 한다. 역어음의 지급인이 역어음을 지급하면 본어음의 상환의무를 이행한 것이 된다. 예컨대, 甲이 乙에게 발행, 乙 → A → B → C의 순으로 배서된 어음이 지급거절되어 C가 A를 상대로 상환청구를 하면서, A를 지급인으로 하는 환어음을 자신의 다른 채권자인 X에게 발행하는 것이다. 이후 X가 A에게 이 환어음을 제시하여 A가 그 환어음을 지급하면 A는 C에 대한 상환의무를 이행한 것이 된다. ii) 약속어음에서의 상환청구권자도 배서인 등에게 상환청구를 하는 경우에 환어음인 역어음을 이용할 수 있다. 다만 수표의 상환청구에서는 역어음이 인정되지 않는다.

② 역어음 발행의 제한

역어음은, i) 상환의무자에게 새로운 부담을 주어서는 안되므로 상환의무자의 주소에서 지급할 것으로 해야 하고, ii) 상환금액을 증대시켜 상환의무자에게 추가 부담을 줄 수 있으므로 상환의무자가 어음에 역어음의 발행을 금지하는 문구를 기재한 경우에는 발행할 수 없다. iii) 또 즉시 지급 받을 것을 목적으로 하므로 만기는 반드시 일람출급이어야 한다(어음법 제52조 제1항).

(2) 상환의무자의 이행방법

1) 이행의 방법

상환의무의 이행은 금전채무 이행의 일반원칙과 같이 지급·상계 기타의 방법으로 할 수 있다. 일부상환은 일부지급과 달리 상환청구권자가 거절할 수 있다(통설).

2) 어음·수표, 기타 서류의 교부청구권

① 일반적인 경우

상환의무자는 지급과 상환하여 i) 어음·수표, ii) 거절증서 또는 이와 동일한 효력이 있는 선언, iii) 영수를 증명하는 계산서의 교부를 청구할 수 있다(어음법 제50조 제1항, 수표법 제46조 제1항). 상환의무자에게, ①「어음·수표」는 이중으로 상환청구를 받을 위험을 제거하고, 주채무자 및 전자인 상환의무자에 대하여 어음·수표상 권리를 행사하는데 필요하고, ②「거절증서 등」은 재상환청구의 형식적 요건을 구비하는데 필요하며, ③「영수를 증명하는 계산서」는 상환의무의 이행사실을 증명하는데 필요하기 때문이다. 상환의무자는 이 서류와 상환으로서가 아니면 지급을 거절할 수 있다.

② 일부인수의 경우

환어음 소지인이 일부인수 후 인수되지 않은 잔액에 대하여 상환청구를 하는 경우에는 상환의무자는 지급을 하더라도 소지인에게 어음의 교부를 청구할 수 없다. 어음은 만기에 인수된 금액에 대한 지급제시를 위하여 소지인이 계속 가지고 있어야 하기 때문이다. 대신 상환의무자는 소지인에게 지급한 사실을 어음에 적을 것과 영수증의 교부를 청구할 수 있고, 또 재상환청구를 위하여 어음의 증명등본과 거절증서의 교부를 청구할 수 있다(어음법 제51조).

③ 일부지급의 경우

어음·수표의 소지인이 일부지급을 받은 후 잔액에 대하여 전자에게 상환청구를 하는 경우는 일반적인 상환청구의 경우와 다르지 않다. 즉 지급인 등이 일부지급을 한 경우 소지인은 지급인 등에게 어음·수표를 교부하지 않고, 단지 지급사실을 어음·수표에 적고 지급인 등에게 영수증을 교부할 뿐이다(어음법 제39조 제3항, 수표법 제34조 제3항). 소지인은 여전히 자신이 보유하고 있는 어음·수표로 잔액에 대한 상환청구를 하는데, 이때 상환의무자는 소지인에게 잔액의 지급과 상환으로 어음·수표·거절증서·영수를 증명하는 계산서의 교부를 청구할 수 있다(어음법 제50조 제1항, 수표법 제46조 제1항).

3) 배서말소권

상환의무자는 상환의무를 이행하고 어음·수표를 환수한 경우 자기와 후자의 배서를 말소할 수 있다(어음법 제50조 제2항, 수표법 제46조 제2항). 이렇게 배서를 말소하면 다시 상환청구를 받을 염려가 없고, 어음·수표 소지인으로서의 형식적 자격을 회복하여 상환에 대한 입증 없이도 주채무자 및 전자인 상환의무자에게 어음·수표상의 권리를 행사할 수 있어 유리하다. 다만 배서를 말소하지 않았다고 하여 재상환청구 등 어음·수표상 권리를 행사할 수 없는 것은 아니다.

05 재상환청구

1. 의의

상환의무자는 상환의무를 이행하고 어음·수표를 환수하면 다시 자신의 전자에 대하여 상환청구를 할 수 있다. 이를 재상환청구라 한다.

2. 재상환청구권의 법적 성질

(1) 학설

재상환청구권의 법적 성질에 대해서는 권리회복설과 권리재취득설이 대립한다. ① 권리회복설에 의하면 재상환청구권은 배서인이 배서 이전에 가지고 있던 어음·수표상의 권리를 회복한 것이라고 한다. ② 반면 권리재취득설은 어음·수표상 권리는 배서에 의해 피배서인에게 확정적으로 이전하고, 재상환청구권은 배서인이 상환의무를 이행하고 법률의 규정에 의해 어음·수표상의 권리를 재취득한 것이라고 한다.

(2) 양 학설의 차이점

재상환청구권의 법적 성질을 어떻게 보느냐에 따라 당사자들 간의 인적항변의 승계에 대한 설명이 달라진다. 예를 들어 甲이 발행한 약속어음이 乙 → A → B → C의 순으로 양도되었는데, 甲의 지급거절로 C가 A에게 상환청구권을 행사하여 A가 C에게 상환의무를 이행하고 어음을 환수하였다고 하자. A가 乙에게 재상환청구를 함에 있어 乙은 A에 대해 가지고 있던 항변을 가지고 A의 재상환청구에 대항할 수 있는가? 또 乙은 C에 대해 가지고 있는 항변사유를 가지고 A에게 대항할 수 있는가?

1) 권리회복설

A의 권리는 이전에 소지인으로서 가지던 권리를 회복한 것이므로, A에게 乙은, A에 대한 항변

사유로는 대항할 수 있으나, C에 대한 항변사유로써는 대항할 수는 없다.

2) 권리재취득설

① 먼저 권리재취득설의 논리대로만 보자. 乙은 A에 대한 인적항변사유로써는 대항할 수 있다. 乙이 과거 A에게 가졌던 인적항변은 A가 B에게 배서함으로써 절단되었기 때문이다. 반면 乙은 C에 대한 인적항변사유로는 만약 이에 대하여 A가 악의였다면 대항이 가능하다. 그러나 권리재취득설도 대부분 이렇게 보지 않는다. ② 권리재취득설에 의하여도, 乙은 A에 대한 인적항변사유는 주장할 수 있으나, C에 대한 항변으로 A에게 대항할 수는 없다. A에 대한 항변사유의 주장이 가능한 이유는, 인적항변이란 乙과 A 사이의 인적 관계에 기한 사유를 내용으로 하므로 A가 권리를 행사하는 이상 A를 보호할 이유가 없기 때문이고, C에 대한 항변으로 대항이 불가능한 이유는 A가 C로부터 어음·수표를 환수하는 것은 상환의무의 이행에 따른 강제적 취득이므로 A의 선의·악의를 불문하고 인적항변사유는 승계되지 않기 때문이다.

결국 권리회복설과 권리재취득설은 결론에 있어서는 차이가 없고, 이유를 설명하는 방식만 다르므로 법적 성질에 관한 논의의 실익은 별로 크지 않다.

3. 재상환청구의 요건

(1) 실질적 요건

「상환의무자」가 「상환청구권자」에게 상환의무를 유효하게 이행하여야 한다.

1) 「상환의무자」의 상환

상환하는 자는 상환의무를 부담하는 자이어야 한다. 따라서 상환의무를 부담하지 않는 자, 예컨대, 무담보배서인, 백지식배서를 받아 단순한 교부에 의해 어음·수표를 양도한 자는 소지인의 상환청구에 응하여 그에게 상환을 해주었더라도 전자에 대한 재상환청구권을 취득하지 못한다.

다만 판례는, A가 어음을 乙로부터 백지식배서에 의해 양수하여 B에게 단순한 교부에 의해 양도하였는데, 그 어음이 지급거절 되자 A가 B의 상환청구에 응하여 상환을 하고 어음을 환수한 후 乙에게 재상환청구를 한 사안에서, "A가 乙에 대하여 당연히 재상환청구권을 취득하는 것은 아니라고 하더라도, B가 乙에 대하여 가지는 상환청구권을 민법상의 지명채권 양도의 방법에 따라 취득하여 행사할 수 있는 것으로 보아야 하고, 다만 乙은 이에 대하여 B에 대한 모든 인적항변으로 대항할 수 있을 뿐이다(대판 1998.8.21. 98다19448)."라고 판시하였다. A가 乙에 대하여 재상환청구권을 취득하는 것 비슷해 보이나, 이 경우는 소지인 B에 대한 항변사유가 승계된다는 점에서 중요한 차이가 난다.

2) 「상환청구권자」에 대한 상환

상환의무자는 상환청구권을 가지는 자에게 의무를 이행해야 한다. 상환청구권이 없는 자, 예컨대, 백지어음·수표의 소지인, 상환청구권을 보전하지 못한 소지인에게 상환을 하면 설사 어음·수표를 환수하였더라도 재상환청구권을 취득하지 못한다.

이와 관련한 판례를 하나 보자. 甲이 乙에게 발행한 약속어음을 乙이 거절증서 작성을 면제하여 A에게 배서하고 A는 거절증서 작성을 면제하지 않은 채 B에게 배서하였다. B의 지급제시에 대하여 甲이 지급을 거절하였으나 B는 거절증서를 작성하지 않았다. 이후 B가 A에게 상환청구를 하였는데 A는 B가 거절증서를 작성하지 않았음에도 이에 응하여 B에게 어음금을 지급하고 어음을 반환 받았다. 그리고 A는 乙을 상대로 재상환청구를 하였다. 乙은 A의 재상환청구에 응하여야 하는가?

먼저 논리적으로만 보면, A가 지급거절증서 작성을 면제하지 않았으므로 거절증서를 작성하지 않은 B는 상환청구권을 취득하지 못하고, 따라서 A의 B에 대한 상환은 상환청구권자 아닌 자에 대한 상환이므로 A는 乙에 대하여 재상환청구권을 취득하지 못한다. 그러므로 乙은 A의 재상환청구에 응할 필요가 없다.

그러나 판례는 乙은 A의 재상환청구에 응하여야 한다고 하였다. 즉 乙은 거절증서 작성을 면제하였으므로 A가 거절증서 작성을 면제하지 않았음에도 B의 거절증서 작성 여부에 대한 확인 없이 B의 상환청구에 응한 점을 탓할 수 없고, 따라서 乙은 A의 재상환청구를 거절하지 못한다는 것이다(대판 1990.10.26. 90다카9435). 위 판례는 그 근거로서, ① 乙은 거절증서 작성을 면제하였으므로 B가 직접 乙에게 상환청구를 하였으면 거절증서 작성이 없었다는 이유로 이를 거절할 수 없었을 것인데, B가 먼저 A에게 상환청구를 하였다고 하여 乙이 상환의무에서 벗어나는 것은 부당하다는 점, ② A는 적법하게 자기 이후의 배서를 말소하여 소지인으로서의 형식적 자격을 갖출 수 있는데(어음법 제50조 제2항), 그렇게 되면 거절증서 없이도 乙에게 상환청구를 할 수 있으므로 배서를 말소하지 않더라도 같은 결론이 되어야 한다는 점을 들고 있다.

(2) 형식적 요건

재상환청구를 하기 위해서는 상환의무를 이행한 사실을 증명해야 하므로 상환청구권자로부터 어음·수표와 거절증서를 환수하여 재상환의무자에게 제시하여야 한다(어음법 제50조 제1항, 수표법 제46조 제1항). 상환의무를 이행할 때 소지인에게 영수를 증명하는 계산서도 요구할 수 있으나 이는 재상환청구의 요건은 아니다.

거절증서 작성을 면제한 배서인은 어떠한가? 예컨대, 甲이 乙에게 발행한 약속어음이 乙 → A → B 순으로 배서 양도되었는데 A가 거절증서 작성을 면제하였다고 하자. A는 B가 거절증서를 작성하지 않고 상환청구를 해와도 이에 응하여야 한다. 그러나 A가 자신의 거절증서 작성 면제를 가지고 乙에게 대항할 수는 없으므로 A가 乙에게 재상환청구를 할 때에는 거절증서가 있어야 한다. 따라서 소지인 B가 거절증서를 작성하지 않은 경우에는 A의 乙에 대한 재상환청구는 불가능하게 된다. 이처럼 배서인이 거절증서 작성을 면제하는 것은 재상환청구권을 상실할 심각한 위험을 안고 있다. 한편 재상환청구권자는 자기와 후자의 배서를 말소할 수 있다(어음법 제50조 제2항, 수표법 제46조 제2항). 이 경우 재상환청구권자는 어음·수표 소지인의 자격에서 상환청구를 할 수 있다.

제6장 어음·수표상 권리의 소멸

제1절 총설

01 일반적 소멸원인

1. 소멸원인 일반

어음·수표상 권리도 변제·대물변제·상계·경개·면제·공탁 등 민법상 채권의 일반적 소멸원인에 의해 소멸한다. 다만 어음·수표에는 환배서가 인정되므로, 민법상 혼동에 의해서는 소멸하지 않는다.

2. 상계와 상환증권성

어음·수표의 채무자가 어음·수표와 상환하지 않고 지급을 하더라도 그 지급은 유효하며 단지 인적항변사유가 될 뿐이다. 그러나 판례는 "어음채권을 「자동채권」으로 하여 「재판외」의 상계를 하는 경우에는 어음의 교부가 필요불가결하고, 어음의 교부가 없으면 상계의 효력이 생기지 않는다(대판 1991.4.9. 91다2892)."고 하였다. 이 경우는 단지 인적항변에 그치는 것이 아니라 아예 상계의 효력이 생기지 않는다는 것이다. 어음·수표채권을 「수동채권」으로 하거나 「재판상으로」 상계를 하는 경우에는 다시 일반원칙으로 돌아와 어음·수표와 상환하지 않더라도 상계는 유효하고 단지 인적항변사유가 되는데 그친다.

02 어음·수표의 특유한 소멸원인

어음·수표의 특유한 소멸원인으로는, ⅰ) 상환청구권 보전절차의 흠결에 의한 상환청구권의 소멸, ⅱ) 소지인의 일부지급의 수령 거절로 인한 그 부분에 대한 상환청구권의 소멸 등 여러 가지가 있다. 그리고 어음·수표상 권리는 단기의 소멸시효에 의해 소멸한다. 이 곳에서는 어음·수표시효와 어음·수표의 특유한 소멸원인과 관련이 있는 이득상환청구권에 대해서 설명하기로 한다.

03 어음·수표시효

1. 시효기간 및 시효의 기산점

어음·수표관계는 다수의 채무자가 엄격한 책임을 지므로 가능하면 신속하게 해소할 필요가 있다. 그래서 어음법·수표법은 신속한 결제를 유도하기 위해 시효기간을 민법에 비하여 단축하고 있다.

(1) 어음

1) 주채무자에 대한 청구권(3년)

주채무자에 대한 청구권은 「만기일」로부터 「3년」간 행사하지 않으면 소멸시효가 완성한다(어음법 제70조). 만기가 공휴일이라도 그 다음 첫 거래일이 아니라 만기일부터 기산한다. 다만 판례 중에는 장래 발생할 채권을 담보하기 위하여 발행된 약속어음의 경우에는 피담보채권이 발생하지 않은 기간 중에는 어음상의 청구권을 행사할 수 없으므로, 피담보채권이 현실적으로 발생한 때부터 시효가 진행된다는 것이 있다(대판 2004.12.10. 2003다33769).

2) 상환청구권(1년)

상환의무자에 대한 상환청구권은 「거절증서 작성일자」 또는 거절증서 작성이 면제된 경우에는 「만기일」로부터 「1년」이 경과하면 소멸시효가 완성한다(동조 제2항). 만기 전 상환청구의 경우도 마찬가지이다(대판 2003.3.14. 2002다62555).

3) 재상환청구권(6개월)

상환자의 그 전자에 대한 재상환청구권은 그가 어음을 「환수한 날」 또는 「제소된 날」로부터 「6개월」이 경과하면 소멸시효가 완성한다(동조 제3항).

4) 만기일의 확정

만기일은 소멸시효의 기산점이 되므로 만기일이 언제인가가 중요하다. 확정일출급어음과 발행일자후정기출급어음은 만기일이 특정일로 확정되므로 별 문제가 없다. 문제는 일람출급어음과 일람후정기출급어음이다.

① 일람출급어음

원칙적으로 제시일이 만기이다(어음법 제34조 제1항 1문). 소지인이 지급제시기간 내에 지급제시를 하지 않은 경우가 문제인데 이 경우는 어음법 제35조 제2항을 유추하여 지급제시기간(원칙적으로 발행일로부터 1년)의 말일을 만기로 본다.

② 일람후정기출급어음

원칙적으로 인수일자 또는 거절증서일자로부터 일정기간이 경과한 후가 만기이다(어음법 제35조 제1항). 문제는 이러한 일자가 없는 경우이다. 이때는 인수제시를 하였는지와 상관 없이 인수제시기간(원칙적으로 발행일로부터 1년)의 말일로부터 일정기간이 경과한 후가 만기가 된다. 인수일이 적혀 있지 아니하고 거절증서도 작성되지 아니한 경우에 인수인에 대한 관계에서는 인수제시기간의 말일에 인수한 것으로 보기 때문이다(어음법 35조 제2항).

(2) 수표

수표에는 주채무자가 없으므로 주채무자에 대한 청구권의 시효는 없고, 대신 지급보증인에 대한 청구권의 시효가 별도로 규정되어 있다. 그리고 수표상 청구권의 소멸시효는 소지인이 지급제시기간 내에 지급제시를 하고 거절증서 등을 작성하였음을 전제로 한다. 지급제시나 거절증서 작성이 없는 경우에는 청구권이 발생하지 않으므로 청구권의 시효는 있을 수 없다.

1) 지급보증인에 대한 청구권(1년)

지급보증인에 대한 청구권은 「지급제시기간이 경과한 날」로부터 「1년」이 지나면 소멸시효가 완성한다(수표법 제58조).

2) 상환청구권(6개월)

상환의무자에 대한 상환청구권은 「지급제시기간이 경과한 날」로부터 「6개월」이 지나면 소멸시효가 완성한다(수표법 제51조 제1항).

3) 재상환청구권(6개월)

상환자의 그 전자에 대한 재상환청구권은 그가 수표를 환수한 날 또는 제소된 날부터 6개월이 지나면 소멸시효가 완성한다(동조 제2항).

2. 시효중단

(1) 중단사유

어음·수표상 권리의 소멸시효도 민법상의 소멸시효 중단사유인 ① 청구, ② 압류·가압류·가처분, ③ 승인에 의하여 중단된다. 그런데 위 각 경우에 시효의 중단을 위하여 어음·수표의 제시가 필요한가?

1) 청구

통설·판례 모두 「재판상의 청구」에 의하는 경우에는 어음·수표를 제시하지 않아도 시효중단의 효력이 있다고 한다(대판 1962.1.31. 4294민상110). 따라서 이는 재판외의 청구를 하는 경우에 제기되는 문제이다.

① 통설

재판상의 청구, 재판외의 청구를 묻지 않고 어음·수표의 제시는 필요하지 않다고 한다. 시효중단 사유로서의 청구는 권리 위에 잠자고 있지 않음을 표시하는 것으로 족한데 어음·수표를 제시하지 않고 하는 이행의 청구도 그 정도는 된다는 것이다.

② 판례

판례는 전통적으로 재판외의 청구에서는 어음·수표의 제시가 필요하다는 입장이었다(대판 1962.12.20. 62다680). 그러나 근래 "<u>어음요건이 백지인 약속어음의 소지인이 그 백지 부분을 보충하지 않은 상태에서 어음금을 청구하는 것은 어음상의 청구권에 관하여 잠자는 자가 아님을 객관적으로 표명한 것이라고 할 수 있고 그 청구로써 어음상의 청구권에 관한 소멸시효는 중단된다고 할 것이다</u>(대판 2010.5.20. 2009다48312 전원합의체)."라고 판시한 바 있다.

이 판례는 백지를 보충하지 않고 어음금청구의 소를 제기한 경우에 관한 것이긴 하나, 판시사항을 보면 판례의 입장이 재판외 청구에도 어음·수표의 제시를 요하지 않는 것으로 변경되었다고 볼 수 있다.

2) 압류·가압류·가처분 및 승인

이에 의한 시효중단에는 어음·수표의 제시가 필요 없다. 압류·가압류·가처분은 재판상의 청구와 마찬가지로 법원에 의한 행위이기 때문이고, 승인은 채무자가 채무의 존재를 인식하고 있다는 뜻을 표시함으로써 족하기 때문이다(대판 1990.11.27. 90다카21541).

(2) 중단의 효력범위

시효의 중단은 그 중단사유가 생긴 자에 대하여만 효력이 생긴다(어음법 제71조, 수표법 제52조). 따라서 공동발행인의 1인에 대한 시효중단의 효력은 다른 발행인에게 미치지 않으며, 주채무자에 대한 시효중단의 효력은 상환의무자에게 미치지 않는다.

3. 시효완성의 효과

(1) 원칙

어음·수표상의 채무는 서로 독립하여 존재하므로 시효완성의 효과도 각 채무자에게 독립적으로 발생한다. 따라서 상환의무자·보증인 등에 대한 권리가 시효로 소멸하여도 주채무자에 대한 권리에는 영향을 미치지 않는다.

(2) 예외

① 주채무자에 대한 권리가 시효로 소멸하면 상환청구권도 함께 소멸한다(통설). 상환청구권은 주채무자에 대한 청구권을 보완하기 위한 종된 권리에 불과하기 때문이다.

② 피보증인에 대한 권리가 시효소멸하면 부종성의 효과에 의해 보증인에 대한 권리도 같이 소멸한다.

제2절 이득상환청구권

01 총설

1. 의의

(1) 개념

이득상환청구권이란 어음·수표상의 권리가 상환청구권 보전절차의 흠결 또는 시효완성으로 소멸한 경우, 소지인이 어음·수표상의 채무자에 대하여 그로 인해 받은 이득의 반환을 청구할 수 있는 권리를 말한다. 이득상환청구권은 어음·수표상 권리가 소멸함으로써 인정되는 권리이므로 어음·수표상 권리는 아니고 어음법·수표법상의 권리이다.

(2) 취지

어음법·수표법이 소멸시효를 특별히 단기로 규정하고 상환청구권 보전절차를 엄격히 규정함에 따라 채무자가 채무를 면하였음에도 원인관계상의 대가나 어음·수표자금을 계속 보유하게 되는 불공평한 결과가 생길 수 있다. 이득상환청구권은 이와 같은 실질관계상의 불공평을 해소하기 위해 소지인에게 인정된 것이다. 예를 들어, 甲이 乙에게 부동산 구입대금의 지급에 갈음하여 약속어음을 발행하고, 乙은 이 어음을 어음할인의 방법으로 A에게 배서 양도하였다고 하자. 이때 A가 이 어음을 소지하던 중 소멸시효가 완성하여 어음상 권리를 상실하면 乙은 특별히 이득을 얻을 것이 없으나 甲은 부동산 가액 상당의 이득을 얻는다. 이는 어음법·수표법이 소멸시효기간을 단기로 규정한 데에서 오는 불공평한 결과이다. 그래서 법은 이의 시정을 위하여 A에게 이득상환청구권을 인정하여 甲에 대하여 얻은 이익의 반환을 청구할 수 있도록 한 것이다.

2. 법적 성질

이득상환청구권의 법적 성질을 어떻게 볼 것인가에 대하여 견해의 대립이 있다. ① 잔존물설은 이득상환청구권은 어음·수표상 권리의 잔존물 또는 변형물로 본다. 잔존물설에서는 이득상환청구권은 여전히 어음·수표에 표창된다고 한다. ② 반면 지명채권설은 이득상환청구권은 형평의 관념에서 법이 특히 인정한 특별한 청구권으로서 민법상 지명채권의 일종으로 본다. 이득상환청구권은 어음·수표상 권리가 소멸한 후에 발생하는 것이므로 어음·수표상 권리와 동질 또는 유사한 권리가 될 수 없다는 것이다. 통설·판례의 태도이다(대판 1970.3.10. 69다1370). 법적 성질을 어떻게 보느냐에 따라 이득상환청구권의 양도방법·행사방법·시효기간·담보권의 이전 등에서 차이가 난다.

02 발생요건

1. 어음·수표상의 권리가 유효하게 존재하고 있었을 것

소지인은 형식적으로나 실질적으로나 완전한 어음·수표상 권리를 취득하고 있었어야 한다. 따라서 불완전어음·수표 또는 보충되지 않은 백지어음·수표의 소지인은 이득상환청구권을 취득할 수 없다.

2. 어음·수표상의 권리가 절차의 흠결 또는 시효의 완성으로 인하여 소멸하였을 것

(1) 권리소멸 원인의 제한적 열거

어음·수표상 권리가 「상환청구권 보전절차의 흠결」 또는 「소멸시효의 완성」으로 소멸한 경우에만 이득상환청구권이 발생한다. 어음·수표행위의 무효·취소, 채무의 면제 등 기타의 사유로 권리가 소멸한 때에는 이득상환청구권이 발생하지 않는다.

(2) 수표의 이득상환청구권의 발생시기

수표의 이득상환청구권은 "「수표상의 권리」가 소멸한 때"에 발생하는데, 수표상의 권리를 어떻게 보느냐에 따라 수표상 권리의 소멸시기가 달라지고, 이에 따라 이득상환청구권의 발생시기도 달라진다.

1) 「수표상 권리」의 의의

10일의 지급제시기간 내에 지급제시를 한 경우의 상환의무자에 대한 상환청구권 및 지급보증인에 대한 지급청구권이 수표상 권리에 해당한다는 점에는 이견이 없다. 문제는 지급제시기간 경과 후의 수표금 수령권한이다. 지급인은 지급제시기간 경과 후에도 지급위탁의 취소가 없는 한 발행인의 계산으로 유효하게 지급할 수 있는데(수표법 제32조 제2항), 이처럼 지급제시기간 경과 후 지급인이 임의지급을 할 때 이를 수령할 수 있는 수표소지인의 권한(수표금수령권한)도 수표상의 권리에 포함되는가가 문제된다. 이를 긍정하는 견해도 있으나, 통설·판례는 부정한다.

2) 이득상환청구권의 발생시기

① 정지조건설

수표금수령권한도 수표상 권리에 포함된다는 입장에서 취하는 견해이다. 지급제시기간이 경과한 것만으로는 수표상의 권리가 소멸하지 않으며, 지급제시기간 경과 후에 발행인이 「지급위탁의 취소」를 하거나 수표소지인의 지급제시에 대하여 지급인이 「지급거절」을 한 때에 비로소 수표상 권리가 소멸하고 이때에 이득상환청구권이 발생한다고 한다.

② 해제조건설(통설·판례)

수표금 수령권한은 수표상 권리에 포함되지 않는다는 통설·판례의 입장에서 취하는 견해이다(대판 1964.12.15. 64다1030). 수표상 권리는 상환청구권과 지급보증인에 대한 지급청구권에 한정되므로 「지급제시기간의 경과」만으로 수표상 권리는 확정적으로 소멸하고 이때 바로 이득상환청구권이 발생한다고 한다. 다만 이후에 지급위탁이 취소되지 않아 지급인이 임의로 수표금을 지급하면 이미 발생한 이득상환청구권이 소멸한다고 본다.

3. 어음·수표의 소지인이 다른 구제수단을 갖지 아니할 것

이득상환청구권은 어음·수표상의 권리가 소멸한 다음 형평의 관념에서 실질관계상의 불공평을 시정하기 위한 제도이므로 소지인이 다른 구제수단을 갖고 있는 경우에는 인정할 이유가 없다. 그렇다면 소지인이 어느 정도로 다른 구제수단을 갖지 않아야 이득상환청구권이 발생하는가?

(1) 학설

① 모든 어음·수표상 채무자에 대한 어음·수표상 권리가 소멸하고, 민법상의 구제수단까지 소멸해야 이득상환청구권이 발생한다고 한다. 이 견해는 결과적으로 이득상환청구권을 가장 좁게 인정한다. ② 모든 어음·수표상 채무자에 대한 어음·수표상 권리가 소멸하기만 하면 원인관계에서의 민법상의 권리구제수단이 있더라도 이득상환청구권은 발생한다고 한다. 다수설이 취하는 견해이다. ③ 이득상환청구의 상대방에 대한 어음·수표상의 권리가 소멸하기만 하면, 소지인이 민법상의 구제수단을 갖고 있을 뿐만 아니라 다른 채무자에 대한 어음·수표상 권리까지 갖고 있다 하더라도 이득상환청구권이 발생한다고 한다. 이 견해는 이득상환청구권을 가장 넓게 인정한다.

(2) 판례

판례는 첫 번째 견해를 취한다. 즉 "이득상환 청구권이 발생하는 데 있어서는 모든 어음상의 또는 민법상의 채무자에 대하여 각 권리가 소멸되었음을 요한다(대판 1970.3.10. 69다1370)."라고 판시하였다. 나아가 판례는 어음상의 권리가 소멸한 후에 원인관계상 권리가 마저 소멸하여도 이득상환청구권은 발생하지 않는다고 한다. 어음채권 소멸 당시에는 원인관계상의 권리가 구제방법으로 존재하였기 때문에 채무자의 이득을 어음상 권리의 소멸로 인한 것이라고 할 수 없다는 이유에서이다(대판 1963.5.15. 63다155).

4. 어음·수표채무자가 이익을 얻었을 것

여기서의 「이익」이란 채무자가 어음·수표상의 채무를 면하는 것 자체를 의미하는 것이 아니라 어음·수표수수의 원인관계 등 실질관계에 있어서 현실로 받은 재산상의 이익을 의미한다(대판 1993.7.13. 93다10897). 예컨대, 소멸시효 완성으로 어음금의 지급을 면한 경우, 약속어음 발행인이 얻은 이익은 수취인으로부터 원인관계에서 받은 급부의 가액이고, 발행인으로부터 자금을 공급받고 인수한 환어음의 인수인이 얻은 이익은 발행인으로부터 공급받은 자금 상당액이다.

한편 판례는 어음·수표가 원인관계상 채권의 지급 확보를 위하여 발행된 경우 어음·수표채권이 시효소멸하기 전에 먼저 원인관계에 있는 채권이 시효 등 별개의 원인으로 소멸하였다면 이득상환청구권은 발생하지 않는다고 한다(대판 1992.3.31. 91다40443). 이 경우 채무자의 이득은 어음·수표상 채권의 시효소멸로 인하여 얻은 것이 아니기 때문이다.

03 당사자

1. 권리자

이득상환청구권자는 어음·수표상 권리의 소멸 당시의 정당한 소지인이다. 배서가 불연속된 경우라도 또 기한후배서에 의한 양수인이라도 이득상환청구권을 취득할 수 있다. 그러나 수표의 지급제시기간 경과 후에 수표를 취득한 자는 수표상의 권리가 소멸한 당시의 정당한 소지인이 아니므로 이득상환청구권은 행사할 수 없다(대판 1983.9.27. 83다429).

2. 의무자

실질관계에서 이득을 얻고 있는 자가 의무자이다. 어음의 경우 발행인·인수인·배서인이고, 수표의 경우에는 발행인·배서인·지급보증인이다. 보통은, 환어음의 경우에는 발행인과 인수인 사이에 자금의 공급 여부에 따라 발행인 또는 인수인이 의무자가 되고, 약속어음과 수표의 경우에는 발행인이 의무자가 된다.

04 양도

1. 양도방법

① 지명채권설에 의하면 이득상환청구권의 양도는 「지명채권의 양도방법」에 의하여야 한다. 따라서 통지·승낙 등 대항요건을 갖추어야 채무자 또는 제3자에게 대항할 수 있다. 양도를 위해 증권의 교부는 필요 없다. 이득상환청구권 발생 후에는 어음·수표에 배서를 하여도 이득상환청구권

양도의 효력은 없다. ② 반면 잔존물설에 의하면 이득상환청구권은 「증권의 교부」만으로 양도한다. "어음·수표의 양도방법"이 아니라 "증권의 교부"가 양도방법이다.

2. 선의취득

이득상환청구권의 선의취득은 ① 지명채권설에 의하면 인정되지 않고, ② 잔존물설에 의하면 인정된다.

3. 담보이전

① 지명채권설에 의하면 어음·수표상 권리를 위한 보증 또는 담보는 당사자간의 특약이 없는 한 이득상환청구권을 담보하지 않는다. 양 권리의 성질이 다르기 때문이다. ② 반면 잔존물설에 의하면 어음·수표상 권리와 이득상환청구권은 성질이 같으므로 어음·수표상 권리를 위한 보증 또는 담보는 당사자간의 특약이 없더라도 이득상환청구권을 담보한다.

05 행사

1. 증권소지의 요부

이득상환청구권 행사를 위해서는 증권의 소지가 필요한가? 잔존물설에서는 필요하다고 하나, 지명채권설에서는 필요하지 않다고 한다.

2. 채무의 이행지

민법의 일반원칙에 의하면 채무의 변제는 「지참채무」가 원칙이나, 이득상환채무는 추심채무로 본다. 잔존물설에 의하면 당연한 결론이고, 지명채권설에 의하여도 마찬가지이다. 어음·수표는 전전유통되므로 지참채무라고 하면 이득상환의무자가 누가 이득상환청구권자인지를 알 수 없어 채무를 이행할 수 없기 때문이다.

3. 증명책임

어음·수표상 권리의 행사에 있어서는 배서의 연속에 의하여 형식적 자격을 갖춘 소지인이 어음·수표를 제시하는 것만으로 충분하다. 그러나 이득상환청구권의 행사를 위해서는 입증책임의 일반원칙에 따라 권리를 행사하는 자가 권리발생의 요건 사실을 모두 입증해야 한다. 즉 이득상환청구권자가 어음·수표상의 권리가 소멸한 사실, 자신이 그 당시의 정당한 권리자라는 사실, 의무자에게 실질관계에서 이득이 있다는 사실 등을 모두 입증해야 하고, 이득상환청구권의 양수인은 그 양도사실을 입증해야 한다.

4. 채무자의 항변

이득상환의무자는 어음·수표채무자로서 어음·수표소지인에게 대항할 수 있었던 모든 항변사유로써 이득상환청구권자에게 대항할 수 있다(통설). 잔존물설에 의하면 당연한 법리이나 지명채권설도 이같이 본다. 이득상환의무자가 자신과 무관한 사실로 어음·수표상 권리가 소멸하였음을 이유로 종전보다 더 불리한 지위에 서서는 안되기 때문이다.

06 소멸시효

이득상환청구권의 소멸시효기간은 통설인 지명채권설에서는 민법의 일반채권과 마찬가지로 10년으로 보나, 잔존물설에서는 어음은 3년, 수표는 1년으로 본다.

07 자기앞수표의 이득상환청구권

자기앞수표는 거래계에서 현금과 같이 유통되고 있으며, 당사자들은 지급제시기간 경과 후에도 수표상 권리를 양도한다는 생각으로 수표를 수수하고, 은행도 지급제시기간과 상관 없이 수표금을 지급하는 관행이 형성되어 있다. 이러한 관행을 뒷받침하기 위해 판례는 자기앞수표의 이득상환청구권에 관해서는 특별한 법리를 적용하고 있다.

1. 권리발생의 요건사실에 대한 입증의 용이함

자기앞수표의 경우에는 수표상 권리의 소멸을 제외한 이득상환청구권 발생의 요건사실 대부분이 추정된다. 그런데 수표상 권리의 소멸은 "수표문면상의 발행일과 그로부터 10일의 지급제시기간이 경과한 사실"만 증명하면 되므로 그 입증이 매우 쉽다. 추정되는 사실을 보자. ① 먼저 「구제수단의 부존재」가 추정된다. 자기앞수표는 현금과 같이 거래되어 그 교부는 "지급에 갈음한 것"으로 추정되기 때문이다. ② 「채무자의 이득」도 추정된다. 자기앞수표는 은행이 의뢰인으로부터 수표액면과 동액의 현금을 받거나, 의뢰인의 예금에서 수표금 상당액을 인출하여 은행의 별단예금계정에 입금하고 이를 지급자금으로 하여 발행되기 때문이다. 이와 같은 결과 일반적인 어음·수표와 달리 자기앞수표의 이득상환청구권은 그 발생의 요건 사실이 거의 자동적으로 충족된다.

2. 양도방법

판례는 "은행 기타 금융기관이 발행한 자기앞수표의 소지인이 지급제시기간 경과 후에 수표상의 권리가 소멸한 수표를 양도하는 행위는, 「수표금의 지급수령권한」과 아울러 「이득상환청구권」까지도 양도하는 동시에, 이득을 한 발행인인 은행에 대하여 소지인을 대신해서 그 양도에 관한 「통지를 할 수 있는 권능」을 부여하는 것이다(대판 1976.1.13. 70다2462 전원합의체)."라고 판시한 바 있다.

이에 의하면 양수인이 채무자인 발행은행에 수표를 제시하고 지급을 구하면, 이는 이득상환청구권과 양도통지 권한을 동시에 행사하는 것이 된다. 이로써 판례는 이득상환청구권이 지명채권이라는 기본 틀은 유지하면서도 「수표의 교부」만의 의하여 이득상환청구권을 양도할 수 있도록 하였다.

제3절   어음·수표의 상실과 공시최고절차

(1) 어음·수표의 상실

어음·수표의 상실이란 어음·수표가 멸실되거나 분실·도난으로 소재를 찾을 수 없는 경우 등을 말한다. 어음·수표는 권리를 표창하는 수단이지 권리 자체는 아니므로 소지인이 어음·수표를 상실한다 하여 그 권리까지 상실하는 것은 아니다. 그러나 어음·수표를 상실하면 어음·수표의 제시증권성·상환증권성으로 인하여 권리자는 권리를 행사할 수 없고, 또 그 어음·수표를 제3자가 선의취득하면 어음·수표상 권리를 잃게 된다. 그래서 법은 그 구제수단으로 공시최고 및 제권판결 제도를 두고 있다(민사소송법 제475조 이하).

(2) 공시최고절차

1) 의의

공시최고란 어음·수표를 상실한 경우, 법원이 불특정다수인을 상대로 일정한 기간 내에 권리를 신고할 것을 최고하고, 그러한 신고가 없는 경우에는 증권을 무효로 한다는 공고를 하는 것을 말한다. 공시최고기간은 공고가 끝난 날부터 3개월 이상이다.

2) 공시최고의 요건

공시최고는 자신의 의사에 반하여 증권의 점유를 잃은 자가 현재의 점유자를 알지 못하는 경우에 신청하는 것이다.

① 사기·강박 등으로 어음·수표를 교부한 경우는 자기의 의사에 기하여 증권을 교부한 것이지 의사에 반하여 증권의 점유를 잃은 것이 아니므로 공시최고가 허용되지 않는다(대판 1991.2.26. 90다17620). ② 증서의 소지인이 자기의 의사에 기하지 아니하고 증서의 소지를 상실하였어도 그 후 그 증서를 특정인이 소지하고 있음이 판명된 경우에는 현 소지인에게 그 반환을 청구하여야 하고, 이에 대한 공시최고는 허용되지 아니한다(대판 1999.5.14. 99다6463). ③ 공시최고 사유가 없음에도 불구하고 의무이행을 회피하거나 어음·수표상의 권리를 편취하기 위해 공시최고를 신청하는 경우 정당한 소지인에게 불법행위에 기한 손해배상책임을 지거나(대판 1995.5.14. 99다6463), 사기죄가 성립할 수 있다(대판 2003.12.26. 2003도4914).

(3) 제권판결

1) 효력

공시최고기간이 종료할 때까지 아무런 권리신고가 없으면 법원이 제권판결을 선고하는데(민사소송법 제485조), 제권판결에는 두가지 효력이 있다.

① 소극적 효력

제권판결에 의하여 어음·수표는 효력을 상실한다(민사소송법 제496조). 따라서 제권판결 이후에는 어음·수표상 권리의 선의취득이 불가능하고, 제권판결 전에 어음·수표를 취득한 정당한 소지인도 그 어음·수표를 가지고는 권리를 행사할 수 없고, 이 뿐만 아니라 어음·수표 소지인임을 전제로 한 이득상환청구권도 발생하지 않는다(대판 1967.6.13. 67다541).

② 적극적 효력

제권판결을 얻은 자가 어음·수표상의 권리를 행사할 수 있게 된다. 다만 이는 제권판결을 얻은 자에게 어음·수표를 소지함과 동일한 지위를 회복시키는 것에 그치고, 제권판결을 얻은 자가 실질상의 권리자임을 확정하는 효력까지 가지는 것은 아니다.

2) 제권판결과 선의취득

제권판결 이후에 선의취득이 불가능함은 앞에서 보았다. 반면 제권판결 이전에는 선의취득이 가능하고 제권판결 이전에 선의취득한 자가 공시최고기간 내에 권리 신고를 하면 권리를 보호받을 수 있다. 문제는 제권판결 이전에 선의취득한 자가 공시최고기간 내에 권리 신고를 하지 않아 제권판결이 선고된 경우이다. 이때 선의취득자와 제권판결취득자 중 누가 어음·수표상 권리를 갖는지가 문제된다.

① 학설

ⅰ) 제권판결취득자우선설(소수설)은 선의취득자도 권리신고를 하지 않는 한 제권판결에 의하여 권리를 잃는다고 한다. ⅱ) 반면 선의취득자우선설(다수설)은 권리신고를 하지 않더라도 선의취득자는 권리를 잃지 않는다고 한다. 제권판결에 의해 실체적 권리자가 좌우되어서는 안 된다는 점과 어음·수표의 유통성 보호의 필요성을 근거로 한다.

② 판례

판례는 "취득자가 소지하고 있는 약속어음은 제권판결의 소극적 효과로서 약속어음으로서의 효력이 상실되는 것이므로 약속어음의 소지인은 무효로 된 어음을 유효한 어음이라고 주장하여 어음금을 청구할 수 없다. 이는 취득자가 공시최고 전에 선의취득하였다고 하여 달리 볼 것이 아니다(대판 1994.10.11. 94다18614)."라고 판시하였다. 일반적인 설명은 판례가 제권판결취득자우선설을 취한다고 본다.

(4) 백지어음·수표의 분실과 제권판결

백지어음·수표도 보통의 어음·수표의 유통방법에 따라 유통되므로, 그 상실 시에는 소지인이 공시최고 후 제권판결을 받아 권리를 행사할 수 있도록 해야 한다(통설). 그런데 백지어음·수표의 경우 권리행사를 하려면 백지를 보충해야 하는데, 제권판결을 받은 자는 어떻게 백지를 보충해야 하는가? 학설 중에는 제권판결문에 백지보충의 의사를 기재한 서면을 첨부하는 방식으로 보충한다는 견해, 백지어음·수표를 재발행 받아 이에 보충한다는 견해도 있으나, 판례는 "백지어음의 제권판결을 받은 자는 발행인에 대하여 「어음 외의 의사표시」로 보충권을 행사하고 그 어음금의 지급을 구할 수 있다(대판 1998.9.4. 97다57573)."고 하였다.

제7장 기타의 제도

제1절 어음·수표보증

01 의의

1. 어음·수표보증의 개념

어음·수표보증이란 특정한 어음·수표채무자의 채무이행을 담보하기 위한 어음·수표행위를 말한다. 인수인·발행인·배서인 등 어음·수표채무자의 신용이 부족한 경우 어음금·수표금의 지급의 확실성을 높이기 위해 제3자인 보증인이 어음·수표채무자 중 1인과 동일한 내용의 어음·수표채무를 부담하는 것이다.

2. 법적 성질

통설·판례는 어음·수표보증의 법적 성질을 「피보증인을 상대방으로 하는 단독행위」라고 한다. 그 결과 판례는 "약속어음의 발행인을 위한 보증 부분이 위조된 경우 그 약속어음을 발행인으로부터 교부 받은 자는 민법 제126조의 표현대리를 주장할 수 있는 제3자에 해당하지 않는다(대판 2002.12.10. 2001다58443)."고 판시하였다. 이에 관해서는 표현대리 부분에서 기술하였다.

3. 구별 개념

(1) 숨은 어음·수표보증

실제 거래에서 어음·수표보증은 기업이 거래은행의 보증을 받아 어음을 발행하는 경우 외에는 별로 이용되지 않는다. 금융기관이 아닌 일반인을 보증인으로 하면 보증인 자체의 신용도 문제이거니와, 보증이 붙어있다는 것 자체가 어음채무자의 신용이 낮다는 의미가 되어 이러한 어음·수표는 사람들이 취득을 꺼리기 때문이다.

그래서 실제에서는 보증 대신 보증의 목적으로 어음·수표를 발행·배서·인수하는 것이 보통이다. 이를 강학상 숨은 어음·수표보증이라 한다. 예컨대, 보증을 하려는 자가 피보증인으로부터 약속어음을 발행 받아 이를 피보증인의 거래상대방에게 배서하는 식이다. 그러면 보증을 하려는 자는 배서인으로서 담보책임을 지므로 실질적으로는 발행인을 보증하는 것과 같은 효과를 얻게 된다. 숨은 어음·수표보증을 한 자는 어음·수표보증인으로서의 책임이 아니라 자신이 한 어음·수표행위의 형식에 따라 발행인·배서인·인수인으로서의 책임을 진다. 어음법·수표법은 외관을 중시하기 때문이다. 실제로 보증을 목적으로 하였다는 사실은 당사자 사이에서만 대항할 수 있는 인적 항변에 지나지 않는다.

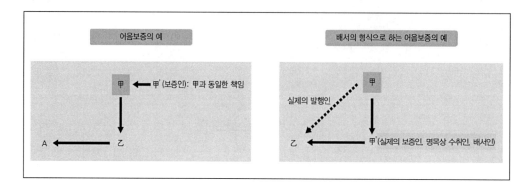

(2) 민사보증과의 차이

1) 어음·수표보증의 담보적 기능 강화를 위한 특칙

① 민사보증은 주채무가 무효·취소된 때에는 보증채무는 성립하지 않으나, 어음·수표보증은 어음·수표행위 독립의 원칙에 따라 주채무가 방식의 하자 이외의 사유로 무효·취소되더라도 보증채무는 유효하게 성립한다(부종성에 관한 특칙, 어음법 제32조 제2항, 수표법 제27조 제2항). 또 어음·수표보증인은 민사보증인과 다르게, ② 최고·검색의 항변권이 없고(보충성에 관한 특칙, 어음법 제32조 제1항, 수표법 제27조 제1항), ③ 분별의 이익이 인정되지 않는다.

2) 기타의 차이

① 보증인이 채무를 변제할 경우, 민사보증인은 피보증인에 대해서만 구상권을 행사할 수 있으나, 어음·수표보증인은 어음·수표상의 권리를 취득하므로 피보증인뿐만 아니라 그 전자들에 대해서도 상환청구권을 행사할 수 있다(어음법 제32조 제3항, 수표법 제27조 제3항). ② 피보증인이 특정되지 않은 경우 민사보증은 무효이나 어음·수표보증은 발행인을 위한 보증으로 본다(어음법 제31조 제4항, 수표법 제26조 제4항). ③ 민사보증은 채권자와 보증인 간의 계약이나, 어음·수표보증은 보증인의 단독행위이다. ④ 민법상의 보증은 채권자가 특정되어 있으나 어음·수표보증에서의 보증인은 장래의 모든 어음·수표 취득자에 대하여 보증채무를 부담한다.

❷ 어음·수표보증의 방식

1. 당사자

1) 보증인의 자격

보증인의 자격에는 제한이 없다. 이미 어음·수표에 기명날인 또는 서명을 한 자도 다른 채무자를 위한 보증인이 될 수 있다(어음법 제30조 제2항, 수표법 제25조 제2항). 그러나 환어음의 인수인, 약속어음의 발행인과 같은 주채무자가 다른 채무자의 보증인이 되는 것이나, 전자(예 제1배서인)가 후자(예 제2배서인)의 보증인이 되는 것은 무의미하다. 그리고 수표의 지급인은 보증인이 될 수 없다(수표법 제25조 제2항). 수표의 신용증권화를 방지하기 위함이다.

2) 피보증인

어음·수표보증은 특정의 어음·수표채무자를 위해 행해진다. 인수하지 않은 지급인과 같이 채무를 부담하지 아니하는 자를 위한 보증은 무효이다.

2. 보증의 방식

1) 정식보증

보증은 피보증인을 특정하고 보증의 뜻을 표시한 후 기명날인 또는 서명하는 방식으로 한다(어음법 제31조 2항, 제4항, 수표법 제26조 2항, 제4항). 이를 「정식보증」이라 한다.

2) 약식보증

① 정식보증의 방식에서 피보증인이나 보증문구를 생략해서 보증을 할 수도 있다. 이를 「약식보증」이라 한다. ② 보증문구와 보증인의 기명날인 또는 서명은 있는데 피보증인이 생략된 약식보증은 발행인을 위한 보증으로 본다(어음법 제31조 제4항, 수표법 제26조 제4항). 이는 법적 의제이기 때문에 피보증인이 생략된 채 일단 보증이 행해진 후에 피보증인을 발행인 이외의 자로 보충하면 어음·수표의 변조가 된다. ③ 어음·수표의 앞면에 보증문구조차 없이 한 단순히 기명날인 또는 서명도 발행인을 위한 보증으로 본다(어음법 제31조 제3항, 수표법 제26조 제3항). 다만 그 기명날인 또는 서명이 지급인 또는 발행인의 것인 경우에는 예외이다. 지급인의 것이면 인수로(어음법 제25조 제1항 후문), 발행인의 것이면 발행으로 보아야 하기 때문이다. 그리고 어음·수표의 뒷면에 한 단순한 기명날인 또는 는 서명은 배서로 본다(어음법 제13조 제2항, 수표법 제16조 제2항).

3. 조건부보증

(1) 조건부보증의 효력

어음보증에 조건을 붙인 경우 효력에 대해서는 명문의 규정이 없어 학설이 대립한다. 보증 자체가 무효가 된다는 견해(유해적 기재사항설), 조건 없는 보증이 된다는 견해(무익적 기재사항설)도 있으나, 통설·판례는 조건이 붙은 상태로의 보증으로서 효력이 있다고 한다(유익적 기재사항설). 판례는 "조건부 보증을 유효로 본다고 하여 어음거래의 안전성이 저해되는 것도 아니므로 조건을 붙인 부단순 보증은 그 조건부 보증문언대로 보증인의 책임이 발생한다(대판 1986.3.11. 85다카1600)."라고 하였다. 예컨대, 甲'가 지급제시기간 내에 지급제시가 있을 것을 조건으로 발행인 甲을 위해 어음보증을 한 경우, 甲'는 소지인이 지급제시기간 내에 지급제시를 한 경우에 한해 보증책임을 진다.

(2) 기타의 조건부어음·수표행위와의 비교

① 조건부발행

발행에 조건을 붙이면 어음·수표 자체가 무효가 된다(유해적 기재사항). 어음·수표의 유통과정 전체가 불안정해지기 때문이다. 이는 명문의 규정이 있다(어음법 제1조 2호, 수표법 제1조 2호). 예컨대, 甲이 乙로부터 물품을 매수하고 약속어음을 발행하였는데, 어음 본문에 "매매목적물에 하자가 없을 것을 조건으로 어음금 지급을 약속한다"는 문구를 넣었다면 그 발행은 무효이다.

② 조건부배서

배서에 조건을 붙이면 조건만 무효가 된다. 따라서 배서는 조건이 붙지 않은 배서가 된다(무익적 기재사항). 이 역시 명문의 규정이 있다(어음법 제12조 제1항 후문, 수표법 제15조 제1항 후문). 예컨대, A가 B에게 원인채무의 유효를 조건으로 약속어음에 배서하였어도 그 조건은 무효이므로 원인채무의 유·무효와 상관없이 어음상의 권리는 배서에 의해 B에게 이전한다.

③ 조건부인수

조건부 인수의 경우에는 어음법에 "인수는 조건 없이 하여야 한다"는 규정이 있음에도 불구하고 (어음법 제26조 제1항) 그 효력에 대하여 학설이 대립한다. 인수인의 책임이 부정된다는 견해도 있으나, 조건부로 인수인의 책임이 인정된다는 견해가 타당하다. 예컨대, 지급인 丙이 발행인 甲의 자금공급을 조건으로 환어음에 인수한 경우, 후자의 견해에 의하면 丙은 甲으로부터 자금공급을 받은 경우에 한해 인수인으로서의 책임을 진다.

03 어음·수표보증인의 책임

어음·수표보증인의 책임은 민사보증인의 책임에 비해서 크게 강화되어 있다.

1. 합동책임

어음·수표보증인은 소지인에 대하여 피보증인과 함께 합동책임을 진다(어음법 제47조 제1항, 수표법 제43조 제1항). 그 결과, ① 어음·수표보증인은 최고·검색의 항변권을 갖지 않는다. 즉 어음·수표소지인은 피보증인을 제쳐놓고 처음부터 보증인에게 채무이행을 청구할 수 있다. ② 또 1인의 피보증인을 위한 공동보증인은 분별의 이익을 누리지 못한다(통설).

2. 보증채무의 종속성과 독립성

(1) 보증채무의 종속성(부종성)

어음·수표보증인은 보증된 자, 즉 피보증인과 같은 책임을 진다(어음법 제32조 제1항, 수표법 제27조 제1항). 보증채무는 그 존부 및 범위에 있어서 피보증채무에 종속하고(부종성), 피보증인에 대한 권리가 이전하면 보증인에 대한 권리도 이전한다(수반성).

1) 채무의 존부에 있어서의 종속성

① 소지인이 피보증인에 대하여 시효중단 또는 상환청구권보전을 위한 절차를 밟았으면 이는 보증인에 대하여도 효력이 있다. 따라서 보증인에 대하여 다시 같은 절차를 밟을 필요는 없다.

② 피보증인의 채무가 지급·면제·상계·시효완성·상환청구권 보전절차의 흠결 등으로 소멸하면 보증인의 채무도 소멸한다.

2) 채무의 범위에 있어서의 종속성

보증인은 피보증인이 주채무자이면 주채무와 같은 책임을, 상환의무자이면 상환의무와 같은 책임을 진다.

(2) 보증채무 성립의 독립성

원래 보증채무의 종속성이란 의미에는 "주채무가 무효·취소된 때에는 보증채무도 무효가 된다"는 의미도 포함된다. 그러나 어음·수표보증에는 특칙이 있다. 피보증인의 어음·수표행위가 제한능력 또는 대리권의 흠결 등 실질상 하자를 이유로 무효·취소됨으로써 피보증인의 채무가 성립하지 않더라도, 보증인의 채무는 보증행위 자체에 무효·취소사유가 없는 한 이와 상관 없이 유효하게 성립한다(어음법 제32조 제2항, 수표법 제27조 제2항). 어음·수표행위 독립의 원칙이 적용되기 때문이다. 다만 보증채무의 독립성은 피보증채무가 그 방식에 흠이 있어 무효인 경우에는 적용되지 않는다. 이때는 어음·수표의 외관상 무효임이 명백하므로 거래의 안전을 고려할 필요가 없기 때문이다.

(3) 보증채무의 종속성과 독립성의 관계

어음·수표보증의 종속성과 독립성은 적용되는 국면이 서로 다르다. 종속성은 피보증채무가 일단 성립하였음을 전제로 보증채무는 피보증채무와 그 범위 및 존속·소멸·이전에서 운명을 같이 한다는 의미임에 반해, 독립성은 보증채무의 성립은 피보증채무가 실질적 하자를 이유로 불성립하더라도 이와 무관하게 독립적으로 결정된다는 의미이다. 따라서 종속성과 독립성은 서로 충돌하지 않는다.

3. 피보증인이 가지는 항변의 원용가능성

피보증인이 소지인 사이의 원인관계에서 갖는 항변권과 기타 어음·수표 외적으로 갖는 항변권을 보증인이 원용할 수 있는가? 예컨대, 甲이 乙로부터 부동산을 매수하고 대금지급을 위해 약속어음을 발행하였는데, 甲'가 이에 보증을 하였다. 그런데 乙이 소유권이전의무를 이행하지 않아 甲이 매매계약을 해제하였다. 이때 乙이 甲'에게 보증채무의 이행을 구하는 경우 甲'는 甲의 원인관계상의 채무가 소멸하였음을 들어 乙에게 어음금 지급을 거절할 수 있는가?

보증채무의 독립성을 근거로 원용할 수 없다는 견해도 있으나, 통설·판례는 원용을 인정한다. 판례는 "발행인을 위하여 어음보증이 되어 있는 약속어음을 수취한 사람은 어음을 발행한 원인관계상의 채무가 존속하지 않기로 확정된 때에는 어음보증인에 대해서도 어음상의 권리를 행사할 실질적인 이유가 없어졌다 할 것이므로 어음이 자기수중에 있음을 기화로 하여 어음보증인으로부터 어음금을 받으려고 하는 것은 신의성실의 원칙에 비추어 부당한 것으로서 권리의 남용이라 할 것이고, 어음보증인은 수취인에 대하여 어음금의 지급을 거절할 수 있다(대판 1988.8.9. 86다카1858)."라고 판시하였다. 판례는 원용이 가능하다는 근거를 권리남용에서 찾으나 학설은 주로 보증책임의 종속성에서 찾는다. 통설·판례에 의할 때 위 예에서 甲'는 乙에게 甲의 원인관계상의 인적항변을 원용하여 어음금의 지급을 거절할 수 있다.

04 책임을 이행한 보증인 구상권

1. 전부보증의 경우

(1) 어음·수표상의 권리

보증인이 보증채무를 이행하면 피보증채무도 소멸하므로 보증인은 그에 대한 보상을 받아야 한다. 그 방법으로 보증인은 어음금·수표금을 지급하면 피보증인과 그 전자에 대해 어음·수표상의 권리를 취득한다(어음법 제32조 제3항, 수표법 제27조 제3항). 이를 통상 보증인의 구상권이라 표현한다. 다만 엄밀히 말하면 구상권은 아니다. 보증인이 피보증인의 전자에 대하여까지 구상권을 행사할 근거는 없기 때문이다. 그냥 보증인이 어음·수표상의 권리를 취득한 것으로 보면 된다. 예를 들어 甲이 乙에게 발행하고 乙이 A에게 배서한 약속어음을 A가 B에게 배서하는데 A'가 A를 보증하였다고 하자. 이 어음을 B가 C에게 배서하여 C의 청구에 의해 A'가 C에게 보증채무를 이행하였다고 하자. 이 경우 A'는 피보증인인 A와 그 전자인 乙·甲에게 어음상의 권리를 행사할 수 있다.

보증인은 어음금·수표금의 지급과 동시에 소지인에게 어음·수표의 교부를 청구할 수 있다 어음·수표의 상환증권성으로 인하여 보증인이 피보증인과 그 전자에게 어음·수표상의 권리를 행사하기 위해서는 어음·수표의 소지가 필요하고, 어음·수표가 재차 유통되는 것을 막기 위함이다.

(2) 권리취득의 성질

보증인의 권리취득의 성질에 관하여 견해가 대립한다. 소수설은 보증인이 소지인의 어음·수표상의 권리를 승계취득하는 것으로 보나(승계취득설), 통설은 보증인이 보증채무의 이행으로 법률의 규정에 의해 권리를 원시취득하는 것으로 본다(원시취득설). 원시취득설에 의하면 소지인이 갖고 있던 항변의 부담은 보증인에게 승계되지 않으므로 채무자는 소지인에 대한 인적항변으로 보증인에게 대항하지 못한다. 보증인이 악의라도 마찬가지이다. 위 예에서 甲·乙·A가 C에게 항변권을 갖고 있더라도 이를 가지고 A'에게 대항할 수 없다.

2. 일부보증의 경우

일부보증도 허용되는데(어음법 제30조 제1항, 수표법 제25조 제1항), 이 경우 보증인은 채무를 이행하더라도 소지인으로부터 어음·수표를 환수할 수가 없다. 그러면 채무를 이행한 보증인은 어떤 방법으로 피보증인 및 그 전자에게 어음·수표상의 권리를 행사할 수 있는가? 소지인에게 일부지급의 사실을 어음·수표에 기재하고 영수증을 교부할 것을 청구하여 이를 가지고 권리를 행사할 수 있을 것이다(어음법 제39조 제3항, 수표법 제34조 제3항 유추).

제2절 어음참가(어음의 특유한 제도)

참가란 상환청구를 저지하기 위하여 어음채무자 아닌 자가 어음채무를 인수하거나 지급하는 것을 말한다. 「참가인수」란 인수거절 등 만기 전 상환청구사유가 발생하였을 때 지급인 아닌 자가 특정 어음채무자의 상환의무를 인수하는 어음행위를 말하고, 「참가지급」이란 특정 어음채무자에 대한 만기 전·만기 후 상환청구를 저지하기 위하여 제3자가 어음금을 지급하는 것을 말한다.

제3절 어음할인

어음할인이란 아직 만기가 도래하지 아니한 어음의 소지인이 상대방에게 어음을 양도하고 상대방이 어음의 액면금액에서 만기까지의 이자 기타 비용을 공제한 금액을 할인의뢰인에게 교부하는 거래를 말한다(대판 2002.4.12. 2001다55598). 어음할인은 어음소지인이 만기에 이르지 않은 어음을 자금화하는 수단이다. 통설은 어음할인을 어음의 매매로 본다(매매설). 이에 의하면 어음할인은 단순한 어음의 배서양도에 해당하여 어음법적으로는 특별한 쟁점이 생기지 않는다.

제4절 특수한 수표

01 횡선수표

1. 의의

(1) 개념

횡선수표란 앞면에 「//」와 같은 모양의 두 줄의 평행선을 그은 수표를 말한다(수표법 제37조 제2항). 횡선수표는 지급인에게 지급상대방을 제한하는 효과가 있다.

(2) 취지

수표는 일람출급성으로 인해 분실·도난 시 습득자나 절취자가 단시간 내에 수표금을 인출할 수 있어 어음에 비해 소지인의 권리상실의 위험이 높다. 횡선수표는 지급의 상대방을 제한함으로써 분실·도난된 수표를 제시하여 수표금을 인출한 자를 추적할 수 있게 하고, 이로써 사후에라도 제시자를 상대로 수표금의 반환을 청구할 수 있게 한다.

2. 종류

(1) 일반횡선수표와 특정횡선수표

① 「일반횡선수표」는 두 줄의 횡선 내에 아무런 지정을 하지 아니하거나 "은행" 또는 이와 같은

뜻이 있는 문구를 적은 수표를 말하고, ② 「특정횡선수표」는 횡선 내에 특정 은행의 명칭을 기재한 수표를 말한다(수표법 제37조 제3항).

(2) 횡선수표의 변경

① 일반수표에 횡선을 그어 일반수표를 횡선수표로 변경하거나, 일반횡선 내에 특정 은행의 명칭을 기재하여 일반횡선수표를 특정횡선수표로 변경하는 것은 허용된다(수표법 제37조 제1항, 제4항). ② 그러나 그 반대는 허용되지 않는다. 특정횡선을 일반횡선으로 변경할 수는 없고(동조 제4항), 횡선 또는 지정된 은행의 명칭의 말소는 하지 않은 것으로 본다(동조 제5항). 횡선수표를 절취 또는 습득한 자가 횡선을 말소하여 지급받는 것을 방지하기 위함이다.

3. 효력

(1) 일반횡선의 효력

일반횡선수표의 지급인은 「은행」 또는 「지급인의 거래처」에만 지급할 수 있다(수표법 제38조 제1항). 이에 의해 횡선수표는 그 제시자를 쉽게 추적할 수 있어 분실·도난 시 손실을 방지할 수 있다. 예를 들어 乙이 지급인 丙 은행인 수표를 횡선을 그어 소지하고 있었는데 A가 이를 절취하였다고 하자. A가 丙의 거래처라면 A는 丙에게 이 횡선수표를 제시하고 수표금을 지급받을 수 있다. 그러나 A가 丙과 계속적 거래를 하고 있었기 때문에 이 경우 A의 신분은 쉽게 추적될 것이다. 이를 피하려면 A는 다른 은행에 추심을 의뢰해야 한다. 그런데 이때 A는 반드시 자신이 거래하고 있는 은행에 추심을 의뢰해야 하며, 거래관계가 전혀 없는 은행에는 추심의뢰를 할 수 없다. 왜냐하면 은행은 자기의 거래처나 다른 은행으로부터만 횡선수표를 취득하거나 추심을 의뢰 받을 수 있기 때문이다(동조 제3항). 따라서 A가 은행에 추심을 의뢰하는 경우에도 A의 신분은 쉽게 추적된다. 이처럼 수표에 횡선을 그으면 지급제시인의 신원 추적이 가능해져 수표의 분실·도난 시 손실을 방지할 수 있다.

(2) 특정횡선의 효력

특정횡선수표의 지급인은 횡선 속에 지정된 은행에 대해서만 지급할 수 있다. 만약 지정된 은행이 지급인 자신이라면 자기의 거래처에 한해 지급할 수 있다(수표법 제38조 제2항 본문). 위 예에서 乙이 횡선을 긋고 횡선 속에 X 은행을 기재하였다고 하자. 그러면 丙 은행은 X 은행에 대해서만 지급을 할 수 있다. 따라서 A가 이 횡선수표의 수표금을 지급 받으려면 X 은행에 추심을 의뢰해야 한다. 그런데 X 은행은 거래관계가 있는 자로부터만 횡선수표의 추심을 의뢰 받을 수 있으므로(수표법 제38조 제3항), A는 X 은행과 거래관계가 있는 경우에 한하여 X 은행에 추심을 의뢰하여 수표금을 지급 받을 수 있다. X 은행과 거래관계가 없다면 A가 이 횡선수표로 수표금을 지급 받을 수 있는 방법은 아예 없다. 한편 乙이 횡선 속에 X 은행이 아니라 지급인인 丙 은행을 기재하였다면 A는 丙 은행과 거래관계가 있는 경우에만 수표금을 지급 받을 수 있다. 이처럼 특정횡선수표는 지급제시인이 횡선 속에 지정된 은행과 거래관계가 있는 경우에만 수표금이 지급되므로 지급제시인의 신원이 쉽게 추적될 수 있고, 이에 더하여 수표를 절취한 자가 횡선 속에 지정된 은행과 거래관계가 있을 가능성은 매우 희박하기 때문에 일반횡선수표보다 지급의 가능성을 더 좁히는 효과도 있다.

4. 거래처의 의미

일반·특정을 불문하고 횡선수표는 지급의 상대방을 은행의 거래처로 제한하고 있는데, 그 이유는 수표를 추심한 자를 추적하기 위함이다. 따라서 여기서의 「거래처」란 지급인인 은행이 그 소재를 밝힐 수 있고 또 숙지하는 고객을 의미한다. 그러므로 수표를 제시하기 직전에 소액의 예금구좌를 개설한 자는 거래처라 할 수 없다.

5. 위반의 효과

횡선의 제한에 위반하여 수표금을 지급하더라도 그 지급행위 자체는 유효하다. 그러나 이로 인해 발행인 또는 진정한 권리자에게 손해가 생길 때에는 지급인은 수표금의 한도에서 손해배상책임을 져야 한다(수표법 제38조 제5항). 이 손해배상책임은 수표거래의 안전을 위하여 수표법상 특히 인정되는 무과실의 법정책임이고, 민법상 손해배상책임을 배제하는 것은 아니다. 따라서 피해자에게 발생한 손해액이 수표금액을 초과하는 경우에는 민법상의 일반적인 손해배상채임을 져야 할 수 있다(통설).

02 선일자수표

1. 의의

선일자수표란 발행일을 실제 발행하는 날의 후일로 기재한 수표를 말한다(수표법 제28조 제2항). 예컨대, 2023. 3. 15.에 수표를 발행하면서 수표상의 발행일자를 2023. 4. 15.로 기재하는 것이다. 선일자수표는 당장은 자금이 없는 자가 수취인과 발행일까지는 지급제시를 하지 않기로 합의하고 우선 수표를 발행한 후, 발행일 전까지 수표자금을 마련하려는 의도에서 발행한다.

2. 효력

선일자수표가 발행인의 의도대로 운용된다면 사실상 수표에 만기를 설정하는 것과 같게 되어 수표의 일람출급성은 무의미해지고 수표가 신용증권화 되는 문제가 있다. 그래서 수표법은 선일자수표의 경우 문면상의 발행일 이전이라도 지급제시를 할 수 있고, 제시 즉시 지급하여야 한다고 규정하여 수표의 일람출급성을 강제하고 있다(수표법 제28조 제2항). 따라서 문면상의 발행일 전이라도 수표 소지인은 지급제시를 할 수 있고, 지급거절의 경우 상환청구 또는 부도처리 등의 조치가 가능하다.

그런데 이와 같은 선일자수표의 법리에 반하는 판례가 있다. 보험계약자 X는 7. 26. A보험회사의 보험모집인 M에게 보험가입의 청약을 하면서 제1회 보험료로 발행일을 8. 10.로 한 선일자수표를 발행하고, M으로부터 제1회 보험료를 전액 수령하였다는 가수증을 교부받았다. 그리고 다음 날인 7. 27. 보험사고가 발생하였다. A 보험회사의 보험약관에는 "보험자가 제1회 보험료를 받은 후 보험청약에 대한 승낙이 있기 전에 보험사고가 발생한 때에는 제1회 보험료를 받은 때에 소급하여 그때부터 보험자의 보험금 지급책임이 생긴다."고 되어 있다. X는 A회사로부터 보험금을 지급받을 수 있는가? X가 7. 26. M에게 선일자수표를 발행한 것을 제1회 보험료를 지급한 것으로 본다면 X는 위 약관에 따라 보험금을 지급받을 수 있을 것이다. 그러나 판례는 "선일자수표는 대부분의 경우 당해 발행일자 이후의 제시기간내의 제시에 따라 결제되는 것이라고 보아야 하므로 선일자수표가 발행 교부된 날에 액면금의 지급효과가 발생된다고 볼 수 없으니, 보험모집인이 선일자수표를 받은 날을 보험자의 책임발생 시점이 되는 제1회 보험료의 수령일로 보아서는 안 된다(대판 1989.11.28. 88다카33367)."라고 판시하여, X의 M에 대한 선일자수표 발행을 보험료 지급으로 보지 않았다. 이에 따르면 X는 보험금을 지급받을 수 없다.

3. 발행일자의 의미

수표상에 기재된 선일자인 발행일자는 일람출급성의 측면에서는 효력이 없으나, 제시기간이나 시효를 계산할 때 기산일이 된다(수표법 제29조 제4항). 따라서 선일자수표의 경우에는 지급제시기간이 10일 이상으로 늘어나는 결과가 된다.

4. 제시연기 합의의 채권적 효력

선일자수표는 보통 발행인과 수취인 사이에 수표에 기재된 발행일자 이전에는 지급제시를 하지 않기로 하는 합의 하에 발행된다. 이 합의에 위반한 지급제시도 효력이 있음을 앞에서 보았다. 그렇다면 그 합의는 채권적 효력도 없는가? 통설은 이와 같은 합의의 채권적 효력은 인정한다. 따라서 수취인이 합의를 어기고 수표에 기재된 발행일자 이전에 지급제시를 할 경우 발행인은 수취인에게 채무불이행을 이유로 손해배상을 청구할 수 있다.

제2편

보험법

제1장 서론

제1장 서론

제1절 보험의 의의와 분류

01 보험의 의의

보험이란 동일한 위험에 처한 다수인이 하나의 공동위험단체를 구성하여, 대수의 법칙(어떠한 우연한 사고도 동종의 위험에 처해 있는 다수인의 입장에서 보면 일정한 규칙성을 보인다는 법칙)에 의하여 산출된 보험료를 내어 일정한 기금으로 위험에 대처하고 우연한 사고를 당한 자에게 보험금 지급을 함으로써 경제생활의 안정을 도모하는 제도이다.

02 보험의 분류

1. 강학상의 분류

(1) 가계보험과 기업보험 ―「경제적 목적」에 의한 구별

보험은 보험계약자가 누구인가 또는 그 경제적 목적이 무엇인가에 따라 가계보험과 기업보험으로 나눌 수 있다.

1) 개념

① 「가계보험」은 주로 일반대중이 가계경제활동의 불안정을 피하기 위해서 이용하는 보험을 말한다. 주택화재보험·자동차종합보험·생명보험·상해보험 등이 이에 속한다.

② 「기업보험」은 주로 기업이 그 기업영업활동에 수반되는 위험을 처리하기 위해서 이용하는 보험을 말한다. 기업용 건물이나 기계의 화재보험·해상보험·운송보험·항공보험·화재보험·재보험 등이 이에 속한다.

2) 구별 실익

가계보험과 기업보험을 구별하는 실익은 「보험계약자 등의 불이익변경금지의 원칙」이 가계보험의 경우에만 적용되고 기업보험에는 적용되지 않는다는 점이다(제663조 단서, 대판 2005.8.25. 2004다18903). 가계보험은 보험자와 보험계약자의 경제적 교섭력의 차이가 크기 때문에 보험계약자 보호를 위해 법이 개입할 필요가 있으나, 기업보험은 보험자와 보험계약자가 거의 대등한 지위에서 계약 조건을 정하므로 법이 이러한 계약관계에 굳이 후견적 개입을 할 필요가 없기 때문이다.

(2) 영리보험과 상호보험 ―「영리성의 유무」에 의한 구별

1) 개념

① 「영리보험」이란 보험자가 보험의 인수를 영업으로 하는 보험이다(제46조 17호). 우리가 흔히 아

는 보험회사가 영위하는 보험을 말한다. 영리를 목적으로 하며, 보험자와 보험계약자 간에 개별적인 보험계약만이 체결되고 보험계약자 상호 간에는 법률적으로 아무런 관계가 없다. 따라서 보험계약자는 보험자를 매개로 하여 간접적으로 보험단체를 구성한다. ② 「상호보험」이란 동질적 위험을 가진 여러 사람이 보험단체를 만들어 위험에 대비하는 것을 말한다. 상호보험은 영리를 목적으로 하지 않으며, 보험계약자가 피보험자인 동시에 보험자인 단체의 구성원이 된다. 따라서 보험계약자는 직접적으로 보험단체를 구성한다.

2) 구별 실익

상법은 원칙적으로 영리보험을 전제로 하지만, 그 성질에 반하지 않는 한 상호보험에도 준용하도록 하고 있다(제664조). 따라서 상법 해석의 관점에서 구별의 실익은 크지 않다.

(3) 손해보험과 정액보험 ─ 「보험금의 지급방법」에 의한 구별

① 「손해보험」이란 보험금이 보험사고로 인하여 생긴 손해의 크기에 비례하는 보험을 말한다. 이는 부정액보험이라고도 한다. ② 「정액보험」이란 보험금이 피보험자의 실손해액의 크기와 상관없이 미리 일정 금액으로 약정된 보험을 말한다.

(4) 물건보험과 인보험 ─ 보험사고가 발생하는 「객체」에 의한 구별

보험사고 발생의 객체가, 특정한 물건인 보험을 「물건보험」이라 하고(예 화재보험·운송보험 등), 사람의 생명·신체인 보험을 「인보험」(예 생명보험·상해보험)이라 한다.

2. 상법상 보험의 분류 ─ 손해보험과 인보험

상법은 보험을 손해보험과 인보험으로 나누어 규정하고 있다. 그러나 보험을 이렇게 나누는 것은 분류의 기준이라는 측면에서 보면 잘못된 구분이다. 위에서 본 바와 같이 손해보험은 보험금의 지급방법을 기준으로 한 구별 개념으로서 정액보험에 대비되는 것이고, 인보험은 보험사고가 발생하는 객체에 의한 구별 개념으로서 물건보험에 대비되는 것이기 때문이다. 상법은 손해보험으로 화재보험·운송보험 등을, 인보험으로 생명보험·상해보험 등을 열거하고 있는데, 이 중 상해보험은 사고 발생의 객체가 사람이므로 인보험에 속하나, 치료비의 실비, 즉 손해의 전보를 목적으로 하므로 손해보험이기도 한다.

제2절 보험계약법

01 보험법의 의의와 필요성

1. 의의

광의의 보험법은 보험공법과 보험사법으로 나뉘고, 보험사법은 보험기업조직법과 보험계약법으로 나뉘는데, 상법의 대상이 되는 것은 이 중 보험계약법뿐이다. 따라서 보험계약과 관련하여 상법에 규정이 없는 경우에는 상법의 상행위법이나 민법의 채권법이 적용된다.

2. 필요성

보험계약법은 개인의 위험을 이전·통합하는 과정에서 형성된 보험시장이 역선택이나 도덕적 해이와 같은 정보 불균형의 문제로 인해 붕괴되는 것을 막기 위해 민법의 일반 원리를 수정하고 있다.

(1) 역선택

보험회사가 보험가입자의 개별적인 사고발생률을 일일이 다 알지 못하여 평균적인 사고발생률을 기초로 보험료와 보험금을 책정할 경우, 이 보험에는 사고위험이 평균보다 낮은 사람들(보험회사 입장에서는 양질의 가입자)은 가입하지 않고, 사고위험이 평균보다 높은 사람들(보험회사 입장에서는 불량 가입자)만 가입하게 된다. 이를 역선택이라 한다. 역선택은 보험회사가 각각의 보험가입자 별로 사고발생률을 모두 파악하여 보험료와 보험금에 차등을 둔다면 발생하지 않을 것으로서, 결국 정보의 불균형으로 인해 발생하는 문제이다. 보험법은 역선택의 문제를 완화하기 위해 보험계약자 등에게 고지의무를 부과하고 있다(제651조).

(2) 도덕적 해이

도덕적 해이란 예컨대, 화재보험에 가입한 보험가입자가 보험에 들지 않았더라면 게을리하지 않았을 화재 예방에 대한 주의의무를 게을리 하는 것과 같은 경향을 말한다. 도덕적 해이는 보험회사가 보험가입자의 화재 예방 노력을 하나하나 모두 파악하여 화재 예방 노력에 따라 보험료를 다르게 적용한다면 발생하지 않을 것으로서, 역선택과 마찬가지로 정보의 불균형에 의해 발생하는 현상이다. 역선택이 계약 성립 이전의 정보불균형의 문제라면 도덕적 해이는 계약 성립 이후의 정보불균형 문제라는 차이가 있다. 보험법에서는 계약 이후의 위험증가와 관련하여 보험계약자에게 일정한 의무를 부과하거나, 일정한 경우에 보험금의 지급의무를 면제하는 면책사유를 규정함으로써 이 문제를 완화하고 있다.

⑫ 보험법의 특성

일반적으로 보험법의 특성으로는 공공성·기술성·단체성·강행규정성·선의성을 든다. 그러나 보험법은 역선택과 도덕적 해이의 문제를 보완하는데 특색이 있는 규범으로서, 위 5가지 특성 중 보험계약법과 관련하여 특히 의미가 있는 것은 강행규정성과 선의성이다.

① 공공성이란 보험자가 다수의 보험계약자로부터 받은 보험료로 거대자본을 축적·관리하므로 보험업은 사회적으로 매우 중요한 제도라는 의미이다. 그러나 이는 주로 보험업법에서 고려해야 할 사항이고, 보험계약법과는 별 관련이 없다. ② 기술성은 보험료 및 보험금의 산정에 고도의 기술이 요구된다는 것이나, 이는 보험업의 특색에 불과하고 보험법의 특성은 아니다. ③ 단체성이란 보험가입자가 하나의 위험단체를 구성한다는 것인데, 전통적 견해는 보험단체의 개념을 인정하면서 단체성을 보험법의 특성으로 드는 반면, 보험단체의 개념을 비판하는 견해는 보험법의 해석에

있어 단체성을 강조하는 것을 바람직하지 않다고 본다.

(1) 상대적 강행규정성(편면적 강행규정성)

보험법은 그 성격이 계약법이므로 원칙적으로 임의규정이어야 하나, 상법은 보험편의 규정은 당사자 간의 특약으로 보험계약자 또는 피보험자나 보험수익자의 불이익으로 변경하지 못하도록 하여(제663조 본문), 보험법은 보험계약자 등을 위한 상대적 강행규정임을 밝히고 있다. 이를 보험법의 편면적 강행규정성 또는 불이익변경금지의 원칙이라고 한다. 그 이유는 대부분의 보험계약은 보험자가 미리 작성한 약관에 의하여 체결되기 때문에 그 과정에서 보험계약자에게 불리한 규정이 포함될 가능성이 크기 때문이다. 불이익변경금지의 원칙은 보험지식이나 협상력이 약한 일반 보험계약자 등을 보호하기 위한 것이므로 가계보험에만 적용되고, 재보험·해상보험·무역보험과 항공보험 등과 같이 경제적 약자 보호의 필요성이 완화되는 기업보험에는 적용되지 않는다(제663조 단서).

(2) 선의성

보험계약은 역선택과 도덕적 해이의 가능성으로 인하여 계약당사자에게 일반계약보다 더 많은 보호의무를 요구한다. 이를 보험계약의 선의성이라 한다. 보험계약의 선의성 유지를 위해 상법이 마련한 제도적 장치 중에서 중요한 것들만 보면, ① 보험법 통칙 부분에서는 보험계약자 등의 고지의무(제651조), 위험변경 및 증가의 통지의무(제652조), 보험자의 면책(제659조), 보험사고 발생 시 보험계약자의 통지의무(제657조), ② 손해보험에서는 초과보험 시 보험금 감액(제669조 제1항), 중복초과보험 시 비례적 보상(제672조), 보험계약자와 피보험자의 손해방지의무(제680조), ③ 인보험에서는 타인의 사망보험의 경우 피보험자의 동의요건(제731조), 15세 미만자 등에 대한 보험계약의 금지(제732조) 등이 있다. 이 규정들은 모두 앞으로 자세하게 논의할 것들이고, 선의성은 보험법의 전체를 관통하는 매우 중요한 원칙이다.

03 보험약관

1. 의의

보통보험약관이란 보험자가 다수의 동질의 보험계약을 체결하기 위하여 미리 작성한 일반적·정형적·표준적인 계약조항으로서 보통거래약관의 일종이다. 보험계약은 대부분 보험자가 미리 작성한 약관에 의하여 체결되는 대표적인 부합계약이다.

2. 구속력의 근거

보통보험약관은 계약의 당사자가 그 내용을 이해하고 그 약관에 따라 계약을 체결하겠다는 명시적인 의사를 가졌는지 여부와 상관없이, 당사자 간에 반대의 특약이 없는 한 당사자를 구속하는데, 그 구속력의 근거는 무엇인가?

(1) 학설

1) 규범설

보통보험약관은 그 거래권에 있어서의 법규범이 된다고 한다. 이에 의하면 보통보험약관은 법원이 된다. 이 견해는 다시 보통보험약관은 그 자체가 법규범은 아니고 '보험계약은 보통보험약관에 의하여 체결되는 것'이 하나의 상관습법으로 형성되었기 때문에 구속력을 갖는다고 한다.

2) 의사설(계약설)

보통보험약관은 당사자가 이를 계약의 내용으로 하였기 때문에 당사자를 구속한다고 한다. 통설의 입장이다.

(2) 판례

판례는 확고하게 의사설을 취하고 있다. 즉 "보통보험약관이 계약당사자에 대하여 구속력을 가지는 것은 그 자체가 법규범 또는 법규범적 성질을 가진 약관이기 때문이 아니라 보험계약 당사자 사이에서 계약 내용에 포함시키기로 합의하였기 때문이라고 볼 것이다(대판 1990.4.27. 89다카24070)." 라고 판시하였다. 그리고 당사자 사이에 계약의 해석을 둘러싸고 이견이 있어 당사자의 의사 해석이 문제되는 경우에는 계약의 내용, 계약이 체결된 동기와 경위, 계약으로 달성하려는 목적, 당사자의 진정한 의사 등을 종합적으로 고찰하여 논리와 경험칙에 따라 합리적으로 해석하여야 한다(대판 2017.9.26. 2015다245145).

3. 교부·설명의무

보험계약의 체결에서 후술한다.

4. 적용범위

(1) 개별합의의 효력

보통보험약관과 모순되는 개별합의가 있는 경우에는 개별합의가 우선한다. 판례도 같은 입장이다. 즉 "일반적으로 보통보험약관을 계약내용에 포함시킨 보험계약서가 작성되면 약관의 구속력은 계약자가 그 약관의 내용을 알지 못하더라도 배제할 수 없으나 당사자가 명시적으로 약관의 내용과 달리 약정한 경우에는 배제된다고 보아야 하므로 보험회사를 대리한 보험대리점 내지 보험외판원이 보험계약자에게 보통보험약관과 다른 내용으로 보험계약을 설명하고 이에 따라 계약이 체결되었으면 그때 설명된 내용이 보험계약의 내용이 되고 그와 배치되는 약관의 적용은 배제된다(대판 1989.3.28. 88다4645)."라고 판시하였다.

(2) 보험약관 개정 시 개정 보험약관의 효력 범위

일정한 보험기간 종료 시마다 보험계약을 갱신하는 계속적 보험계약관계에 있어서 그 중간에 보통보험약관의 내용이 개정된 경우에, 보험자가 개정된 약관내용을 보험계약자에게 알리지 않은 경우에는 새로운 보험계약에는 개정 전의 보험약관이 적용된다. 다만 보험계약의 당사자가 기존의 보험계약에 대하여 개정된 보험약관을 적용하기로 합의하면, 기존의 보험계약에 대하여도 개정된 보험계약이 적용된다.

제2장　보험계약

1. 개념

보험계약은 당사자의 일방이 약정한 보험료를 지급하고 재산 또는 생명이나 신체에 불확정한 사고가 발생할 경우에 상대방이 일정한 보험금이나 그 밖의 급여를 지급할 것을 약정함으로써 효력이 생기는 계약을 말한다(제638조).

2. 보험계약 체결의 일반적인 모습

보험계약은 보험계약자의 청약과 보험자의 승낙에 의해 체결되는 구조이다. 보험설계사의 권유에 따라 보험계약자가 보험계약 청약서를 작성하고 이와 함께 보험설계사에게 제1회 보험료 상당액을 납입하면 보험설계사가 보험계약자에게 보험료가수증 또는 보험료영수증을 교부한다. 그리고 보험설계사가 그 청약서를 보험자에게 송부하면 보험자는 승낙 여부를 결정한 후 승낙에 갈음하여 보험계약자에게 보험증권을 교부한다.

3. 낙성·불요식계약성

보험계약은 낙성·불요식계약으로서 당사자간 의사의 합치로 성립한다. 따라서 보험청약서와 보험증권은 계약의 성립과는 아무 관계가 없다.

01 보험계약의 관계자

1. 보험계약의 직접의 당사자

(1) 보험자

보험계약은 보험자와 보험계약자 사이에 이루어진다. 보험자는 보험사고가 발생한 경우 보험금을 지급할 의무를 지는 자를 말한다. 일반적으로 보험회사를 가리킨다. 보험자는 보험사업을 영위하는 자로서 보험을 인수하는 자인데, 보험의 인수는 기본적 상행위이므로, 이를 영업으로 하는 보험자는 당연상인이다(제4조, 제46조 17호).

(2) 보험계약자

보험계약자는 자기명의로 보험자와 보험계약을 체결하고 보험료의 지급의무를 지는 자이다. 보험계약자는 타인을 위하여 보험에 가입할 수도 있다. 이 경우 보험의 이익을 받을 자가 따로 예정되어 있어도 보험료 납입의무는 여전히 보험계약자가 진다. 보험계약은 보험자와 보험계약자 사이에 체결된 것이기 때문이다.

2. 보험계약의 직접의 당사자 이외의 자

(1) 피보험자
피보험자의 개념은 손해보험과 인보험에서 각각 다르다.

1) 손해보험
손해보험에서 피보험자는 피보험이익의 주체로서 보험사고 발생 시 보험금의 지급을 받을 자를 가리킨다. 보험계약자와 피보험자가 동일인인 경우를 「자기를 위한 손해보험」이라 하고, 동일인이 아닌 경우를 「타인을 위한 손해보험」이라 한다(제639조).

예를 들어 보자. 甲이 자신 소유의 주택을 화재보험에 가입한 경우 甲은 보험계약자임과 동시에 피보험자이며 이 보험은 자기를 위한 손해보험이다. 또한 채무자 A가 채권자 甲을 위하여 보증보험계약을 체결한 경우 甲이 피보험자이고 이 보험은 타인을 위한 손해보험이다.

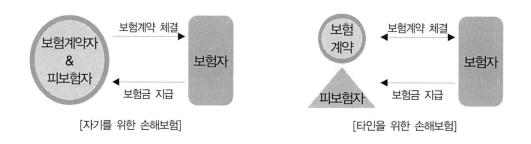

[자기를 위한 손해보험]　　　　　　[타인을 위한 손해보험]

2) 인보험
인보험에서 피보험자는 보험사고의 객체로서 생명 또는 신체가 보험에 붙여진 자를 가리킨다. 손해보험에서의 보험의 목적에 해당한다. 인보험에서의 피보험자는 보험금청구권을 갖는 자가 아니다. 인보험에서 보험사고 발생 시 보험금을 지급받을 자로 지정된 자는 보험수익자이다(후술). 인보험에서 보험계약자와 피보험자가 동일인이면 「자기의 보험」이라 하고, 동일인아 아니면 「타인의 보험」이라 한다(제731조, 제739조 참조).

예를 들어 보자. 남편 甲이 생명보험을 가입하면서 자신이 사망하면 아들 A에게 보험금이 지급되도록 한 경우, 甲은 보험계약자이면서 피보험자이고 A는 보험수익자이다. 이 보험은 자기의 보험이다. 또 부인 乙이 생명보험에 가입하면서 남편 甲이 사망하면 아들 A에게 보험금이 지급되도록 한 경우 乙은 보험계약자이고 甲이 피보험자이며, A는 보험수익자이다. 이 보험은 타인의 보험이다.

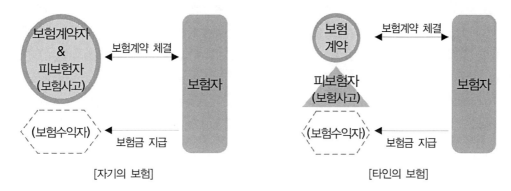

[자기의 보험]   [타인의 보험]

(2) 보험수익자

보험수익자는 인보험에서 피보험자에게 보험사고가 발생했을 때 보험금을 지급받을 자로 지정된 자를 가리킨다. 보험수익자는 인보험에서만 쓰는 용어이다. 손해보험에서는 피보험자가 보험금을 지급 받으므로 따로 보험수익자라는 용어는 쓰지 않는다. 인보험에서 보험계약자와 보험수익자가 동일인인 경우를 「자기를 위한 보험」, 동일인이 아닌 경우를 「타인을 위한 보험」이라 한다.

예를 들어 부인 乙이 생명보험을 가입하면서 남편 甲이 사망하면 乙 자신에게 보험금이 지급되도록 한 경우는 乙은 보험계약자이면서 보험수익자이고 甲은 피보험자이다. 이 보험은 자기를 위한 보험이다. 부인 乙이 생명보험을 가입하면서 남편 甲이 사망하면 아들 A에게 보험금이 지급되도록 한 경우는 乙이 보험계약자, A가 보험수익자이며, 甲은 피보험자이다. 이 보험은 타인을 위한 보험이다.

[자기를 위한 보험]   [타인을 위한 보험]

3. 보험자의 보조자

(1) 보험대리상

1) 개념

보험대리상이란 일정한 보험자를 위하여 상업사용인이 아니면서 상시 보험계약 체결을 대리하거나 중개를 영업으로 하는 독립된 상인을 말한다.

2) 종류

보험대리상은 내부적으로 보험계약의 체결에 관한 대리권이 부여되었는지에 따라 대리권이 부여된 「체약대리상」과 그렇지 않은 「중개대리상」으로 나뉜다. 통상적으로 손해보험의 경우 계약기간이 단기이고 신속하게 계약을 체결할 필요가 있어 보험대리상이 체약대리상인 경우가 많고, 인보험의 경우 계약기간이 장기이고 계약체결을 위해 신체검사 등이 요구되는 등의 이유로 계약체결권을 보험자에게 집중시킬 필요가 있어 보험대리상이 중개대리상인 경우가 많다.

3) 권한

① 체약대리상

체약대리상은 ⅰ) 보험계약자로부터 보험료를 수령할 수 있는 권한(보험료수령권), ⅱ) 보험자가 작성한 보험증권을 보험계약자에게 교부할 수 있는 권한(보험증권교부권), ⅲ) 보험계약자로부터 청약·고지·통지·해지·취소 등 보험계약에 관한 의사표시를 수령할 수 있는 권한(고지수령권), ⅳ) 보험계약자에게 보험계약의 체결·변경·해지 등 보험계약에 관한 의사표시를 할 수 있는 권한(계약체결권)을 갖는다(제646조의2 제1항).

② 중개대리상

중개대리상은 체약대리상의 권한을 제한하는 형태로 구성된다. 보험자는 보험대리상의 위 각 권한 중 일부를 제한할 수 있다(제646조의2 제2항 본문). 따라서 보험자는 보험대리상의 계약체결권을 제한하여 중개대리상으로 할 수 있다. 계약체결권이 제한된 중개대리상은 보험료수령권이나 고지수령권도 없는 것이 자연스럽다. 그런데 보험계약자는 보험대리상이 이처럼 권한이 제한된 사실을 알기 어렵기 때문에, 권한이 제한된 보험대리상과 계약을 체결하는 보험계약자는 예상하지 못한 불이익을 입을 수 있다. 그래서 상법은 보험자는 이러한 권한의 제한을 이유로 선의의 보험계약자에게 대항하지 못한다고 하여(제646조의2 제2항), 선의의 보험계약자를 보호하고 있다.

(2) 보험중개인

보험중개인이란 보험자와 보험계약자 사이의 보험계약의 성립을 중개하는 것을 영업으로 하는 독립한 상인이다(제93조). 2014년 개정 상법은 보험편에 보험중개인에 관한 규정은 두지 않았다. 보험중개인은 보험계약의 체결을 중개하는 점에서는 중개대리상과 같으나, 특정한 보험자만을 위해서 중개하는 것이 아니라 다수의 보험자를 위해 중개한다는 점에서 중개대리상과 다르다. 보험중개인은 보험자의 대리인이 아니므로 계약체결권이 없음은 물론 고지수령권 및 보험료수령권 등 보험자를 위한 어떠한 권한도 갖지 못한다.

(3) 보험설계사

1) 의의

보험설계사는 특정 보험자에 종속되어 보험가입을 권유하고, 보험계약의 청약을 유인하는 등 보험계약의 체결을 중개하는 자를 말한다. 이와 같이 보험설계사는 보험계약의 청약을 유인하는 업무만을 담당하고 계약 체결의 대리권은 없다.

2) 보험설계사의 권한

① 인정되는 권한—보험료수령권·보험증권교부권

보험설계사는 보험자가 작성한 영수증을 보험계약자에게 교부하는 경우에 한하여 보험계약자로부터 보험료를 수령할 수 있는 권한과, 보험자가 작성한 보험증권을 보험계약자에게 교부할 수 있는 권한이 있다(제646조의2 제3항).

② 인정되지 않는 권한—체약대리권·고지수령권

A. 체약대리권　　실제로 대부분의 보험계약에서 보험계약자가 상대하는 사람은 보험설계사이나, 보험설계사는 보험계약의 체결을 권유하고 중개하는 사실행위만을 하는 자이므로 보험자를 대리하여 보험계약을 체결할 권한은 갖지 못한다.

B. 고지수령권　　보험설계사에게 고지수령권을 인정할 것인지는 보험계약자와 보험자 사이에서 이해관계가 첨예하게 대립하는 문제인데, 2014년 개정상법은 보험설계사의 고지수령권을 인정하지 않았다.

3) 보험자의 책임

보험회사는 보험설계사가 모집을 하면서 보험계약자에게 입힌 손해에 대하여 배상책임을 진다. 다만, 보험회사가 보험설계사에 모집을 위탁하면서 상당한 주의를 하였고 보험설계사가 모집을 하면서 보험계약자에게 손해를 입히는 것을 막기 위하여 노력한 경우에는 그러하지 아니하다(보험업법 제102조 제1항). 이 규정은 보험설계사가 보험 모집에 관하여 보험계약자에게 손해를 가한 경우 보험사업자에게 무과실책임에 가까운 손해배상책임을 지워 보험계약자의 이익을 보호하기 위한 규정이고(대판 1997.11.14. 97다26425), 민법 제756조 사용자책임의 특칙으로서 이에 우선하여 적용된다(대판 1994.11.22. 94다19617).

따라서 보험설계사에게 체약대리권 또는 고지수령권이 있다고 오인하고 그와 보험계약을 체결한 보험계약자는 보험설계사에게 그와 같은 권한이 없어 계약이 성립되지 않았거나 무효가 된 경우 보험자에게 손해배상책임을 물을 수 있다. 실제로 타인의 사망을 보험사고로 하는 생명보험을 체결하면서 보험설계사가 그 타인의 서면동의에 관한 설명을 하지 않아 결과적으로 보험계약이 무효가 된 경우, 보험자에게 그 보험금 상당액의 손해배상책임을 인정한 판례가 많다(대판 2006.6.29. 2005다11602 등).

(4) 보험의

보험의란 생명보험계약에 있어 피보험자의 신체·건강상태 그 밖의 위험측정상의 중요한 사항에 대하여 조사하여 이를 보험자에게 제공해 주는 의사를 말한다. 보험의는 업무의 성질상 병력 등과 관련하여 고지수령권을 가진다.

02 보험의 목적

보험의 목적이란 보험사고 발생의 객체가 되는 피보험자의 재산(손해보험의 경우) 또는·생명·신체

(인보험의 경우)이다. 예컨대, 甲이 자기 소유 주택을 화재보험에 가입하면 그 주택이 보험의 목적이고, 甲이 자신을 피보험자로 하고 아들을 보험수익자로 하여 사망보험에 가입하면 甲의 생명이 보험의 목적이다. 보험의 목적은 후술하는 보험계약의 목적과 구별된다. 보험계약의 목적은 손해보험에 있어서의 피보험이익을 말한다(제668조).

03 보험사고

보험사고는 부보된 위험이 현실화된 것으로서 보험자의 보험금 지급의무를 구체화시키는 우연한 사고를 말한다. 예컨대, 화재보험에서 보험의 목적에 발생한 화재, 생명보험에서 피보험자의 사망 등이다. 보험사고는 불확실성이 있어야 한다(제644조 본문). 그 불확실성은 발생 여부뿐만 아니라 발생시기에 있을 수도 있고, 그 인정 여부는 계약당사자의 「주관적 사정」에 따라 정해진다(제644조 단서). 상법 제644조는 강행규정으로서 이에 반하는 보험계약은 무효이다(대판 2002.6.28. 2001다59064). 이 점 모두 보험의 개념에서 기술하였다.

04 보험기간과 보험료기간

1. 보험기간

(1) 의의

보험기간이란 보험자의 책임이 시작되어 종료하는 기간, 즉 그 기간 내에 보험사고가 발생하면 보험자가 책임을 지게 되는 기간을 말한다. 보험기간은 당사자간에 다른 약정이 없으면 보험자가 최초의 보험료를 지급 받은 때로부터 시작한다(제656조). 보험기간 내에 보험사고가 발생하기만 하면 그로 인한 손해는 보험기간 종료 후에 발생하더라도 보험자의 책임은 인정된다.

(2) 소급보험

소급보험이란 보험계약 성립 전의 어느 시점부터 보험기간이 시작하는 것으로 정한 보험을 말한다(제643조). 예컨대, 운송 중인 물건에 대하여 해상적하 보험계약을 체결하면서 보험기간은 하물(荷物)의 선적 시로부터 시작하는 것으로 정하는 경우이다.

소급보험은 보험자와 보험계약자 및 피보험자가 보험사고의 발생을 알지 못한 것을 전제로 한다(제644조 단서). 만일 보험계약자와 피보험자가 보험사고가 발생한 사실을 알고 이와 같은 보험계약을 체결하였다면 그 보험계약은 무효이고(제644조 본문), 보험계약자는 보험자로부터 지급한 보험료를 반환 받을 수 없다(제648조).

2. 보험료기간

(1) 의의

보험료기간은 보험료를 산출하는 단위기간을 말한다. 보험료는 일정한 기간을 단위로 하여 그 기간 안에 생기는 보험사고의 발생률을 통계적으로 산출하여 그 위험률에 따라 정하여지는데, 그 기간이 보험료기간이다. 보험료기간은 보험기간과 다른 개념으로서, 양 기간은 일치하는 경우도 있고(예 화재보험), 일치하지 않는 경우도 있다(예 생명보험의 경우에는 보험기간이 수 개의 보험료기간으로 나뉘어 있다).

(2) 보험료불가분의 원칙

1) 의의

보험료불가분의 원칙이란 보험료기간 내의 위험은 불가분적인 것이므로 그 기간 내의 보험료도 불가분의 성질을 갖는다는 원칙이다. 이에 따르면 보험료기간 중간에 계약이 해지 또는 실효되더라도 보험자는 보험료 계산의 기초가 되는 단위기간인 보험료기간 전부의 보험료를 취득할 수 있고 미경과 기간에 대한 보험료를 반환할 의무가 없다. 예컨대, 甲이 A보험회사에 보험기간 및 보험료기간을 1년으로 하여 자신의 주택을 화재보험에 가입하고 보험료를 완납하였는데, 보험기간 개시로부터 10일 후 그 주택이 화재로 전손하여 A회사가 甲에게 보험금을 모두 지급하였다고 하자. 이 경우 甲이 더 이상 보험의 필요가 없어 A회사에 보험계약을 해지하더라도 나머지 기간에 대한 보험료(355일분 보험료)는 A회사가 취득하고 A회사는 甲에게 이를 반환할 의무가 없다. 즉 A보험회사는 1년간의 위험을 하나의 단위로 해서 보험금지급의무를 지므로, 설사 그 위험이 보험기간 초기에 실현되었더라도 A회사는 1년의 위험을 담보한 것이므로 1년분의 보험료 전부를 취득하는 것이다.

2) 통설과 판례의 태도

통설은 보험료불가분의 원칙을 일반원칙으로 인정할 수 없다고 하며, 실제로 약관에서 보험계약이 해지 또는 실효된 경우에 보험자는 일할계산을 하여 보험료를 반환하도록 정하는 경우가 많고, 판례에 의하면 이와 같은 약관은 유효하다. 즉 판례는 "보험자가 피보험자 등으로부터 사고발생의 위험이 변경 또는 증가되었다는 통지를 받고 이를 이유로 보험계약을 해지하는 경우, 보험약관에서 미경과 기간에 대한 보험료를 반환하도록 정하고 있다면 그 보험약관은 유효하다고 보아야 하고, 그것이 상법 또는 상법상의 원칙에 위반하여 무효라고 볼 수 없다(대판 2008.1.31. 2005다57806)."고 판시한 바 있다.

05 보험금과 보험료

보험금이란 보험자가 보험사고 발생 시 피보험자 또는 보험수익자에게 지급하여야 하는 금원을 말한다. 보험금은 통상 돈으로 지급하나 예외적으로 현물 또는 그 밖의 급여(예 상해보험에서의 치료행위)로 지급할 수도 있다(제638조). 또한 일시에 지급할 수도 있고(예 사망보험금의 일시 지급), 분할하여 지급할 수도 있다(예 연금보험).

보험료란 보험계약에서 보험자의 보험금지급의무에 대한 대가로서 보험계약자가 지급하는 금원이다(제638조). 보험료의 액수는 대수의 법칙에 따라 보험단체 안에서의 보험사고 발생률을 기초로 산출하는데, 보험료총액과 보험금총액이 균형을 유지하도록 정한다.

제3절 보험계약의 체결

01 총설

보험계약은 낙성·불요식계약이므로 보험자와 보험계약자간의 의사의 합치만으로 성립한다. 그런데 보험계약의 특성상 보험계약 체결 시에 보험계약자는 고지의무를, 보험자는 보험약관의 교부·설명의무와 보험증권 교부의무를 각각 부담한다.

02 보험계약의 성립

1. 청약과 승낙

설계사의 권유에 따라 보험계약자가 보험청약서에 필요사항을 기재하고, 질문표를 작성하여 이를 최초보험료와보험계약은 낙성·불요식계약이므로 청약과 승낙의 방식에 특별한 제한은 없다. 그러나 일반적으로는 보험 함께 보험설계사에게 교부하는 방식으로 청약이 이루어진다. 그러면 보험설계사는 보험계약자에게 보험료가수증 또는 영수증을 교부하고, 청약서류를 보험자에게 전달한다. 보험자가 전달 받은 청약서류를 검토하여 승낙을 하면 보험계약이 체결된다. 이때 보험자의 승낙의 의사표시는 별도로 이루어지지 않고, 보험자가 보험계약자에게 보험증권을 교부하는 것으로서 갈음하는 것이 관행이다.

2. 낙부통지의무 및 승낙의제

보험계약자의 청약이 있더라도 보험계약은 보험자가 승낙을 해야 성립하는 것이나, 보험설계사 등의 권유에 따라 보험청약서를 작성하고 보험료의 전부 또는 일부에 상당하는 금액을 보험자에게 납부한 경우 보험계약자는 보험계약이 유효하게 성립한 것으로 믿는 것이 일반적이다. 그래서 이러한 보험계약자를 보호하기 위해 상법은 보험자에게 낙부통지의무를 부과하고 있다.

보험자는 보험계약자로부터 보험료 상당액의 전부 또는 일부를 지급 받고 보험계약의 청약을 받은 때에는 다른 약정이 없는 한 30일 내에 그 상대방에게 낙부의 통지를 발송해야 한다. 인보험계약의 피보험자가 신체검사를 받아야 하는 경우에는 위 기간은 신체검사를 받은 날로부터 기산한다(제638조의2 제1항). 보험자가 이를 게을리 한 때에는 승낙한 것으로 간주한다(동조 제2항). 이는 상사계약에서의 상인의 낙부통지의무와 유사하나, 상시거래관계가 있는 자로부터 청약을 받을 것을 요하지 않는 점 및 승낙기간이 30일로 규정되어 있는 점이 다르다.

3. 승낙 전 보험

30일의 낙부통지기간 내인데 보험자가 아직 승낙을 하지 않아 계약이 체결되지 않은 상태에서 보험사고가 발생한 경우는 어떻게 처리해야 하는가? 상법은 이에 대해 명문의 규정을 두고 있다.

즉 보험자는 보험계약자로부터 보험계약의 청약과 함께 보험료 상당액의 전부 또는 일부를 받은 경우에는 그 청약을 거절할 사유가 없는 한 그 청약에 대한 승낙을 하기 전에 발생한 보험사고에 대하여도 보험계약상의 책임을 진다. 다만 인보험계약의 피보험자가 신체검사를 받아야 하는 경우에 그 검사를 받지 않은 때에는 그렇지 않다(제638조의2 제3항). 이를 승낙 전 보험이라 한다. 부보가 능성이 있는 보험가입자는 자신의 의무를 다 이행하면 보험에 가입하였다고 믿고 안도하는 것이 보통이므로 보험가입자의 이러한 기대이익을 보호하기 위함이다. 따라서 보험계약자는 최초보험료를 납입하면 그로부터 30일까지는 승낙 전 보험에 의하여, 그 이후에는 승낙의제에 의하여 보호를 받게 된다.

03 보험약관의 교부·설명의무

1. 의의

일반적으로도 보통거래약관을 사용하는 사업자는 약관의 중요한 내용에 대하여 명시·설명의무를 지나(약관규제법 제3조), 상법은 보험자에게 이와 유사한 보험약관의 교부·설명의무를 다시 부과하고 있다. 즉 보험자는 보험계약을 체결할 때에 보험계약자에게 보험약관을 교부하고 그 약관의 중요한 내용을 설명하여야 한다(제638조의3 제1항).

2. 설명의무의 내용

(1) 설명의 대상

보험자는 약관의 중요한 내용을 설명하여야 하는데, 여기서 중요한 내용이란 보험료와 그 지급 방법, 보험금액, 보험기간, 보험사고의 내용, 보험계약의 해지사유, 보험자의 면책사유 등 고객의 이해관계에 중대한 영향을 미치는 사항으로서, 사회통념상 계약체결 여부의 결정에 영향을 줄 수 있는 사항을 말한다.

그러나 판례는 아무리 중요한 내용이라 하더라도, ① 보험계약자나 그 대리인이 그 내용을 충분히 잘 알고 있는 경우(대판 1999.3.9. 98다43342), 또는 ② 거래상 일반적이고 공통된 것이어서 보험계약자가 별도의 설명 없이도 충분히 예상할 수 있었던 사항이거나, 이미 법령에 의하여 정하여진 것을 되풀이하거나 부연하는 정도에 불과한 사항인 경우(대판 2007.4.27. 2006다87453)에는 설명의 필요가 없다고 한다.

(2) 설명의무의 이행 방법

실무상 보험계약의 내용에 관한 안내서를 우송한 것만으로 설명의무를 이행한 것으로 볼 수 있는지가 종종 문제되는데, 판례는 이를 부정하고 있다. 즉 "보험자가 보험약관을 우송하면서 주운전자를 허위로 기재하면 보험금을 지급받지 못할 수도 있으므로 즉시 수정신고해야 한다는 취지의 안내문을 동봉한 것만으로 주운전자에 관한 보험약관의 명시·설명의무를 이행한 것으로 볼 수 없다(대판 1997.9.26. 97다4494)."고 하였다.

3. 의무위반의 효과

(1) 보험계약자의 취소권

보험자가 보험약관의 교부·설명의무를 이행하지 않으면 보험계약자는 보험계약이 성립한 날로부터 3개월 이내에 그 계약을 취소할 수 있다(제638조의3 제2항). 계약을 무효로 하지 않고 단지 취소할 수 있도록 한 이유는 보험계약자가 취소를 하지 않는 한 계약의 효력을 유지하는 것이 보험계약자와 보험자 모두에게 이익이 되기 때문이다.

(2) 약관규제법과의 관계

보험자가 보험약관의 교부·설명의무를 이행하지 않고 보험계약을 체결하였어도 보험계약자가 그 계약을 취소하지 않는 한 계약의 효력은 유지된다. 그런데 이때 보험자는 해당 약관 내용을 계약의 내용으로 주장할 수 있는가? 다시 말해 약관규제법은 사업자가 약관의 명시·설명의무를 위반하여 계약을 체결한 경우 그 사업자는 해당 약관을 계약의 내용으로 주장할 수 없도록 하고 있는데(동법 제3조 제4항), 보험계약에도 이 규정이 적용되는가의 문제이다.

학설 중에는 상법은 약관규제법의 특별법이므로 약관규제법 제3조 제4항은 적용되지 않고, 보험계약자가 3개월 내에 계약을 취소하지 않으면 보험자는 설명하지 않은 약관 내용도 계약의 내용으로 주장할 수 있다는 견해도 있다(상법적용설). 그러나 다수설·판례는 보험계약에도 약관규제법 제3조 제4항이 적용된다고 한다(중첩적용설). 판례는 "보험자가 보험약관의 명시·설명의무에 위반하여 보험계약을 체결한 때에는 그 약관의 내용을 보험계약의 내용으로 주장할 수 없다(대판 1997.9.26. 97다4494)."고 판시하였다.

약관조항에 관한 명시·설명의무가 제대로 이행되었더라도 그러한 사정이 그 보험계약의 체결 여부에 영향을 미치지 아니하였다고 볼 수 있다면 그 약관조항은 명시·설명의무의 대상이 되는 보험계약의 중요한 내용이라고 할 수 없다(대판 2005.10.7. 2005다28808. 대판 2016.9.23. 2016다221023).

보험회사 또는 보험모집종사자가 설명의무를 위반하여 고객이 보험계약의 중요사항에 관하여 제대로 이해하지 못한 채 착오에 빠져 보험계약을 체결한 경우, 그러한 착오가 동기의 착오에 불과하다고 하더라도 그러한 착오를 일으키지 않았더라면 보험계약을 체결하지 않았거나 아니면 적어도 동일한 내용으로 보험계약을 체결하지 않았을 것이 명백하다면, 위와 같은 착오는 보험계약의 내용의 중요부분에 관한 것에 해당하므로 이를 이유로 보험계약을 취소할 수 있다(대판 2018.4.12. 2017다229536).

04 고지의무

1. 의의

고지의무란 보험계약자 또는 피보험자가 보험계약의 체결 당시에 보험자에 대하여 중요한 사항을 고지해야 할 의무를 말한다(제651조). 고지의무는 역선택 문제를 해결하기 위한 것이며 보험계약의 선의성을 근거로 한다. 고지의무 위반은 이론적으로도 보험법의 핵심쟁점일 뿐 아니라, 실무상으로도 많은 분쟁의 원인이 된다.

2. 고지의무의 내용

(1) 당사자

1) 고지의무자

고지의무를 부담하는 자는 「보험계약자」와 「피보험자」이다. 피보험자는 손해보험이든 인보험이든 보험사고의 객체에 대하여 가장 잘 알고 있는 자인 경우가 많으므로 고지의무자에 포함시킨 것이다. 인보험에서의 보험수익자는 고지의무자가 아니다. 어차피 보험수익자는 고지할 사항에 관하여 아는 것이 별로 없을 것이므로 고지의무자로 할 실익도 없다. 보험예약이 대리인에 의하여 체결되는 경우에는 그 대리인도 고지의무를 부담하는데, 이때에는 본인이 알고 있는 사실뿐만 아니라 대리인이 알고 있는 사실도 고지해야 한다(제646조).

2) 고지의 상대방

고지는 보험자 또는 그를 위하여 고지수령권을 가지는 자에게 하여야 한다. 보험자의 보조자 중 고지수령권이 있는 자는 누구인가? 체약대리상과 보험의는 고지수령권이 있으나 보험중개인과 보험설계사는 고지수령권이 없다. 특히 보험설계사에게는 고지수령권이 없으므로 그에게 고지한 것만으로는 고지의무를 이행한 것이 되지 않는다는 사실이 자주 문제된다. 보험대리상 중 중개대리상은 고지수령권이 없으나, 보험자는 중개대리상의 고지수령권 제한을 이유로 선의의 보험계약자에게 대항하지 못하므로(제646조의2 제2항), 실질적으로는 있는 것이나 마찬가지이다.

(2) 고지사항 — 중요한 사항

1) 의의

고지할 사항은 보험계약과 관련된 모든 사항이 아니라 보험계약 체결에 있어 중요한 사항이다. 중요한 사항이란, 보험자가 보험사고 발생의 위험을 측정하여 보험계약의 체결 여부 또는 보험료나 특별한 면책조항의 부가와 같은 보험계약의 내용을 결정하는데 영향을 미치는 사항을 말한다. 다시 말해 객관적으로 보험자가 그 사실을 안다면 그 계약을 체결하지 않든가 또는 적어도 동일한 조건으로는 계약을 체결하지 않으리라고 생각되는 사항이다(대판 2001.11.27. 99다33311). 구체적으로 어떠한 사실이 중요한 사항인지를 판례를 통하여 보면, ⅰ) 손해보험에서는 「다른 보험계약에 관한 사항(예 보험계약을 체결한 사실, 청약에 대한 거절 또는 해지의 사실)」, 「보험사고의 발생사실(예 화재보험에서 화재의 발생사실, 자동차보험에서 사고경력)」 등이, ⅱ) 생명보험에서는 피보험자의 기왕증이나 현재증, 나이, 직업, 부모의 생존여부 또는 사망원인 등이 중요한 사항으로 자주 언급된다. 또한 생명보험계약에서 피보험자가 신체검사를 받았다고 하여 고지의무가 면제되지는 않는다. 그러나 보험자가 당연히 알 수 있는 일반적인 사항이나 보험자가 이미 알고 있는 사항은 고지사항에서 제외된다.

2) 질문표

어떠한 사항이 중요한 사항인지는 객관적으로 예측할 수 있는 것이 아니므로, 실무에서는 통상

보험청약서에 질문란을 두고 이를 기재하도록 하고, 이 질문표의 기재사항을 중요한 사항으로 보는 경향이 있다. 상법도 이러한 거래계의 현실을 반영하여 보험자가 서면으로 질문한 사항은 중요한 사항으로 추정하고 있다(제651조의2). 그리고 판례는 "보험자가 고지의무의 대상이 되는 사항에 관하여 스스로 제정한 보험청약서 양식을 사용하여 질문하고 있는 경우에 보험청약서에 기재되지 않은 사항에 관하여는 원칙적으로 고지의무 위반이 문제될 여지가 없다(대판 1996.12.23. 96다27971)."고 하였다.

위와 같이 고지의 대상인 중요한 사항인지 여부를 질문표의 기재사항을 기준으로 판단하는 관행은 예측가능성을 높인다는 측면에서 매우 바람직하다. 그러나 질문표는 어디까지나 추정의 효력을 가질 뿐이고, 질문표에서 제외된 사항이라고 하여 반드시 고지할 사항에서 제외되는 것은 아니다. 판례도 같은 입장이다. 즉 판례는, 암 치료 종료 후 5년이 지나 검사를 실시한 결과 의사로부터 암 재발의 가능성을 고지 받고 확진을 위한 재검사 요구를 받은 상태에서 '5년 내 암을 앓거나 치료받은 적이 없다'고 신고하면서 생명공제계약을 체결한 사안에서, "의사의 암 재발 가능성 고지 사실 등은 공제계약 청약서상의 질문사항에 포함되어 있지 않다고 하더라도 피공제자의 생명위험 측정상 중요한 사실로서 고지할 중요 사항에 포함되므로 이를 고지하지 않은 것은 고지의무 위반에 해당한다(대판 1999.11.26. 99다37474)."고 하였다.

3) 손해보험계약에서 「중복보험계약의 체결사실」

손해보험계약에서 보험계약자는 보험자에게 중복보험계약의 체결사실을 통지하여야 하는데(제672조 제2항), 중복보험계약의 체결사실은 고지의무의 대상이 되는 중요한 사항에 해당하는가? 판례는 이를 부정한다. 즉 "손해보험에 있어서 보험계약자에게 다수의 보험계약의 체결사실에 관하여 고지 및 통지하도록 한 취지는, 보험사고발생의 위험을 측정하여 계약을 체결할 것인지 또는 어떤 조건으로 체결할 것인지 판단할 수 있는 자료를 제공하기 위한 것이라고 볼 수 없으므로, 중복보험을 체결한 사실은 상법 제651조의 고지의무의 대상이 되는 중요한 사항에 해당되지 아니한다(대판 2003.11.13. 2001다49623)."라고 판시하였다.

3. 고지의무의 위반

(1) 요건

보험계약 당시에 보험계약자 또는 피보험자가 고의 또는 중대한 과실로 인하여 중요한 사항을 고지하지 아니하거나 부실의 고지를 하여야 한다(제651조 본문).

1) 중요한 사항에 관한 불고지 또는 부실고지(객관적 요건)

고지의무 위반 여부는 보험계약의 청약 시가 아니라 성립 시를 기준으로 판단한다(대판 2012.8.23. 2010다78135). 따라서 청약 후 보험계약 성립 전에 발생·변경된 사항이 있으면 이것도 고지하여야 한다. 위 판례는 보험계약을 청약한 이후 보험계약이 성립하기 전에 피보험자가 고혈압 진단을 받았음에도 보험계약자가 고의 또는 중과실로 청약서의 질문표에 그러한 사실이 없다고 기재하여 이를 보험회사에 우송한 것은 고지의무 위반에 해당한다고 하였다.

2) 고의 또는 중과실(주관적 요건)

① 여기서 「중대한 과실」이란 고지하여야 할 사실은 알고 있었지만 현저한 부주의로 인하여 그 사실의 중요성의 판단을 잘못하거나 그 사실이 고지하여야 할 중요한 사실이라는 것을 알지 못하는 것을 말한다(대판 2011.4.14. 2009다103349). 예컨대, 질문표를 읽어보지 않아 그 곳에 기재된 질문사항에 대하여 불고지한 경우가 이에 해당한다. ② 현저한 부주의로 고지의 대상인 사실을 알지 못한 경우도 여기의 중대한 과실에 포함되는가? 긍정하는 견해도 있으나, 고지의무는 고지의무자가 알고 있는 사실을 고지하도록 하는 것이지 그에게 탐지의무까지 부과하는 것은 아니므로 부정하는 것이 타당하다.

3) 증명책임

고지의무 위반의 요건이 충족된다는 사실은 이를 주장하여 보험계약을 해지하고자 하는 「보험자」가 입증하여야 한다(통설·판례, 대판 2004.6.11. 2003다18494).

(2) 효과
1) 해지권

보험자는 보험사고 발생의 전후를 불문하고 보험계약을 해지할 수 있다(제651조 본문). 해지권은 형성권이므로 보험자의 일방적 의사표시로 할 수 있다. 해지의 의사표시는 보험계약자 또는 그의 상속인(또는 그들의 대리인)에게 하여야 하며 피보험자나 보험수익자는 해지의 상대방이 아니다. 판례도 "타인을 위한 생명보험에 있어서 보험금 수익자에게 해지의 의사표시를 하는 것은 특별한 사정(보험약관상의 별도기재 등)이 없는 한 효력이 없다(대판 1989.2.14. 87다카2973)."고 하였다. 해지의 효력은 장래에 대하여만 생기는 것이 원칙이나, 보험금 지급에 관하여는 예외적으로 소급효가 인정된다. 즉 해지는 보험사고 발생 후에도 할 수 있는데, 이때 보험자는 보험금지급책임을 면하고, 만일 이미 보험금을 지급하였으면 그 반환을 청구할 수 있다(제655조 본문).

경제적으로 독립한 여러 물건에 대하여 보험계약을 체결하면서 보험의 목적이 된 수 개의 물건 가운데 일부에 대하여만 고지의무 위반이 있는 경우 보험자는 어느 범위에서 보험계약을 해지할 수 있는가? 판례는 화재보험계약과 관련한 사안에서 그와 같은 경우 "보험자는 특별한 사정이 없는 한 그 고지의무 위반이 있는 물건에 대하여만 보험계약을 해지할 수 있고 나머지 부분에 대하여는 보험계약의 효력에 영향이 없다(대판 1999.4.23. 99다8599)."고 하였다.

보험계약을 체결하면서 중요한 사항에 관한 보험계약자의 고지의무 위반이 사기에 해당하는 경우에는 보험자는 상법의 규정에 의하여 계약을 해지할 수 있음은 물론 보험계약에서 정한 취소권 규정이나 민법의 일반원칙에 따라 보험계약을 취소할 수 있다. 따라서 보험금을 부정취득할 목적으로 다수의 보험계약이 체결된 경우에 민법 제103조 위반으로 인한 보험계약의 무효와 고지의무 위반을 이유로 한 보험계약의 해지나 취소는 그 요건이나 효과가 다르지만, 개별적인 사안에서 각각의 요건을 모두 충족한다면 위와 같은 구제수단이 병존적으로 인정되고, 이 경우 보험자는 보험계약의 무효, 해지 또는 취소를 선택적으로 주장할 수 있다(대판 2017.4.7. 2014다234827).

2) 해지권의 제한

① 제척기간의 도과

보험자가 고지의무 위반 사실을 안 날로부터 1월이 경과하거나 계약을 체결한 날로부터 3년이 경과하면, 보험자는 보험계약을 해지할 수 없다(제651조 본문).

② 보험자의 악의·중과실

보험자가 보험계약 당시에 고지의무 위반의 사실을 알았거나 중대한 과실로 알지 못한 때에는 보험자는 보험계약을 해지할 수 없다(제651조 단서). 보험자가 이미 알고 있는 사실이라면 아무리 중요한 사항이라고 하더라도 고지상항에 포함되지 않는다는 법리의 연장선상에서 인정되는 것으로 이해할 수 있다. 여기서 보험자의 악의·중과실에는 체약대리상이나 보험의와 같이 보험자를 위하여 고지수령권을 갖는 자의 악의나 중과실도 포함된다(대판 2001.1.5. 2000다40353).

③ 보험자의 보험약관 교부·설명의무 위반

판례는 "보험자가 보험약관의 명시·설명의무에 위반하여 보험계약을 체결한 때에는 그 약관의 내용을 보험계약의 내용으로 주장할 수 없으므로, 보험계약자나 그 대리인이 그 약관에 규정된 고지의무를 위반하였다 하더라도 이를 이유로 보험계약을 해지할 수는 없다(대판 1997.9.26. 97다4494)." 고 하였다.

판례는, 보험자가 보험약관을 우송하면서 위와 같은 취지의 안내문을 동봉한 것만으로는 주운전자에 관한 보험약관의 명시·설명의무를 이행한 것으로 볼 수 없다고 하면서, "보험자가 보험약관의 중요 내용에 관한 명시·설명의무를 위반한 경우, 보험계약자의 고지의무 위반을 이유로 보험계약을 해지할 수 없다(대판 1997.9.26. 97다4494)."고 하였다.

3) 인과관계의 부존재 시 보험금 지급의무 면제의 제한

보험사고 발생 후에 계약을 해지한 경우 보험자는 원칙적으로 이미 발생한 보험금 지급책임을 면한다(제655조 본문). 그러나 고지의무 위반 사실과 보험사고 발생 사이에 인과관계가 없음이 증명된 때에는 보험자는 보험금을 지급하여야 한다(동조 단서). 물론 고지의무를 위반한 사실과 보험사고의 발생 사이의 인과관계를 불문하고 보험자는 상법 제651조에 의하여 고지의무 위반을 이유로 계약을 해지할 수는 있다(대판 2010.7.22. 2010다25353).

예컨대, 甲이 알코올중독임을 고지하지 않고 A보험회사의 생명보험에 가입하였다고 하자. 甲이 간암으로 사망하였다면 A보험회사는 고지의무 위반을 이유로 계약을 해지하고 보험금 지급의무를 면할 수 있다. 그러나 甲이 교통사고로 사망하였다면 고지의무 위반과 보험사고 발생 사이에 인과관계가 없으므로 A보험회사는 계약을 해지할 수는 있으나 보험금 지급 책임을 면하지는 못한다.

(3) 고지의무 위반과 착오·사기

1) 문제의 제기

고지의무 위반의 사실이 민법상 보험자의 착오 또는 보험계약자의 사기에 해당할 수가 있다. 예컨대, 간경화를 앓고 있는 자가 그 사실을 숨기고 생명보험에 가입하면서 자기 대신 건강한 제3자로 하여금 신체검사를 받게 하면 이는 사기에 해당할 수 있다. 이 경우 보험자는 보험법상의 해지

권을 행사하는 이외에, 민법상의 착오나 사기를 이유로 계약을 취소할 수도 있는가? 이는 보험자가 제척기간 경과로 보험법상의 해지권을 행사할 수 없거나, 고지의무 위반과 보험사고의 발생 사이에 인과관계가 없어 보험금을 지급책임을 져야 할 경우에 특히 논의의 실익이 있다.

2) 학설 및 판례

① 학설

학설은 긍정설·부정설·절충설이 있는데 절충설이 통설이다. 절충설은 보험자의 착오의 경우에는 민법상의 취소를 인정하지 않고, 보험계약자의 사기의 경우에만 취소를 인정한다. 보험자의 착오의 경우에는 보험계약자를 보호해야 할 필요가 있으나, 보험계약자의 사기의 경우에는 그럴 필요가 없기 때문이다.

② 판례

판례는 "보험계약자의 고지의무 위반이 사기에 해당하는 경우 보험자는 상법의 규정에 의하여 계약을 해지할 수 있음은 물론 민법의 일반원칙에 따라 그 보험계약을 취소할 수 있다(대판 1991.12.27. 91다1165)."고 하였다. 그리고 보험금을 부정취득할 목적으로 다수의 보험계약이 체결된 경우에 민법 제103조 위반으로 인한 보험계약의 무효와 고지의무 위반을 이유로 한 보험계약의 해지나 취소는 그 요건이나 효과가 다르지만, 개별적인 사안에서 각각의 요건을 모두 충족한다면 위와 같은 구제수단이 병존적으로 인정되고, 이 경우 보험자는 보험계약의 무효, 해지 또는 취소를 선택적으로 주장할 수 있다(대판 2017.4.7. 2014다234827).

상법상 고지의무를 위반하여 보험계약을 체결하였다는 사정만으로 보험계약자에게 미필적으로 나마 보험금 편취를 위한 고의의 기망행위가 있었다고 단정하여서는 아니 되고, 더 나아가 보험사고가 이미 발생하였음에도 이를 묵비한 채 보험계약을 체결하거나 보험사고 발생의 개연성이 농후함을 인식하면서도 보험계약을 체결하는 경우 또는 보험사고를 임의로 조작하려는 의도를 갖고 보험계약을 체결하는 경우와 같이 그 행위가 '보험사고의 우연성'과 같은 보험의 본질을 해할 정도에 이르러야 비로소 보험금 편취를 위한 고의의 기망행위를 인정할 수 있다(대판 2012.11.15. 2010도6910 등 참조). 피고인이 위와 같은 고의의 기망행위로 보험계약을 체결하고 위 보험사고가 발생하였다는 이유로 보험회사에 보험금을 청구하여 보험금을 지급받았을 때 사기죄는 기수에 이른다(대판 2019.4.3. 2014도2754).

3) 사기에 의한 취소의 효과

보험자가 사기를 이유로 보험계약을 취소하면 계약이 소급적으로 무효가 되는데, 그러면 보험자는 보험금지급의무는 면하나 그때까지 취득한 보험료를 모두 부당이득으로 보험계약자에게 반환해야 한다. 이런 점에서 민법상 사기를 이유로 한 취소는 보험법에 의한 해지보다 보험자의 보호에 있어 불충분하다.

4) 사기에 의한 초과보험·중복보험과의 비교

초과보험 또는 중복보험의 계약이 사기에 의해 체결되면 그 계약은 무효로 된다. 그러나 이 경우는 보험자가 그 사실을 안 때까지의 보험료를 반환하지 않아도 된다(제669조 제4항, 제672조 제3항).

제4절 보험계약의 효과

보험계약의 효과는 손해보험과 인보험에서 각각 다른데, 이하에서는 양자에 공통되는 것만을 당사자의 의무를 중심으로 살펴본다.

01 보험계약자·피보험자·보험수익자의 의무

1. 보험료 지급의무

보험료는 보험자가 위험을 담보하는 대가로서 보험계약자 등이 보험자에게 지급하는 일정한 돈이다. 보험료의 의의와 관련하여 최초보험료와 계속보험료의 구별이 중요한다. 최초보험료란 보험자의 책임을 개시하게 하는 보험료를 말하고(제656조), 계속보험료는 일단 시작된 보험자의 책임을 계속 이어지게 하는 보험료를 말한다. 보험료 지급의무는 보험계약자의 의무 중 가장 기본적이고 중요한 의무이다.

(1) 지급의무자

보험료 지급의무는 계약상의 의무이므로 1차적으로는 보험계약자가 부담한다(제639조 제3항 본문, 제650조 제1항 전단). 그러나 타인을 위한 보험의 경우에는 손해보험에서의 피보험자와 인보험에서의 보험수익자도 2차적으로 보험료지급의무를 진다. 즉 타인을 위한 보험에서 보험계약자가 파산선고를 받거나 보험료의 지급을 지체한 때에는 피보험자 또는 보험수익자도 그 권리를 포기하지 않는 한 보험료 지급의무를 진다(제639조 제3항 단서).

(2) 보험료의 금액

보험료는 보험계약에서 정하여지는데, 일정한 경우 당사자는 보험료의 감액 또는 증액청구권을 갖는다. 이 권리는 형성권이다.

1) 보험계약자의 보험료 감액청구권

① 보험계약의 당사자가 특별한 위험을 예기하여 보험료의 액을 정한 경우에 보험기간 중 그 예기한 위험이 소멸한 때에는 보험계약자는 그 후의 보험료의 감액을 청구할 수 있다(제647조). ② 손해보험에 있어 초과보험의 경우에도 보험계약자는 보험금 감액청구권을 갖는다(제669조 제1항, 제3항).

2) 보험자의 보험료 증액청구권

보험기간 중에 사고발생의 위험이, ⅰ) 현저하게 변경 또는 증가하거나(위험의 객관적 변경·증가, 제652조), ⅱ) 보험계약자 등의 고의 또는 중대한 과실로 인하여 현저하게 변경 또는 증가한 때에는(위험의 주관적 변경·증가, 제653조) 보험자는 보험료의 증액을 청구할 수 있다.

(3) 지급시기

최초보험료는 보험계약 체결 후 지체 없이 보험료의 전부 또는 제1회 보험료를 지급하여야 한다(제650조 제1항). 보험료를 일시에 지급하는 경우 보험료의 전부를, 보험료를 분할하여 지급하는 경우에는 제1회 보험료를 지급해야 하는 것이다. 계속보험료는 약정한 시기에 지급하여야 한다(제650

조 제2항 전단).

(4) 지급방법 — 어음·수표에 의한 지급

보험료를 어음·수표로써 지급한 경우 보험료의 지급시기는 어음·수표를 교부한 때인가 아니면 그 어음·수표가 결제된 때인가? 보험자의 책임은 최초보험료를 지급받은 때로부터 개시하기 때문에 (제656조), 지급시기를 언제로 보는가에 따라 어음·수표가 교부된 후 아직 결제가 이루어지기 전에 보험사고가 발생한 경우 그에 대한 보험자가 책임 여부가 달라진다. 어음·수표의 교부를 보험료 지급으로 보면 책임이 인정되나, 실제로 결제되는 시점을 지급시기로 보면 책임이 인정되지 않는다.

1) 학설

어음·수표법의 일반 법리에 의하면, 어음·수표는 은행 발행의 자기앞수표나 은행이 지급보증한 당좌수표를 제외하고는 「지급을 위하여」 또는 「지급을 담보하기 위하여」 교부한 것으로 추정되므로, 어음·수표를 교부한 것만으로는 보험료의 지급으로 볼 수 없을 것이다. 그러나 보험업계의 거래관행이나 보험계약자의 법감정은 어음·수표를 교부한 때에 보험료를 지급했다고 생각하는 것이 보통이다. 그래서 학설은 이론 구성에 다소의 차이는 있으나 대체로 어음·수표를 교부한 때에 보험료의 지급이 있다고 본다. 이에 의하면 어음·수표 교부 후 발생한 보험사고에 대하여 보험자는 보험금 지급책임을 지고, 다만 그 후 어음·수표에 대한 결제가 이루어지지 않으면 보험금 지급책임을 지지 않는다.

2) 판례

판례는 보험료 지급으로 선일자수표를 발행·교부하였는데 그 수표상 발행일이 도래하기 전에 보험사고가 발생한 사안에서 "선일자수표는 대부분의 경우 당해 발행일자 이후의 제시기간내의 제시에 따라 결제되는 것이라고 보아야 하므로, …보험모집인이 선일자수표를 받은 날을 보험자의 책임발생 시점이 되는 제1회 보험료의 수령일로 보아서는 안 된다(대판 1989.11.28. 88다카33367)."고 하면서, 보험자의 보험금 지급책임을 부정하였다(이 판례에 관한 자세한 내용은 어음·수표법 참조). 그러나 이 판례만으로는 일반적인 어음·수표의 교부가 보험료의 지급에 해당하는지에 관한 판례의 태도가 무엇인지는 알기 어렵다.

(5) 보험료지급 해태의 효과

1) 최초보험료의 지급 해태

최초보험료 미지급의 경우에는, ① 보험자의 책임이 개시하지 않으므로 설사 계약성립 후에 보험사고가 발생하더라도 피보험자 또는 보험수익자는 보험자에게 보험금의 지급을 청구할 수 없고, ② 다른 약정이 없는 한 계약성립 후 2월이 경과하면 보험계약이 해제된 것으로 의제된다(제650조 제1항). 그러나 실무에서는 보험계약의 청약 시에 최초보험료를 같이 납부하므로 계약이 자동해제되는 경우는 거의 없다.

2) 계속보험료의 지급 해태

① 최고 후 해지

계속보험료가 약정한 시기에 지급되지 아니한 때에는 보험자는 상당한 기간을 정하여 보험계약자에게 최고하고 그 기간 내에 지급되지 아니한 때에는 그 계약을 해지할 수 있다(제650조 제2항). 타인을 위한 보험에서 보험계약자가 보험료의 지급을 지체한 때에는 보험자는 그 타인에게도 상당한 기간을 정하여 보험료 지급을 최고해야 계약을 해제 또는 해지할 수 있다(제650조 제3항). 타인을 위한 보험에서는 타인인 피보험자와 보험수익자도 2차적인 보험료지급의무자이기 때문이다(제639조 제3항).

② 실효약관의 효력

과거 보험약관은 제2회 이후의 보험료의 경우 납입기일로부터 일정한 유예기간이 경과할 때까지도 보험료의 지급이 없으면 보험자의 별도의 최고나 해지의 의사표시 없이 곧바로 보험계약이 실효 또는 해지된다고 규정하고 있었는데, 이를 실효약관이라 한다. 보험자의 최고 및 해지의 번거로움을 피하기 위함이다. 그런데 이 약관은 보험계약자에게 불리한 변경으로서 불이익변경 금지의 원칙(제663조)에 위반하여 무효가 아닌가 하는 의문이 제기되었다.

판례는 과거에는 실효약관의 유효성을 인정하였으나(대판 1987.6.23. 86다카2995), 전원합의체 판결로 견해를 변경하여 실효약관은 불이익변경 금지의 원칙에 위배되어 무효라고 하였다. 즉 "분납 보험료가 소정의 시기에 납입되지 아니하였음을 이유로 그와 같은 절차를 거치지 아니하고 막바로 보험계약이 해지되거나 실효됨을 규정하고 보험자의 보험금지급 책임을 면하도록 규정한 보험약관은 상법 제650조, 제663조의 규정에 위배되어 무효이다(대판 1995.11.16. 94다56852 전원합의체)."라고 판시하였다.

③ 해지의 효과

ⅰ) 계속보험료 연체를 이유로 보험계약을 해지한 경우 보험자는 계약해지 시로부터 더 이상 보험금을 지급할 의무만을 면할 뿐이다. 따라서 연체 이전에 발생한 보험사고에 대하여는 보험금을 지급해야 한다(대판 2001.4.10. 99다67413). ⅱ) 연체 이후 보험사고가 발생하고 그 후 보험자가 연체를 이유로 계약을 해지한 경우, 보험자는 해지 전에 발생한 보험사고에 대하여 책임을 지는가? 그렇지 않다. 보험사고 발생 후에 보험자가 보험계약자 등의 계속보험료 지급 연체를 이유로 보험계약을 해지한 경우 보험자는 보험금을 지급할 책임이 없고 이미 지급한 보험금의 반환을 청구할 수 있다(제655조 제1항 본문). ⅲ) 연체 이후 보험사고가 발생하였는데 보험자가 계약을 해지하기 전에 보험계약자가 연체된 계속보험료를 전부 납입하고 보험금을 청구하면 보험자는 보험금을 지급해야 하는가? 이 경우 보험금 지급책임을 인정하는 것은 결과에 있어 불합리하다. 그러나 상법 제655조 본문이 보험자는 보험계약을 해지하는 경우에만 보험금 지급책임을 면할 수 있도록 규정하고 있어 이 경우 보험자의 보험금 지급책임을 인정될 수밖에 없다.

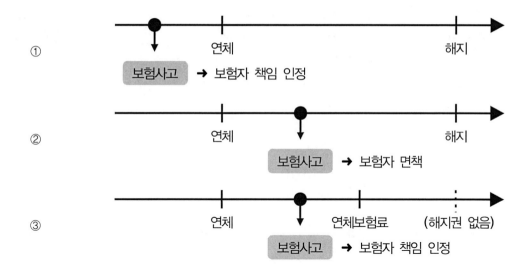

④ 보험계약의 부활

A. 의의   계속보험료의 연체로 인하여 보험계약이 해지된 경우 아직 해지환급금이 지급되지 않았으면 보험계약자는 일정한 기간 내에 연체보험료에 약정이자를 붙여 보험자에게 지급하고 그 계약의 부활을 청구할 수 있다(제650조의2 전문). 보험계약이 해지된 이후에 새로이 보험계약을 체결하면 보험료가 할증되거나(⑩ 생명보험에서 피보험자의 나이 증가 등을 이유로) 보험계약의 체결 자체가 불가능한 경우에 이용된다. 보험계약의 부활은 특히 생명보험과 같이 장기간 계속되는 보험계약에서 유용하다.

B. 법적 성질   보험계약의 부활은 당사자 간의 청약과 승낙에 의해 해지 전 보험계약을 다시 회복시키는 것을 내용으로 하는 특수한 계약이다(통설).

C. 요건

ⓐ 계속보험료 미지급에 의한 계약해지   보험료를 분할 지급하기로 하는 보험계약에서 보험계약자가 최초의 보험료를 지급하여 보험자의 책임이 개시되었으나 계속보험료를 지급하지 않아 보험계약이 해지되었어야 한다. 최초보험료를 지급하지 않아 보험자의 책임이 개시되지 않은 경우에는 부활이 인정되지 않는다.

ⓑ 해지환급금 지급 이전   보험자가 해지환급금을 지급하기 전이어야 한다. 보험자가 해지환급금을 지급하면 보험관계가 완전히 종료하기 때문이다.

ⓒ 부활의 청구와 보험자의 승낙   ⅰ) 보험계약자가 일정한 기간 내에 연체보험료에 약정이자를 붙여 보험자에게 지급하고 보험계약 부활을 청약하고, 이에 대해 보험자가 승낙을 해야 한다. ⅱ) 이러한 부활계약은 보험계약의 체결과 동일한 절차에 의하므로(제650조의2 후문), 보험계약자 등은 고지의무를 부담하고, 보험자는 낙부통지의무를 부담하며 일정한 경우 승낙이 의제된다.

D. 효과   보험계약이 부활하면 해지되기 전 보험계약이 그대로 회복되므로 처음부터 보험계약이 해지되지 않았던 것처럼 된다. 다만 부활 단계에서 새로운 고지의무가 부과되기 때문에, 종전

의 보험계약에서 있었던 고지의무 위반은 주장할 수 없다. 보험자의 책임은 부활계약의 승낙 시로부터 다시 개시된다. 따라서 보험계약 해지 시부터 부활 시까지 사이에 발생한 보험사고에 대해서는 보험자는 책임을 지지 않는다. 그러나 보험자가 부활의 청약과 함께 연체보험료와 약정이자를 받으면 그 청약을 거절할 사유가 없는 한 승낙하기 전에 발생한 보험사고에 대해서도 책임을 진다(승낙 전 보험, 제650조의2 2문, 제638조의2 제3항).

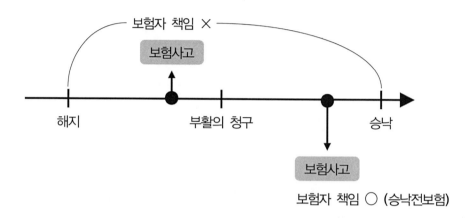

(6) 소멸시효
보험료청구권은 2년간 행사하지 않으면 소멸시효가 완성한다(제662조).

2. 위험변경·증가의 통지의무

(1) 의의
보험기간 중에 보험계약자 또는 피보험자가 사고발생의 위험이 현저하게 변경 또는 증가된 사실을 안 때에는 지체 없이 보험자에게 통지하여야 한다(제652조 제1항 전문). 여기서 「사고 발생의 위험이 현저하게 변경 또는 증가된 사실」이란, 그 변경 또는 증가된 위험이 보험계약의 체결 당시에 존재하고 있었다면 보험자가 보험계약을 체결하지 않았거나 적어도 그 보험료로는 보험을 인수하지 않았을 것으로 인정되는 정도의 것을 말한다(대판 1997.9.5. 95다25268).

(2) 구체적인 예
구체적으로 어떤 경우에 사고 발생의 위험이 현저하게 변경 또는 증가되었다고 볼 수 있는가? 판례를 통하여 보도록 한다.

1) 위험의 현저한 변경·증가를 인정한 사례
① 화재보험계약 체결 후 건물의 구조와 용도에 상당한 변경을 가져오는 공사를 시행한 경우(대판 2000.7.4. 98다62909, 62916), ② 화재보험의 목적인 공장건물에서 근로자들의 점거농성이 장기간에 걸쳐 계속되고 있는 경우(대판 1992.7.10. 92다13301, 13318), ③ 자동차보험계약체결 후 피보험자동차의 구조가 현저히 변경된 경우(대판 1998.12.23. 96다27971) 등이다.

2) 위험의 현저한 변경·증가를 부정한 사례

① 자동차종합보험계약 체결 후 피보험자가 서적도매상에서 일당을 받고 다른 차량과 함께 가끔 피보험자동차를 이용하여 서적을 배달하는 경우(대판 1999.1.26. 98다48682), ② 생명보험계약 체결 후 다른 생명보험에 다수 가입한 경우(대판 2001.11.27. 99다33311) 등이다.

(3) 통지의무 이행의 효과

보험계약자 등이 통지의무를 이행하여 보험자가 위험 변경·증가의 통지를 받은 때에는, 보험자는 1월 내에 보험료의 증액을 청구하거나 계약을 해지할 수 있다(제652조 제2항).

(4) 통지의무 해태의 효과

1) 계약의 해지

보험계약자 또는 피보험자가 그 위험의 변경증가의 사실을 알면서 지체 없이 보험자에게 통지하지 아니한 때에는 보험자는 그 사실을 안 날로부터 1월 내에 한하여 계약을 해지할 수 있다(제652조 제1항 후문). 여기서 「그 사실을 안 날」이란 '위험의 현저한 증가가 있는 사실을 안 날'이 아니라 '보험계약자 등이 통지의무를 이행하지 아니한 사실을 안 날'을 가리킨다.

2) 보험금 지급책임의 면제

보험사고 발생 후 계약을 해지한 경우 보험자는 보험금을 지급할 책임이 없고 이미 지급한 보험금의 반환을 청구할 수 있다. 다만 위험의 현저한 변경·증가 사실이 보험사고 발생에 영향을 미치지 아니하였음이 증명된 때에는 보험자는 보험금 지급책임이 면제되지 않는다(제655조).

3. 위험유지의무

(1) 의의

보험계약자, 피보험자 또는 보험수익자는 보험기간 중에 고의 또는 중대한 과실로 보험사고 발생의 위험을 현저하게 변경하거나 증가시켜서는 안 된다(제653조 전단). 예컨대, 화재보험의 목적인 주택을 공장으로 변경하거나 생명보험의 피보험자가 다른 위험업종에 종사해서는 안되는 것이다. 보험가입 시와 동일한 위험상태를 유지하라는 것이다.

(2) 위험유지의무 해태의 효과

1) 보험료 증액의 청구·계약해지

보험계약자 등이 고의·중과실로 사고 발생 위험을 현저히 변경·증가시키면 보험자는 그 사실을 안 날로부터 1월 내에 보험료의 증액을 청구하거나 계약을 해지할 수 있다(제653조). 상법 제653조는 위험의 변경·증가가 보험계약자 등의 고의 또는 중과실에 의해 초래되었다는 점과 통지에 관한 내용이 없다는 점에서 제652조와 다르다.

2) 보험금 지급책임의 면제

보험사고 발생 후 계약을 해지한 경우 보험자는 보험금을 지급할 책임이 없고 이미 지급한 보험금의 반환을 청구할 수 있다. 다만 위험의 현저한 변경·증가 사실이 보험사고 발생에 영향을 미치지 아니하였음이 증명된 때에는 보험자는 보험금 지급책임이 면제되지 않는다(제655조).

4. 보험사고 발생의 통지의무

(1) 의의

보험계약자 또는 피보험자나 보험수익자는 보험사고의 발생을 안 때에는 지체 없이 보험자에게 그 통지를 발송하여야 한다(제657조 제1항). 고지의무나 위험 변경·증가의 통지의무와는 달리 보험수익자도 통지의무자에 포함한다.

(2) 통지의무 해태의 효과

보험계약자 등이 이 통지의무를 해태함으로 인하여 손해가 증가된 때에는 보험자는 그 증가된 손해를 보상할 책임이 없다(동조 제2항). 이 통지가 있을 때까지 보험자는 보험금을 지급하지 않더라도 지체 책임을 지지 않는다. 보험사고 발생의 통지는 보험자의 보험금 지급시기의 기준이 되기 때문이다(제658조 후단).

⓪2 보험자의 의무

1. 보험증권 교부의무

(1) 보험증권

1) 의의

보험증권이란 보험계약의 성립과 그 내용을 증명하기 위하여 계약의 내용을 기재하고 보험자가 기명날인 또는 서명하여 보험계약자에게 교부하는 증권을 말한다. 보험증권은 단순한 증거증권으로서 보험계약자가 이의 없이 수령하는 때에 그 기재가 계약의 성립 및 내용에 대하여 사실상의 추정력을 가질 뿐이다. 따라서 보험계약의 성립 여부라든가 보험계약의 당사자, 보험계약의 내용 따위는 그 증거증권만이 아니라 계약체결의 전후 경위, 보험료의 부담자 등에 관한 약정, 그 증권을 교부 받은 당사자 등을 종합하여 인정할 수 있다(대판 1996.7.30. 95다1019).

2) 보험증권의 유가증권성

보험증권은 유가증권인가? 인보험증권은 그 성질상 유통과 관련하여 지시식 또는 무기명식의 보험증권으로 발행될 수도 없고, 그러한 형식으로 발행되었다 하여도 유가증권성을 인정할 수 없다(통설). 그런데 물건보험에서의 보험증권은 지시식 또는 무기명식으로도 발행될 수 있는데(제666조), 이러한 지시식 또는 무기명식 보험증권이 유가증권인지에 대하여 견해의 대립이 있다. 이에 관해 학설은 긍정설·부정설 및 일정한 경우에만 유가증권성을 인정하는 일부긍정설로 나뉘는데, 일부긍정설이 통설이다. 일부긍정설은 화물상환증·선하증권·창고증권과 같은 유통증권에 부수하여 지시식 또는 무기명식으로 발행되는 보험증권은 그 유통증권과 일체로 유통되는 것을 전제로 하므로 이에 한해 유가증권성이 인정된다고 한다.

(2) 보험자의 보험증권 작성·교부의무

보험자는 보험계약이 성립한 때에는 지체 없이 보험증권을 작성하여 보험계약자에게 교부하여야 한다. 그러나 보험계약자가 보험료의 전부 또는 최초의 보험료를 지급하지 아니한 때에는 그렇지 않다(제640조 제1항). 보험자에게 보험증권 교부청구권을 가지는 자는 보험계약자뿐이다. 타인을 위한 보험이라 하여도 피보험자와 보험수익자는 보험증권 교부청구권을 갖지 못한다.

2. 보험금 지급의무

(1) 보험금 지급의무의 발생

1) 의의

보험자는 보험사고가 발생한 경우 피보험자 또는 보험수익자에게 보험금을 지급할 의무를 진다(제638조). 보험자가 보험계약에 의해 부담하는 가장 중요한 의무이다. 지급할 보험금의 액수는, 손해보험에서는 보험사고로 인한 재산상의 손해액에 비례하고, 정액보험에서는 보험계약에서 약정한 일정한 금액이 된다.

2) 요건

① 보험기간 내에 보험계약에서 정한 보험사고가 발생해야 한다. ② 보험계약자가 최초보험료를 지급하였어야 한다. 보험자의 책임은 다른 약정이 없는 한 최초보험료를 지급받은 때로부터 개시하기 때문이다(제656조). 보험계약자가 최초보험료를 지급한 경우에는 보험자는 승낙 전에 발생한 보험사고에 대해서도 책임을 질 수 있다(승낙 전 보험, 제638조의2 제3항). ③ 보험자에게 면책사유가 없어야 한다.

(2) 면책사유

면책사유란 보험사고가 발생하였음에도 불구하고 보험자의 보험금지급의무를 면제하는 사유를 말한다.

1) 보험계약자 등의 고의·중과실에 의한 보험사고

A. 의의　　보험사고가 보험계약자 또는 피보험자나 보험수익자의 고의 또는 중대한 과실로 인하여 생긴 때에는 보험자는 보험금을 지급할 책임이 없다(제659조). 보험금을 지급받는 피보험자나 보험수익자뿐만 아니라 보험계약자의 고의 또는 중과실도 면책사유에 포함된다. 그리고 고의는 확정적 고의는 물론 미필적 고의도 포함된다(대판 1991.3.8. 90다16771).

ⓐ 보증보험의 경우에는 보험계약자의 고의 또는 중과실로 보험사고가 발생하였어도 이에 대해 피보험자에게 귀책사유가 없는 한 보험자는 보험금 지급책임을 면하지 못한다(제726조의6 제2항). 보증보험은 주계약상의 채무자인 보험계약자의 채무불이행을 보험사고로 하기 때문이다. ⓑ 사망보험과 상해보험의 경우에는 보험사고가 고의에 의해 발생한 경우에만 보험자의 면책이 인정되고, 보험계약자 또는 피보험자나 보험수익자의 중과실에 의해 발생한 경우에는 보험자는 면책되지 않는다(제732조의2, 제739조).

B. 대표자책임이론

ⓐ 의의　　보험사고가 보험계약자나 피보험자 또는 보험수익자와 법률상 또는 경제상 특별한 관계에 있는 자, 예컨대, 보험계약자 등의 가족·사용인·대리인 등(이하 '특수관계인'이라 함)의 고의 또

는 중과실에 의해 발생한 경우에도 보험자는 보험금 지급책임을 지지 않는다는 이론을 대표자책임이론이라 한다. 특수관계인의 고의·중과실에 의해 보험사고가 발생한 경우에는 보험계약자 등이 가족관계를 이유로 실질적으로 책임을 부담하거나 사용자책임 등 민사상 배상책임을 지게 되어 결국 보험자가 보험금을 지급하지 않는 것과 마찬가지의 결과가 되므로, 이 경우에는 아예 처음부터 보험자를 면책시켜야 한다는 것이다.

예를 들어, 甲이 자신의 건물을 화재보험에 가입하였는데 甲의 사용인 乙의 고의·중과실에 의해 화재가 발생하였다고 하자. 보험자인 A보험회사가 甲에게 보험금을 지급하면 A는 乙에 대한 손해배상청구권을 대위하게 되는데, 이때 甲의 사용자 책임이 인정되면 A는 甲에게 손해배상책임을 추궁하게 되고, 그러면 결국 A가 보험금을 지급하지 않은 것과 같은 결과가 된다. 그러므로 이와 같이 경우에는 처음부터 보험자 A를 면책시키자는 것이다.

ⓑ 인정 여부

(a) 학설　　　학설은 대표자책임이론에 찬성하는 견해(면책설), 반대하는 견해(보상책임설), 보험약관에 이에 관한 규정이 있는 경우에만 인정하자는 견해(절충설)가 있는데, 보상책임설이 타당하다. 보험자가 손해배상청구권을 대위할 수 있는지는 별도로 따져보아야 하고, 대위권을 취득한다 하여도 명문의 규정도 없이 처음부터 보험자를 면책시키는 것은 해석의 범위를 벗어나기 때문이다.

(b) 판례　　　판례도 같은 입장이다. 즉 판례는 "보험계약의 보통약관 중 '피보험자에게 보험금을 받도록 하기 위하여 피보험자와 세대를 같이 하는 친족 또는 고용인이 고의로 사고를 일으킨 손해에 대해서는 보험자가 보상하지 아니한다'는 내용의 면책조항은, 그것이 제3자가 일으킨 보험사고에 피보험자의 고의 또는 중대한 과실이 개재되지 않은 경우에도 면책하고자 한 취지라면 상법 제659조, 제663조에 저촉되어 무효라고 볼 수밖에 없다(대판 1984.1.17. 83다카1940)."라고 판시하였다.

2) 전쟁 기타 변란으로 인한 보험사고

보험사고가 전쟁 기타의 변란으로 인하여 생긴 때에는 당사자간에 다른 약정이 없으면 보험자는 보험금을 지급할 책임이 없다(제660조). 이를 면책사유로 한 이유는 전쟁 등의 변란은 위험산정의 기초가 된 통상의 사고가 아니고, 또 통상의 보험료로써는 그 위험을 인수할 수 없기 때문이다. 그러나 특약이 있는 경우에는 보험자가 전쟁 등에 대한 위험을 인수할 수 있다. 법문에서는 「기타의 변란」이라고 하여 면책사유의 범위가 불확실하나, 보험약관에서는 지진, 분화, 태풍, 홍수, 해일 등으로 생긴 사고를 면책사유로 열거하고 있다.

3) 보험약관상의 면책사유로 인한 보험사고

실제로 많은 보험약관에서는 상법상의 면책사유 이외의 다양한 사정을 면책사유로 열거하고 있다. 이러한 약관 조항을 면책약관이라 한다. 이러한 보험약관상의 면책사유는 불이익변경 금지의 원칙(제663조)에 반하지 않는 한 유효하다. 따라서 보험사고가 이러한 면책사유에 의해 발생한 경우에는 보험자는 보험금지급책임을 면한다.

(3) 보험금의 지급시기

보험자는 보험금의 지급에 관하여 약정기간이 있는 경우에는 그 기간 내에, 약정기간이 없는 경우에는 보험사고 발생의 통지를 받은 후 지체 없이 보험자가 지급할 보험금액을 정하고 그것이 정하여진 날로부터 10일 내에 보험금을 피보험자 또는 보험수익자에게 지급하여야 한다(제658조). 이것은 보험금 지급채무를 신속히 이행하도록 하기 위한 규정이나, 보험금액을 정하는 시한에 대한 규정이 없어 보험자가 손해조사를 핑계로 하여 보험금의 지급을 미루는 경우도 많이 발생하고 있다.

(4) 소멸시효

보험금청구권은 3년간 행사하지 않으면 소멸시효가 완성한다. 시효기간이 과거에는 2년이었는데 2014년 상법개정으로 3년으로 연장되었다. 소멸시효의 기산점은 언제인가?

1) 원칙

보험금청구권의 소멸시효는 원칙적으로 「보험사고가 발생한 때」로부터 진행한다(대판 1999.2.23. 98다60613). 보험약관 또는 상법 제658조에서 보험금 지급유예기간을 정하고 있더라도 위 지급유예기간이 경과한 다음날부터 진행한다고 볼 수는 없다(대판 2005.12.23. 2005다59383).

2) 예외

보험사고가 발생한 것인지의 여부가 객관적으로 분명하지 아니하여 보험금청구권자가 과실 없이 보험사고의 발생을 알 수 없었던 특별한 사정이 있는 경우에는 그가 「보험사고의 발생을 알았거나 알 수 있었을 때」로부터 보험금청구권의 소멸시효가 진행한다(대판 1999.2.23. 98다60613).

3. 보험료 반환의무

(1) 보험료 반환의무의 발생
1) 보험계약의 전부 또는 일부가 무효인 경우

보험계약의 전부 또는 일부가 무효인 경우, 보험계약자와 피보험자 또는 보험계약자와 보험수익자가 선의이며 중과실이 없는 때에는 보험자는 보험료의 전부 또는 일부를 보험계약자에게 반환해 줄 의무를 부담한다(제648조). 예컨대, 화재보험의 목적인 건물이 도시계획 등으로 철거되어 보험계약이 무효가 된 경우 등이다.

2) 보험사고 발생 전에 보험계약을 해지한 경우

보험계약자는 보험사고가 발생하기 전에는 언제든지 계약의 전부 또는 일부를 해지할 수 있다(제649조 제1항 본문). 그러나 타인을 위한 보험계약에서는 그 타인의 동의를 얻거나 보험증권을 소지하고 있어야 해지가 가능하다(동조 동항 단서). 이 경우 보험계약자는 당사자간에 다른 약정이 없으면 미경과보험료의 반환을 청구할 수 있다(동조 제3항). 이때 「미경과보험료」란 "보험계약이 해지될 때의 보험료기간 이후의 기간에 해당하는 보험료"를 말한다.

(2) 소멸시효

보험료반환청구권도 3년간 행사하지 않으면 소멸시효가 완성한다(제662조). 판례는 보험료를 분납하는 타인의 생명보험계약이 피보험자의 서면동의를 받지 않아 무효인 경우, 그 무효인 보험계약에 따라 납부한 보험료에 대한 반환청구권의 소멸시효는 각 보험료를 납부한 때로부터 각 보험료에 대하여 진행한다고 하였다(대판 2011.3.24. 2010다92612).

제5절 타인을 위한 보험계약

❶ 의의

1. 개념

타인을 위한 계약이란 보험계약자가 특정 또는 불특정의 타인의 이익을 위해서 자기명의로 체결한 보험계약을 말한다(제639조 제1항). 여기서 타인이란 손해보험에서는 피보험자, 생병보험에서는 보험수익자를 말한다.

2. 효용

오늘날 타인을 위한 보험계약은 다양한 보험계약에서 나타나고 있다. ① 손해보험의 예로, 타인의 건물을 임차한 임차인이 건물주를 위하여 화재보험에 가입하거나, 운송인이 운송물의 소유자를 피보험자로 하여 운송보험에 가입하는 경우 등이 있고, ② 인보험의 예로는, 부모가 자식을 위하여 생명보험계약을 체결하거나, 기업주가 피용자를 위하여 상해보험계약을 체결하는 경우 등이 있다. ③ 그리고 보증보험은 타인을 위한 보험의 형태로만 존재한다.

3. 타인의 물건에 대한 책임보험과의 구별

(1) 의의

타인을 위한 보험은 자기의 이익을 위하여 타인의 물건을 부보하는 책임보험과 구별해야 한다. 예를 들어 운송인 甲이 乙 소유의 물건을 운송하기로 하면서 보험자와 보험계약을 체결하였다고 하자. 이때 피보험자가 乙이라면 이 보험은 타인을 위한 물건보험이 되나 甲이 피보험자라면 이 보험은 물건의 멸실 등의 경우 甲이 乙에게 부담하는 손해배상의무를 부보하는 책임보험이 된다.

(2) 차이점

타인을 위한 보험인 경우와 타인의 물건에 대한 책임보험인 경우의 결정적인 차이점은 무엇인가? 타인을 위한 보험의 경우에는 피보험자의 귀책사유에 의하지 않고 보험사고가 발생한 경우 보험자에게 보상의무가 인정되나, 책임보험의 경우에는 피보험자에게 귀책사유가 없으면 보험자의 보상의무는 발생하지 않는다. 예컨대, 위 사례에서 천재지변 등에 의해 물건이 멸실하였다고 하자. 위 보험이 타인을 위한 보험인 경우에는 보험자는 피보험자인 乙에게 보험금을 지급해야 한다. 그러나 책임보험인 경우에는 물건의 멸실에 대해 甲에게 귀책사유가 없어 피보험자인 甲이 乙에게 손해배상책임을 지지 않으므로 보험자의 보험금 지급의무는 발생하지 않는다.

비슷한 취지에서 판례는 "임가공업자가 소유자로부터 공급받은 원·부자재 및 이를 가공한 완제품에 대하여 동산종합보험을 체결한 경우, 그 보험계약은 임가공업자가 자신이 보관하고 있는 그 보험목적물의 멸실·훼손으로 인하여 손해가 생긴 때의 손해배상책임을 담보하는 소극적 이익을 피보험이익으로 한 책임보험의 성격을 가진 것으로 봄이 상당하므로, 소유자가 동일한 목적물에 대한 소유자의 이익을 부보하기 위하여 체결한 동산종합보험계약과는 피보험이익이 서로 달라 중복보험에 해당하지 않는다(대판 1997.9.5. 95다47398)."고 판시한 바 있다.

02 성립요건

1. 타인을 위한다는 합의

타인을 위한 보험이 성립하기 위해서는 타인을 위한다는 명시적 또는 묵시적 합의가 필요하다. 그 뜻이 분명하지 않으면 자기를 위한 보험계약으로 추정한다. 피보험자 또는 보험수익자는 특정되는 것이 일반적이나 불특정의 타인을 위한 보험계약도 유효하다(제639조 제1항).

2. 타인의 위임

보험계약자는 타인의 위임을 받지 않고도 타인을 위하여 보험계약을 체결할 수 있다(제639조 제1항 본문). 그런데 손해보험계약의 경우에 특칙이 있다.

(1) 위임 결여 사실의 고지

타인을 위한 손해보험계약을 타인의 위임 없이 체결한 때에는 보험계약자는 보험자에게 타인의 위임이 없었다는 사실을 고지하여야 한다(동조 동항 단서). 그래야 보험자가 그 타인에게 그를 피보험자로 한 보험계약이 체결된 사실을 알려서, 그 타인이 피보험자로서 위험 변경·증가의 통지의무, 보험사고 발생의 통지의무, 위험유지의무, 손해방지의무 등을 이행할 수 있기 때문이다.

(2) 불고지의 효과

이 고지가 없는 경우 보험계약자는 타인이 그 보험계약이 체결된 사실을 알지 못하였다는 사유로 보험자에게 대항하지 못한다(동조 동항 단서). 즉 이를 고지하지 않으면 피보험자가 위험 변경·증가의 통지의무 등을 이행하지 못하여 보험자가 보험계약을 해지하여도 보험계약자는 보험자에게 피보험자가 보험계약체결의 사실을 알지 못하였다는 사유로 대항할 수 없는 것이다.

03 효과

1. 피보험자·보험수익자의 권리·의무

(1) 보험금청구권

피보험자 또는 보험수익자는 수익의 의사표시 없이도 당연히 계약의 이익을 받으므로(제639조 제2

항 본문). 보험사고가 발생하면 직접 보험자에 대하여 보험금지급청구권을 갖는다. 그러나 보험자는 보험계약자와의 관계에 따른 모든 항변사유로써(예 보험계약자의 보험료 미지급 또는 고지의무 위반을 이유로 한 계약해지) 피보험자 또는 보험수익자에게 대항할 수 있다.

(2) 보험료 지급의무

피보험자 또는 보험수익자는 보험계약의 당사자가 아니므로 원칙적으로 보험료 지급의무를 부담하지 않으나, 예외적으로 보험계약자가 파산선고를 받거나 보험료의 지급을 지체한 때에는 그 계약성의 권리를 포기하지 않는 한 보험료 지급의무를 부담한다(제639조 제3항 단서). 따라서 특정한 타인을 위한 보험에서 보험계약자가 보험료의 지급을 지체한 때에는 보험자는 그 타인, 즉 피보험자나 보험수익자에게도 상당한 기간을 정하여 보험료 지급을 최고해야 계약을 해제 또는 해지할 수 있다(제650조 제3항).

이 외에도 피보험자 또는 보험수익자는 지금까지 설명한 각종 통지의무와 고지의무, 그리고 위험유지의무 등도 부담한다.

2. 보험계약자의 권리·의무

(1) 보험금청구권

타인을 위한 보험의 성질상 보험계약자는 원칙적으로 보험금청구권을 갖지 못한다. 그러나 타인을 위한 손해보험계약의 경우에 보험계약자가 그 타인에게 보험사고의 발생으로 생긴 손해의 배상을 한 때에는 보험계약자는 그 타인의 권리를 해하지 아니하는 범위 안에서 보험자에게 보험금의 지급을 청구할 수 있다(제639조 제2항 단서). 다만 그 보험사고를 일으킨 보험계약자는 보험금청구권을 갖지 못한다.

(2) 보험사고 발생 전 계약해지권의 제한

보험계약자는 보험사고의 발생 전에는 언제든지 계약의 전부 또는 일부를 해지할 수 있음이 원칙이나, 타인을 위한 보험계약의 경우에는 그 타인의 동의를 얻거나 보험증권을 소지한 경우에만 해지를 할 수 있다(제649조 제1항 단서).

(3) 기타의 권리·의무

보험계약자는 보험금청구권을 제외한 보험계약상의 그 밖의 권리, 예컨대, 보험증권교부청구권(제640조), 보험료감액청구권(제647조), 보험료반환청구권(제648조) 등을 가지며, 보험계약의 효과와 관련한 모든 의무를 부담한다.

제3장 손해보험

제1절 손해보험 총론

▌제1관 의의

01 손해보험계약의 개념

손해보험계약이란 보험자가 우연한 사고로 인하여 생길 수 있는 피보험자의 재산상의 손해를 보상하고, 보험계약자가 이에 대하여 보험료를 지급할 것을 약정하는 계약이다. 손해보험은 실제 발생한 손해만을 보상하고, 어떠한 경우에도 실손해 이상은 보상하지 않는다. 손해보험에 가입함으로써 피보험자가 재산상 이익을 얻는 것은 허용되지 않는데, 이를 이득금지의 원칙이라고 한다.

02 손해보험계약의 종류

상법에서 규정하고 있는 손해보험으로는 화재보험, 운송보험, 해상보험, 책임보험, 자동차보험 및 보증보험이 있다. 상해보험은 상법에서는 인보험의 하나로 규정되어 있으나 부정액보험이라는 면에서 손해보험의 성질도 갖는다. 실무에서는 상법에서 규정하고 있는 손해보험 외에도 여러 종류의 손해보험이 판매되고 있다. 예컨대, 도난보험, 동물보험, 건설공사보험 등이 그것이다.

▌제2관 손해보험의 요소

01 피보험이익

1. 의의

피보험이익이란 보험의 목적에 대하여 보험사고가 발생함으로써 피보험자가 손해를 입게 되는 경우에 그 보험의 목적에 대하여 피보험자가 갖는 경제적 이해관계를 말한다. 손해란 일정한 이익이 침해되었다는 의미이므로, 그 논리적 전제로서 일정한 이익의 존재가 필요한데 그것이 피보험이익이다. 동일한 보험의 목적에 대해서 피보험자가 가지는 이익은 여러 가지가 있을 수 있기 때문에, 하나의 보험의 목적에 서로 다른 피보험이익을 가지는 여러 개의 보험계약이 체결될 수 있다. 예컨대, 동일한 운송물에 대하여 송하인과 운송인이 각각 운송보험계약을 체결한 경우 송하인에게는 소유권자로서의 이익이 피보험이익이고 운송인에게는 배상책임의 불발생이라는 소극적 이익이 피보험이익이므로, 이 운송물과 관련하여 소유자는 물건보험을, 운송인은 책임보험을 가입할 수 있다. 피보험이익은 이득금지의 원칙에 입각한 손해보험계약의 특유한 요소로서 피보험이익이 없는 손해보험계약은 당연무효이다.

상법은 피보험이익을 「보험계약의 목적」이라고 하고 있는데(제668조, 제669조 참조), 이는 보험사고의 대상을 의미하는 「보험의 목적」과는 다른 개념이다. 위 예에서 보험의 목적은 송하인과 운송인 모두에게 운송물이다.

예컨대, 다음의 사람들 중 자신을 피보험자로 하여 A회사 소유의 건물을 보험의 목적으로 하는 화재보험계약을 체결할 수 있는 자는 누구인가? 즉 피보험이익이 있는 자는 누구인가? : ① A회사, ② 이 건물의 저당권자, ③ 이 건물의 매수인, ④ A회사 주주, ⑤ 이 건물 임차인, ⑥ 건물 바로 옆에 사는 자. 이에 관하여 다음과 같은 해결이 가능하다:

①, ②, ③은 피보험이익이 있다. ② 저당권자는 담보권자로서 피담보채권의 범위 내에서 피보험이익이 있다. ③ 판례는 "부동산을 매수한 자가 그 부동산에 관하여 자신을 피보험자로 하여 화재보험계약을 체결하였다면, 특별한 사정이 없는 한 이는 자기를 위한 보험계약이라고 보아야 한다(대판 2011.2.24. 2009다43355)."라고 하였다.

④, ⑤, ⑥은 피보험이익이 없다. ⑤ 임차인은 임대인 소유의 건물에 대하여 피보험이익이 없다. 그러므로 임차인이 임차건물에 대하여 체결한 화재보험계약은 임대인을 피보험자로 한 타인을 위한 보험으로 보아야 한다(대판 1997.5.30. 95다14800). 임차인을 피보험자로 하면 이는 책임보험이 된다.

2. 요건

(1) 적법할 것

피보험이익은 적법한 것이어야 한다. 따라서 절도·도박 등에 의하여 얻을 이익과 같은 것은 피보험이익이 될 수 없다. 예컨대, 통신회사가 "월드컵에서 우리나라가 16강에 드는 경우 신규고객에게 10만 원씩을 돌려주는 행사"를 하면서, 이를 위해서 "월드컵에서 16강에 드는 것"을 보험사고로 하여 신규고객 1인당 10만 원씩의 보험금을 받기로 하는 보험계약은 피보험이익이 도박적인 성격을 가져 적법하지 않으므로 허용되기 어렵다.

(2) 금전으로 산정할 수 있을 것

피보험이익은 금전으로 산정할 수 있는 이익이어야 한다(제668조). 즉 피보험자가 갖는 경제적 이해관계이어야 한다. 건물의 소유자가 그 건물에 대하여 갖는 이해관계와 같은 적극적인 이해관계뿐만 아니라(예 물건보험), 타인의 물건을 보관하는 자가 그 물건이 훼손되지 않음으로 인하여 갖는 이해관계와 같은 소극적 이해관계(예 책임보험)도 피보험이익이 될 수 있다.

(3) 확정되었거나 확정될 수 있을 것

피보험이익은 보험계약 성립 당시에 이미 확정되어 있거나, 아니면 적어도 보험사고의 발생 시까지는 확정될 수 있는 것이어야 한다. 보험사고 발생 시까지 피보험이익이 확정되지 않으면 보험사고로 얼마나 손실이 발생하였는지도 확정될 수 없고, 그렇다면 보험금도 확정될 수 없기 때문이다.

02 보험가액과 보험금액

1. 보험가액과 보험금액의 의의

(1) 보험가액 및 보험금액의 개념

보험가액이란 피보험이익의 평가액이다. 이득금지의 원칙상 보험가액은 보험사고로 인하여 지급될 보험금액의 법률상의 최고한도액으로서의 의미를 가진다. 반면 보험금액은 보험계약에서 보험사고 발생 시 보험자가 지급하기로 약정한 보험금의 최대한도액이다. 즉 보험가액은 보험자의 보상책임의 법률상 최고한도이고, 보험금액은 계약상 최고한도액으로 서로 다른 개념이다.

(2) 보험가액의 산정

보험가액이 얼마인지는 당사자의 이해관계에 중대한 영향을 미치고, 또 보험가액은 보험기간 중에 계속 변동하기 때문에 그 산정을 둘러싸고 당사자간에 분쟁이 많다. 보험법은 이를 기평가보험과 미평가보험으로 나누어 그 산정의 기준을 마련하고 있다.

1) 기평가보험 — 보험가액에 관한 협정이 있는 경우

① 개념

기평가보험이란 보험계약의 체결 시 당사자간에 보험가액에 관하여 미리 합의한 보험을 말한다. 보험가액은 보험기간 중 계속 변동하고 보험가액의 정확한 평가가 쉬운 일도 아니어서 보험자와 보험계약자 간에 보험가액을 미리 협정하는 경우가 많은데, 이렇게 정해진 보험가액을 협정보험가액이라 한다. 민법상 손해배상액의 예정과 그 취지가 비슷하다.

② 보험가액 협정의 효력

협정보험가액은 사고발생 시의 가액을 정한 것으로 추정한다(제670조 본문). 그러나 협정보험가액이 사고발생 시의 가액을 현저하게 초과할 때에는 사고발생 시의 가액을 보험가액으로 한다(제670조 단서). 여기서 현저하게 초과하였는지는 거래의 통념에 따라 판단하고, 이에 대한 입증책임은 이를 주장하는 보험자가 진다. 이는 피보험자가 보험으로 인하여 발생한 손해를 초과하여 이득을 얻는 것을 금지하기 위함이나, 어차피 협정보험가액은 추정의 효과만 있을 뿐이어서 당사자는 언제든 사고발생 시의 가액을 반증으로 주장할 수 있기 때문에 큰 의미는 없다. 협정보험가액이 진정한 보험가액에 현저하게 미달하는 때에도 피보험자가 사고발생 시의 보험가액을 주장할 수 있다고 본다.

2) 미평가보험 — 보험가액에 관한 협정이 없는 경우

① 개념

미평가보험이란 보험계약의 체결 시 당사자간에 피보험이익의 평가에 관하여 아무런 합의를 하지 않은 보험을 말한다. 이 경우 보험가액은 피보험자와 재화와의 관계를 고려하여 객관적 표준에 따라 산정한다. 예컨대, 피보험이익이 보험의 목적인 재화의 소유권이면 그 재화의 교환가액을 표준으로, 담보권이면 그 재화의 담보가액을 표준으로 산정한다.

② 보험가액 산정의 기준 시

A. 원칙(사고발생 시의 가액)　　　피보험이익의 평가액은 계속 변동하므로 어느 시점의 가액을 보험가액으로 할 것인가가 문제되는데, 원칙적으로 「사고발생 시의 가액」을 보험가액으로 한다(제671조).

B. 예외(보험가액 불변주의)　　　상법은 예외적으로 운송보험이나 해상보험의 경우에는 보험기간이 단기간이고 사고발생의 때와 장소를 확인하는 것이 곤란하여 평가가 쉬운 일정한 시점의 가액, 예를 들어 선적시나 발송시의 가액을 전 보험기간에 적용되는 보험가액으로 한다는 특칙을 두고 있다(제689조, 제696조 ~ 제698조). 이를 「보험가액 불변주의」라 한다.

2. 보험가액과 보험금액의 관계

손해보험은 언제나 실제 손해만큼만 보상이 이루어지기 때문에, 보험사고가 발생하여도 항상 보험금액만큼의 보험금이 지급되지는 않는다. 보험가액과 보험금액은 일치할 수도 있으나, 보험가액은 보험기간 중 계속 변동하기 때문에 계약체결 시에 당사자가 임의로 정한 보험금액과 일치하지 않는 경우가 많다. 양자가 일치하는 보험을 전부보험이라 하는데, 이 경우는 특별한 문제가 없다. 문제는 일치하지 않는 경우이다. 보험금액이 보험가액을 초과하는 경우를 초과보험, 미달하는 경우를 일부보험이라 한다. 그리고 초과보험과 유사한 경우로서 중복보험이 있다. 이하 이에 관해 본다.

(1) 초과보험

1) 의의

① 개념

초과보험이란 보험금액이 보험가액을 현저하게 초과하는 보험이다(제669조 제1항). 예컨대, 시가가 1억 원 밖에 하지 않는 건물을 보험금액을 2억 원으로 하여 화재보험에 가입한 경우이다.

② 제한의 필요성

초과보험의 경우에도 이득금지의 원칙상 보험자가 지급할 보상금액은 보험금액이 아니라 보험사고의 발생에 의하여 생기는 손해액의 범위 내에서 정해진다. 위 예에서 건물에 100% 손실이 생기면 1억 원을, 50% 손실이 생기면 5,000만 원을 지급한다는 것이다. 그러나 초과보험은 보험금액만큼 보상을 받는 것으로 오인할 여지가 있어, 보험이 도박화할 우려가 있고 또 고의로 사고를 야기할 위험도 있다. 그래서 상법은 초과보험에 일정한 제한을 가하고 있다.

2) 초과보험인지의 판단 기준

초과보험인지는 원칙적으로 보험계약 체결 시의 보험가액을 기준으로 판단하나(동조 제2항), 예외적으로 보험기간 중에 보험가액이 현저하게 감소한 때에는 그 때의 보험가액을 기준으로 판단한다(동조 제3항).

3) 효력

① 단순한 초과보험

당사자가 특별히 이익을 노리고 초과보험의 결과를 의도한 것이 아닌 경우이다. 이 경우 보험계약은 유효하고, 다만 보험자 또는 보험계약자는 보험금액과 보험료의 감액을 청구할 수 있다. 이 감액청구권은 형성권이다. 그리고 보험료의 감액은 장래에 대하여만 그 효력이 있다(제669조 제1항). 감액청구는 당사자의 임의이므로 감액청구권을 행사하지 않을 수도 있으나, 그렇다고 하여 보험가액을 초과하는 보험금액을 모두 지급해야 하는 것은 아니다. 손해보험의 이득금지의 원칙상 보험금은 보험가액을 한도로 지급된다. 따라서 보험료 감액청구권을 행사하지 않으면 결국 보험계약자가 손해를 보게 된다.

② 사기에 의한 초과보험

초과보험계약이 보험계약자의 사기로 인하여 체결된 때에는 그 보험계약은 전체가 무효가 된다(제669조 제4항 본문). 따라서 보험사고가 발생하더라도 보험자는 보험금을 지급할 책임이 없다. 그러나 보험자는 그 사실을 안 때까지의 보험료를 청구할 수 있다(동조 동항 단서). 여기서 사기는 일반적으로 보험가액을 부당하게 평가하여 불법적인 재산상의 이익을 얻을 목적을 가지고 있는 경우에 인정될 수 있을 것이다.

(2) 일부보험

1) 의의

일부보험이란 보험금액이 보험가액에 미달하는 보험을 말한다. 즉 보험가액의 일부를 보험에 붙인 보험이다(제674조).

2) 효력

① 비례보상의 원칙

일부보험의 경우 보험자는 보험금액의 보험가액에 대한 비율에 따라 보상할 책임을 진다(제674조 본문). 따라서 보험의 목적이 전부멸실된 경우에는 보험금액의 전액을 지급하지만, 일부멸실된 경우에는 손해액 $\times \dfrac{보험금액}{보험가액}$ 을 지급한다. 예를 들어, 시가 1억 원인 건물을 보험금액을 5,000만 원으로 하여 화재보험에 가입한 경우 화재가 나서 건물이 전부 멸실하면 5,000만 원을 지급하나, 화재로 인해 4,000만 원의 손해가 나면 2,000만 원(4,000만 원 $\times \dfrac{5,000만원}{1억 원}$)만 지급하게 된다.

② 실손보상계약

일부보험의 경우라도 당사자간의 특약으로 보험금액의 한도 내에서 실제로 발생한 손해액 전부를 보상하는 것으로 정할 수 있다(제674조 단서). 이를 실손보상계약이라 하는데, 화재보험에서 많이 이용된다. 위 사례에서 손해액이 보험금액 이상인 7,000만 원이라면 한도금액인 5,000만 원만 지급하나, 보험금액 미만인 4,000만 원이라면 손해액 전액인 4,000만 원을 지급한다는 것이다.

(3) 중복보험

1) 의의

수인의 보험자와의 사이에 동일한 보험의 목적에 관하여 피보험이익 및 보험사고가 동일하고 피보험자와 보험기간을 공통으로 하는 수개의 보험계약을 체결하여, 그 보험금액의 합계가 보험가액을 초과하는 경우를 중복보험이라 한다. 중복보험은 본질적으로 초과보험과 같은 폐해가 있어 상법은 이에 대해 일정한 제한을 두고 있다.

피보험이익 등이 동일한 수개의 보험계약을 체결하더라도 모두 단일한 보험자와 체결하였다면 이는 초과보험에 불과하고 중복보험이 되지 않는다. 그리고 수인의 보험자와 개별적으로 보험계약을 체결한 경우라도 보험계약 사이에 피보험이익·보험사고 또는 보험기간이 동일하지 않는 한 중복보험이 되지 않는다. 예컨대, 임가공업자가 공급받은 자재의 멸실 등으로 인한 손해배상책임을 담보할 목적으로 자재에 대해 가입한 책임보험과 자재의 소유자를 위해 동일 목적물에 대해 가입한 물건보험은 피보험이익이 다르므로 중복보험이 아니다(대판 1997.9.5. 95다47398).

2) 보험자의 책임

① 단순한 중복보험의 경우

A. 연대책임·비례보상　　각 보험자는 각자의 보험금액의 한도에서 연대책임을 지지만, 이 경우에도 각 보험자의 보상책임은 각자의 보험금액의 비율에 따른다(제672조 제1항). 예를 들어 보험가액이 1억 원인 건물에 대하여 A, B, C, 3개의 보험자와 보험금액을 각각 1억 원, 6,000만 원, 4,000만 원으로 한 화재보험계약을 체결하였다고 하자. 화재에 의해 이 창고가 전부 멸실한 경우 A, B, C는 피보험자가 1억 원의 보상을 받을 때까지 A는 1억 원, B는 6,000만 원, C는 4,000만 원을 한도로 하여 연대책임을 부담한다(연대책임주의).

이때 A는 5,000만 원(손해액 1억 원 $\times$ $\frac{1억\ 원}{1억\ 원 + 6,000만\ 원 + 4,000만\ 원}$),
B는 3,000만 원(손해액 1억 원 $\times$ $\frac{6,000만\ 원}{1억\ 원 + 6,000만\ 원 + 4,000만\ 원}$),
C는 2,000만 원(손해액 1억 원 $\times$ $\frac{4,000만\ 원}{1억\ 원 + 6,000만\ 원 + 4,000만\ 원}$)을 자신의 부담부분으로 한다(비례보상의 원칙). 물론 이러한 분담방식은 강행규정이 아니므로 각 당사자가 약관이나 보험계약으로 다른 내용을 정할 수 있다(대판 2002.5.17. 2000다30127).

B. 일부 보험자에 대한 포기의 효과　　중복보험의 경우 보험자 1인에 대한 권리의 포기는 다른 보험자의 권리의무에 영향을 미치지 않는다(제673조). 피보험자가 어느 한 보험자와 통모하여 다른 보험자를 해하는 것을 방지하기 위함이다. 예를 들어 위 사례에서 피보험자가 B에 대한 권리를 포기하였다고 하자. 그 권리 포기는 A, C의 권리의무에 영향을 미치지 않으므로, A와 C는 여전히 각각 1억 원과 4,000만 원의 한도에서 연대책임을 지되, 실질적인 경제적 부담은 5,000만 원과 2,000만 원이 되어야 한다. 따라서 만약 피보험자가 A에게 1억 원을 청구하면 A는 일단 1억 원을 피보험자에게 지급하여야 하나, B에게 3,000만 원, C에게 2,000만 원을 구상하여 실질적 부담을 5,000만 원으로 한정할 수 있다. 여기서 B는 피보험자로부터 채무를 면제 받았음에도 A에 대하여 구상의무를 부담한다. B는 그 3,000만 원을 피보험자에게 부당이득으로서 반환 청구할 수 있다.

② 사기의 중복보험의 경우

중복보험계약이 보험계약자의 사기로 인하여 체결된 때에는 그 보험계약은 전체가 무효가 된다. 따라서 보험사고가 발생하더라도 보험자는 보험금을 지급할 책임이 없다. 그러나 보험자는 그 사실을 안 때까지의 보험료를 청구할 수 있다(제672조 제3항 → 제669조 제4항). 사기로 인한 중복보험계약이란 보험계약자가 보험가액을 넘어 위법하게 재산적 이익을 얻을 목적으로 중복보험계약을 체결한 경우를 말한다(대판 2000.1.28. 99다50712).

3) 다수계약 통지의무

① 의의

중복보험의 경우 보험계약자는 각 보험자에 대하여 각 보험계약의 내용을 통지하여야 한다(제672조 제2항). 사기에 의한 보험계약의 체결을 사전에 방지하고 보험자로 하여금 보험사고 발생시 손해의 조사 또는 책임의 범위의 결정을 다른 보험자와 공동으로 할 수 있도록 하기 위함이다(대판 2003.11.13. 2001다49630). 다수계약 통지의무는 이득금지원칙과 관련되는 것이어서 손해보험에만 규정되어 있고, 인보험에는 따로 규정되어 있지 않다.

② 의무해태의 효과

보험계약자가 다수계약 통지의무를 해태한 경우는 어떻게 되는가? 사기의 의한 중복보험에 해당하여 계약 전체가 무효가 되는가? 아니면 고지의무(제651조) 또는 통지의무(제652조, 제653조) 위반이 되어 계약을 해지할 수 있는가?

판례는 이를 모두 부정한다. 즉 "단지 통지의무를 게을리 하였다는 사유만으로 사기로 인한 중복보험계약이 체결되었다고 추정할 수는 없다(대판 2000.1.28. 99다50712)."고 하였고, 또 "중복보험을 체결한 사실은 상법 제651조의 고지의무의 대상이 되는 중요한 사항에 해당되지 아니한다(대판 2003.11.13. 2001다49623)."라고 하였으며, "손해보험에 있어서 다른 보험계약을 체결한 것은 상법 제652조 및 제653조의 통지의무의 대상이 되는 사고발생의 위험이 현저하게 변경 또는 증가된 때에 해당되지 않는다(대판 2003.11.13. 2001다49630)."라고 하였다.

▎제3관 손해보험계약의 효과

01 보험계약자·피보험자의 손해방지·경감의무

1. 의의

보험계약자와 피보험자는 보험사고가 발생한 때에 적극적으로 손해의 방지와 경감을 위해서 노력하여야 한다(제680조). 손해방지·경감의무는 보험사고의 발생을 전제로 그 손해의 확대를 방지하고자 하는 것이므로 보험사고가 발생한 후에 부담하는 의무이다. 그 이전에 보험사고의 발생을 방지해야 할 노력은 위험변경·증가통지의무(제652조), 위험유지의무(제653조)와 관련한 문제이다.

2. 의무해태의 효과

의무해태의 효과에 관하여 상법에는 아무런 규정이 없다. 통설은 보험계약자 또는 피보험자가 고의 또는 중과실로 이 의무를 게을리하여 손해가 확대되고 그 결과 지급해야 할 보험금의 액수가 늘어났다면, 그 확대 손해 부분만큼을 보험금에서 공제해야 한다고 한다. 만약 이 의무의 해태와 손해의 확대 사이에 인과관계가 없는 경우라면 어떠한가? 예컨대, 화재보험에 가입된 건물에 불이 났는데, 보험계약자 등이 손해방지·경감을 위한 노력을 하지는 않았지만 노력을 하였더라도 결국 건물이 전소되었을 것으로 인정되는 경우 등이다. 통설은 이처럼 인과관계가 없는 경우까지 의무 해태의 효과를 인정할 수는 없다고 한다.

보험계약자와 피보험자는 손해의 방지와 경감을 위하여 노력하여야 한다(제680조 제1항 전문). 보험계약자와 피보험자가 고의 또는 중대한 과실로 손해방지의무를 위반한 경우에는 <u>보험자는 손해방지의무 위반과 상당인과관계가 있는 손해, 즉 의무위반이 없다면 방지 또는 경감할 수 있으리라고 인정되는 손해액에 대하여 배상을 청구하거나 지급할 보험금과 상계하여 이를 공제한 나머지 금액만을 보험금으로 지급할 수 있으나, 경과실로 위반한 경우에는 그러하지 아니하다.</u> 그리고 이러한 법리는 재보험의 경우에도 마찬가지로 적용된다(대판 2016.1.14. 2015다6302).

3. 손해방지·경감비용의 부담

(1) 부담의 주체 — 보험자

손해방지경감·비용이란 보험자가 담보하는 보험사고가 발생한 경우 그 사고로 인한 손해의 발생 및 확대를 방지하거나 손해를 경감할 목적으로 하는 행위에 필요하거나 유익하였던 비용을 말한다. 이 비용은 보험금액을 초과하는 경우라도 언제나 보험자가 전액 부담한다(제680조 제1항 단서). 실무에서는 손해방지·경감비용을 보험금액의 한도에서만 보험자가 부담한다는 약관을 두는 경우가 많은데 이와 같은 약관은 유효한가? 유효하다는 견해도 있지만, 이는 제680조 제1항 단서에 정면으로 반하므로 불이익변경 금지의 원칙에 따라 무효라고 보아야 한다.

(2) 책임보험의 경우

실제로 손해방지·경감의무가 문제되는 경우는 주로 책임보험에서이다. 예를 들어, 교통사고가 발생하여 가해자가 응급조치에 필요한 비용을 지출한 경우, 그 비용을 손해방지·경감비용으로서 보험자가 부담해야 하는지가 문제되는 것이다.

1) 피보험자의 책임 여부 판명 전에 지출한 비용

실제에 있어서 책임보험의 피보험자가 어떤 사고를 내어 제3자에게 손해가 발생하더라도 그 당시에는 그 사고에 대해 피보험자에게 법률적으로 책임이 있는지 여부가 불확실한 경우가 대부분이다. 이때 피보험자가 손해방지를 위해 비용을 지출하였는데 나중에 알고 보니 피보험자에게 그 사고에 대한 법률상의 책임이 없는 것으로 밝혀진 경우, 피보험자가 지출한 비용을 손해방지·경감비용으로서 보험자에게 부담시킬 수 있는가? 예컨대, 甲이 자동차를 운전하던 중 자전거를 타고 도로를 무단횡단하던 乙을 치었고 甲이 乙의 응급치료를 위해 치료비를 지출하였는데, 나중에 보니 교통사고 발생에 대하여 甲에게 과실이 없는 것으로 밝혀졌을 경우, 甲이 가입한 자동차종합보험의 보험자인 A 보험회사는 위 치료비를 손해방지·경감비용으로서 부담해야 하는가?

이에 관해 판례는 "상법 제680조 제1항이 규정한 손해방지비용은 원칙적으로 보험자가 담보하고 있는 보험사고의 발생을 전제로 하는 것이므로, 손해보험의 일종인 책임보험에 있어서도 보험자가 보상책임을 지지 아니하는 사고에 대하여는 손해방지의무가 없고, 따라서 이로 인한 보험자의 비용부담 등의 문제도 발생할 수 없다 할 것이나, 다만 사고발생시 피보험자의 법률상 책임 여부가 판명되지 아니한 상태에서 피보험자가 손해확대방지를 위한 긴급한 행위를 하였다면 이로 인하여 발생한 필요·유익한 비용도 위 법조에 따라 보험자가 부담하는 것으로 해석함이 상당하다(대판 2002.6.28. 2002다22106)."라고 판시하였다.

2) 공동불법행위자의 보험자 간의 구상권

판례는 "공동불법행위자 중의 1인과 보험계약을 체결한 보험자가 그 피보험자에게 손해방지비용을 모두 상환하였다면, 그 손해방지비용을 상환한 보험자는 다른 공동불법행위자의 보험자가 부담하여야 할 부분에 대하여 직접 구상권을 행사할 수 있다(대판 2007.3.15. 2004다64272)."라고 판시한 바 있다.

02 보험자의 손해보상의무 ─ 보험금지급의무

1. 요건

보험자는 보험사고가 발생한 경우에 이로 인하여 생긴 피보험자의 재산상의 손해를 보상할 의무를 부담한다(제665조).

(1) 보험사고의 발생

보험계약에서 정한 보험사고(예 화재보험의 경우 화재)가 보험기간 내에 발생하여야 한다. 보험사고가 보험기간 내에 발생하면 충분하고, 손해는 보험기간 경과 후에 발생해도 상관 없다.

(2) 재산상 손해의 발생

보험사고로 인해 피보험자가 재산상의 손해를 입어야 한다. 보험사고로 인하여 상실된 피보험자가 얻을 이익이나 보수는 원칙적으로 보험자가 보상할 손해액에 산입하지 않는다. 예컨대, 건물의 소유자가 건물의 소유에 관한 이익을 피보험이익으로 하여 화재보험에 가입한 경우, 화재의 발생으로 인하여 피보험자가 임대료수익이나 영업상의 이익을 상실하더라도 이는 보상하지 않는다. 다만 당사자간에 특약이 있는 경우에는 보험자가 보상할 손해액에 산입된다(제667조).

(3) 인과관계의 존재

보험사고와 손해와의 사이에 상당인과관계가 있어야 한다. 보험의 목적에 관하여 보험자가 부담할 손해가 생긴 경우에는 그 후 그 목적이 보험자가 부담하지 아니하는 보험사고의 발생으로 인하여 멸실된 때에도 보험자는 이미 생긴 손해를 보상할 책임을 면하지 못한다(제675조). 예컨대, 화재보험의 목적인 건물이 화재로 일부 훼손된 경우, 그 후 건물이 홍수로 전부 멸실되더라도 보험자는 화재로 입은 손해를 보상할 책임을 면하지 못한다.

2. 손해의 보상 — 지급할 금액

(1) 손해액의 산정

손해액은 원칙적으로 그 손해가 발생한 때와 곳의 보험가액에 의하여 산정한다. 그러나 당사자간에 다른 약정이 있는 때에는 그 신품가액에 의하여 손해액을 산정할 수 있다(제676조 제1항). 손해액의 산정은 손해사정인 또는 감정인에 의하여 이루어지는 것이 보통인데, 그 산정비용은 보험자가 부담한다(동조 제2항).

(2) 손해보상의 범위

보험자의 손해보상의 범위는 원칙적으로 보험계약에서 정한 「보험금액」의 범위 내에서, 피보험자가 보험사고로 입은 「실손해액」이다. ① 전부보험의 경우에는, 보험의 목적이 전부 멸실한 때에는 {전손(全損)} 약정한 「보험금액 전액」이, 일부 멸실한 때에는 {분손(分損)} 「실손해액」이 보상액이고, ② 초과보험의 경우에는, 전손인 때에는 「보험가액」이, 분손인 대에는 「실손해액」이 보상액이다. ③ 일부보험의 경우에는, 전손인 때에는 약정한 「보험금액 전액」이, 분손인 때에는 원칙적으로 실손해액 × $\frac{보험금액}{보험가액}$, 예외적으로 당사자간에 특약이 있는 때에는 「보험금액의 한도 내에서 실손해액」이 보상액이다. ④ 중복보험의 경우는 해당 부분을 참조하기 바란다.

3. 보험금청구권에 대한 물상대위

담보로 제공된 목적물이 멸실훼손되어 담보권 설정자가 보험금청구권을 취득한 경우 담보권자는 그 보험금청구권에 대하여 물상대위권을 행사할 수 있는가? 이를 부정하는 경해도 있으나, 판례는 긍정한다. 즉 "양도담보권자는 양도담보 목적물이 소실되어 양도담보 설정자가 보험회사에 대하여 화재보험계약에 따른 보험금청구권을 취득한 경우에도 담보물 가치의 변형물인 위 화재보험금청구권에 대하여 양도담보권에 기한 물상대위권을 행사할 수 있다(대판 2009.11.26. 2006다37106)."라고 판시하였다.

❸ 보험자대위

1. 의의

보험자대위란 보험자가 피보험자에게 보험사고로 인한 손실을 보상하여 준 때에 보험의 목적이나 제3자에 대하여 가지는 피보험자 또는 보험계약자의 권리를 법률상 당연히 취득하는 것을 말한다(제681조, 제682조). 보험자대위를 인정하는 이유는, 보험사고의 발생으로 피보험자가 보험금을 지급받았음에도 잔존물 또는 제3자에 대한 권리를 행사하도록 하는 것은 피보험자에게 이중의 이득을 주게 되는데, 이는 손해전보라는 손해보험의 성질에 맞지 않기 때문이다.

보험자대위는 원칙적으로 손해보험에서만 인정되고 인보험에서는 허용되지 않는다(제729조 본문). 인보험의 경우에도 가해자에 대한 손해배상청구권의 대위를 생각해 볼 수 있으나, 정액보험의 경우에는 이득금지의 원칙이 적용되지 않기 때문이다. 그러나 인보험 중 상해보험의 경우에는 부정액보험, 즉 손해보험의 성격을 가지므로 예외적으로 당사자간에 특약이 있는 때에 한하여 피보험자의 권리를 해하지 않는 범위 내에서 제3자에 대한 보험자대위가 허용된다(동조 단서).

2. 보험의 목적에 대한 보험자대위 — 잔존물대위

(1) 의의

보험의 목적의 전부가 멸실한 경우 보험금액 전부를 지급한 보험자는 보험의 목적에 대한 피보험자의 권리를 취득한다. 이를 잔존물대위라 한다. 예를 들어, 화재보험에서 전소한 주택의 잔해 중에서 약간의 석재가 있는 경우, 자동차보험에서 충돌로 전파된 차량의 고철가치가 있는 경우 등에서, 피보험자에게 보험금액의 전액을 지급한 보험자는 그 잔존물에 대한 피보험자의 권리를 당연히 취득한다는 것이다.

(2) 요건

1) 보험목적의 전부멸실

보험계약 체결 당시에 보험의 목적이 가지는 경제적 가치가 전부 멸실하여야 하고, 일부만 멸실한 경우에는 잔존물대위가 성립하지 않는다.

2) 보험금의 전부지급

보험자가 보험금의 전부를 지급하여야 한다. 보험금의 일부만을 지급한 경우에는 그 지급부분에 대하여도 잔존물대위가 성립하지 않는다. 이 점은 제3자에 대한 보험자대위와 다른 점이다. 보험금의 전액지급이란 손해액뿐만 아니라 손해방지비용 등까지도 포함한 모든 금액을 지급함을 의미한다.

(3) 효과

1) 보험의 목적에 대한 권리의 이전

보험자가 보험금 전액을 지급하면 이때부터 보험의 목적에 대한 피보험자의 권리가 법률의 규정에 의해 당연히 보험자에게 이전한다. 권리 이전을 위한 별도의 의사표시나 민법상 물권변동 절차는 필요하지 않다. 보험금을 전부 지급한 때에 권리가 이전하므로 보험금 지급 전에 한 피보험자의 권리 처분은 유효하다. 다만 이 경우 보험자는 잔존물의 가액을 보험금에서 공제할 수 있다. 피보험자가 보험금을 지급받은 후에 권리를 처분한 경우에는 피보험자는 보험자에게 그에 대한 손해배상책임을 부담한다.

2) 일부보험의 경우

일부보험의 경우는 보험자가 보험금액의 보험가액에 대한 비율에 따라 잔존물에 대한 권리를 취득한다(제681조 단서). 따라서 이때는 보험자와 피보험자는 잔존물을 공유하게 된다.

3) 대위권의 포기

보험자는 대위권을 포기할 수 있다(통설). 잔존물대위에 의해 권리를 취득하면 이와 더불어 의무까지도 부담하는 경우가 있기 때문이다. 예컨대, 선박보험에서 보험자는 난파선에 대한 권리를 취득하는 경우 그 난파선을 제거할 의무를 부담한다. 이 때 난파선 제거비용이 난파선 가액을 초과하면 보험자는 보험자대위에 의해 손해를 입게 된다. 그래서 잔존물대위권은 포기할 수 있다고 한 것이다.

3. 제3자에 대한 보험자대위 — 청구권대위

(1) 의의

피보험자의 손해가 제3자의 행위로 인하여 생긴 경우에 보험금을 지급한 보험자는 지급한 금액의 한도 내에서 제3자에 대한 보험계약자 또는 피보험자의 권리를 취득한다(제682조 제1항 본문). 이를 청구권대위라 한다. 예를 들어, 보험의 목적이 제3자의 불법행위로 인하여 멸실된 경우 보험자가 피보험자에게 보험금을 지급하면 보험자는 피보험자의 제3자에 대한 손해배상청구권을 대위하게 된다. 청구권대위를 인정하는 이유는 ① 피보험자의 이중이득을 방지하기 위함일 뿐만 아니라, ② 피보험자가 보험금으로 만족하고 손해배상청구권을 행사하지 않아 결과적으로 보험사고에 책임이 있는 제3자가 면책되는 것을 막기 위함이기도 하다.

(2) 요건

청구권대위가 인정되기 위해서는, ① 제3자의 행위로 보험사고가 발생하여 피보험자가 손해를 입어야 하고, ② 보험자가 보험금을 지급해야 하며, ③ 보험계약자 또는 피보험자가 제3자에 대하여 권리를 갖고 있어야 한다.

1) 제3자의 행위로 인한 보험사고의 발생

제3자의 행위에는 불법행위뿐만 아니라 적법행위도 포함된다는 것이 통설이나, 불법행위 또는 채무불이행에 기한 책임이 문제되는 경우가 대부분이다. 문제는 제3자의 범위이다. 제3자에 보험계약자 또는 피보험자 이외의 자가 제3자에 포함됨은 당연하다. 그러면 보험계약자 또는 피보험자는 제3자에서 완전히 제외되는가? 이에 관하여 논의가 있다. 보험사고가 보험계약자 또는 피보험자의 고의 또는 중과실에 의하여 발생한 경우에는 보험자가 면책되므로 보험자대위의 여지가 없다(제659조). 문제는 보험계약자 또는 피보험자에게 경과실이 있어 보험자의 책임이 인정되는 경우 보험자대위를 인정할 것인지 여부이다.

① 피보험자

피보험자의 경과실로 보험사고가 발생한 경우 보험자의 청구권대위를 허용하게 되면 결과적으로 피보험자에 대한 보험의 이익이 박탈되는 결과가 되므로 피보험자는 제3자에 포함되지 않는다.

② 보험계약자

보험계약자의 경과실로 보험사고가 발생한 경우 피보험자에게 보험금을 지급한 보험자는 피보험자의 보험계약자에 대한 청구권을 대위할 수 있는가? 제3자의 범위와 관련하여 가장 쟁점이 되는 부분이다. 예를 들어, 운송인이 송하인을 위해서 운송보험계약을 체결하였는데 운송인의 경과실로 운송물이 멸실하여 보험자가 송하인에게 보험금을 지급한 경우, 보험자는 송하인의 청구권을 대위하여 운송인에게 손해배상책임을 물을 수 있는가? 이에 관한 학설과 판례를 살펴보고 검토할 필요가 있다.

A. 학설

ⓐ 긍정설   보험계약자를 제3자에 포함시키는 견해로서 보험자는 보험계약자에게도 청구권 대위를 할 수 있다고 한다. 타인을 위한 보험에서 가장 중요한 법익은 피보험자의 보호라는 점, 보험계약자는 설사 보험료를 납입하는 경우라 하더라도 형식상의 당사자에 불과하다는 점을 근거로 한다.

ⓑ 부정설   보험계약자는 제3자에 포함되지 않는다는 견해로, 보험자가 보험계약자에게는 청구권대위를 할 수 없다고 한다. 보험계약자는 계약의 당사자로서 많은 의무를 부담하는데 그에게 보험자대위까지 인정하는 것은 너무 가혹하고, 긍정설에 의하면 타인을 위한 보험계약을 체결한 운송인이나 임차인 등이 보험자대위권 행사에 대비하여 책임보험까지 가입해야 하는 실무상의 문제가 있다고 한다.

B. 판례   판례는 긍정설의 입장이다. 즉 "<u>피보험이익의 주체가 아닌 보험계약자는 그 지위의 성격과 보험자대위 규정의 취지에 비추어 보면 보험자대위에 있어서 당연히 제3자의 범주에서 제외되는 것은 아니다</u>(대판 1990.2.9. 89다카21965)."라고 하였다.

C. 검토   후술하는 바와 같이 2014년 개정상법은 제682조 제2항을 신설하여 동거가족에 대한 예외조항을 두면서, 피보험자의 가족뿐만 아니라 보험계약자의 가족도 제3자의 범위에서 제외하면서, 그들에 대해서는 보험자가 청구권대위를 할 수 없도록 하였다. 보험계약자의 가족을 제3자의 범위에서 제외하는 것은 보험계약자를 제3자에서 제외한다는 전제에서만 가능한 입법이다. 따라서 개정상법에서는 보험계약자는 보험자대위에 있어서 제3자에 해당하지 않는 것으로 입법적으로 해결되었다고 할 수 있다.

③ 피보험자나 보험계약자의 가족

보험계약자나 피보험자와 생계를 같이 하는 가족도, 손해가 그 가족의 고의로 인하여 발생한 경우가 아닌 한, 제3자에 포함되지 않는다(제682조 제2항). 예컨대, 피보험자가 아버지로 되어 있는 자동차보험에서 그 동거가족인 아들이 운전을 하다가 사고가 난 경우, 보험자는 아버지에게 보험금을 지급하더라도 그 아들에게 보험자대위권을 행사하여 손해배상청구를 할 수 없다. 이를 허용하면 사실상 보험계약자나 피보험자로부터 보험의 이익을 박탈하는 것과 동일한 결과가 되기 때문이다.

2) 보험자의 적법한 보험금 지급

① 보험자의 보험금 지급은 적법해야 한다. 판례는 "<u>보험약관상 보험자가 면책되는 무면허운전시에 생긴 사고에 대한 보험회사의 보험금지급은 보험약관을 위배하여 이루어진 것으로 적법하지 아니하므로, 보험자대위의 법리상 보험회사는 구상권을 대위 행사할 수 없다</u>(대판 1994.4.12. 94다200).", "제3자에 대한 보험자대위가 인정되기 위하여는 보험자가 피보험자에게 보험금을 지급할

책임이 있는 경우여야 하므로 보험자가 보험약관에 따라 면책되거나, 피보험자에게 보험사고에 대한 과실이 없어 보험자가 피보험자에게 보험금을 지급할 책임이 없는 경우에는 보험자대위를 할 수 없다(대판 2009.10.15. 2009다48602)."라고 판시한 바 있다. ② 보험자는 보험금의 일부만을 지급한 경우에도 피보험자의 권리를 침해하지 아니하는 범위에서 그 권리를 대위한다(제682조 제1항 단서). 이점 보험금 전액을 지급해야 대위가 인정되는 잔존물대위와 다르다. ③ 권리를 대위하는 시기는 잔존물대위와 마찬가지로 「보험금을 지급한 때」이다.

3) 보험계약자 또는 피보험자의 제3자에 대한 권리의 존재

청구권대위를 위해서는 보험자가 보험금을 지급할 당시 보험계약자 또는 피보험자의 제3자에 대한 청구권이 존재해야 한다. 따라서 보험자가 보험금을 지급하기 전에, 보험계약자나 피보험자가 그 권리를 행사 또는 처분하였거나, 존재하던 권리가 소멸시효 등으로 소멸한 경우, 또는 보험계약자나 피보험자가 제3자에 대한 권리를 미리 포기한 경우에는 보험자대위가 인정되지 않는다. 물론 피보험자 등이 제3자에 대한 권리를 행사하거나 처분한 경우에는 피보험자 등은 보험자에 대한 보험금청구권을 행사할 수 없다(이중이득의 금지).

보험자대위의 대상은 보통 피보험자가 제3자에 대하여 갖고 있는 불법행위 또는 채무불이행으로 인한 손해배상청구권이 된다. 이 외에 판례는 피보험자가 공동불법행위의 가해자인 경우, 공동불법행위자에 대한 구상권도 보험자대위에 의하여 보험자에게 이전한다고 한다. 즉 판례는, 甲·乙·丙의 공동불법행위로 제3자에게 손해를 가하였는데 丙의 보험자가 피해자들에게 그 손해배상금을 보험금으로 모두 지급하여 甲과 乙도 공동면책된 사안에서 "丙은 상법 제724조 제2항에 의하여 乙의 보험자에게 직접 乙의 부담 부분에 대한 구상권을 행사할 수 있고, 또한 丙의 보험자는 상법 제682조의 보험자대위의 법리에 따라 취득한 丙의 乙의 보험자에 대한 직접적인 구상권을 乙의 보험자에게 행사할 수도 있다(대판 1998.12.22. 98다40466)."라고 판시하였다.

하나의 사고로 보험목적물과 보험목적물이 아닌 재산에 대하여 한꺼번에 손해가 발생한 경우, 보험목적물이 아닌 재산에 발생한 손해에 대해서는 보험계약으로 인한 법률관계를 전제로 하는 상법 제682조의 보험자대위가 적용될 수 없으므로, 보험목적물에 대한 부분으로 한정하여 보험자가 보험자대위에 의하여 제3자에게 청구할 수 있는 권리의 범위를 결정하여야 한다(대판 2019.11.15. 2019다240629).

(3) 효과
1) 권리의 이전

보험계약자 또는 피보험자의 제3자에 대한 권리는 보험자의 보험금 지급과 동시에 보험자에게 이전한다. 이러한 권리 이전은 법률상 당연히 이루어지는 것으로 권리 이전을 위한 별도의 의사표시나 대항요건은 필요하지 않다. 보험자대위에 의하여 피보험자 등의 제3자에 대한 권리는 동일성을 잃지 않고 그대로 보험자에게 이전되는 것이다. 따라서 보험자가 취득하는 채권의 소멸시효 기간과 그 기산점 또한 피보험자 등이 제3자에 대하여 가지는 채권 자체를 기준으로 판단하여야 한다(대판 1999.6.11. 99다3143). 보험자가 상인이라고 하여 상사소멸시효가 적용되는 것이 아니다. 또한 제3자는 피보험자 등에 대한 모든 항변사유로써 보험자에게 대항할 수 있다.

2) 피보험자 등의 권리 처분의 제한

권리가 보험자에게 이전한 이후에는 피보험자 등은 무권리자이므로 권리를 행사하거나 처분할 수 없다. 따라서 피보험자 등이 처분행위를 하더라도 이는 무효이며 보험자는 여전히 보험자대위를 할 수 있다. 그 결과 보험자는 피보험자 등이 처분행위를 하더라도 이로 인해 아무런 손해를 입지 않으므로 피보험자 등에게 손해배상청구나 부당이득반환청구를 할 수 없다. 판례도 "화재보험의 피보험자가 보험금을 지급받은 후 화재에 대한 책임 있는 자로부터 손해배상을 받으면서 나머지 손해배상청구권을 포기하였다 하더라도, 피보험자의 화재에 대한 책임 있는 자에 대한 손해배상청구권은 피보험자가 보험자로부터 보험금을 지급받음과 동시에 그 보험금액의 범위 내에서 보험자에게 당연히 이전되므로, 이미 이전된 보험금 상당 부분에 관한 손해배상청구권의 포기는 무권한자의 처분행위로서 효력이 없고, 따라서 보험자가 이로 인하여 손해를 입었다고 볼 수 없다(대판 1997.11.11. 97다37609)."라고 판시하였다.

그러나 예외적으로 제3자가 선의·무과실로 피보험자에게 손해를 배상한 경우, 제3자의 손해배상금 지급은 민법 제470조 채권의 준점유자에 대한 변제로서 유효하므로, 보험자는 이를 입증하여 피보험자를 상대로 부당이득반환청구 또는 손해배상청구를 할 수 있다(대판 1999.4.27. 98다61593).

(4) 대위권 행사의 제한

1) 보험금을 일부 지급한 경우

보험자가 보상할 보험금의 일부만을 지급한 경우에는 보험자는 피보험자 등의 권리를 해하지 않는 범위에서만 그 권리를 행사할 수 있다(제682조 제1항 단서). 예를 들어 보험가액 1,000만 원인 물건에 대하여 보험금액을 1,000원으로 한 전부보험이 체결되었는데, 제3자의 과실에 의해 이 물건이 전부 멸실하였다고 하자. 이때 보험자가 보험금을 600만 원만 지급하였다면, 보험자는 600만 원에 대해서만 대위하고 나머지 400만 원의 손해배상청구권은 여전히 피보험자가 보유하게 된다. 그런데 이 경우 제3자의 자력이 500만 원밖에 되지 않는다면 보험자는 단지 100만 원의 범위에서만 대위권을 행사할 수 있을 뿐이고 피보험자가 400만 원을 청구할 수 있다. 보험자는 피보험자의 권리를 해하지 않는 범위 내에서만 대위가 가능하기 때문이다.

2) 일부보험의 경우

일부보험에서 보험자가 보험금액의 전부를 지급한 경우 보험자는 어느 범위에서 대위를 할 수 있는가? 예컨대, 보험가액 1,000만 원인 물건에 대하여 보험금액을 600만 원으로 한 일부보험이 체결되었는데, 제3자의 과실에 의해 이 물건이 전부 멸실하여 보험자가 보험금 600만 원을 모두 지급하였다고 하자. 제3자의 자력이 500만 원밖에 되지 않는다면 피보험자와 보험자는 이를 어떻게 나누어야 하는가? 이는 상법이 청구권대위에서는 잔존물대위에서와는 다르게 제681조 단서와 같은 규정을 두고 있지 않기 때문에 생기는 문제이다. 그렇다고 여기에 제682조 제1항 단서가 자동적으로 적용되지도 않는다. 이것은 보험자가 보험금액의 「전부」를 지급한 경우이지 「일부」를 지급한 경우가 아니기 때문이다.

① 학설

A. 상대설(비례주의, 소수설)   상법 제681조 단서를 유추적용하여 보험자는 보험금액의 보험가액에 대한 비율에 따라 대위한다고 한다. 이에 의하면 위 예에서 보험자는 300만 원(500만 원 × $\frac{600만원}{1,000만원}$)의 범위에서 대위를 할 수 있다. 따라서 제3자에게 보험자는 300만 원을, 피보험자는 200만 원을 청구할 수 있게 된다.

B. 차액설(손해액초과주의, 다수설)   상법 제682조 제1항 단서를 유추적용하여 보험자는 피보험자의 권리를 해하지 아니하는 범위에서 대위를 한다고 한다. 이에 의하면 위 사례에서 피보험자가 400만 원을 청구하여 먼저 만족을 얻고 보험자는 나머지 100만 원에 대해서만 대위할 수 있게 된다.

② 판례

판례는 다수설과 같이 차액설을 취한다. 즉 "일부보험의 경우 보험자가 대위할 수 있는 피보험자의 제3자에 대한 권리의 범위는 피보험자의 권리를 해하지 아니하는 범위 내로 제한된다고 봄이 타당하다. 따라서 보험사고가 피보험자와 제3자의 과실이 경합되어 발생한 경우 피보험자가 제3자에 대하여 그 과실분에 상응하여 청구할 수 있는 손해배상청구권 중 피보험자의 전체 손해액에서 보험자로부터 지급받은 보험금을 공제한 금액만큼은 여전히 피보험자의 권리로 남는 것이고, 그것을 초과하는 부분의 청구권만이 보험자가 보험자대위에 의하여 제3자에게 직접 청구할 수 있게 된다고 할 것이다(대판 2012.8.30. 2011다100312)."라고 판시하였다. 그 후 대법원 전원합의체 판결은 차액설을 확립하였다. 즉 손해보험의 보험사고에 관하여 동시에 불법행위나 채무불이행에 기한 손해배상책임을 지는 제3자가 있어 피보험자가 그를 상대로 손해배상청구를 하는 경우에, 피보험자가 손해보험계약에 따라 보험자로부터 수령한 보험금은 보험계약자가 스스로 보험사고의 발생에 대비하여 그때까지 보험자에게 납입한 보험료의 대가적 성질을 지니는 것으로서 제3자의 손해배상책임과는 별개의 것이므로 이를 그의 손해배상책임액에서 공제할 것이 아니다(대판 2015.1.22. 2014다46211 전원합의체).

3) 상해보험계약의 경우

상해보험계약의 경우에 당사자 간에 다른 약정이 있는 때에는 보험자는 피보험자의 권리를 해하지 아니하는 범위 안에서 그 권리를 대위하여 행사할 수 있다(제729조 단서). 이에 따라 자동차상해보험은 그 성질상 상해보험에 속하므로, 자동차상해보험계약에 따른 보험금을 지급한 보험자는 상법 제729조 단서에 따라 보험자대위를 허용하는 약정이 있는 때에 한하여 피보험자의 권리를 해치지 않는 범위에서 그 권리를 대위할 수 있다(대판 2022.8.31. 2018다212740).

▌제4관 손해보험계약의 변경 · 소멸

🜚 서설

손해보험계약은 앞에서 살펴본 보험계약의 일반적 변경·소멸사유(예 보험계약의 해지·보험사고의 발생 등)에 의해서 변경·소멸하고, 손해보험계약의 특유한 변경·소멸사유로는 보험가액의 변동, 피보험이익의 소멸, 보험목적의 양도가 있다. 여기서는 손해보험의 특유한 변경·소멸사유 중 보험목적의 양도에 관해서만 보기로 한다.

02 보험목적의 양도

1. 의의 및 인정이유

(1) 의의

보험목적의 양도란 피보험자가 보험의 목적인 물건을 개별적으로 타인에게 양도하는 것을 말하는데, 이 때 양수인은 보험계약상의 권리·의무를 승계한 것으로 추정한다(제679조 제1항).

(2) 인정이유

피보험자가 보험의 목적을 양도하면 기존의 보험계약은 피보험이익이 소멸하므로 효력을 상실하는 것이 원칙이고, 양수인은 다시 보험계약을 체결하여야 한다. 그러나 보험의 필요성이 계속되는 한 양수인이 원래의 보험관계를 그대로 승계하는 것이 보험자나 원래의 피보험자, 보험목적의 양수인 모두에게 불필요한 거래비용을 줄일 수 있어 바람직하다. 그래서 상법은 위와 같은 추정규정을 둔 것이다.

2. 권리의무 승계 추정의 요건

(1) 보험관계의 존재

보험목적의 양도 당시에 양도인과 보험자간에 유효한 보험계약관계가 존재하여야 한다.

(2) 보험목적이 물건일 것

보험목적은 특정되고 개별화된 물건이어야 한다. 따라서 보험목적이 물건과 무관한 경우나(예 의사·변호사 등의 직업인책임보험 등), 물건이라도 특정되지 않은 집합보험(제686조, 제687조)의 경우에는 그것이 양도되더라도 그에 관한 보험관계가 이전될 수 없다. 다만 책임보험이라도 물건과 관련된 경우에는(예 가옥 등과 관련된 책임보험) 보험목적의 양도에 관한 규정을 준용할 수 있다. 한편 자동차와 선박은 그 양도에 의해 위험이 변경·증가할 가능성이 높기 때문에 이의 양도 시에는 보험자의 승낙 또는 동의가 있어야만 보험관계의 승계가 이루어진다(제726조의4 제1항, 제703조의2 1호).

(3) 물권적 양도방법에 의한 양도

보험목적이 물권적 양도방법에 의하여 양도되어야 한다. 상속·합병 등과 같은 포괄승계는 이에 포함되지 않는다.

3. 보험목적의 양도의 효과

(1) 보험계약상의 권리·의무 승계의 추정

1) 보험관계의 승계

보험의 목적이 양도되면 양수인은 피보험자의 지위를 승계한다. 타인을 위한 보험에서 보험목적의 양도가 있으면 양수인을 위한 보험이 된다. 피보험자인 타인이 양도인에서 양수인으로 바뀔 뿐 타인을 위한 보험이라는 점은 변하지 않는다. 문제는 자기를 위한 보험의 경우이다. 자기를 위한 보험에서 보험의 목적이 양도되면 피보험자의 지위만 이전되는가 아니면 보험계약자의 지위까지 함께 이전되는가?

소수설은 보험계약자의 지위는 양수인에게 이전되지 않는다고 한다. 이에 의하면 보험목적의 양도에 의해 보험의 성격이 자기를 위한 보험에서 타인을 위한 보험으로 전환된다. 그러나 통설은 보험계약자의 지위까지 모두 양수인에게 이전된다고 한다. 보험의 목적이 양도되어 양도인에게 보험금청구권이 없는 상황에서 양도인에 대해서 보험관계를 유지시킬 필요가 없다는 것이다. 예를 들어 자기를 피보험자로 하여 자동차보험을 든 자가 자동차를 매도한 이후까지 보험계약자로서의 권리·의무를 계속 지고자 한다는 것은 생각하기 어렵다.

2) 권리·의무 승계의 「추정」

보험목적의 양도에 의한 양수인의 권리·의무 승계는 추정됨에 불과하다. 따라서 당사자 사이에 특약이 있거나(대판 1991.8.9. 91다1158), 보험목적의 양수인에게 보험승계의 의사가 없다는 것이 증명된 때에는(대판 1997.11.11. 97다35375) 승계의 효력이 생기지 않는다.

(2) 통지의무

1) 의의

피보험자가 보험의 목적을 양도한 경우 양도인 또는 양수인은 보험자에 대하여 지체 없이 그 사실을 통지하여야 한다(제679조 제2항). 보험승계가 이루어지면 실질적으로는 피보험자가 변경되는 것이므로, 보험자에게도 위험의 인수 여부를 검토할 수 있도록 하는 것이 균형에 맞기 때문이다.

2) 통지의무 위반의 효과

양도인 또는 양수인의 보험목적의 양도 사실을 보험자에게 통지하지 않으면 어떻게 되는가? 예를 들어 자신 소유의 가옥을 A보험회사의 화재보험에 가입한 甲이 보험기간 중에 그 가옥을 乙에게 매도하고 소유권이전등기까지 해주었는데 A에게 그 사실을 통지하지 않은 상태에서 가옥에 화재가 발생한 경우, 乙은 A에게 보험금을 청구할 수 있는가?

① 학설

ⅰ) 통지의무를 대항요건으로 보고 통지의무를 이행하지 않으면 양수인은 보험자에 대하여 보험금청구권을 행사할 수 없다는 견해도 있다. ⅱ) 그러나 다수설은 통지의무를 대항요건으로 보지 않는다. 이에 의하면 양도인 또는 양수인이 보험자에게 양도 사실을 통지하지 않더라도 양수인은 보험목적의 양수사실을 증명하여 보험자에게 보험금청구권을 행사할 수 있다.

② 판례

판례는 이에 관하여 상법 제679조 제2항의 해석보다는 약관의 해석에 의하여 판시하고 있다. 즉 화재보험의 경우 보험목적의 양도에 따른 통지의무를 위반하였어도 그로 인하여 현저한 위험의 변경 또는 증가가 없었다면 화재보험 보통약관상의 해지사유가 되지 않으므로 보험자는 보험금지급의무를 부담한다는 입장이다(대판 1996.7.26. 95다52505). 결국 다수설·판례에 의하면 통지의무에 대한 강제수단은 없다.

제1관 **화재보험**

01 의의

화재보험이란 화재로 인하여 생긴 손해를 보상하는 보험이다(제683조). 화재보험은 전형적인 손해보험으로서, 지금까지 설명한 법률관계 이외에 특별히 주의해야 할 사항은 없다. 이하에서는 제686조, 제687조의 집합보험에 관해서만 살펴보기로 한다.

02 집합보험

1. 의의

집합보험이란 경제적으로 독립함 다수의 집합물을 보험의 목적으로 한 손해보험을 말한다. 예컨대, 공장의 물건을 일괄하여 보험에 가입하는 경우 등이다. 이에 대비하여 하나의 물건을 보험의 목적으로 한 보험은 개별보험이라 한다. 집합보험에는 특정보험과 총괄보험이 있다.

2. 특정보험

집합보험 중 보험의 목적이 특정되어 있는 것을 특정보험이라 한다. 예컨대, 운송 중인 물건 일체를 보험에 가입하는 것이다. 집합된 물건을 일괄하여 보험의 목적으로 한 때에는 피보험자의 가족과 사용인의 물건도 보험의 목적에 포함된 것으로 한다. 이 경우에는 그 보험은 그 가족 또는 사용인을 위하여서도 체결한 것으로 본다(제686조). 예컨대, 주택화재보험에서 그 가옥에 있는 물건 모두에 대하여 화재보험계약을 체결한 경우, 가족 또는 사용인의 물건에 관하여 타인을 위한 보험계약이 체결된 것이 되어 그 가족이나 사용인은 당연히 보험계약상의 이익을 받는다.

3. 총괄보험

보험목적의 전부 또는 일부가 보험기간 중에 교체될 것이 예정된 것을 총괄보험이라 한다. 예컨대, 창고에 들어 있는 물건이 매일 교체되어 특정되지 않는 경우에도, 집합물로서 보험에 가입하는 경우가 이에 해당한다. 집합된 물건을 일괄하여 보험의 목적으로 한 때, 그 목적에 속한 물건이 보험기간 중에 수시로 교체된 경우에도 보험사고 발생 시에 현존하는 물건은 보험의 목적에 포함된 것으로 한다(제687조).

01 의의

운송보험은 육상운송에서 운송인이 운송물을 수령한 때로부터 수하인에게 인도할 때까지 운송물에 대한 사고로 생긴 손해를 보상하는 보험을 말한다. 광의의 운송보험이라고 하면 해상운송의 운송물에 대한 보험도 포함하나, 상법에서의 운송보험은 육상운송의 운송물에 대한 보험만을 의미한다. 해상운송의 운송물에 대한 보험은 해상보험이라고 하여 따로 규정하고 있다. 그리고 운송보험의 목적은 운송물로 제한된다. 여객의 생명이나 신체는 생명보험이나 상해보험의 목적이 될 뿐이다.

02 운송보험계약

1. 보험가입의 형태

운송보험은 운송물의 소유자가 자기를 위한 보험으로 가입하는 경우도 있지만, 운송인이 운송물의 소유자를 피보험자로 하여 타인을 위한 보험의 형태로 가입하는 경우가 대부분이다. 운송인이 소유자를 피보험자로 하여 가입하는 운송보험은, 손해배상책임에 대비하기 위해 자기를 피보험자로 하여 가입하는 책임보험과 구별해야 한다.

2. 보험가액불변주의

미평가보험은 원칙적으로 「사고발생 시」의 가액을 보험가액으로 하나(제671조), 운송보험에서는 예외적으로 「발송 시」의 가액을 보험기간 전체의 보험가액으로 한다(제689조 제1항). 운송보험은 보험기간이 단기이고, 운송 도중 사고로 인한 손해가 생긴 때와 가격을 정하기 어렵기 때문이다.

3. 피보험이익

① 운송보험의 피보험이익은 송하인이 운송물의 소유자로서 가지는 이익이 대표적이지만, 운송인이 운임에 대해서 가지는 이익도 포함된다(제689조 제1항). ② 운송물의 도착으로 인하여 얻을 이익을 일반적으로 희망이익이라 한다. 희망이익은 통상 운송물의 도착지 가격이 출발지 가격보다 높은 경우, 도착지 가격에서 출발지 가격 및 운임 기타의 비용을 공제한 금액이 된다. 운송보험의 보험가액은 원칙적으로 출발지 가격을 기준으로 하므로, 희망이익은 당사자 간에 약정이 있는 때에 한하여 보험가액에 산입한다(동조 제2항).

03 보험자의 면책사유

운송보험에는 특유한 면책사유가 있다. 보험사고가 송하인 또는 수하인의 고의 또는 중과실로 인하여 발생한 경우 보험자는 면책된다(제692조). 송하인 또는 수하인이 보험계약자나 피보험자가 아닌 경우에도 보험자가 면책된다는 점에서 제659조의 고의·중과실 면책규정의 특칙이 된다. 운송보험에서는 송하인·수하인이 실질적으로 피보험이익을 향유한다고 보아 그 고의·중과실을 보험자의 면책사유로 한 것이다.

▌ 제3관 해상보험

01 의의

1. 개념 및 성질

해상보험은 해상사업에 관한 사고로 인하여 생긴 손해를 보상하는 보험이다(제693조). 해상보험은 주로 해운업자나 무역업자 등이 이용하는 보험으로서, ① 전형적인 기업보험으로 불이익변경금지의 원칙이 적용되지 않으며, ② 자연히 국제적 성질을 갖는다.

2. 종류

상법은, ① 선박을 보험목적으로 하는 선박보험(제696조), ② 운송물을 보험목적으로 하는 적하보험(제697조), ③ 운송인이 받게 될 운임을 목적으로 하는 운임보험(제706조 1호), ④ 운송물이 도착된 이후에 기대되는 이익을 목적으로 하는 희망이익보험(제698조)을 정하고 있다. 해상보험과 관련해서는 보험위부에 대해서만 보기로 한다.

02 보험위부

1. 의의

(1) 개념

보험위부란 해상보험에서 전손(全損)이 아니라도 전손과 동일하게 보아야 할 경우 또는 전손이 있다고 추정되기는 하지만 그 증명이 곤란한 경우 등을 현실의 전손과 동일시하여, 피보험자가 보험목적에 대하여 가지고 있는 권리를 무조건 보험자에게 위부하고 보험자에 대하여 전손에 해당하는 보험금의 지급을 청구할 수 있는 제도를 말한다(제710조). 남아 있는 것이 있으면 모두 보험자에게 넘기겠으니 보험금을 지급해달라는 것이다.

(2) 잔존물대위와의 구별

보험위부는 잔존물대위와 비슷한 결과가 된다. 그러나 잔존물대위는 보험금의 지급으로 잔존물에 대한 권리가 보험자에게 이전하는 효과가 발생하고, 그 과정에서 별도의 의사표시는 요하지 않는다. 이에 반하여 보험위부는 위부의 의사표시가 필요하며, 그 의사표시에 의해 보험의 목적에 대한 권리가 보험자에게 이전하고, 피보험자가 보험금지급청구권을 취득하게 되는 효과가 발생한다.

(3) 성질

보험위부는 피보험자의 일방적 의사표시에 의하여 법적 효과가 발생하는 일종의 형성권이다(통설).

2. 보험위부의 원인

(1) 선박·적하가 회수불능인 때(1호)

피보험자가 보험사고로 인하여 자기의 선박 또는 적하의 점유를 상실하여 이를 회복할 가능성이 없거나 회복하기 위한 비용이 회복하였을 때의 가액을 초과하리라고 예상될 경우, 피보험자는 그 선박 또는 적하를 위부할 수 있다.

선박이나 적하의 점유를 상실한 원인은 묻지 않으나, 선박의 행방불명은 보험위부의 원인에 해당하지 않는다. 선박이 2개월간 행방불명이면 전손으로 추정하는데(제711조), 이는 현실전손으로의 추정이므로 이 경우 피보험자는 바로 보험금 지급을 청구할 수 있으며, 보험금 청구를 위하여 위부의 통지와 같은 절차를 밟을 필요는 없다.

(2) 선박의 수선비용이 과다할 때(2호)

선박이 보험사고로 인하여 심하게 훼손되어 이를 수선하기 위한 비용이 수선하였을 때의 가액을 초과하리라고 예상될 경우, 피보험자는 그 선박을 위부할 수 있다.

(3) 적하의 수선비용이 과다할 때(3호)

적하가 보험사고로 인하여 심하게 훼손되어서 이를 수선하기 위한 비용과 그 적하를 목적지까지 운송하기 위한 비용과의 합계액이 도착하는 때의 적하의 가액을 초과하리라고 예상될 경우, 피보험자는 그 적하를 위부할 수 있다.

3. 보험위부의 요건

(1) 위부의 통지

보험위부를 위해서는 피보험자가 위부의 원인이 생긴 때로부터 상당한 기간 내에 보험자에 대하여 위부를 하겠다는 무조건적인 통지를 발송하여야 한다(제713조 제1항, 제714조 제1항).

(2) 보험자의 승인·불승인

1) 위부의 불승인

위부의 통지에 대하여 보험자는 위부를 불승인할 수 있다. 그러나 위부권은 형성권으로서 피보험자의 일방적 의사표시만으로 효력이 발생하므로, 보험자가 위부를 불승인하였다고 하여 위부가 효력을 발휘하지 못하는 것은 아니다. 그러나 보험자가 위부를 승인하지 아니한 때에는 피보험자는 위부원인을 증명하여야 하고, 증명을 하지 못하면 보험금의 지급을 청구할 수 없다(제717조).

   2) 위부의 승인

   보험자가 위부를 승인한 때에는 피보험자는 위부원인을 증명할 필요가 없고, 보험자는 후일 그 위부에 대하여 이의를 하지 못한다(제716조).

4. 보험위부의 효과

   보험위부의 효과로서 보험자는 보험의 목적에 관한 모든 권리를 취득하고, 피보험자는 보험금액의 전부에 대하여 보험금 지급청구권을 취득한다.

   보험위부에 의하여 보험자가 보험의 목적에 대하여 피보험자가 가지는 소유권 등 물권적 권리를 취득한다는 데에는 의문의 여지가 없다. 그런데 위부의 원인이 제3자의 행위에 의하여 생긴 경우 위부에 의해 보험자는 피보험자의 제3자에 대한 손해배상청구권도 취득하는가? 이를 긍정하는 견해도 있으나, 보험자는 보험금을 지급한 때에야 비로소 보험자대위에 의해 이러한 권리를 취득하고, 위부만에 의해서는 취득할 수 없다고 보는 견해가 타당하다.

▌제4관 책임보험

01 의의 및 기능

   책임보험이란 피보험자가 보험기간 중 사고로 인하여 제3자에게 배상할 책임을 지는 경우 이를 보상하는 손해보험을 말한다(제719조). 책임보험은 각종 사고의 발생에 따른 배상책임을 보험자에게 이전시킴으로써 가해자의 부담을 경감시키는 기능을 한다. 이는 다른 손해보험과 같은 기능이다. 이에 더하여 책임보험은 피해자로 하여금 가해자가 무자력인 경우에도 손해배상액을 확보할 수 있도록 해주어 피해자를 보호하는 기능도 한다. 피해자 보호 기능은 다른 손해보험과는 구별되는 책임보험의 특유한 기능이다.

02 책임보험의 요소

1. 보험의 목적

   책임보험의 목적이 무엇인지에 대하여는, ① 피보험자가 제3자에 대하여 부담하는 배상책임이라는 견해와 ② 피보험자의 전재산이라는 견해가 대립하는데, 책임보험은 단순히 배상책임을 보상한다기보다는 피보험자가 그 배상책임으로 인하여 자신의 재산에 입은 손해를 보상하는 것이므로 피보험자의 전재산이라는 견해가 타당하다.

2. 피보험이익과 보험가액

책임보험에서의 피보험이익은 피보험자가 책임을 지는 사고가 발생하지 않음으로 인하여 가지는 경제적 이익이다(통설). 책임보험에서는 물건보험에서와 같이 피보험이익을 미리 평가할 수 없으므로 보험가액이라는 개념을 생각할 수 없다. 그래서 일반적으로 책임보험 가입 시에는 한도액을 정함으로써 보험금액을 제한한다. 그러나 책임보험의 한도액은 다른 손해보험에서의 보험가액과 같은 기능을 하지만 보험가액 자체는 아니다. 이처럼 책임보험에서는 보험가액 개념이 존재하지 않기 때문에 초과보험, 일부보험의 문제는 발생하지 않으나, 동일한 보험사고에 대해서 둘 이상의 책임보험에 가입하여 이익을 얻을 가능성은 있다. 그래서 상법은 수개의 책임보험이 동시 또는 순차로 체결되어 보험금액의 총액이 피보험자의 제3자에 대한 손해배상액을 초과하는 경우에는 중복보험에 관한 규정을 준용하고 있다(제725조의2).

3. 보험사고

책임보험은 제3자에게 발생한 손해를 보상하는 것이 아니라, 피보험자가 그 손해에 대한 배상책임을 짐으로 인해 입은 피보험자의 재산상의 손해를 보상하는 것이므로, 보험사고는 당연히 피보험자가 손해배상책임을 지는 것이다. 그런데 보험사고가 언제 발생하였다고 볼 것이냐와 관련하여 보험사고의 정확한 의미에 대해 학설의 대립이 있다. 예를 들어 사고는 보험기간 내에 발생하였는데 제3자로부터의 배상청구나 책임의 확정은 보험기간 경과 후에 이루어진 경우 보험사고가 발생한 것인가와 같은 문제이다.

① 사고발생설은 피보험자가 제3자에 대하여 책임을 질 사고의 발생 자체를 보험사고라 하고, ② 배상청구설은 피보험자가 제3자로부터 손해배상청구를 받은 것을 보험사고라 하며, ③ 법률상 책임발생설은 피보험자의 제3자에 대한 법률상 책임을 지게 된 것을 보험사고라 하고, ④ 배상의무이행설은 피보험자가 제3자에 대한 손해배상의무를 이행한 것을 보험사고라 한다. 피보험자의 책임은 사고가 발생한 시점에서 정해지는 것이고, 그 이후의 사정은 손해배상책임 여부를 사후적으로 판단하는 것에 불과하므로 사고발생설이 타당하다. 따라서 사고가 보험기간 내에 발생하기만 하면 제3자로부터의 배상청구나 책임의 확정이 보험기간 경과 후에 이루어졌더라도 보험자는 보상책임을 진다.

03 책임보험계약의 효과

1. 보험자와 피보험자와의 관계

(1) 보험자의 손해보상의무
1) 손해보상의 요건

보험자가 보상의무를 지기 위해서는 다음의 요건이 갖춰져야 한다. ① 보험기간 중에 보험사고가 발생해야 한다. 피해자에게 손해를 입히는 사고가 발생하면 충분하고, 배상청구나 책임의 확정이 보험기간 중에 있어야 할 필요는 없다(사고발생설). ② 피보험자가 제3자에게 법률상 손해배상책임을 부담해야 한다. 따라서 제3자에게 손해가 발생하였더라도 피보험자가 무과실 등의 사유로 그 손해에 대하여 배상책임을 지지 않으면 보험자 역시 보상의무가 없다. ③ 보험자에게 면책사유가 없어야 한다.

2) 손해보상의 범위

① 손해보상의 범위 일반

보험자의 보상범위는 보통 당사자간에 약정된 보험금액의 범위 내에서 피보험자의 제3자에 대한 법률상의 손해배상책임액을 한도로 하며(대판 1988.6.14. 87다카2276), 원본뿐만 아니라 지연손해금도 보상의 범위에 포함된다(대판 1995.9.28. 95다24807). 손해배상액은 확정되어야 한다. 다만 반드시 판결에 의해 확정될 필요는 없고 변제·승인·화해에 의해 확정될 수도 있다(제723조 제1항, 제3항).

② 방어비용

보상의 범위와 관련하여 실무상 가장 문제가 되는 것이 방어비용이다. 방어비용은 피해자가 보험사고로 인적·물적 손해를 입고 피보험자를 상대로 손해배상청구를 한 경우에 피보험자가 그 방어를 위하여 지출한 재판상 또는 재판외의 필요비용을 말하는데(대판 2002.6.28. 2002다22106), 이 방어비용은 보험자의 보상의 범위에 포함된다(제720조 제1항 본문). 책임보험에서는 어차피 모든 책임을 보험자가 부담하기 때문에 피보험자는 방어에 적극적으로 나설 인센티브가 없으므로 보험자가 적극적으로 피보험자를 방어해 줘야 한다. 따라서 피보험자가 지출한 방어비용은 원래 보험자가 지출했어야 할 비용이었으므로 상법은 이를 보상범위에 포함시킨 것이다. 방어비용은 제680조 제1항의 손해방지비용과는 다르다. 판례도 "위 두 비용은 서로 구별되는 것이므로, 약관 중 손해방지비용과 관련한 규정이 당연히 방어비용에 적용된다고 할 수는 없다(대판 2006.6.30. 2005다21531)."고 하였다.

피보험자는 보험자에 대하여 방어비용의 선급을 청구할 수 있고(제720조 제1항 단서), 피보험자가 담보의 제공 또는 공탁으로써 재판의 집행을 면할 수 있는 경우에는 보험자에 대하여 보험금액의 한도 내에서 그 담보의 제공 또는 공탁을 청구할 수 있다(동조 제2항). 그리고 이러한 방어비용의 지출이나 담보의 제공 또는 공탁행위가 보험자의 지시에 의한 것인 때에는 그 금액에 손해액을 가산한 금액이 보험금액을 초과하는 때에도 보험자가 이를 부담하여야 한다(동조 제3항). 다시 말해 보험자는 보험금액의 한도에서 방어비용을 부담함이 원칙이나 보험자의 지시에 의한 방어비용은 그 금액에 손해액을 더한 금액이 보험금액을 초과하더라도 보험자가 부담한다.

예컨대, A회사는 그 소유 버스에 대하여 X보험사의 자동차종합보험에 가입하였다. A회사 운전수가 사고를 내어 甲에게 상해를 입혀 甲은 A회사와 업무상 계약관계에 있는 B회사에게 손해배상청구소송을 제기하였고, 그 소송에서 B회사는 甲과 화해를 하였다. A회사는 B회사와 업무집행과 관련하여 B회사에 발생하는 모든 손해에 대한 책임을 지도록 되어 있었다. A회사는 X보험사로부터 B회사가 소송과정에서 지출한 변호사비용을 방어비용으로 보상받을 수 있는가?

판례는 "피해자가 피보험자에게 재판상 청구는 물론 재판외의 청구조차 하지 않은 이상, 제3자를 상대로 제소하였다 하여 그 소송의 변호사 비용이 상법 제720조 소정의 방어비용에 포함된다고 볼 수 없다(대판 1995.12.8. 94다27076)."고 하여 이를 부정하였다. B회사가 지출한 변호사비용은 설사 B회사의 구상권 또는 대위권 행사에 의하여 실질적으로 피보험자인 A회사가 책임을 부담할 것이 예상되더라도, 피보험자를 상대방으로 한 청구에서 발생한 것이 아닌 이상 제720조의 방어비용에는 포함되지 않는다는 것이다.

3) 손해보상의 시기

보험자는 특별한 기간의 약정이 없으면 피보험자로부터 채무확정의 통지를 받은 날로부터 10일 내에 보험금을 지급하여야 한다(제723조 2항, 제1항).

(2) 피보험자의 의무

1) 보험자에 대한 통지의무

책임보험의 피보험자는 일반 손해보험의 피보험자와 마찬가지로 보험사고 발생의 통지의무를 부담하는데(제657조 제1항), 책임보험의 특성으로 인해 추가적으로 배상청구 통지의무와 채무확정 통지의무를 부담한다.

① 배상청구 통지의무

피보험자는 제3자로부터 배상청구를 받으면 지체 없이 보험자에게 그 통지를 발송하여야 한다(제722조 제1항). 피보험자가 이 통지를 게을리하여 손해가 증가된 경우 보험자는 그 증가된 손해를 보상할 책임이 없다(동조 제2항 본문). 다만 피보험자가 보험사고 발생의 통지(제657조 제1항)를 발송한 경우에는 그러하지 아니하다(동조 동항 단서). 즉 보험자는 피보험자가 배상청구 통지의무와 보험사고 발생의 통지의무를 모두 게을리 한 경우에만 증가된 손해에 대한 보상책임을 지지 않는다.

② 채무확정 통지의무

피보험자가 제3자에 대하여 변제·승인·화해 또는 재판으로 인하여 채무가 확정된 때에는 지체 없이 보험자에게 그 통지를 발송하여야 한다(제723조 제1항). 채무확정의 통지는 보험자의 보험금지급 시기를 정하는 기준이 될 뿐이므로(동조 제2항), 이 의무를 게을리한 경우에도 보험자의 손해보상의 무에는 변함이 없다.

2) 보험자와의 협의의무

피보험자의 제3자에 대한 손해배상은 결국 보험자의 부담으로 하는 것이므로, 피보험자는 변제·승인·화해 등으로 제3자에 대한 채무를 확정함에 있어 보험자와 사전에 협의해야 할 의무가 있다(통설). 피보험자가 이러한 협의를 하지 않고서 일방적으로 채무를 확정한 경우 어떻게 할 것인가? "피보험자가 보험자의 동의 없이 제3자에 대하여 변제, 승인 또는 화해를 한 경우에는 보험자가 그 책임을 면한다"라는 합의가 있는 경우라도, 확정된 금액이 현저하게 부당한 것이 아니면 보험자는 보상할 책임을 면하지 못한다(제723조 제3항).

2. 보험자와 제3자와의 관계 ― 제3자의 직접청구권

(1) 의의

최근에는 책임보험의 중점이 피보험자 보호보다는 피해자 보호의 측면으로 이동하고 있어 상법은 피보험자의 보험금청구권 행사에 제한을 가하고 제3자(피해자)에게 직접청구권을 인정하였다.

① 보험금청구권 행사의 제한

상법은 보험자는 피보험자가 책임을 질 사고로 인하여 생긴 손해에 대하여 제3자가 그 배상을 받기 전에는 보험금액의 전부 또는 일부를 피보험자에게 지급하지 못하도록 하였다(제724조 제1항). 사고가 발생하여 보험자가 피보험자에게 보험금을 지급하였는데, 피보험자가 피해자에게 손해배상을 하지 않는다면 피해자가 큰 곤란에 처하게 되기 때문이다. 그런데 판례는 "<u>보험회사의 자동차</u> <u>보험약관상 상법 제724조 제1항의 내용과 같이 피보험자가 제3자에게 손해배상을 하기 전에는 피</u> <u>보험자에게 보험금을 지급하지 않는다는 내용의 지급거절조항을 두고 있지 않다면 보험자는 그 약</u> <u>관에 의하여 상법 제724조 제1항의 지급거절권을 포기한 것으로 보아야 한다</u>(대판 2007.1.12. 2006다 43330)."라고 하였다. 따라서 이 경우 피보험자는 제3자에게 손해배상을 하지 않고도 보험자에게 보험금청구권을 행사할 수 있다.

② 제3자의 직접청구권

보험금 지급이 위와 같이 이루어질 것이라면 처음부터 보험금을 피해자에게 직접 지급하면 절차가 더 간소해질 수 있다. 그래서 상법은 제3자는 피보험자가 책임을 질 사고로 입은 손해에 대하여 보험금액의 한도 내에서 보험자에게 직접 보상을 청구할 수 있도록 하였다(동조 제2항 본문). 이를 제3자의 직접청구권이라 한다. 본래 책임보험에서 제3자는 보험자와 계약관계가 없으므로 보험자에게 아무 권리도 갖지 않는 것이 원칙이나, 최근 책임보험의 중점이 피해자 보호라는 측면으로 이동하고 있는 점을 고려하여 1991년 상법 개정 시 피해자에게 직접청구권을 인정한 것이다. 그 결과 제725조는 주의적 규정이 되었다.

피해자가 직접청구권을 행사하는 경우 책임보험 보험자의 보상한도는 책임보험금 원본의 한도일 뿐 지연손해금은 보상한도액과는 무관하다. 따라서 보험자는 피보험자의 불법행위일부터 발생한 지연손해금을 지급할 의무가 있다(대판 2011.9.8. 2009다73295).

(2) 직접청구권의 법적 성질 및 소멸시효

1) 법적 성질

① 학설

A. 손해배상청구권설 직접청구권은 보험자는 피보험자의 손해배상채무를 중첩적으로 인수함에 따라 피해자가 보험자에 대하여 가지는 손해배상청구권이라고 한다. 피해자의 관점을 중시하는 견해이다.

B. 보험금청구권설 직접청구권은 피해자가 단순히 피보험자의 보험금청구권을 대위행사하는 것에 불과하다고 한다. 이렇게 해석하는 것이 보험자의 의사에 부합하고, 원래 피해자는 피보험

자에 대한 손해배상청구권만을 가지고 있었으므로 피해자가 더 불리해지는 것도 아니라고 한다.

② 판례

판례는 종래 판례변경의 절차도 없이 서로 모순되는 입장을 취하는 등 혼란을 겪었으나, 1990년대 이후 일관하여 손해배상청구권설을 취하고 있다. "상법 제724조 제2항에 의하여 피해자에게 인정되는 직접청구권의 법적 성질은 보험자가 피보험자의 피해자에 대한 손해배상채무를 병존적으로 인수한 것으로서 피해자가 보험자에 대하여 가지는 손해배상청구이고 피보험자의 보험자에 대한 보험금청구권의 변형 내지는 이에 준하는 권리가 아니다(대판 1999.2.12. 98다44956)." 즉 "상법 제724조 제2항에 의하여 피해자에게 인정되는 직접청구권의 법적 성질은 보험자가 피보험자의 피해자에 대한 손해배상채무를 중첩적으로 인수한 결과 피해자가 보험자에 대하여 가지게 된 손해배상청구권이고, 보험자의 채무인수는 피보험자의 부탁(보험계약이나 공제계약)에 따라 이루어지는 것이므로 보험자의 손해배상채무와 피보험자의 손해배상채무는 연대채무관계에 있다(대판 2010.10.28. 2010다53754)."라고 판시하였다.

2) 소멸시효

직접청구권의 소멸시효기간은 그 법적 성질을 어떻게 보는가에 따라 달라진다. 보험금청구권으로 보면 3년이나(제662조), 손해배상청구권으로 보면 그 손해배상청구권의 시효기간이다{[예] 불법행위의 경우 안 날로부터 3년 또는 불법행위일로부터 10년(민법 제766조)}. 판례도 "직접청구권은 피해자가 보험자에 대하여 가지는 손해배상청구권이므로 민법 제766조 제1항에 따라 그 손해 및 가해자를 안 날로부터 3년간 이를 행사하지 아니하면 시효로 인하여 소멸한다(대판 2005.10.7. 2003다6774)."고 하였다. 그런데 손해배상청구권설 및 판례와 같이 보면 피보험자의 보험금청구권이 시효로 소멸한 이후에도 피해자는 보험자에게 직접청구권을 행사 할 수 있게 되는데, 이는 책임보험의 피해자 보호적 기능을 감안하더라도 균형에 어긋난다는 비판이 있다. 위 판례와 동일한 취지의 판례에 의하면, 직접청구권의 법적 성질은 보험자가 피보험자의 피해자에 대한 손해배상채무를 병존적으로 인수한 것으로서 피해자가 보험자에 대하여 가지는 손해배상청구권이고 피보험자의 보험자에 대한 보험금청구권의 변형 내지는 이에 준하는 권리가 아니므로, 이에 대한 지연손해금에 관하여는 연 6%의 상사법정이율이 아닌 연 5%의 민사법정이율이 적용된다(대판 2019.5.30. 2016다205243).

(3) 직접청구권의 행사

1) 보험자의 항변

보험자는 제3자로부터 직접 보상의 청구를 받은 경우 제3자에 대하여 피보험자가 그 사고에 관하여 가지는 항변으로써 대항할 수 있다(제724조 제2항 단서). 뿐만 아니라 보험자는 자신이 보험계약자나 피보험자에게 가지는 항변으로써도 제3자에게 대항할 수 있다. 보험자와 직접 관계 없는 제3자의 개입으로 보험자가 불리해져서는 안되기 때문이다. 예컨대, A보험사의 자동차종합보험에 가입한 甲이 자동차 운행 중 도로를 무단횡단하던 乙을 치어 중상을 입혀서 乙이 A보험사에게 이 사고로 발생한 손해액 1억 원의 지급을 청구하였는데, 이 사고에 대한 乙의 과실이 70%였고, 甲이 보험가입 시 2건의 교통사고 경력을 숨겼던 사정이 있었다고 하자. 이때 A보험사는 피보험자 甲이 乙에 대하여 가지는 과실상계의 항변으로써 乙에게 대항할 수 있으므로 보험계약에 아무 문제가 없더라도 보험금을 3,000만 원만 지급하면 된다. 나아가 A보험사는 甲에게 대항할 수 있는 사유, 즉 고지의무 위반으로 乙에게 대항할 수도 있으므로, 乙에 대하여 청구금액 전액의 지급을 거절할 수 있다.

2) 통지의무 및 협조의무

보험자는 제3자로부터 직접 보상의 청구를 받은 때에는 지체 없이 피보험자에게 이를 통지하여야 한다(동조 제3항). 이 경우 피보험자는 보험자의 요구가 있으면 필요한 서류·증거의 제출, 증언 또는 증인의 출석에 협조하여야 한다(동조 제4항).

(4) 피해자의 보험자에 대한 직접청구권과 피보험자에 대한 손해배상청구권의 관계

제3자는 보험자에 대한 직접청구권과 피보험자에 대한 손해배상청구권을 임의로 선택하여 행사할 수 있으며, 어느 하나의 청구권을 행사하면 그 범위 내에서 다른 청구권도 소멸한다. 따라서 피보험자로부터 손해배상을 먼저 받으면 직접청구권은 그 한도에서 소멸하고, 직접청구권을 먼저 행사하여 이행을 받으면 피보험자에 대한 손해배상청구권도 소멸한다.

(5) 보험자에 대한 피해자의 직접청구권과 피보험자의 보험금청구권의 관계

1) 제3자가 직접청구권을 행사하였는데 피보험자 역시 보험자에 대하여 보험금청구권을 행사한 경우 어느 청구권이 우선하는가? 상법 제724조 제1항은 제3자의 직접청구권이 피보험자의 보험금청구권에 우선한다는 것을 선언하는 규정이므로, 보험자로서는 제3자가 피보험자로부터 배상을 받기 전에는 피보험자에 대한 보험금 지급으로 직접청구권을 갖는 피해자에게 대항할 수 없다. 따라서 보험자는 제3자가 피보험자로부터 배상을 받기 전에는 상법 제724조 제1항의 규정을 들어 피보험자의 보험금지급 청구를 거절할 권리를 갖게 되고(대판 1995.9.26. 94다28093), 피보험자가 보험계약에 따라 보험자에 대하여 가지는 보험금청구권에 관한 가압류 등의 경합을 이유로 한 집행공탁은 피보험자에 대한 변제공탁의 성질을 가질 뿐이므로, 이러한 집행공탁에 의하여 상법 제724조 제2항에 따른 제3자의 보험자에 대한 직접청구권이 소멸된다고 볼 수는 없다(대판 2014.9.25. 2014다207672).

2) 판례는 "교통사고가 발생한 후 자동차종합보험의 보험자가 피보험자에 대하여 보험금채무부존재확인의 소를 제기하였다가 패소 확정되자 피해자에게 직접 손해배상금을 지급하였으나 다른 원인으로 그 교통사고에 대하여 보험계약의 효력이 미치지 않아 출연의 목적 내지 원인을 결여하였음이 밝혀진 경우, 위 확정판결의 효력은 보험자와 피해자 사이에는 미치지 아니하므로 보험자는 피해자에게 부당이득반환을 구할 수 있다(대판 2000.12.8. 99다37856)."고 판시하였다.

(6) 청구권대위에 의해 행사하는 구상권의 소멸시효기간

판례에 의하면 공동불법행위자 중의 1인과 보험계약을 체결한 보험자가 피해자에게 손해배상금을 모두 지급함으로써 다른 공동불법행위자들의 보험자들이 공동면책되었다면 그 손해배상금을 지급한 보험자는 다른 공동불법행위자들의 보험자들이 부담하여야 할 부분에 대하여 구상권을 행사할 수 있다(대판 1999.2.12. 98다44956). 이때 그 구상권의 직접청구권의 소멸시효기간은 어떻게 되는가? 판례는 일반상사채권의 소멸시효기간과 같이 5년으로 보기도 하고, 민사채권의 소멸시효기간과 같이 10년으로 보기도 한다.

04 영업책임보험

1. 의의

영업책임보험이란 피보험자가 경영하는 사업과 관련하여 발생하는 사고로 제3자에게 배상책임을 지는 것을 보험의 목적으로 하는 책임보험을 말한다(제721조 전단). 생산물책임보험, 주차장책임보험 등이 이에 해당한다.

2. 보험목적의 확대

영업책임보험의 경우 피보험자의 대리인 또는 그 사업감독자의 제3자에 대한 책임도 보험의 목적에 포함된 것으로 한다(제721조 후단). 이러한 보험자의 책임확장은 대리인이나 사업감독자의 행위에 관하여 사업자 자신이 책임을 지지 않는 경우(예 대리인이나 사업감독자의 불법행위)에 적용되어야 하고 이때 이 규정의 의미가 크다. 이런 점에서 영업책임보험은 실질적으로 타인을 위한 보험의 기능을 가진다.

05 보관자의 책임보험

보관자의 책임보험이란 임차인 기타 타인의 물건을 보관하는 자가 그 물건의 멸실 등으로 지급할 손해배상책임을 담보하기 위하여 그 물건에 대하여 가입한 책임보험을 말한다. 보관자의 책임보험에서 물건의 소유자는 보험자에 대하여 직접 그 손해의 보상을 청구할 수 있다(제725조).

06 재보험

1. 의의

재보험계약이란 보험자가 인수한 보험계약상의 책임의 전부 또는 일부를 다른 보험자에게 인수시키는 보험계약을 말한다(제661조 본문). 이러한 재보험계약에 대하여 원인이 된 최초의 보험을 원보험 또는 주보험 이라 한다.

재보험은 원보험자가 인수한 위험을 더 분산시키는 기능을 한다. 일반적으로 해상보험이나 화재보험과 같은 손해보험계약에서 많이 이용되고, 대부분 외국의 대형 보험사와 체결되므로 보험의 국제화가 이루어지는 영역이기도 하다.

2. 법적 성질

재보험은 원보험자를 재피보험자로 하여 재피보험자의 책임을 보상해주는 보험이므로 원보험이 손해보험이든 인보험이든 상관 없이 책임보험의 성질을 갖는다. 상법도 책임보험에 관한 규정을 그 성질에 반하지 아니하는 범위에서 재보험계약에 준용하고 있다(제726조).

3. 법률관계

(1) 재보험자와 원보험자 간의 법률관계

1) 책임보험에 관한 규정의 준용

재보험계약에는 책임보험에 관한 규정이 준용되므로(제726조), 재보험자는 책임보험의 보험자로서의 권리의무를 갖고, 원보험자는 책임보험의 피보험자(겸 보험계약자)로서의 권리의무를 갖는다. 재보험자의 손배보상의무의 발생시기가 특히 문제되는데, 소수설은 원보험자가 현실적으로 보험금을 지급한 때라고 보나(원보험금지급시설), 통설은 원보험계약상의 보험사고가 발생하여 원보험자가 그 피보험자에게 보험금지급의무를 부담한 때라고 본다(원보험자책임부담시설).

2) 원보험계약과 재보험계약의 독립성

재보험은 원보험과 법률상 완전히 독립한 계약이므로, 재보험계약은 원보험계약의 효력에 아무런 영향을 미치지 않는다(제661조 단서). 따라서 원보험자는 그 보험계약자가 보험료를 지급하지 않는다는 이유로 재보험자에게 재보험료의 지급을 거절할 수 없고, 재보험자가 재보험금을 지급하지 않는다는 이유로 원보험의 피보험자 또는 보험수익자에게 보험금의 지급을 거부할 수 없다.

(2) 재보험자와 원보험계약의 피보험자 또는 보험수익자와의 법률관계

제3자의 직접청구권에 관한 규정도 재보험계약에 준용되므로(제726조 → 제724조 제2항), 원보험계약의 피보험자 또는 보험수익자는 재보험자에게 보험금을 직접 청구할 수 있다. 그러나 재보험은 위험의 분산에 목적이 있고, 원보험의 피보험자는 책임보험을 통하여 보호할 필요성이 크지 않다는 점에서, 피해자보호 기능을 전제로 한 직접청구권 규정은 재보험에 준용되지 않는다는 견해가 유력하다.

▌제5관 자동차보험

1. 의의

자동차보험이란 피보험자가 자동차를 소유, 사용 또는 관리하는 동안에 발행한 사고로 인하여 생긴 손해를 보상하기 위한 손해보험이다(제726조의2).

2. 담보와 보상 내용

상법은 자동차보험을 손해보험으로 구성하고 있으나, 실제로 자동차보험은 각각 인보험, 물건보험, 책임보험의 성질을 갖는 여러 가지 보험으로 구성된 종합보험으로서의 성격을 갖는다. 자동차보험을 구성하는 여러 보험을 개별적으로 살펴보면 다음과 같고, 보험계약자는 이들 담보종목 중 한 가지 이상을 선택하여 가입할 수 있다.

(1) 자기신체사고(자손)

피보험자가 사상(死傷)한 경우에 보상한다. 인보험으로서의 성질을 갖는다.

(2) 자기차량손해(자차)

피보험자동차가 파손된 경우에 보상한다. 물건보험으로서의 성질을 갖는다.

(3) 무보험자동차에 의한 상해

1) 개념

피보험자가 피보험자동차 이외의 무보험자동차에 의하여 생긴 사고로 사상(死傷)한 경우에 보상한다. 이 보험은 피보험자의 생명 또는 신체를 보험의 목적으로 한다는 점에서 자손보험과 유사하지만, 피보험자동차가 아니라 다른 무보험차량에 의하여 사고가 발생한 경우에 보상한다는 점이 자손보험과 다르다.

2) 법적 성질

무보험자동차에 의한 상해특약의 법적 성질을 논하는 실익은 이러한 특약을 여러 보험회사와 체결한 경우 중복보험에 관한 규정인 상법 제672조 제1항이 적용되는지에 있다. 손해보험이라고 하면 적용되나 인보험이라고 하면 적용되지 않는다. 판례는 위 특약을 상해보험의 일종이라고 하면서도(대판 1999.2.12. 98다26910), 상해보험으로서의 성질과 함께 손해보험으로서의 성질도 갖고 있는 손해보험형 상해보험이므로 중복보험에 관한 규정인 상법 제672조 제1항이 준용된다고 한다(대판 2006.11.10. 2005다35516).

(4) 배상책임담보

1) 대인배상

피보험자가 자동차사고로 인하여 제3자를 사상(사상)하게 함으로써 부담하는 배상책임을 담보하는 것인데, 자동차손해배상보장법(이하 '자배법'이라 함)에 의하여 가입이 강제되는 대인배상 Ⅰ과 임의보험인 대인배상 Ⅱ가 있다. 대인배상 Ⅰ은 자배법에서 정한 한도 내에서 보상하고, 대인배상 Ⅱ는 손해가 대인배상 Ⅰ에서 지급하는 금액을 초과하는 경우 그 초과손해를 보상하는 것이다.

2) 대물배상

피보험자가 자동차사고로 인하여 제3자의 재물을 멸실하거나 훼손한 경우에 보상하는 것이다.

3. 무면허·음주운전 면책약관

자동차보험과 관련한 분쟁 중에는 면책약관을 둘러싼 것이 가장 많다. 이하에서는 면책약관 중 지금까지 배운 보험법의 이론과 많은 관련이 있는 무면허·음주운전 면책약관에 대하여 보기로 한다.

(1) 인보험과 물건보험·책임보험에서의 효력상의 차이

자동차보험약관 중 「피보험자 본인이 무면허·음주운전을 하였거나, 피보험자의 승인 하에서 피보험자동차의 운전자가 무면허·음주운전을 한 경우」를 면책사유로 규정하고 있는 조항은 효력이 있는가? 이와 같은 조항은 동일한 면책약관이라도 인보험에서와 물건보험 및 책임보험에서 그 효력이 다르다.

1) 인보험

상법은 사망보험과 상해보험에서는 보험사고가 피보험자 등의 중과실로 발생한 경우에도 보험자는 보험금 지급책임을 면하지 못한다고 규정하고 있다(제732조의2 제1항, 제739조). 따라서 판례는 자기신체사고 및 무보험자동차상해보험과 같이 사망이나 상해를 보험사고로 하는 인보험에서는, 무면허·음주운전 면책특약이 과실(중과실 포함)로 평가되는 행위로 인한 경우까지 보상하지 아니한다는 취지라면 과실로 평가되는 행위로 인한 사고에 관한 한 무효라고 보아야 한다고 한다(무면허운전 대판 1990.5.25. 89다카17591; 음주운전 대판 1998.4.28. 98다4330, 광주고법 2000.5.18. 99나4923).

2) 물건보험·책임보험

위와 같은 논리는 인보험에만 적용되고, 물건보험이나 책임보험에는 적용되지 않는다. 판례는 피보험자 등이 음주운전을 하였을 때에 생긴 자기차량의 손해에 대하여 보험자는 음주운전 면책조항의 문언 그대로 아무런 제한 없이 면책된다고 하였다(대판 1998.12.22. 98다35730).

(2) 인과관계의 요부

보험사고가 무면허·음주와 무관한 원인으로 발생한 경우에도 무면허·음주운전이 있었다는 사정만으로 보험자는 면책되는가? 다시 말해 보험자가 무면허·음주운전 면책약관에 의해 면책되기 위해서는 무면허·음주와 사고발생 사이에 인과관계가 있어야 하는가?

1) 판례의 태도

판례는 무면허 면책조항이 무면허운전과 보험사고 사이에 인과관계가 있는 경우에 한하여 적용되는 것으로 제한적으로 해석할 수 없다는 입장이다(대판 1990.6.22. 89다카32965). ① 자동차종합보험 보통약관은 "무면허운전을 하였을 때 생긴 손해"라고 규정하였지 "무면허운전으로 인하여 생긴 손해"라고 되어 있지 않다는 점, ② 위 약관 조항의 취지 중에는 보험자로서는 무면허운전과 사고 사이의 인과관계의 존재여부를 입증하기가 곤란한 경우에 대비하여 사고가 무면허운전 중에 발생한 경우 인과관계의 존부에 상관없이 면책되어야 한다는 취지도 포함된 점, ③ 무면허운전면책조항은 사고발생의 원인이 무면허운전에 있음을 이유로 한 것이 아니라 사고발생시에 무면허운전 중이었다는 법규위반상황을 중시하여 이를 보험자의 보상대상에서 제외하는 사유로 규정한 것인 점 등을 근거로 한다(대판 1990.6.22. 89다카32965. 대판 1991.12.24. 90다카23899 전원합의체).

2) 판례에 대한 비판

판례에 대해서는 고지의무 위반처럼 보험법에서 가장 심각한 의무위반의 경우에도 인과관계 없는 보험사고에 대해서는 보험자가 보상을 해야 하는데, 무면허·음주운전은 단순한 법규 위반에 불과함에도 이를 이유로 인과관계 없는 보험사고의 경우까지 보험자를 면책시키는 것은 균형에 맞지 않는다는 비판이 있다.

(3) 무단운전

1) 책임보험

자동차의 소유자는 비록 제3자가 무단히 그 자동차를 운전하다가 사고를 내었다고 하더라도 그 운행에 있어 소유자의 운행지배와 운행이익이 완전히 상실되었다고 볼 특별한 사정이 없는 경우에는 그 사고에 대하여 자동차손해배상 보장법 제3조 소정의 운행자로서의 책임을 부담한다(대판 2006.7.27. 2005다56728). 그런데 이때 차량을 무단운전한 제3자가 무면허·음주운전을 한 경우, 보험자는 피보험자가 피해자에게 손해배상을 한 다음 보험금을 청구하거나 또는 피해자가 직접청구권을 행사하는데 대하여 무면허·음주운전 면책약관에 의한 면책을 주장할 수 있는가?

판례는 "무면허운전 면책조항은 무면허운전이 보험계약자나 피보험자의 지배 또는 관리 가능한 상황에서 이루어진 경우에 한하여 적용되는 조항으로 수정해석을 할 필요가 있으며, 무면허운전이 보험계약자나 피보험자의 지배 또는 관리 가능한 상황에서 이루어진 경우라고 함은 구체적으로는 무면허운전이 보험계약자나 피보험자 등의 명시적 또는 묵시적 승인 하에 이루어진 경우를 말한다 (대판 1991.12.24. 90다카23899 전원합의체)."고 하여, 사실상 무단운전 또는 절취운전 등의 경우 무면허·음주운전 면책약관의 적용을 부정하였다.

2) 물건보험

제3자의 무단운전의 경우에는 무면허·음주운전을 하더라도 보험자가 무면허·음주운전 면책약관에 의해 면책되지 않는다는 위 논리는 책임보험에서만 적용되고 그 이외의 다른 자동차보험에는 적용되지 않는다. 판례도 "자기차량 손해보험은 물건보험으로서 대인·대물배상 보험에 있어서와 같이 제3자(피해자)의 보호를 소홀히 할 염려가 없을 뿐만 아니라, 보험계약자나 피보험자의 지배관리가 미치지 못하는 자동차 운전자의 음주운전 여부에 따라 보호를 받지 못한다고 하더라도 자기차량 손해보험의 보상금 상한이 제한되어 있어 보험계약자나 피보험자가 이를 용인할 여지도 있는 점 등에 비추어 보면, 자기차량 손해가 음주운전을 하였을 때에 생긴 손해에 해당하는 경우에는 그 면책조항의 문언 그대로 아무런 제한 없이 면책되는 것으로 해석하여야 할 것이다(대판 2000.10.6. 2000다32130)."라고 하여 책임보험과는 달리 판단하고 있다.

4. 자동차보험의 특칙 — 자동차의 양도

피보험자가 보험기간 중에 자동차를 양도한 때에는 양수인은 보험자의 승낙을 얻은 경우에 한하여 보험계약으로 인하여 생긴 권리와 의무를 승계한다(제726조의4 제1항). 자동차보험에서는 운전자 내지 보유자(피보험자)의 연령·건강상태 등을 기준으로 하여 보험료를 산출하므로 자동차의 양도로 보험계약관계도 양수인에게 이전한다고 하면 불합리한 결과가 되기 때문이다. 손해보험에서 일반적으로 보험목적이 양도된 때에는 양수인이 보험계약상의 권리와 의무를 승계한 것으로 추정하는 것에 대한 특칙이다(제679조 제1항 참조).

제6관 보증보험

1. 의의

보증보험은 채무자인 보험계약자가 채권자인 피보험자에게 계약상의 채무불이행 또는 법령상의 의무불이행으로 입힌 손해를 보험자가 보상하는 것을 목적으로 하는 보험이다(제726조의5).

2. 법적 성질

보증보험은 내용상 보증이면서 외형상 보험이라는 두 가지 성격을 함께 갖고 있다.

(1) 보험성

1) 손해보험성

보증보험의 보험자는 피보험자인 채권자의 재산상 손해를 보상할 책임이 있으므로(제665조), 보증보험은 손해보험으로서의 성질을 갖는다. 상법도 보증보험을 손해보험의 하나로 규정하면서(제726조의5 이하), 다만 보증보험의 성질상 맞지 않는 일부 규정은 적용을 배제하고 있다(제726조의6).

2) 타인을 위한 보험성

보증보험은 채무자가 보험계약자이나 채권자가 피보험자이므로 보험계약자와 피보험자가 언제나 분리된다. 따라서 타인을 위한 보험이다.

3) 책임보험과의 구별

보증보험에서 보험자가 보험계약자의 채무불이행으로 피보험자에게 보험금을 지급하는 것은 책임보험에서 보험자가 제3자의 직접청구권의 행사로 제3자에게 보험금을 지급하는 것과 비슷해 보인다. 그러나 보증보험은 타인을 위한 손해보험계약이지 책임보험이 아니므로 채권자의 보험자에 대한 보험금청구권은 책임보험에서의 피해자의 직접청구권이 아니다. 따라서 그 청구권의 소멸시효기간은 직접청구권에서의 논의와 상관없이 보험금청구권의 소멸시효기간인 3년이다(대판 1999.3.9. 98다61913).

(2) 보증성

보증보험은 채무자의 채무불이행 시 보험자가 채권자에게 보상책임을 지는 점에서 민법상 보증과 같은 성질을 갖는다. 그래서 상법은 보증보험계약에 관하여는 그 성질에 반하지 아니하는 범위에서 보증채무에 관한 민법의 규정을 준용하고 있다(제726조의7). 그 결과 보험자가 보험계약자의 채무, 즉 주채무를 소멸시키는 행위는 주채무가 존재함을 전제로 하므로, 보험자의 출연행위 당시에는 주채무가 유효하게 존속하고 있었다 하더라도 그 후 주계약이 해제되어 소급적으로 소멸하는 경우에는 보험자는 변제를 수령한 채권자를 상대로 이미 이행한 급부를 부당이득으로 반환청구할 수 있다(대판 2004.12.24. 2004다20265).

3. 법률관계

보증보험은 형식적으로는 보험계약이지만 실질적으로는 보증의 성격을 가지고 있기 때문에, 보험의 법률관계가 그대로 적용되지 못하는 부분도 있고 보증에 대한 법률관계가 적용되어야 하는 부분도 있다.

(1) 보험법 일반 원칙의 적용 제외

보증보험계약에 관하여는 보험계약자의 사기, 고의 또는 중대한 과실이 있는 경우에도 이에 대하여 피보험자에게 책임이 있는 사유가 없으면 상법 제651조(고지의무 위반으로 인한 계약해지), 제652조(위험변경·증가의 통지와 계약해지), 제653조(보험계약자의 고의·중과실로 인한 위험증가와 계약해지) 및 제659조 제1항(보험계약자의 고의·중과실로 인한 보험사고의 경우 보험자의 면책)을 적용하지 아니한다(제726조의6 제2항).

1) 면책사유

위 적용 제외 중 가장 중요한 것은 보험계약자의 고의·중과실로 인한 보험사고는 보험자의 면책사유가 아니고, 피보험자의 고의·중과실로 인한 보험사고만 보험자의 면책사유가 된다는 점이다. 보증보험의 경우에는 주계약상의 채무자인 보험계약자의 채무불이행을 보험사고로 하는 특성상, 보험계약자의 고의·중과실은 당연히 보험사고의 전제가 되기 때문이다.

2) 고지의무·통지의무

위에서 본 바와 같이 보증보험에는 고지의무·통지의무 관련 상법 규정이 모두 적용되지 않는 것이다. 보증보험에서는 보험사고 발생 여부가 보험계약자의 의사에 의존하므로 객관적 위험의 통지가 큰 의미를 갖지 못하기 때문이다.

(2) 구상권

보증보험에 민법상의 보증 규정이 적용되는 경우로 주목해야 할 것은 민법 제441조 이하에서 정하고 있는 보증인의 구상권이다.

1) 구상권

보험금을 지급한 보험자는 보증인의 구상권을 행사할 수 있다(통설·판례, 대판 1997.10.10. 95다46265). 그러나 보험자 이외의 보증인이 있는 경우 보험계약상의 보험자와 보증계약상의 보증인 사이에는 공동보증인 사이의 구상권에 관한 민법의 규정이 당연히 준용된다고 볼 수 없고, 이러한 법리는 보험자와 물상보증인에 대한 관계에서도 마찬가지로 적용된다(대판 2001.11.9. 99다45628).

2) 변제자대위권

보증보험계약에서 보험금을 지급한 보험자에게 민법 제481조의 변제자의 법정대위에 관한 규정이 적용되는가? 판례는 "<u>보험금을 지급한 보증보험의 보험자는 민법 제481조가 정하는 변제자대위의 법리에 따라 피보험자가 보험계약자에 대하여 가지는 채권 및 그 담보에 관한 권리를 대위하여 행사할 수 있다</u>(대판 2000.1.21. 97다1013)."고 한다.

3) 보험자대위

보증보험에서 보험금을 지급한 보험자는 제3자에 대한 보험자대위(제682조)에 의해 피보험자의 보험계약자에 대한 권리를 취득할 수 있는가? 견해의 대립이 있다. 부정설은 보험계약자는 보험계약의 당사자이지 제3자라고 볼 수 없으므로 보험자대위를 인정할 수 없다고 하나, 보험계약자를 제3자의 범위에 포함시키는 것이 판례의 입장임을 고려하면 긍정설이 타당하다(대판 1990.2.9. 89다카

21965 참조). 따라서 보험금을 지급한 보험자는 보험계약자에 대하여 구상권과 보험자대위권을 선택적으로 행사할 수 있다. 다만 보험자에게 구상권이 인정되는 이상 보험자대위권을 인정할 실익은 그다지 크지 않다.

　보험자가 보험계약자에게 구상권을 행사하는 경우와 보험자대위권을 행사하는 경우의 실질적인 차이는 무엇이 있겠는가? 먼저 소멸시효의 기산점이 다르다. 구상권은 보험자가 피보험자에게 보험금을 지급한 때 발생하므로 이때부터 소멸시효가 진행하기 시작하나, 보험자대위권은 원래 피보험자의 채권을 행사하는 것이므로 소멸시효도 원래 채권의 소면시효가 그대로 진행한다. 또한 구상권의 경우에는 본래 채권이 민사채권이라도 보증이 상행위이면 상사채권으로 변화될 여지가 있는데, 이런 경우에는 소멸시효기간에서도 차이가 날 수 있다.

제4장 인보험

제1절 총설

01 인보험의 의의

1. 개념

　인보험이란 보험자가 피보험자의 생명이나 신체에 관하여 보험사고가 발생할 경우에 보험계약으로 정하는 바에 따라 보험금이나 그 밖의 급여를 지급할 책임을 부담하는 보험이다(제727조 제2항). 인보험은 물건보험에 대립되는 개념으로서, 상법이 보험을 손해보험과 인보험으로 구분하는 것은 정확한 분류가 아니다. 그 결과 생명보험과 상해보험은 모두 인보험에 속하나 생명보험은 정액보험이고 상해보험은 부정액보험이라는 점에서 보험법 법리의 적용에 있어서는 차이가 있게 된다. 다만 상해보험에는 일부 사소한 규정을 제외하고는 생명보험에 관한 규정이 거의 다 준용되므로(제739조), 상법을 해석하는 입장에서 본다면 인보험이라고 합쳐서 생각하더라도 크게 지장은 없다.

2. 손해보험과의 차이

(1) 정액보험으로서의 특성

　인보험에는 정액보험이 있는 점이 손해보험과 다르다. 즉 인보험 중 생명보험은 보험사고 발생 시 원칙적으로 보험계약에서 정하는 일정한 보험금액을 지급해야 하는 정액보험이다. 이 점 손해보험이 보험금액이 아니라 보험금액의 한도 내에서 피보험자가 실제로 입은 손해액을 보상하는 부정액보험인 것과 다르다. 다만 인보험 중 상해보험이나 질병보험 등은 부정액보험의 형식으로 체결되는 경우도 많다. 한 마디로 손해보험은 언제나 부정액보험이나 인보험은 정액보험과 부정액보험이 있다는 점에서 양자는 구별된다. 정액보험으로서의 특성으로 인해 인보험에는 다음과 같은 특징이 나타난다.

1) 제3자에 대한 보험자대위의 금지

　정액보험의 가장 큰 특징은 이득금지의 원칙이 적용되지 않는다는 점이다. 따라서 이득금지의 원칙을 관철하기 위해 인정된 보험자대위는 인보험에서는 원칙적으로 인정되지 않는다(제729조 본문). 자세한 내용은 후술한다.

2) 손해방지·경감의무의 부정

　상법은 손해보험에서는 보험계약자와 피보험자에게 손해방지·경감의무를 부과하고 있으나(제680조), 인보험에서는 그와 같은 규정을 두고 있지 않다. 그리고 해석상으로도 인보험의 보험계약자 등에게는 손해방지·경감의무가 없는 것으로 본다. 인보험에서는 보험사고가 발생하면 손해액이 얼마인가와 상관없이 정액의 보험금이 지급되기 때문이다. 다만 상해보험과 질병보험은 부정액보험이므로 해석상 보험계약자 등에게 손해방지·경감의무가 인정될 여지가 있다.

(2) 보험목적의 특성

손해보험의 목적은 「피보험자의 물건 기타의 재산」이나 인보험의 목적은 「피보험자의 생명 또는 신체」이다. 사람의 생명·신체는 그 가치를 금전적으로 평가할 수 없으므로 인보험에서는 피보험이익 및 보험가액의 개념이 있을 수 없고(통설), 그 결과 초과보험·중복보험·일부보험의 문제도 생길 여지가 없다. 따라서 동일한 위험에 대하여 수개의 생명보험이 체결된 경우 보험자는 각각 약정된 보험금의 전부를 지급해야 한다. 상해보험과 질병보험은 부정액보험의 특성을 가지므로 피보험이익의 개념을 생각해 볼 수도 있으나, 상법에서는 그러한 입장을 취하지 않고 있다. 따라서 상법의 해석으로는 상해보험과 질병보험에서도 피보험이익의 개념은 부정된다.

(3) 보험기간의 차이

실무에서 손해보험과 인보험의 가장 큰 차이는 보험기간에 있다. 손해보험은 일반적으로 보험기간이 1년 등과 같이 단기이고 보험계약이 종료된 다음 보험을 갱신하는 방식을 취한다. 이에 반해 생명보험과 같은 인보험의 경우는 부보되는 위험이 단기간에 크게 변하지 않기 때문에 보험기간이 20년 등과 같이 장기인 것이 보통이다.

02 보험금의 분할지급

인보험의 경우 보험금은 당사자 간의 약정에 따라 분할하여 지급할 수 있다(제727조 제2항). 보험금의 분할지급은 모든 인보험의 공통적인 특질이므로 사람의 사망·생존·상해·질병 등을 보장하는 모든 인보험에서 인정된다.

03 보험자대위의 금지

1. 원칙적 금지

손해보험에서는 보험금을 지급한 보험자는 보험자대위, 즉 잔존물대위와 청구권대위를 할 수 있다. 그러나 인보험에서는 보험의 목적의 멸실이란 있을 수 없으므로 잔존물대위의 개념은 인정할 수 없고, 청구권대위는 이론상으로는 가능하나 상법은 이를 원칙적으로 금지하고 있다. 즉 인보험에서 보험자는 원칙적으로 보험사고로 인하여 생긴 보험계약자 또는 보험수익자의 제3자에 대한 권리를 대위하여 행사하지 못한다(제729조 본문). 예컨대, 사망보험의 경우 피보험자가 제3자의 불법행위로 사망한 경우 보험자는 보험금을 지급하더라도 그 가해자에 대한 손해배상청구권을 취득하지 못한다. 보험자대위는 이득금지의 원칙을 관철하기 위한 것이나, 생명보험은 정액보험으로서 피보험자가 보험사고에 책임 있는 제3자에게 이중으로 손해배상을 받더라도 이득을 얻은 것으로 보지 않기 때문이다. 그리고 생명보험에서 피보험자나 그 상속인이 항상 보험수익자가 되는 것도 아니기 때문에 보험금을 지급받은 자가 반드시 가해자에 대하여 손해배상청구권을 갖는다는 보장도 없다.

2. 예외적 허용

상해보험계약의 경우에는 예외적으로 당사자간에 다른 약정이 있는 때에는 보험자는 피보험자의 권리를 해하지 아니하는 범위 안에서 그 권리를 대위하여 행사할 수 있다(제729조 단서). 상해보험은 상해로 인하여 소요되는 입원비, 치료비 등을 지급하는 경우 부정액보험인 손해보험의 성격을 가지므로 보험자대위를 부인할 필연적 이유가 없기 때문이다. 다만 이것은 당사자간의 약정에 의한 대위이고 손해보험에서와 같은 법정대위는 아니다.

제2절 생명보험

01 의의

1. 개념

생명보험이란 보험자가 피보험자의 사망·생존·사망과 생존에 관한 보험사고가 발생할 경우에 약정한 보험금을 지급할 책임을 부담하는 보험을 말한다(제730조). 생명보험은 원칙적으로 정액보험이다.

02 종류

(1) 사망보험
피보험자의 사망을 보험사고로 하는 보험으로서 생명보험의 전형이다.
(2) 생존보험
피보험자가 일정한 보험기간까지 생존할 것을 보험사고로 하는 보험이다. 예를 들어 65세 이후에 생존하고 있으면 보험금을 지급하는 경우이다. 생존보험은 보험금을 연금의 형태로 지급하는 경우가 많다.
(3) 생사혼합보험
하나의 보험계약에서 일정한 보험기간까지의 생존과 사망 모두를 보험사고로 하는 보험이다. 개인연금보험과 같이 65세까지 사망하면 얼마를 지급하고, 그 이후에는 사망 시까지 계속 얼마의 연금을 지급하는 방식이 전형적인 경우이다.

03 타인을 위한 생명보험

1. 의의

타인을 위한 생명보험이란 보험계약자가 자기 이외의 제3자를 보험수익자로 한 생명보험을 말한다. 타인을 위한 보험의 일종이다(제639조). 일반적으로 생명보험은 자신의 가족 등을 보험수익자로 지정하는 타인을 위한 생명보험으로 체결되는 경우가 많다.

2. 보험계약자의 보험수익자 지정·변경권

(1) 의의

보험계약자는 보험수익자를 지정 또는 변경할 권리가 있다(제733조 제1항). 생명보험은 보험기간이 20년이 넘는 장기인 경우가 대부분이어서 그 기간 동안에 보험계약자와 피보험자, 보험수익자 사이의 관계가 변하는 등의 사정이 생겨 보험수익자를 새로 지정·변경하고자 하는 경우가 있을 수 있다. 예를 들어 부모가 미혼의 자식을 피보험자로, 자신을 보험수익자로서 하여 생명보험에 가입하였다가, 자식이 결혼한 이후 보험수익자를 자식의 배우자 등으로 변경하고자 하는 경우이다. 이때 보험수익자의 변경을 인정하지 않으면 결국 보험계약을 해지할 수밖에 없는데, 이는 생명보험의 보험기간이 장기라는 점에 비추어 보험계약자 등에게 대단히 불리하다. 그래서 상법은 보험계약자에게 보험수익자의 지정·변경권을 부여한 것이다.

(2) 법적 성질 및 보험자에 대한 대항요건

보험수익자 지정·변경권은 형성권이므로 보험계약자의 일방적 의사표시만으로 효력이 발생한다. 그러나 이를 보험자에게 대항하기 위하여는 보험자에게 통지하여야 한다(제734조 제1항). 보험자가 보험금을 이중으로 지급하지 않도록 하기 위함이다. 보험수익자 변경은 상대방 없는 단독행위이므로, 보험수익자 변경의 의사표시가 객관적으로 확인되는 이상 그러한 의사표시가 보험자나 보험수익자에게 도달하지 않았다고 하더라도 보험수익자 변경의 효과는 발생한다(대판 2020.2.27. 2019다204869).

3. 보험수익자의 결정

(1) 보험수익자의 지정·변경을 유보한 경우

보험수익자 지정·변경권은 이를 포기하였다는 등의 특별한 사정이 없는 한 보험사고 발생 전까지는 보험계약자가 행사할 수 있도록 보험계약자에게 유보된 것으로 해석할 수 있다. 이 경우 보험계약자는 언제든지 보험수익자를 지정·변경할 수 있으므로 보험수익자는 불확정하게 된다. 이때 보험수익자는 다음과 같이 정해진다.

1) 보험계약자가 사망한 경우

보험계약자가 지정권을 행사하지 아니하고 사망한 때에는 「피보험자」가 보험수익자가 되고, 보험계약자가 보험수익자를 지정한 후 변경권을 행사하지 아니하고 사망한 때에는 「그 보험수익자」

의 권리가 확정된다(제733조 제2항 본문). 그러나 예외적으로 보험계약자의 승계인이 지정·변경권을 행사할 수 있다고 특약한 경우에는 그에 따른다(동조 동항 단서).

2) 보험사고가 발생한 경우(피보험자의 사망)

① 보험계약자가 보험수익자의 지정권을 행사하기 전에 보험사고가 발생한 경우에는 보험수익자가 없는 상태이므로 「피보험자의 상속인」이 보험수익자가 된다. ② 지정된 보험수익자가 보험기간 중 사망하였는데 보험계약자가 아직 새로운 보험수익자를 지정하기 전에 보험사고가 발생한 경우에는 사망한 「보험수익자의 상속인」이 새로운 보험수익자가 된다(제733조 제4항. 제2항).

(2) 보험수익자를 지정하고 이의 변경을 유보하지 않은 경우

이 경우 지정된 보험수익자의 권리는 보험계약자와의 사이에서 확정되고 보험계약자는 이를 임의로 변경할 수 없다. 그런데 이때 지정된 보험수익자가 보험존속 중에 사망한 경우에는 누가 보험수익자가 되는가? 이는 보험수익자가 동시에 피보험자가 아닌 경우에만 문제된다.

① 원칙적으로 보험계약자가 다시 보험수익자를 지정할 수 있다(제733조 제3항 본문). ② 그런데 보험계약자가 지정권을 행사하지 아니하고 사망하면 누가 보험수익자가 되는가? 이때는 「보험수익자의 상속인」이 보험수익자가 된다. 다만 보험계약에서 보험계약자의 승계인이 보험수익자를 지정하거나 변경하는 권리를 갖는 것으로 특약한 경우에는 그에 따른다(제733조 제2항 단서). ③ 보험계약자가 보험수익자를 지정하기 전에 보험사고가 발생한 경우(피보험자의 사망)에는 「보험수익자의 상속인」을 보험수익자로 한다(제733조 제4항).

❹ 타인의 생명보험

1. 의의 및 제한의 필요성

타인의 생명보험이란 보험계약자가 자기 이외의 제3자를 피보험자로 한 생명보험을 말한다. 그런데 타인의 생명보험 중 타인의 사망을 보험사고로 하는 사망보험은 재산적 이익을 위해 피보험자를 살해할 위험이 있기 때문에 일정한 제한을 가할 필요가 있다. 물론 보험계약자가 당초부터 오로지 피보험자를 살해하고 보험사고를 가장하여 보험금을 취득할 목적으로 생명보험계약을 체결하였다면 이 보험계약은 사회질서에 위배되는 법률행위로서 무효이고(대판 2000.2.11. 99다49064), 또 보험계약자나 보험수익자가 피보험자를 살해하거나 그들의 교사에 의해 피보험자가 살해된 경우에는 보험자가 면책되겠지만(제659조 제1항 참조) 이러한 사정이 밝혀지지 않을 수도 있기 때문이다. 상법은 그 제한의 방식으로 피보험자의 서면동의를 요구하고 있다.

2. 피보험자의 서면동의

(1) 서면동의가 필요한 경우

ⅰ) 타인의 사망을 보험사고로 하는 사망보험 또는 생사혼합보험의 보험계약을 체결하는 경우(제731조 제1항), ⅱ) 피보험자의 동의를 얻어 일단 타인의 사망보험계약이 성립된 후에 '보험계약으로

인한 권리(보험수익자의 보험금청구권)'를 보험사고 발생 전에 피보험자가 아닌 제3자에게 양도하는 경우(제731조 제2항), iii) 타인의 사망보험계약에서 보험기간 중 보험계약자가 보험수익자를 지정·변경하는 경우(제734조 제2항 → 제731조 제1항)에는 피보험자인 타인의 동의를 얻어야 한다. 다만 단체보험의 경우에는 타인의 사망을 보험사고로 하는 보험계약이라도 원칙적으로 피보험자의 동의가 필요 없다(제735조의3 제1항, 후술). 또한 타인의 생명보험이라도 생존보험의 경우에는 피보험자의 동의를 요하지 않는다.

(2) 서면동의 흠결의 효과

상법 제731조 제1항의 규정은 강행법규로서 이에 위반하여 체결된 보험계약은 무효이다(대판 1996.11.22. 96다37084). 그런데 보험자가 타인의 서면동의 없이 그 타인의 사망을 보험사고로 하는 보험계약을 체결하고 그 보험계약이 유효함을 전제로 보험료를 징수하고서 보험사고가 발생한 이후에야 비로소 피보험자의 서면 동의가 없었다는 사유를 내세워 그 보험계약이 무효라는 주장을 하는 것도 허용되는가? 다시 말해 상법 제731조 제1항은 오로지 피보험자인 타인을 보호하기 위한 규정이지 보험자를 위한 규정이 아니므로 보험자의 위와 같은 무효 주장은 신의칙 또는 금반언의 원칙에 반한다고 보아야 하는 것 아닌가가 문제된다.

판례는 아내가 남편의 동의 없이 남편을 피보험자로, 자신을 보험수익자로 한 사망보험에 가입한 후 남편이 사망하자 보험사를 상대로 보험금 지급을 청구한 사안에서, 보험사의 위와 같은 무효 주장을 인정하였다. 즉 "상법 제731조 제1항의 입법취지에는 도박보험의 위험성과 피보험자 살해의 위험성 외에도 피해자의 동의를 얻지 아니하고 타인의 사망을 이른바 사행계약상의 조건으로 삼는 데서 오는 공서양속의 침해의 위험성을 배제하기 위한 것도 들어있다고 해석되므로, 상법 제731조 제1항을 위반하여 계약을 체결한 자 스스로가 무효를 주장하더라도 그러한 주장이 신의성실 또는 금반언의 원칙에 반한다고 볼 수는 없다(대판 1999.10.8. 98다24563)."고 하였다.

(3) 서면동의의 시기 및 방식

1) 시기

피보험자의 동의는 「보험계약 체결 시」에 얻어야 한다(제731조 제1항). 그런데 타인의 서면동의를 얻지 못하고 체결한 타인의 생명보험계약을 그 타인이 사후에 추인할 수는 있는가? 예컨대, 부모가 자식을 피보험자로 하여 생명보험에 가입하였는데, 보험계약 체결 당시에는 자식의 동의를 얻지 않았으나 이후 자식이 그 보험계약을 명시적으로 추인하거나 계속 보험료를 납부하는 등 묵시적으로 추인하였다면 그 보험계약은 효력을 가질 수 있는가?

학설은 긍정설과 부정설이 대립하는데, 판례는 추인을 부정한다. 즉 "상법 제731조 제1항에 의하면 타인의 생명보험에서 피보험자가 서면으로 동의의 의사표시를 하여야 하는 시점은 '보험계약 체결시까지'이고, 이는 강행규정으로서 이에 위반한 보험계약은 무효이므로, 타인의 생명보험계약 성립 당시 피보험자의 서면동의가 없다면 그 보험계약은 확정적으로 무효가 되고, 피보험자가 이미 무효가 된 보험계약을 추인하였다고 하더라도 그 보험계약이 유효로 될 수는 없다(대판 2006.9.22. 2004다56677)."고 하였다.

2) 방식

① 개별적인 서면동의

피보험자인 타인의 동의는 각 보험계약에 대하여 개별적으로 서면에 의하여 이루어져야 하며, 포괄적인 동의 또는 묵시적이거나 추정적 동의만으로는 부족하다. 상법이 보험계약 체결 시에 피보험자인 타인의 서면에 의한 동의를 얻도록 규정한 것은 그 동의의 시기와 방식을 명확히 함으로써 분쟁의 소지를 없애려는데 그 취지가 있기 때문이다(제731조 제1항, 대판 2003.7.22. 2003다24451).

② 대리인의 의한 동의

피보험자인 타인의 서면동의가 그 타인이 보험청약서에 자필 서명하는 것만을 의미하지는 않고, 타인으로부터 특정한 보험계약에 관하여 서면동의를 할 권한을 구체적·개별적으로 수여받았음이 분명한 사람이 권한 범위 내에서 타인을 대리 또는 대행하여 서면동의를 한 경우에도 그 타인의 서면동의는 적법한 대리인에 의하여 유효하게 이루어진 것이다. 따라서 피보험자인 타인이 참석한 자리에서 보험계약을 체결하면서 보험계약자나 보험모집인이 타인에게 보험계약의 내용을 설명한 후 타인으로부터 명시적으로 권한을 수여받아 보험청약서에 타인의 서명을 대행하는 경우는 적법한 대리인에 의한 유효한 동의이다(대판 2006.12.21. 2006다69141).

(4) 동의의 철회

피보험자의 동의는 보험계약 성립 전에는 언제나 철회할 수 있으나 보험계약의 효력이 발생한 후에는 보험계약자와 보험수익자의 동의가 있어야만 철회할 수 있다(통설). 그러나 판례는 "피보험자가 서면동의를 할 때 기초로 한 사정에 중대한 변경이 있는 경우에는 보험계약자 또는 보험수익자의 동의나 승낙 여부에 관계없이 피보험자는 그 동의를 철회할 수 있다(대판 2013.11.14. 2011다101520)."고 하였다.

(5) 서면동의에 관한 설명의무

서면동의 요건은 타인의 생명보험계약에서는 결정적인 요소인데, 보험설계사가 이에 관한 설명을 제대로 하지 않아 서면동의의 요건을 갖추지 못한 경우에는 어떻게 되는가?

판례는 "보험설계사가 보험계약자에게 피보험자의 서면동의 등의 요건에 관하여 구체적이고 상세한 설명을 하지 아니하는 바람에 위 요건의 흠결로 보험계약이 무효가 되고 그 결과 보험사고의 발생에도 불구하고 보험계약자가 보험금을 지급받지 못하게 되었다면 보험자는 보험업법에 기하여 보험계약자에게 그 보험금 상당액의 손해를 배상할 의무가 있다(대판 2006.4.27. 2003다60259)."고 하였다.

3. 15세 미만자 등에 대한 계약의 금지

15세 미만자, 심신상실자 또는 심신박약자의 사망을 보험사고로 한 보험계약은 서명동의의 유무를 묻지 않고 무조건 무효로 한다(제732조 본문). 정신능력 또는 의사능력이 완전하지 않은 이들의 사망을 보험사고로 하는 경우 보험범죄의 대상이 될 가능성이 높기 때문이다. 같은 이유로 법정대리인에 의한 대리동의도 인정되지 않는다. 그런데 심신박약자는 일시적으로 정상인 경우도 있고 경제활동이 가능하기도 한데 정신장애의 정도를 고려하지 않고 15세 미만자 등에 대한 계약을 예외 없이 무효로 하면 성인인 심신박약자가 자신의 가족을 위해 스스로를 피보험자로 하여 사망보험을 가입하는 것조차도 불가능해져, 이 규정에 의해 오히려 심신박약자 등이 보험가입에 있어 차별을 받는다는 비판이 일었다. 그래서 2014년 개정상법은 심신박약자가 보험계약을 체결하거나 제735조의3에 따른 단체보험의 피보험자가 될 때에 의사능력이 있는 경우에는 자신을 피보험자로 하는 사망보험계약을 체결할 수 있도록 하였다(동조 단서).

4. 단체보험

(1) 의의

단체보험이란 회사 등 특정 단체가 규약에 따라 구성원의 전부 또는 일부를 피보험자로 하여 이들의 생존과 사망을 보험사고로 하는 생명보험계약을 말한다(제735조의3 제1항). 단체보험은 단체가 보험계약자가 되고 그 구성원이 피보험자가 되는 형식이므로 타인의 생명보험의 하나이다.

제735조의3의 적용을 받는 단체보험에 해당하려면 단순히 다수의 회사 직원을 피보험자로 한 것만으로는 부족하고, 「규약」에 따라 보험계약을 체결한 경우이어야 한다. 그러한 규약이 갖추어지지 아니한 경우에는 피보험자인 구성원들의 서면에 의한 동의를 갖추어야 보험계약으로서의 효력이 발생한다(대판 2006.4.27. 2003다60259). 여기서 규약의 의미는 단체협약, 취업규칙, 정관 등 그 형식을 막론하고 단체보험의 가입에 관한 단체내부의 협정에 해당하는 것으로서, 보험가입에 관하여 대표자가 구성원을 위하여 일괄하여 계약을 체결할 수 있다는 취지를 담고 있는 것이면 충분하다(대판 2006.4.27. 2003다60259).

(2) 단체보험의 특성

1) 피보험자의 변경

원래 인보험에서는 피보험자에 따라 위험률이 크게 달라지고 피보험자를 기초로 보험료가 산정되는 것이기 때문에 피보험자의 변경은 인정되지 않는다. 그러나 단체보험은 그 특성상 단체 구성원이 입사와 퇴사 등을 통해 수시로 변경될 수밖에 없기 때문에 그 구성원의 교체가 있더라도 단체보험계약은 전체로서 그 동일성이 유지되는 특성을 가진다.

2) 서면동의의 불필요

단체보험은 타인의 생명보험임에도 불구하고 계약체결 시 타인의 서면동의를 받지 않아도 된다(제735조의3 제1항). 피보험자의 개별적 서면동의를 단체규약으로써 집단적 동의로 갈음한 것이다. 단체는 구성원의 생사에 이해관계가 달려 있기 때문에 단체보험의 경우 일부러 피보험자의 생명 또는 신체에 위해를 가할 염려가 없다는 점을 이유로 한다.

3) 자기를 위한 보험계약 형식의 단체보험

단체보험계약은 보통 단체의 대표자가 구성원의 복리후생을 위하여 구성원을 피보험자 겸 보험수익자로 하여 체결한다. 따라서 단체보험은 일반적으로 타인을 위한 생명보험이 되는데, 최근 고용주가 자신을 보험수익자로 하여 단체보험계약을 체결하는 경우가 있어 피보험자의 서면동의를 요하지 않는 단체보험계약을 자기를 위한 보험으로도 체결할 수 있는지가 문제되었다. 이 경우에는 보험사고로 보험금이 나오더라도 실제 손해가 발생한 직원이나 그 유족에게는 거의 돌아가지 않을 뿐만 아니라, 이렇게 고용주가 보험금을 차지하면 단체보험에는 일부러 피보험자의 생명 또는 신체에 위해를 가할 염려가 없다는 논거에도 의문이 제기되기 때문이다.

이에 관해 과거 판례는 "단체보험의 경우 보험수익자의 지정에 관하여는 상법 등 관련 법령에 별다른 규정이 없으므로, 보험수익자를 보험계약자 자신으로 지정하는 것이 단체보험의 본질에 반하는 것이라고 할 수 없다(대판 2006.4.27. 2003다60259)."고 하여 이를 인정하였으나, 2014년 개정상법은 단체구성원 및 그 유족의 이익을 보호하기 위해, "단체보험계약에서 보험계약자가 피보험자 또는 그의 상속인이 아닌 자를 보험수익자로 지정할 때에는 단체의 규약에서 명시적으로 정하는 경우 외에는 그 피보험자의 서면 동의를 받아야 한다."는 규정을 신설하여(제735조의3 제3항), 위 판례의 입장을 입법적으로 변경하였다.

단체의 규약으로 피보험자 또는 그 상속인이 아닌 자를 보험수익자로 지정한다는 명시적인 정함이 없음에도 피보험자의 서면 동의 없이 단체보험계약에서 피보험자 또는 그 상속인이 아닌 자를 보험수익자로 지정하였다면 그 보험수익자의 지정은 구 상법 제735조의3 제3항에 반하는 것으로 효력이 없고, 이후 적법한 보험수익자 지정 전에 보험사고가 발생한 경우에는 피보험자 또는 그 상속인이 보험수익자가 된다(대판 2020.2.6. 2017다215728).

05 면책사유

1. 중과실로 인한 보험사고

사망을 보험사고로 한 보험계약에서는 사고가 보험계약자 또는 피보험자나 보험수익자의 중대한 과실로 인하여 발생한 경우에도 보험자는 보험금을 지급할 책임을 면하지 못한다(제732조의2 제1항). 즉 사망보험의 경우 보험자는 보험계약자, 피보험자 또는 보험수익자의 고의에 의한 사고에 대해서만 면책이 되고 중과실에 의한 사고에 대해서는 보험금을 지급하여야 한다.

2. 일부 보험수익자의 고의에 의한 보험사고

보험수익자가 둘 이상인 경우 일부 보험수익자가 고의로 피보험자를 사망하게 하였다면 보험자는 그 보험수익자에 대해서는 면책되지만, 다른 보험수익자에 대해서는 면책되지 않으므로 다른 보험수익자에게는 그 지분에 해당하는 보험금을 지급해야 한다(제732조의2 제2항). 선의의 보험수익자를 보호하기 위해서 2014년 개정상법에서 명문화한 것이다.

3. 피보험자 등의 고의행위가 복수의 원인 중 하나인 경우

판례는 "보험사고의 발생에 기여한 복수의 원인이 존재하는 경우, 그 중 하나가 피보험자 등의 고의행위임을 주장하여 보험자가 면책되기 위하여는 그 행위가 단순히 공동원인의 하나이었다는 점을 입증하는 것으로는 부족하고 피보험자 등의 고의행위가 보험사고 발생의 유일하거나 결정적 원인이었음을 입증하여야 할 것이다(대판 2004.8.20. 2003다26075)."라고 판시하였다.

제3절 상해보험

01 의의

상해보험계약은 피보험자의 신체의 상해에 관한 보험사고가 생길 경우에 보험자가 보험금액 기타의 급여를 하기로 하는 인보험계약을 말한다(제737조). 기타의 급여란 치료 또는 의약품의 급여와 같이 현금 이외의 급여를 말한다.

상해보험에서 보험계약자가 타인의 상해보험계약을 체결하는 경우 이를 피보험자와 보험수익자를 달리하는 타인을 위한 상해보험으로 하려면 그 타인(피보험자)의 동의가 있어야 한다고 본다.

02 특성

1. 인보험의 성질

상해보험은 보험의 목적이 사람의 신체라는 점에서 생명보험과 같이 인보험에 속한다(제727조).

2. 손해보험의 성질

(1) 부정액보험

상해보험금은 약관에서 사망보험금, 후유장해보험금, 의료보험금으로 나누고 있다. 이 중 피보험자가 일정 기간 내에 상해의 직접적인 결과로 사망하면 지급하는 사망보험금은 정액보험의 성격을 갖고, 상해의 등급과 부위에 따라 차등하여 정액을 지급하는 후유장해보험금은 준정액보험의 성격을 가지나, 상해의 직접적인 결과로 인한 치료비·입원비 등을 실비 지급하는 방식인 의료보험금은 부정액보험으로서 손해보험의 성질을 가진다.

(2) 보험사고 발생 여부의 불확실성

상해보험은 보험사고의 발생여부와 발생시기가 모두 불확정적인데, 이 점은 보험사고는 발생시기만 불확정적이고 발생여부는 확실한 생명보험과 다르고 오히려 손해보험과 유사하다.

이와 같은 점에서 상해보험은 생명보험과 손해보험의 중간에 속한다고 볼 수 있다.

3. 보험사고

상해보험에서의 보험사고인 상해란 급격하고도 우연한 외래의 사고로 피보험자가 신체에 입은 상해를 말한다. 상해를 원인으로 한 사망인 상해사망도 여기의 상해에 포함된다. 이는 질병보험이 피보험자의 내부적 원인에 의해 발생한 질병을 보험사고로 하는 것과 구별된다. 다만 2014년 개정 상법은 질병보험에 관하여 그 성질에 반하지 아니하는 범위에서 생명보험 및 상해보험에 관한 규정을 준용하도록 하고 있어(제739조의3), 상해보험과 질병보험의 구별의 실익은 없어졌다.

4. 생명보험에 관한 규정의 준용

상해보험에 관하여는 15세미만자, 심신상실자 또는 심신박약자의 사망을 보험사고로 한 보험계약을 무효로 하는 제732조를 제외하고 생명보험에 관한 규정을 준용한다(제739조). 이는 상법이 상해보험을 생명보험과 함께 인보험에 속하는 것으로 규정한 점을 반영한 것으로 볼 수 있다. 따라서 사망을 보험사고로 한 보험계약에서 사고가 보험계약자 또는 피보험자나 보험수익자의 중대한 과실로 인하여 생긴 경우에도 보험자의 보험금 지급책임을 인정하고 있는 제732조의2 역시 상해보험에 준용된다.

이와 관련하여 판례는 무면허·음주운전 면책약관에 대해 한정적 유효설을 취하고 있음은 앞에서 이미 보았다. 즉 판례는 "무면허·음주 운전이 고의적인 범죄행위이긴 하나 그 고의는 무면허·음주 운전 자체에 관한 것이고 직접적으로 사망이나 상해에 관한 것이 아니어서 그 정도가 결코 그로 인한 손해보상을 가지고 보험계약에 있어서의 당사자의 선의성, 윤리성에 반한다고 할 수 없을 것이므로 장기복지상해보험계약의 보통약관 중 피보험자의 무면허·음주 운전으로 인한 상해를 보상하지 아니하는 손해로 정한 규정은, 보험사고가 전체적으로 보아 고의로 평가되는 행위로 인한 경우 뿐만 아니라 과실(중과실 포함)로 평가되는 행위로 인한 경우까지 포함하는 취지라면 상법 제659조 제2항 및 제663조의 규정에 비추어 볼 때 과실로 평가되는 행위로 인한 사고에 관한 한 무효이다(대판 1990.5.25. 89다카17591, 대판 1998.4.28. 98다4330)."라고 판시하였다.

상해보험계약을 체결할 때 약관 또는 보험자와 보험계약자의 개별 약정으로 태아를 상해보험의 피보험자로 할 수 있다. … 계약자유의 원칙상 태아를 피보험자로 하는 상해보험계약은 유효하고, 그 보험계약이 정한 바에 따라 보험기간이 개시된 이상 출생 전이라도 태아가 보험계약에서 정한 우연한 사고로 상해를 입었다면 이는 보험기간 중에 발생한 보험사고에 해당한다(대판 2019.3.28. 2016다211224).

제4절 질병보험

질병보험계약이란 피보험자의 질병에 관한 보험사고가 발생할 경우에 보험자가 보험금이나 그 밖의 급여를 지급하기로 하는 인보험계약을 말한다(제739조의2). 질병보험에 관하여는 그 성질에 반하지 아니하는 범위에서 생명보험 및 상해보험에 관한 규정을 준용한다(제739조의3). 사망보험과 달리 15세 미만자, 심신상실자 또는 심신박약자의 질병을 보험사고로 한 질병보험계약은 유효하다.

부록 참고문헌

김성태, 보험법강론, 법문사(2001)

김정호, 어음·수표법, 제2판, 법문사(2015)

김화진, 상법입문, 제7판, 박영사(2017)

상법강의, 제3판, 박영사(2016)

김홍기, 상법강의, 제5판, 박영사(2020)

송옥렬, 상법강의, 제12판, 홍문사(2022)

이기수, 어음·수표법(상법강의 Ⅲ), 제8판, 박영사(2015)

이철송, 상법강의, 제13판, 박영사(2012)

어음·수표법, 제13판, 박영사(2014)

장덕조, 상법강의, 제3판, 법문사(2019)

보험법, 제3판, 법문사(2016)

정동윤, 상법(하), 제4판, 법문사(2011)

정찬형, 상법강의(하), 제22판, 박영사(2020)

최준선, 어음·수표법, 제10판, 삼영사(2015)

최기원, 상법학신론(하), 제15판, 박영사(2008)

한기정, 신상법입문, 박영사(2020)

저자약력

원용수(元容洙)

고려대학교 법과대학(법학사)
서울대학교 대학원(법학석사)
프랑스 파리5대학교(법학박사)
現 사단법인 한국경제법학회 고문, 대한상사중재원 중재인
前 서울시립대학교 법학전문대학원 교수, 한국경제법학회장, 숙명여자대학교 정법대학장, 서울시립대학교 법학연구소장, 숙명여자
    대학교 법과대학 교수, 공정거래위원회 경쟁정책 자문위원(국제협력분과위원장), 국회입법지원위원, 코스닥 등록법인협의회 자
    문위원, 프랑스 상사법 전문학술지 Dalloz Affaires 한국법 대변인, 미국 Columbia Law School Visiting Scholar

주요저서

상법강론(헤르메스, 2022), 상법케이스연습(길안사, 1996), 프랑스 회사법(법무부, 2014), 기업결합규제법(연경문화사, 2001), 생활
    법률의 이해(숙대출판부, 2001) 등 다수

상법원론(Ⅱ)

초판발행   2023년 3월 5일

지은이   원용수
펴낸이   안종만·안상준

편 집   이승현
기획/마케팅   손준호
표지디자인   이소연
제 작   고철민·조영환

펴낸곳   ㈜ **박영사**
                서울특별시 금천구 가산디지털2로 53, 210호(가산동, 한라시그마밸리)
                등록 1959. 3. 11. 제300-1959-1호(倫)

전 화   02)733-6771
f a x   02)736-4818
e-mail   pys@pybook.co.kr
homepage   www.pybook.co.kr
ISBN   979-11-303-4435-5 93360

정 가   19,000원